창의성 교육

지혜와 창의적 문제 해결력을 위한

창의성 교육

개정 증보판

조연순 · 백은주 · 최규리 지음

EDUCATION FOR CREATIVITY

이화여자대학교출판문화원

개정증보판 머리말

이 책의 초판이 발행된 이후 창의성에 관한 이론과 연구들은 더욱 발전해왔고, 창의성 교육에 관한 국내외의 연구들도 증가했다. 하지만 저자들은 이러한 추세가 학교 교육에 큰 영향을 주지 못하고 있다는 문제의식을 가지면서 창의성 교육에 좀 더 가까이 접근하기 위해 개정의 필요성을 느끼게 되었다. 그동안 대부분의 교과 교육과정에서 창의적 문제 해결력을 강조했지만 실제 '교과 교육'과 '창의성 교육'은 별개의 것으로 분리되어 추진되어왔다. 따라서 이번 개정증보판에서는 '학교 교육을 무엇으로 보는가?'라는 물음과 관련한 교육학 이론과 발달 이론들을 심층적으로 살펴보면서 창의성과 교과 지식 교육이 융합될 수 있도록 노력했다.

최근 교육과 사회, 환경 등 다양한 측면에서 창의성이 강조되고 있다. 하지만 이러한 긍정적인 발전 이면에 부정적인 결과도 초래되었다는 반성과 함께 창의성이 지혜로운 방향으로 가야 한다는 목소리가 커지고 있다. 따라서 이번 개정판에서는 '창의성과 지혜의 관련성'을 논의하며, 창의성과 지식, 지혜의 요소들을 모두 고려하는 여러 연구와 이론 그리고 교육의 통합 방안에 대한 논의를 추가했다. 전체적으로 초판의 개념적 틀은 유지하되 소제목별로 새로운 이론과 연구들을 추가하면서 수정·보완했는데, 특별히 다음과 같은 부분들이 추가되었다.

1부 4장: 창의성과 발달, 학습의 관계

1부 5장 2절: 창의성과 지혜

1부 6장 2절: 창의성 교육의 현황과 문제점

2부 8장 3절: 지식 기반의 학생 창의성 촉진 수업 모형

2부 9장 2절: 디자인 사고(Design Thinking)

2부 11장 1절: 지혜, 지능, 창의성 그리고 통합

2부 11장 2절: 좋은 일 프로젝트(GoodWork Project)

수정·보완하려는 목적에서 개정 작업을 시작했는데, 마치 새로운 책을 내는 것처럼 많은 내용을 추가하고 교체하면서 일 년 반이라는 시간이 지나간 것을 볼 때 창의성 교육은 역시 어려운 주제인 것 같다. 추가 연구들에 대해 자료를 찾고 정리하면서 저자들은 머리를 맞대고 수많은 토의를 했는데, 이 과정에서 소주제마다 또 다시 새로운 마음으로 공부하게 되었음을 감사하고, 공동 저자들이 인내심을 갖고 어려운 과정들을 함께해주었음에 감사한다.

특히 이 책에서 새롭게 소개되는 '지식 기반의 학생 창의성 촉진 수업'의 사례를 제공해준 이화여자대학교사범대학부속초등학교의 박지윤, 박주연, 조미경 선생님, '무지개 식판 프로젝트'를 통해 디자인 사고의 적용 사례를 제공해준 양정중학교의 이정훈 선생님에게 감사드린다. 또한 브레인스토밍 기법에서 '생활에서 불편한 점들'과 관련한 여러 가지 사례를 제안해준 손자 준석, 민석에게 고마움을 전한다. 여러 최신 문헌들을 찾아준 영원한 제자 서초영, 정지은, 조영은 선생님에게도 감사를 전하며, 개정판을 낼 수 있도록 격려하고 오랫동안 기다려주신 이화여자대학교출판문화원에도 감사드린다. 마지막으로 누구보다도 이 힘든 과정을 지켜봐주시고 가능하게 해주신 하나님께 깊은

감사를 드린다. 이러한 노력과 도움의 결실이 녹아 있는 이 책을 통해 독자들이 창의성 교육 분야에 대한 도전을 받고, 가정이나 직장, 학교에서 다양한 방법을 적용하여 수많은 창의적 인재를 키워낼 수 있기를 기대한다.

2019년 8월 대나무 숲을 바라보며

저자를 대표하여

조연순

초판 머리말

지금까지 인류 문명사를 바꾸어온 것은 창의성의 결과였고, 창의성은 인간만이 갖고 있는 특수성이며, '사고의 꽃'이라고 할 수 있다. 따라서 '창의적 인재 양성'은 이 시대에 절실히 요구되고 있는 국가적 수준의 교육 목표이다. 그러나 창의성에 대한 이해를 충분히 하지 않은 상태에서 섣부르게 창의성 교육을 한다면 오히려 실패로 갈 가능성이 많다. 따라서 저자들은 창의성의 여러 측면에 관한 연구를 하고, 학교에서 창의성과 창의적 문제 해결력을 어떻게 길러줄 것인가에 대한 강의를 하면서 탐색해왔던 여러 가지 이론과 연구를 소개하며, 창의성 교육 프로그램과 방법들을 소개함으로써 창의성 교육과 연구에 도움을 주고자 이 책을 쓰게 되었다.

이 책의 구성은 크게 창의성의 이론과 교육 방법의 두 부분으로 이루어진다. 1부인 창의성 이론 부분은 창의성의 본질에 대한 깊은 이해를 촉진시키기 위한 내용으로 구성되는데, 창의성의 개념이 어떻게 변천해왔는지, 그 이론적 배경은 무엇인지, 각 이론에서 주장하는 창의성의 구성 요소는 무엇인지를 살펴본다. 또한 광범위한 창의성의 영역에서 창의적 문제 해결은 어떤 위치를 차지하고 있는지에 대해 탐구하며, 창의성과 관련하여 최근 논의되고 있는 이슈들에 관해서도 살펴본다. 2부인 창의성 교육 방법 부분에서는 일반적인 창의성 교육 기법, 교과에 적용한 창의성 교육 방법, 창의적 문제 해결력 개발을 위한 프로그램과 교육 방법들을 소개한다.

창의성 분야는 다른 분야에 비해 비교적 늦게 관심을 받고 연구되기 시작하여 관련 연구와 이론이 분분하다. 따라서 본 저자들은 소주제별로 다양한 이론과 연구를 가능한 한 객관적으로 소개하여 독자들이 나름대로 창의성에 관한 이해의 틀을 형성하는 데 도움을 주고자 노력했다. 이러한 방법이 독자 자신의 창의성을 기르도록 하는 데 도움이 될 것이라 믿기 때문이다.

'창의성'과 '창의적 문제 해결'에 관해 이론적으로 연구하고자 하는 독자는 이 책의 1부인 이론 부분을 충실히 읽고 세부 주제들에 대해 탐구할 수 있으며, 학생들의 창의성과 창의적 문제 해결력을 신장시키고자 하는 교사들은 2부인 방법 부분을 읽고 여러 방법과 프로그램을 각각 비교해가면서 필요에 따라 적용할 수 있다. 각 방법의 말미에 적용을 위한 안내를 제시하기는 했으나 구체적인 적용 방안을 모색하는 것은 교사들의 몫이다. 그러나 여러 가지 방법을 익히기 전에 이론편도 읽는다면 든든한 기초를 세우게 되어서 새로운 방법들도 개발할 수 있을 것이라 기대한다.

지난 2년간 저자들은 소주제별로 자료들을 모으고 연구하며 집필하는 과정에서 수없는 모임을 갖고, 비판 및 수정을 거듭하여 드디어 이 책을 완성하게 되었다. 아직도 만족하지 못하는 부분들이 많지만, 워낙 창의성 이론과 연구들이 다양하므로 이 정도에서 마치기로 했다. 미숙할지라도 창의성에 관해 관심 있는 독자들에게 도움을 줄 수 있기를 바란다.

이 책의 집필에 도움을 준 분들이 많다. 이화여자대학교 초등교육과 박사과정에 있는 최문경 선생님은 여러 가지 창의성 기법의 실례들을 제안해주었으며, 한양초등학교의 김경희 박사, 이화여자대학교에서 강의를 맡고 있는 서예원 박사는 전체적인 책의 구성에 관한 좋은 의견을 주었고, 이화여자대학교사범대학부속초등학교의 박지윤, 박주연 선생님은 창의성과 창의적 문제 해결 방법들의 적용 사례들을 소개해주었다. 이들의 의견을 통해 책의 구성이 좀 더 짜임새 있게 되었고, 실 사례들을 들어줌으로써 좀 더 현실감 있는 책이 되었다. 그러나 책으로 나타난 결과보다 창의성에 관심을 갖고, 진지하게 토의하며 함께 공부해온 이러한 과정이 더 값진 것이었다고 생각된다.

지금까지 이 책의 출판을 위해 많은 격려와 지원을 해준 이화여자대학교출판부에 감사하고, 이 모든 것을 가능하게 해주신 하나님께 감사드린다.

2008년 8월 녹음이 가득한 이화의 캠퍼스에서

저자를 대표하여

조연순

차례

제1부
창의성과 창의적 문제 해결의 이론

제2부
창의성과 창의적 문제 해결력 신장을 위한 교육 방법

제1부

창의성과
창의적 문제 해결의 이론

1부에서는 창의성 관련 연구 및 이론들을 중심으로 창의성의 개념과 구성 요소들을 찾고, 창의적 문제 해결의 개념과 단계를 파악하여 창의성을 이해하기 위한 이론적 기초를 모색한다. 또한 창의성과 발달 이론의 관계를 탐색함으로써 학교 교육 안에서의 학생 창의성의 개념을 살펴보고, 창의성의 영역 일반성과 영역 특수성 논쟁, 창의성과 지혜의 관계, 창의성 교육의 필요성과 가능성, 세계 여러 국가에서 진행된 창의성 교육 현황에 관한 토론을 다룬다.

제1장 창의성의 개념과 이론

이 장에서는 창의성이란 무엇인지에 관한 개념과, 창의성은 어떻게 생성되는지를 설명하는 이론들에 대해 알아보고자 한다.

1. 창의성의 개념

우리가 창의성에 관심을 갖기 시작한 지는 그리 오래되지 않았다. 1950년 미국심리학회American Psychological Association 회장이던 조이 길퍼드Joy P. Guilford가 창의성에 관한 기조연설을 하고 나서부터 심리학자들이 창의성에 대한 본격적인 연구를 시작하게 되었다. 그 이후 창의성에 대한 다양한 정의가 제시되어왔지만, 창의성은 실체가 있는 대상이 아니라 인간의 잠재 능력을 설명하기 위한 가설적인 개념이어서 그 정의를 내리는 일이 쉽지 않았다. 1950년대 이후 학자들은 창의성을 '창의적인 사람들이 가지고 있는 특성'으로 생각하고, 창의적인 사람의 정신 과정이나 특성을 밝혀서 창의성을 이해하고자 했다. 예를 들어 길퍼드(1959)는 창의성이 수렴적 사고보다는 확산적 사고와 관련이 있어서 창의적인 사람은 문제에 대해 하나의 정답을 제시하기보다는 새로운 답이나 아이디어를 많이 생성하는 능력이 있다고 가정하고, 확산적 사고를 통해 사람들의 창의적 잠재력을 이해하고자 했다. 또한 매키넌(MacKinnon, 1978)은 보통 사람들과는 다르게 매우 창의적인 사람들의 개인 특성을 밝혀서 창의성의 본질을 설명하고자 했다.

그러나 사회심리학자인 테레사 애머빌Teresa M. Amabile(1983/1989)은 창의성을 다른 사람들과 구별되는 개인의 특성으로 보는 시각이 창의성에 대한 오해를 야기했다고 지적하고, 창의성은 사람의 특성을 나타내는 것이 아니라 '새롭고 적절한 아이디어, 행동이나 산출물'을 의미한다고 주장했다. 이어서 루바트(Lubart, 1994)는 창의성을 '과제 조건에 맞는 새롭고 독창적인 작품을 생성하는 능력'으로 보았고, 배어(Baer, 1997/2001)는 창의성이란 '누군가가 어떤 일을 할 때 독창적이면서도 그 목적이나 의도에 맞게 적절하게 하는 것'을 의미한다고 했으며, 니커슨 등(Nickerson, Perkins & Smith, 1985)은 창의성을 '창의적 산출물을 자주 생성하게 하는 개인의 능력과 성향의 집합체'라고 했다. 김재은(1994)도 창의성을 '새로운 것, 남이 잘 하지 않는 자기만의 생각이나 가치 있는 것을 만들어내는 능력과 그러한 능력을 뒷받침해주는 성격상의 특성이 합쳐진 것'으로 정의한 바 있다. 또한 어번(Urban, 1996)은 창의성이란 '주어진 문제나 직접 발견한 문제를 해결한 결과, 새롭고 평범하지 않으며 놀랄 만한 산출물을 만들어내는 것'이라고 정의함으로써 창의성을 문제 해결 과정의 결과인 산출물로 보았다.

한편 칙센트미하이(Csikszentmihalyi, 1996)는 창의성이란 특별한 사람들의 머릿속에서 일어나는 정신적 활동이 아니라 '사람의 사고와 사회문화적 맥락의 상호작용에서 나오는 새롭고 가치 있는 아이디어나 행위'라고 정의함으로써 창의성을 개인적 현상이라기보다는 체제적 현상으로 이해하고자 했다. 소여(Sawyer, 2006)도 1970년대까지는 창의성을 창의적인 사람의 정신 과정이나 특성으로 보았는데 이는 개인에 초점을 두고 사회문화적 맥락의 영향을 간과 함으로써 제대로 정의하지 못한 것이라고 지적하고, 창의성은 '한 개인, 집단, 사회로부터 새롭고 적절한 것이 출현하는 것'이라고 정의함으로써 창의성이 사람의 머릿속에서뿐만 아니라 사회적 과정에서도 나온다고 보았다. 더 포괄적인 관점에서 플러커와 베게토(Plucker & Beghetto, 2004)는 산출물, 개인의 능력, 과정 및 환경적 요소를 모두 고려해 '창의성이란 한 개인이나 집단이, 특정 사회적 맥락 내에서 새로우면서도 유용한 결과나 산출물을 생성해내는 능력과 과정 간의 상호작용'이라고 정의했다.

이러한 여러 정의에서는 두 가지 핵심 요소를 발견할 수 있는데, 그것은 '새로움'(독창적인, 독특한, 신선한, 예기치 못한)과 '적절성'(유용한, 구체화된, 가치 있는, 의미 있는)이다. 이는 어떤 결과나 산출물이 창의적이라고 평가되기 위해서는 이 두 요소를 동시에 충족시켜야 함을 의미한다. 새롭기는 하지만 쓸모나 가치가 없고 적절하지 않다면 새로운 것일지라도 창의적인 것이 될 수 없다. 마찬가지로 유용하긴 하지만 새롭거나 독특하거나 독창적이지 않다면 그저 유용한 것일 뿐 창의적인 것이 될 수 없다는 것이다.

그러나 사회적 맥락에 따라 '새로움'과 '적절성'의 정의나 평가가 달라지므로, 한 사회적 맥락에서 창의적인 것이라고 해서 다른 사회적 맥락에서도 창의적인 것으로 인정받으리라는 보장은 없다. 또한 창의성은 '뛰어난 수준의 창의성(큰 창의성Big-C)'과 '일상적이고 평범한 수준의 창의성(작은 창의성little-c)'으로도 구분될 수 있는데, 이러한 구분은 두 종류의 창의성 사이에 존재하는 질적 차이에 근거한 것이 아니라 오히려 크기에서의 차이에 기초한다. 다시 말해 '작은 창의성'은 좁은 범위의 특정 사회적 맥락에서 결정되지만, '큰 창의성'은 더 광범위한 사회적 맥락에 의해 결정된다는 것이다(Richards, 2001).

한편 수행이나 산출물에만 초점을 두는 이러한 창의성에 대한 사회적 이론들로는 창의적 산출물을 창조하는 창의적 개인이나 과정에 대해 제대로 설명할 수 없다는 문제 의식에서 룬코(Runco, 2006)는 '개인적 창의성personal creativity'이라는 개념을 제안한 바 있다. 그는 사람과 과정에 초점을 두는 개인적 창의성을 '경험에 대해 독창적인 해석을 생성하는 능력'이라고 했다. 사람들은 흔히 어떤 가정을 가지고 틀에 박힌 일상적인 과정이나 방법을 따르는데, 이에서 벗어나 새로운 관점을 가지고 경험에 대해 독창적으로 해석할 수 있을 때 창의적이 될 수 있다는 것이다. 룬코의 이러한 주장과 발달 이론의 영향을 받아서 베게토와 카프만(Beghetto & Kaufman, 2009)은 창의성이란 '경험과 행동 그리고 사건의 개인적으로 새롭고 의미 있는 해석'이라는 '미니 창의성 mini-c'의 개념을 제안했다.

지금까지 살펴본 정의들에 기초해 창의성의 개념을 종합하면, 창의성은 '개인 또는 집단의 창의적 특성(인지적·정의적 요소 포함)이 창의적 과정을 거쳐 사회적 맥락에 의해 새롭고 유용하다고 인정받을 수 있는 산출물을 생성하는 능력'으로 정의될 수 있다. 이는 창의적인 사람이나 과정, 산출물과 같은 특정한 부분에만 초점을 두는 것이 아니라, 사람, 과정, 산출물, 사회적 환경과 같은 여러 측면을 모두 고려한 정의이다.

2. 창의성 이론

옛날에는 인간이 창의성을 발휘하기 위해서는 신神의 도움이 필요하다고 생각했다. 창의적인 사람은 빈 그릇에 불과하며, 신이 내려준 영감에 의해 아이디어를 쏟아냄으로써 이 세상의 것이라고 할 수 없는 산출물을 창조한다고 보았다. 이러한 생각에서 플라톤Platon은 시인들의 경우, 뮤즈Muse 여신이 구술해주는 것만 창작할 수 있다고 주장하기도 했다(Sternberg & Lubart, 1996). 창의성에 대한 최초의 설명이라고 할 수 있는 이러한 '신비주의적 접근mystical approach'은 창의성을 영적인 과정으로 가정해 과학적 연구의 대상으로 고려하는 데 부정적인 영향을 미쳤다(Sternberg & Lubart, 1999).

1950년대가 되어서야 심리학자들이 창의성을 과학적으로 연구하기 시작해 창의적 '인물(개인)' 혹은 '환경(맥락)'에 초점을 두어 설명하게 되었으며, 개인 중심적 접근은 다시 인지적 접근과 정의적 접근으로 나뉘었고, 개인 중심적 접근과 환경 중심적 접근을 통합한 이론들 또한 제시되고 있다. 이제 이러한 창의성 이론들을 '인지적 접근', '정의적 접근', '사회적·환경적 접근' 그리고 '통합적 접근'으로 구분해서 살펴보자.

1) 인지적 접근

창의성을 창의적 사고로 보는 인지적 접근에서는, 창의적 사고와 관련된 인지 능력이나 사고 과정을 밝혀내고자 했다. 이러한 인지적 접근을 확산적 사고 중심 이론, 인지 과정 중심 이론 그리고 인공지능 이론으로 구분해 설명하면 다음과 같다.

(1) 확산적 사고 중심 이론

1950년대는 눈으로 직접 관찰할 수 있는 행동에만 관심을 두고, 눈으로 볼 수 없는 대상에 대해서는 연구하기를 거부하는 행동주의가 미국 심리학의 주류를 이루던 시기로, 이때 미국심리학회 회장이던 길퍼드는 학회 기조연설에서 창의성이 심리학 연구의 주요 관심사가 되어야 한다고 강조해 많은 심리학자들을 놀라게 했다(Sawyer, 2006). 초기의 창의성 연구는 미켈란젤로나 아인슈타인과 같은 탁월한 예술가나 과학자, 즉 천재를 대상으로 이루어졌다. 그러나 이와 같은 천재가 극히 드물기 때문에 창의성 연구가 어렵다고 지적한 길퍼드가 지필 검사를 사용해 평범한 사람들을 대상으로도 창의성을 측정하는 연구를 시작하면서 창의성에 대한 연구가 활발해졌다.

길퍼드(1950, 1988)는 지능의 구성 요소를 180개로 구분하여 지능구조 모형을 제시했는데, 그중 30개가 확산적 사고의 구성 요소들이다. 그는 여러 가지 다른 방법으로 생각하여 새로운 답을 찾는 확산적 사고가 창의성과 관련이 있다고 보았으며, 이러한 확산적 사고를 측정하기 위해 많은 검사(예: 대안적 이용법)를 개발했다(Runco, 1999b; Sawyer, 2006). 확산적 사고의 측정을 위해 가장 흔히 사용되는 방법으로는 엘리스 토런스Ellis P. Torrance(1974)의 '창의적 사고력 검사', 그리고 마이클 월러치Michael A. Wallach와 나단 코건Nathan Kogan(1965)의 '창의성 검사'[1]가 있는데, 이 검사들은 길퍼드가 제작한 검사의 확장으로 볼 수 있다. 이러한 확산적 사고 검사들은 높은 창의성을 가진 학생들을 조기에 선발하고 교육해서 창의성을 요구하는 직업에 배치하며, 학생들의 창의적 잠재력을 실현하고자 1960년대에 널리 활용되었다.

이와 같은 심리 측정적 검사는 실시하기 쉽고, 객관적으로 채점 가능한 평가 수단을 제공할 뿐만 아니라, 연구 대상을 평범한 사람으로 확대함으로써 창의성 연구를 촉진시키는 데 기여했다. 그러나 '유창성', '융통성', '독창성', '정교성' 점수로 대변되는 확산적 사고는 창의성의 한 부분일 뿐 창의성을 포괄적으로 설명하지는 못한다는 비판을 받았다. 또한 단순 지필 검사로 창의성을 평가하는 것은 부적절하다는 비판도 제기되었다(Sternberg & Lubart, 1996). 이 확산적 사고 중심 이론은 창의성의 인지적 측면 중 한 부분인 확산적 사고가 곧 창의적 사고인 것처럼 받아들이게 했다. 이러한 확산적 사고 이외에 창의성과 관련된 다양한 인지적 측면의 구성 요소들은 2장에서 자세히 소개한다.

(2) 인지 과정 중심 이론

새로운 아이디어가 생성·산출되는 '인지 과정'을 자세히 다루어야 한다는

1 구체적인 내용은 2부 12장 참조.

입장을 취하는 기초 이론으로 그레이엄 월러스Graham Wallas(1926)는 창의적 과정의 4단계 이론을 제시했다. 첫째는 관련된 정보들을 수집함으로써 문제를 명확히 하고 정의하는 준비 단계, 둘째는 문제로부터 멀어져서 새로운 아이디어를 생성하는 부화 단계, 셋째는 아이디어가 생성되는 조명 단계, 넷째는 생성된 아이디어를 실험해보는 검증 단계로서, 월러스는 이 중 특히 부화 단계를 중시했다.

한편 핀케 등(Finke, Ward & Smith, 1992)은 머릿속에서 어떻게 개념들이 결합되는지를 밝힘으로써 창의성을 설명하고자 했다. 이들은 창의적 사고를 위한 기본 인지 과정군이 존재한다고 가정하고, '창의적 사고의 생성 모형Geneplore model'을 제안했다. 이 모형에 의하면 창의적 사고를 위해서는 아이디어들을 생성하는 생성 과정, 생성된 아이디어들 중에서 선택하는 여과 과정, 선택된 아이디어의 잠재 가능성을 발전시키는 탐색 과정이 필요하다고 했다. 먼저 아이디어 생성 과정에서 정보 인출, 연합 및 결합이 이루어지고, 그다음 여과 과정에서 아이디어의 특성(새로움, 의외성, 심미적 호소력)에 비추어 어떤 아이디어를 유지하고 탐구해야 할지 평가가 이루어지며, 탐색 과정에서는 아이디어를 수정 및 정교화하고, 제한점을 평가하여 아이디어를 바꾸기도 한다.

이어서 룬코와 챈드(Runco & Chand, 1995)는 문제 발견, 아이디어 생성 및 평가 기술을 창의적 사고의 일차적 요소로, 그리고 이러한 일차적 요소에 영향을 미치는 지식과 동기를 이차적 요소로 하는 '2층 구조 모형'을 제시한 바 있다. 또한 멈퍼드 등(Mumford, Medeiros & Partlow, 2012)은 문제 발견, 정보 수집, 정보 조직, 개념 결합, 아이디어 창출, 아이디어 평가, 계획 실행, 해결 모니터링의 8단계로 이루어진 '창의적 사고 모형'을 제시하며 각 과정에서 지식과 전략이 수반되어야 효과적으로 사고할 수 있다고 설명했다. 지금까지 이러한 정신 과정들에 대한 연구가 많이 이루어져왔는데, 그중에서도 개념 결합, 은유, 유추가 창의성과 가장 관련이 있는 것으로 알려져왔다(Ward, Smith & Vaid, 1997).

이러한 인지 과정 중심 이론에서는 창의적 사고의 과정, 요소, 구조를 밝히고 있는데, '아이디어를 생성하고 평가하는 과정'과 이에 수반되는 '요소들'(예: 정보 검색, 연합, 결합, 평가, 수정, 정교화)은 창의성에만 사용되는 특별한 정신 과정이라기보다는 일상적으로 사용되는 인지 과정이라고 할 수 있다. 이는 창의성이 보통 사람들과는 다른 창의적인 사람들만이 가지고 있는 개인의 특성이 아닌 누구나 가지고 있는 '기본적인 정신 능력들'의 복합적인 결합에서 나온다는 것을 밝힌 것이다(Sawyer, 2006). 그뿐만 아니라 창의적 사고를 교육하는 데 '확산적 사고'와 같은 아이디어 생성 기술뿐만 아니라 아이디어의 분석 및 평가와 관련된 '평가적·수렴적·비판적 사고'도 중요하다는 것을 인식하게 했으며, 이는 창의적 문제 해결 연구의 기초가 되었다. 창의적 문제 해결에 관해서는 3장에서 구체적으로 다룬다.

(3) 인공지능 이론

인공지능Artificial Intelligence: AI을 활용한 연구들도 창의성의 인지적 접근에 포함될 수 있다. 이 접근에서는 주로 컴퓨터를 이용해 과학 및 예술과 관련된 창의적 사고 과정을 연구해왔다. 전형적인 예로 랭글리 등(Langley, Simon, Bradshaw & Zytkow, 1987)은 'BACON'이라는 컴퓨터 프로그램을 만들었는데, 이 프로그램은 처리되지 않은 원자료를 제공하면 기본 과학 법칙들을 추정해낼 수 있도록 되어 있다. 이러한 컴퓨터 프로그램들을 사용해 많은 과학 법칙을 재발견하게 할 수 있었는데, 'BACON'이 이룩한 성과 중의 하나는 요하네스 케플러Johannes Kepler가 사용했던 행성 궤도에 대한 관찰 데이터를 검토하여, 행성 운동에 대한 케플러의 제3법칙을 재발견해낸 것이었다.

컴퓨터 과학자 더그 레나트Doug B. Lenat(1977)는 '인공 수학자Artificial Mathematician: AM' 프로그램을 개발했는데, 여기서 인공 수학자에 기초 수학 개념 100개와 그 수학 개념을 변형시킬 수 있는 300개의 일반적인 변형 규칙을 주자 더하기나 곱하기와 같은 가치 있는 산술적 아이디어를 많이 생성해낼 수 있었다. 이러한 연구들을 통해 라킨(Larkin, 1980)은 논리적·수학적 퍼즐 문제나 체스 게임과 같은 컴퓨터 프로그램의 문제 해결 과정에서 일반적으로 다음 세 가지 전략이 발견된다고 했다. 즉 ① 목적-수단의 분석으로서, 문제의 현재 상태와 해결되었을 때의 상태, 그리고 그 차이를 줄일 수 있는 활동 선택하기, ② 원래의 문제를 중요 요소들만을 포함하는 단순한 형태로 대체하여 해결하기, ③ 달성하기 어려운 목표를 단순한 하위 목표로 대체하기이다. 라킨은 이러한 전략이 퍼즐이나 게임처럼 잘 정의된 과제뿐만 아니라 수학이나 과학 문제 풀이에도 유용하다고 했다(Nickerson, Perkins & Smith, 1985 재인용).

예술 영역에서도 1988년 존슨-레어드Johnson-Laird가 재즈를 즉흥적으로 작곡하는 재즈 즉흥곡 프로그램을 개발한 바 있다. 또한 1973년에 영국 화가인 해럴드 코헨Harold Cohen은 'AARON'이라고 하는 단순한 스케치를 할 수 있는 컴퓨터 프로그램을 개발해 컴퓨터가 그린 작품들을 갤러리와 박물관에 전시하기도 했다(McCorduck, 1991). 컴퓨터 과학자들은 소설이나 시를 쓰는 프로그램을 개발하기도 했다. 이와 같이 컴퓨터 시뮬레이션 접근은 컴퓨터 프로그램을 통해 중요한 아이디어를 재발견하는 것은 물론 새로운 아이디어를 생성하게 했다. 또한 창의적 사고 과정에 대한 각 이론의 설명을 컴퓨터 프로그램으로 모의 실행시켜 이론 검증은 물론 각 영역의 지식과 사고 요소들이 어떻게 머릿속에서 구조화되고 저장되는지를 자세히 탐색할 수 있게 했다.

한편 4차 산업혁명이 실현되고 있는 현대 사회에서는 소프트웨어를 기반으로 한 인공지능이 인간 두뇌의 역할을 대체하여 지능형 비서, 의료·법률·금융 서비스, 교육 등 사회 전반의 다양한 분야에서 큰 변화를 가져다주고 있다(Schwab, 2016). 그러나 이러한 컴퓨터 프로그램의 경우 창의적인 사상가들과는 달리 문제와 자료가 제공되어야 한다는 점에서, 창의적 사고에서 결정적인 역할을 하는 문제 발견과 같은 능력이 결핍되어 있다(Gardner, 1993). 이런 문제점을 보완하기 위한 노력으로 스스로 환경의 변화를 인지하고 이에 대응하며 문제 해결을 도모하는 지능형 에이전트와 같은 소프트웨어 개발도 시작되고 있으나, 전혀 예기치 못한 상황에서 그 기능을 제대로 발휘하기를 기대하기는 어렵고(윤장우·허재두, 2018), 특히 인공지능이나 로봇은 아직은 '공감능력'에서 인간을 넘어설 수 없다는 한계를 지닌다(Colvin, 2015/2016; 신동숙 역, 2018).

지금까지 설명한 지적 능력으로서의 창의성 연구들은 창의성과 관련된 다양한 인지적 능력(요소)이나 창의적 사고 과정을 구체화함으로써 창의성의 인지적 측면에 대해 이해할 수 있도록 도움을 주었으나 창의성의 다른 측면들은 간과하고 있다.

2) 정의적 접근

창의성 이론의 인지적 측면 외에 또 다른 측면으로 강조되는 정의적 접근에서는 창의성에 영향을 미치는 정신세계나 성격적 측면을 밝혀내고자 했다. 여기서는 인간 행동을 이해하기 위한 기초적인 심리학적 이론과 창의성을 좀 더 가깝게 설명할 수 있는 성격 및 동기 이론을 구분하여 살펴본다.

(1) 심리학적 이론

인간 행동에 대해 근본적으로 다른 관점을 가지고 있는 정신분석 이론, 행동주의 이론, 인본주의 이론은 창의성에 대해서도 서로 다른 설명을 제시하고 있다. 정신분석 이론가들은 창의성이 '일차적 과정 사고'라고 하는 '무의식적 사고'와 관계가 있다고 보았다. 지그문트 프로이트Sigmund Freud(1917/1966)에 의하면 창의성은 무의식적 충동(본능)과 의식적 현실의 갈등·긴장에서 나오는데, 창의적인 사람들은 이러한 긴장에서 벗어나기 위해 본능적·리비도적 에너지를 글쓰기, 그림, 작곡과 같은 이차적인 행동으로 승화시킨다고 한다. 프로이트는 예술가를 다음과 같이 묘사했다.

> 예술가는 내향적인 사람으로 신경증이 있는 사람과 별로 다르지 않아서 지나치게 강한 본능적 욕구로 인해 괴로워한다. 즉 명예, 권력, 부, 명성, 이성의 사랑을 얻고 싶지만 얻을 수 있는 방법이 달리 없다. 따라서 현실에 만족하지 못하는 여느 사람들과 마찬가지로 현실을 외면하고, 자신의 모든 흥미와 리비도를 자기가 바라는 환상의 삶을 구성하는 데 쏟게 되는데, 이는 신경증을 초래할 수 있다(Freud, 1917/1966: 467; Sawyer, 2006 재인용).

결국 예술가들은 무의식적으로 원하는 것을 현실적으로 용인될 수 있는 방식으로 표현하기 위해 창의적 작품을 만들어내게 되므로 표현주의와 초현실주의 같은 20세기 현대 미술 사조의 경우, 인간의 무의식적 사고(예: 무의식 속으로 억압된 충격적 경험, 용납할 수 없는 충동)가 표현된 것이라고 해석한다(Sawyer, 2006). 이와 같이 정신분석 이론은 창의성이 백일몽, 환상, 신경증과 유사한 정신적 과정을 포함한다고 주장하고, 놀이를 하는 학생, 성인 몽상가, 창의적인 예술가에게 공통점이 있다고 보았다. 아동이 놀이에서 자신의 세계를 창조하거나 세상에 있는 것들을 자기가 원하는 새로운 방식으로 재구성하는 것처럼, 창의적인 예술가도 실제 세상과는 유리된 환상의 세계를 창조한다는 것이다(Gardner, 1993).

그러나 1950년대 창의성 연구자들은 대부분의 창의적인 사람이 조화로운 사고를 하며, 신경증을 가지고 있지 않다는 것을 발견했다. 크리스(Kris, 1952)는 창의성이 두 과정을 거쳐 일어난다고 설명했다. 먼저 '일차적 과정 사고 primary process thinking'인 통제되지 않은 사고에 빠지게 되는데 이러한 사고는 활발한 문제 해결 중에 일어날 수도 있지만, 흔히 수면 상태나 백일몽, 공상

중에 일어난다고 한다. 그다음 '이차적 과정 사고secondary process thinking'인 현실 지향적, 자아 통제적 사고를 통해 일차적 과정 사고에서 나온 내용을 수정·변형·정교화한다는 것이다. 따라서 창의성은 일차적 사고로의 '적응적 퇴행adaptive regression'과 이차적 사고에 의한 '정교화elaboration'가 모두 필요하다는 것이다.

이러한 맥락에서 정신분석 이론가들은 이론을 수정해 창의성이 일차적 과정과 이차적 과정을 모두 포함한다고 생각하기 시작했다. 다시 말해 창의적인 사람은 일차적 과정 사고와 이차적 과정 사고의 정교한 균형을 이룰 수 있으며, 정신질환이 있는 경우 이러한 균형을 유지하기 힘들다고 보았다(Sawyer, 2006). 또한 창의성에서 무의식이 중요한 역할을 한다고 본 프로이트와 달리 쿠비(Kubie, 1958)는 무의식적 갈등은 고착적·반복적 사고를 야기하기 때문에 실제 창의성에 부정적 영향을 미친다고 보고, 의식과 무의식 사이에 존재하는 '전의식적pre-conscious 사고'가 엉성하고 모호해도 해석이 가능하므로 창의성의 진정한 근원이라고 보았다. 이처럼 무의식과 전의식의 과정에 국한해 창의성을 설명하는 초기 정신분석적 접근에 대해 현대 창의성 이론가들은 무의식적 요소들이 존재하고 또 그것이 창의성에 중요할 수도 있으나 창의적 사고 과정의 본질은 아니라는 입장을 취하고 있다(Tardif & Sternberg, 1988). 그러나 의식적 사고와 무의식적 사고의 관계에 대한 후기 정신분석적 접근은 현대 창의성 이론에서도 계속 관심의 대상이 되고 있다(Sawyer, 2006).

이러한 유럽의 정신분석 접근과 미국의 행동주의 접근은 공통점이 거의 없음에도 사람들이 물질적 보상을 받기 위해 창의적인 일을 한다는 데는 의견을 같이한다. 프로이트의 설명에 의하면 예술가들도 돈과 명예를 얻기 위한 수단으로 창의적인 활동이나 일을 한다는 것이며, 버러스 스키너Burrhus F. Skinner의 행동주의적 설명에 따르면 사람들은 보상이나 긍정적 강화 때문에 창의적인 활동을 한다고 본다(Gardner, 1993). 그러나 인본주의 이론가들은 창의성이

'자아 실현self-actualization'과 관계가 있다고 보고, 자아를 실현한 사람들은 창의적이라고 생각한다. 애이브러햄 매슬로Abraham H. Maslow(1968)는 대담성, 용기, 자유, 자발성, 명쾌함, 성실, 자기 수용성 등의 특성이 개인의 잠재력을 실현하게 하며, 창의성이란 '자아를 실현한 상태에 따라오는 결과'라고 했다. 실제로 그가 제시한 자아를 실현한 사람들의 특성은 대부분 창의적인 사람들이 갖고 있는 특성과 유사하다. 따라서 매슬로는 자아 실현과 창의성을 상호 의존적인 것으로 생각했으며, 후에는 그 둘이 같은 것일 수도 있다고 보았다(Runco, 1999c). 로저스(Rogers, 1961) 또한 인간은 창조하는 행위 그 자체에서 만족을 느끼고, 또 그것이 자아 실현이라고 느끼기 때문에 창조한다고 설명했다.

(2) 성격 및 동기 이론

일반 사람들과 비교해서 창의적인 사람들이 가지고 있는 특성을 과학적으로 밝히기 위해 로(Roe, 1953), 매키넌(1962), 배런(Barron, 1969), 고프(Gough, 1979), 애머빌(1983) 등은 여러 분야에서 뛰어나게 창의적인 사람들을 대상으로 연구했다. 이들은 창의성과 성격 특성 간의 상관 연구, 그리고 창의성이 높은 표본과 낮은 표본을 비교하는 연구를 통해 판단의 독립성, 자신감, 복잡한 것에 대한 선호, 심미적 지향성 및 모험 감수하기 등의 성격 특성이 창의성과 잠재적으로 관련이 있다고 보고했다. 또한 기존에 이루어진 많은 연구 결과를 검토한 배런과 해링턴(Barron & Harrington, 1981)은 자율성, 광범위한 관심, 독립성, 개방성 등이 창의성과 관계가 있는 '성격 특성'이라고 했다.

한편 창의적인 사람들이 창의적인 일을 하는 이유에 대해 정신분석 이론과 행동주의 이론은 '외적 동기'에 초점을 두어 설명했지만, 오늘날 많은 심리학자는 이와 반대로 '내적 동기'에 관심을 두고 있다. 애머빌(1983)의 연구 결과에 의하면 사람들은 외부에서 주는 보상보다는 순수한 즐거움을 목표로 활동에 임할 때 더 창의적인 것으로 나타났다(창의적 인물들의 성격 특성과 동기에 관해서는 2장에서 자세히 설명한다).

지금까지 설명한 이론과 연구들을 통해 창의성이 발현되기 위해서는 개인의 인지 능력뿐 아니라 성격 특성과 동기 성향 같은 정의적 특성 또한 매우 중요함을 알 수 있다(구체적인 요소들에 관해서는 2장에서 자세히 다룬다).

3) 사회적·환경적 접근

앞서 살펴본 창의성에 대한 인지적 접근과 정의적 접근에서는 창의성과 관련된 개인 내적 요인들을 밝히는 데 주력함으로써, 창의적 수행에 영향을 미치는 '주변 환경 요인들'의 중요성을 간과했다는 지적과 함께 사회적·환경적 접근에 대한 연구가 시작되었다. 이 접근에서는 개인 외적 요인들을 사회적 환경, 분야와 영역, 그리고 미시적인 과제 수행 상황(조건)으로 구분해 창의성과의 관계에 대한 연구가 이루어졌다(Amabile, 1983). 먼저 광범위한 사회적 수준에서의 많은 연구를 통해 사이먼튼(Simonton, 1984, 1988)은 다양한 문화와 시대에 걸쳐서 뛰어난 창의성은 환경 변인과 통계적으로 관련이 있음을 밝혀냈다. 창의성과 관련이 있는 환경의 특성으로는 '문화적 다양성', '역할 모델의 유용성', '자원(예: 재정적 지원)의 이용 가능성', '한 영역에서의 경쟁자의 수' 등을 제시했다. 또한 칙센트미하이(1988)는 해당 분야와 영역 수준에서 산출물의 창의성을 평가하는 핵심 인물인 '비평가' 같은 환경 요인이 창의성과 관계가 있음을 강조했다.

과제 수준에서 외부의 평가 기대, 작업 중 감시, 보상 및 과제 선택과 같은 '과제의 상황(조건) 변수들'이 창의성에 어떤 영향을 주는지 알아보고자 한 연구들도 있다(Amabile, 1983; Harrington, Block & Block, 1987; Rogers, 1954; Torrance, 1965). 이러한 연구 결과에 의하면 과제 수행 시 평가 기대, 작업 중

감시, 보상은 창의성에 부정적인 영향을 미쳤고, 선택의 여지없이 과제가 주어진 조건보다는 과제를 선택할 수 있는 조건에서 더 창의적인 수행을 했다.

이러한 연구들은 사회, 분야와 영역, 과제 수준에서 다양한 사회적·환경적 요인이 창의성에 영향을 미친다는 것을 암시한다. 다시 말해서 같은 지적 능력과 성격 특성을 갖고 있는 사람이라도 창의성을 지원해주는 환경 속에 있는지, 아니면 창의성을 억압하는 환경 속에 있는지에 따라 개인의 창의성 수행 정도가 달라질 수 있다는 것이다. 그러나 창의성과 관련된 환경 요인만 강조하는 것도 창의성에 대한 완전한 설명이 될 수는 없다(이러한 환경적 측면의 구성 요소들은 2장에서 가정, 학교, 사회, 문화, 역사로 나누어서 자세히 다룬다).

4) 통합적 접근

인지적 접근에서는 창의성을 '지적 능력'으로 보았고, 정의적 접근에서는 '성격 특성'으로 보았으며, 사회적·환경적 접근에서는 '주변 환경의 특성'으로 봄으로써 한 가지 측면에만 주로 초점을 맞추어왔는데, 이러한 한계점을 극복하기 위해 다양한 창의성 이론들의 종합을 시도한 '통합적 접근confluence approach'이 출현하게 되었다. 이제 기존의 접근들을 종합하여 창의성을 더 포괄적으로 이해하기 위한 통합적 접근에 대해 알아보고자 한다. 먼저 우드먼과 숀펠트(Woodman & Schönfeldt, 1990)는 창의성에 대한 인지적 접근, 성격적 접근, 사회심리학적 접근을 통합해 창의적 행동에 대한 '상호작용주의 모형interactionist model'을 제시했다.

[그림 1-1]을 보면 창의적인 행동은 '개인과 환경(상황)이 상호작용한 결과'로서 설명될 수 있다. '개인 요인'은 인지적 측면(인지 유형과 능력)과 비인지적 측면(성격 특성, 동기와 가치 등)을 포함하고, '환경 요인'은 물리적 환경이나 문화적 요인과 같은 광범위한 상황적(맥락적) 영향, 그리고 경쟁이나 사회적 기대와

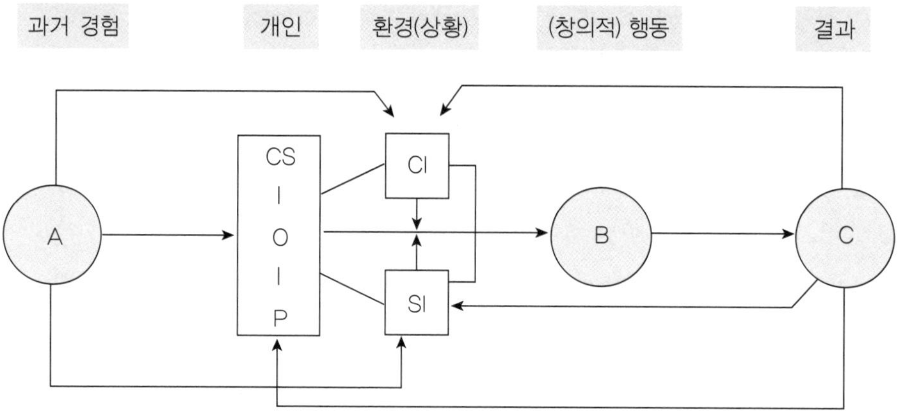

A = 과거 경험(antecedent conditions)
C = 결과(consequences)
CS = 인지 유형/능력(cognitive style/ability)
CI = 상황적 영향(contextual influences)
B = 창의적 행동(creative behavior)
O = 유기체(organism/person)
P = 성격 차원(personality dimension/individual traits)
SI = 사회적 영향(social influence)

[그림 1-1] 창의적 행동에 대한 상호작용주의 모형

출처: Woodman & Schoenfeldt(1990: 285).

같은 미시적인 사회적 영향으로 구분된다. 이러한 개인 요인과 환경 요인에 포함된 모든 요인이 상호작용하여 인간의 창의적 행동에 영향을 미치고 창의적 결과가 나타나는데, 창의적 행동의 결과는 역으로 피드백을 통해 개인과 환경 요인 모두에 영향을 준다고 본다. 이 모형은 창의성을 설명하기 위해 창의적인 '사람', '산출물', '환경'을 포괄하는 이론적 기초를 제공한다.

또한 애머빌(1983/1996)은 창의성 발현에 있어서 사회적 환경과 개인의 관계를 설명하기 위해 '창의성 구성 요소 모형'을 [그림 1-2]와 같이 제시했다. 애머빌(1989)은 창의성이 발현되는 과정을 '수프 만들기'에 비유했는데, [그림 1-2]에서 개인의 '마음'은 큰 솥, '영역 관련 기능'은 수프에 들어가는 기본 음식 재료들, '창의성 관련 기능'은 잘 배합된 양념, '과제 동기'는 불이라고 보았다. 즉 맛있는 수프(창의적 산출물)를 끓이기 위해서는 솥(개인의 마음)에 기본 재료들(영역 관련 기능)을 넣고, 양념(창의성 관련 기능)을 뿌려서 뜨거운 불(과제 동기)에

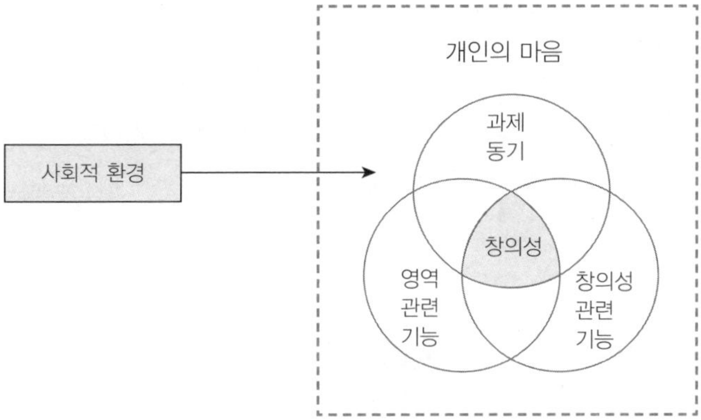

[그림 1-2] 애머빌의 창의성 구성 요소 모형

출처: Amabile(1983/1996).

끓여야 한다고 했다. 이와 같이 창의성이 발현되기 위해서는 세 가지 개인 요소가 필요한데, '과제 동기'는 과제에 대한 태도와 자신의 동기 지각을 의미한다. 그리고 '영역 관련 기능'은 해당 영역의 지식, 특수 기능 및 재능을 말하고, '창의성 관련 기능'은 인지 유형,[2] 새로운 아이디어를 생성하는 방법에 대한 지식 및 작업 유형[3]을 뜻하며, 이 세 요소가 결합해 창의성이 발현된다고 했다. 또한 '사회적 환경'은 세 요소 모두에 영향을 미치지만, 특히 과제 동기에 많은 영향을 줌으로써 개인의 창의성 발현에 중요한 역할을 한다.

한편 어번(1996)은 창의성을 설명하는 더 포괄적인 관점으로 창의적으로 해결해야 할 '문제problem', 문제를 산출물로 만드는 '과정process', 창의성을 드러내는 '산출물product', 창조하는 '개인person' 그리고 창의성 발현을 위해 필요한 외적 조건으로서의 '환경environment'이 어떻게 상호작용하는지를 보여

2 '인지 유형'에는 오래된 사고 유형에서 벗어나기, 복합성 이해하기, 판단 유보하기 등이 포함된다.

3 '작업 유형'에는 오랫동안 노력과 관심을 집중시키는 능력, 어려움에 직면했을 때의 인내심, 열심히 하려는 자발성 등이 포함된다.

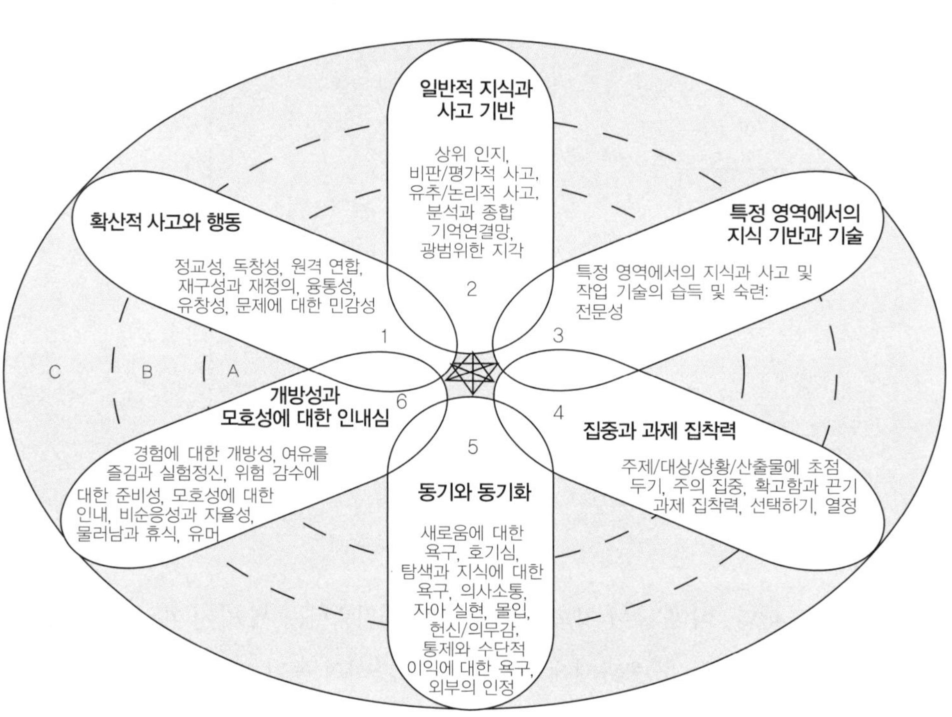

[그림 1-3] 창의성 구성 요소 모형

출처: Urban(1996: 18).

주는 4PE[4] 상호작용 구조를 제시했으며, 이를 기반으로 [그림 1-3]과 같은 '창의성 구성 요소 모형'을 제시했다.

어번의 창의성 구성 요소 모형에는 창의성과 관련된 여섯 가지 '개인 특성 요소'가 제시되어 있는데, 이러한 개인 특성 요소에는 인지적 요소와 정의적 요소가 모두 포함되어 있다. '인지적 요소'로는 확산적 사고와 행동, 일반적 지

4 로더스(Rhodes, 1961)는 창의성에 대한 많은 정의가 창의적인 사람person, 과정process, 산출물product, 환경press의 네 가지 요소 중 하나에 초점을 두고 있음을 발견하여 창의성의 4P 모형을 제시한 바 있는데, 어번(1996)은 여기에 문제problem를 추가하여 4PE 모형을 제시했다.

식과 사고 기반, 특정 영역에서의 지식 기반과 기술이, '정의적 요소'로는 성격 특성인 집중과 과제 집착력, 개방성과 모호성에 대한 인내심 그리고 동기 등이 포함되어 있다. 이러한 여섯 가지 개인 특성 요소가 각기 창의성에 영향을 미칠 뿐만 아니라 다른 요소들과 역동적으로 상호작용해 창의성에 영향을 주며, 가족, 학교, 사회 등 '환경 체제'는 이러한 여섯 가지 개인 요소와 요소들 간의 상호작용에 영향을 미친다고 했다.

또한 스턴버그와 루바트(Sternberg & Lubart, 1995, 1996)는 창의적인 사람을 주식을 싸게 사서 비싸게 팔려고 하는 주식 투자자에 비유하여 투자 이론을 제시했다. '투자 이론investment theory'이란 창의적인 사람들은 처음에는 잘 알려지지 않아서 제대로 인정받지 못하지만, 결국에는 가치 있는 것으로 인정받고 평가받게 될 아이디어들을 개발하는 데 에너지를 투자한다는 것이다. 이러한 투자 이론에 의하면 창의적인 수행은 여섯 가지 자원, 즉 지적 능력intellectual abilities, 지식knowledge, 사고 유형thinking styles, 성격 특성personality traits, 동기motivation, 환경environment의 요소가 결합될 때 가능하다. 창의성의 구성 요소라고 할 수 있는 이 여섯 가지 자원을 간단히 설명하면 다음과 같다. 첫째, '지적 능력'이란 문제를 새로운 방식으로 보고, 전통적 사고의 한계를 벗어나는 종합적 능력, 아이디어의 가치를 인식할 수 있는 분석적 능력 그리고 아이디어의 가치를 다른 사람들에게 설득시킬 수 있는 실제적 능력을 말하는데, 창의성이 발현되려면 이 세 가지 지적 능력이 통합되어야 한다는 것이다. 둘째, 새로운 아이디어를 얻기 위해서는 특정 분야에 대한 충분한 '지식'이 있어야 한다고 보았다. 그러나 다른 한편으로 특정 분야에 대한 많은 지식은 폐쇄적인 시각을 갖게 함으로써 기존 시각에서 벗어나 새로운 방식으로 사고하는 것을 방해할 수도 있다는 측면도 지적했다. 셋째, '사고 유형'이란 정보를 수집하고, 처리하고, 학습하고, 결정을 내리는 등 자신의 능력을 이용하는 방식에 대한 선호와 관련된 것으로, 창의적인 사람은 스스로 계획하고, 규칙을 만들고, 구조화되지 않은 문제를 해결하는 것을 즐기는 입법적 사고 유형, 새로운 방식으로 사고하는 것을 선호하는 진보적 사고 유형 그리고 지엽적인 것보다는 전체적 수준에서 정보를 처리하는 전체적 사고 유형을 선호한다고 보았다. 넷째, 창의성과 관련된 '성격 특성'에는 모호함에 대한 참을성, 인내심, 새로운 것에 대한 개방성, 위험 감수 의지, 자기 확신 등이 포함된다. 다섯째, '동기 요소'에서는 내적 동기와 과제 중심적 동기가 필수 조건이다. 다시 말해 자신이 하고 있는 일을 정말로 사랑하거나, 일 그 자체에 초점을 맞추게 하는 동기가 중요하다. 여섯째, '환경적 요소'는 개인의 창의적인 아이디어를 지원하고 보상하는 외적 환경을 의미한다. 창의적으로 사고하는 데 필요한 내적 자원을 모두 가지고 있을지라도 외적 환경의 지원이 없다면 개인의 창의성이 발현되기 힘들다는 것이다.

또한 투자 이론에서는 '창의성이란 개인의 각 요소의 수준을 합한 것 이상의 것'이라고 하며, 다음과 같이 가정하고 있다(Sternberg & Lubart, 1995, 1996). 첫째, 일부 요소(예: 지식)는 경계 수준이 있는데, 다른 요소들의 수준이 높을지라도 한 요소가 경계 수준 미달이면 창의성이 불가능하다는 것이다. 둘째, 강점 요소(예: 강한 동기)가 다른 약점 요소(예: 열악한 환경)와 상호작용해 약점을 부분적으로 보완해줄 수도 있다. 셋째, 요소들의 상호작용(예: 지능과 동기의 상호작용)도 일어날 수 있는데, 높은 수준의 두 요소가 상호작용해 창의성을 배가시킬 수 있다.

이러한 창의성 이론들은 '개인'을 중심으로 하여 '환경'과의 상호작용을 중시했는데, 칙센트미하이(1999)는 환경의 특성은 '영역'이라고 불리는 문화적·상징적 측면과 '분야'라고 불리는 사회적 측면의 두 가지 측면을 갖는다고 보고 창의성이란 "개인, 영역, 분야 간의 상호작용이 일어나는 교차점에서 관찰될 수 있다"고 설명했다. 그는 이러한 체제적 접근을 '창의성의 체제 모형 systems model'으로 발전시켜 [그림 1-4]와 같이 제시했다.

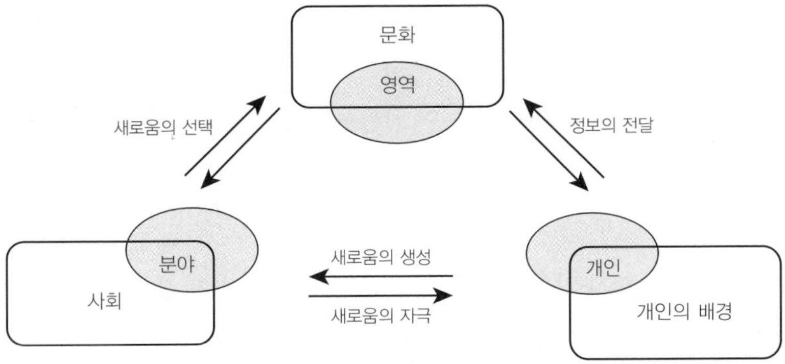

[그림 1-4] 창의성의 체제 모형

출처: Csikszentmihalyi(1999: 315).

[그림 1-4]를 보면 '개인'은 해당 영역의 기본 지식이 없이는 새로움을 창출할 수 없으므로 '영역'으로부터 체계적인 법칙이나 정보들을 전수받아 그 영역에서 새로운 산출물을 생성하게 된다. 이때 중요한 것은 개인이 새로운 것을 산출했다고 해서 자동적으로 영역에 포함되는 것이 아니라, 사회 속에서 그 '분야'의 구성원들로부터 새로운 것으로 인정받아 선택되었을 때 비로소 영역에 포함될 수 있으며, 그러한 것들이 모아져서 문화가 구성된다는 것이다.

지금까지 살펴본 창의성에 대한 통합적 접근들은 개인적 요소를 강조하는지 아니면 환경의 영향을 더 강조하는지 등에 따라서 차이가 있지만, 다음과 같은 공통점을 가지고 있다(Lubart, 1999a). 첫째, 창의성 발현을 위해서는 창의성을 구성하는 인지적·정의적·환경적 요소가 함께 작용되어야 한다는 포괄적인 이론을 제시하고 있다. 둘째, 창의성의 개념을 복합적이고 다면적인 현상으로 설명한다. 셋째, 여러 영역의 창의성을 설명할 수 있다. 넷째, 탁월한 수준의 창의성뿐만 아니라 평범한 사람의 창의성도 설명할 수 있다.

요약

창의성의 초기 연구에서는 창의적인 사람의 '사고 과정'이나 '특성'과 같은 특정 부분에 초점을 두어 창의성을 정의했으나 최근에는 '사람', '과정', '산출물', '환경'과 같은 여러 측면을 모두 고려해 개념화하고 있다.

창의성 이론은 크게 인지적 접근, 정의적 접근, 사회적·환경적 접근, 통합적 접근의 네 가지 접근 방법으로 소개되었다.

인지적 접근에서는 확산적 사고 중심 이론과 인지 과정 중심 이론 그리고 인공지능 이론으로 나누어서 소개했다. '확산적 사고 중심 이론'에서는 확산적 사고가 새로운 아이디어를 생성하는 데 기여한다고 보았고, '인지 과정 중심 이론'에서는 아이디어 생성 과정, 평가 과정 및 정교화 과정과 이에 수반되는 여러 요소들의 작용을 통해 창의적 사고가 이루어진다고 제안했으며, '인공지능 이론'에서는 컴퓨터를 이용한 창의적인 사고 과정에 관한 연구들을 소개했다.

정의적 접근에서는 심리학적 이론과 성격 특성 및 동기 이론을 소개했다. '심리학적 이론' 중 정신분석 이론에서는 인간의 무의식의 세계 또는 전의식의 세계를 창의성의 근원으로 보았고, '행동주의 이론'에서는 보상의 중요성을 강조했으며, '인본주의 이론'에서는 창의성을 인간의 자아 실현으로 설명했다. '성격 및 동기 이론'에서는 창의적인 사람들에게 있어서 자율성, 광범위한 관심 등의 성격 특성과 일에 대한 내적 동기가 창의성과 관련이 있다고 설명했다.

사회적·환경적 접근에서는 '환경'의 역할에 주목해 사회적·문화적 수준에서의 다양한 환경 변인들, 분야와 영역 및 과제 수행 조건들이 창의적 수행에 영향을 미친다고 설명했다.

통합적 접근에서는 창의성을 다양한 요소들로 이루어진 복합적·다면적 개념으로 정의하고, 창의성이 발현되기 위해서는 창의성을 구성하는 '인지적·정의적·환경적 요소들'이 함께 작용되어야 한다고 주장한다.

토의 과제

※ 자신이 알고 있는 사람들 중 뛰어나게 창의적이라고 생각하는 사람(혹은 나 자신)을 생각해보자. 그 사람은(나는) 어떤 면에서 창의적이라고 생각하는가?

1. '인지적 접근'에서 볼 때 구체적으로 그 사람은(나는) 어떤 면에서 창의적이라고 생각하는가?
2. '정의적 접근'에서 볼 때 그 사람은(나는) 어떤 성격 특성과 동기를 갖고 있다고 생각하는가?
3. '사회적·환경적 접근'에서 볼 때 주변 환경이 그 사람에게(나에게) 어떻게 영향을 주었다고 생각하는가?
4. 우리나라가 아닌 '다른 국가나 문화'에서도 그 사람을(혹은 나의 업적을) 창의적이라고 볼 것인가?

제2장 창의성의 구성 요소

앞 장에서 살펴본 바와 같이 창의성은 다양한 측면을 가지고 있어서 여러 요소가 상호작용하여 발현된다. 이 장에서는 앞 장의 창의성 이론에 기초하여 창의성 발현에 영향을 주는 여러 구성 요소를 인지적·정의적·환경적 측면으로 나누어 탐색해보고자 한다.

1. 인지적 측면의 구성 요소

창의적 사고 과정에는 눈에 보이지 않는 여러 가지 인지적 요소가 작용하는데, 이러한 요소들을 '지적 능력'과 '지식' 그리고 '인지 양식'으로 구분하여 살펴보면 다음과 같다.

1) 지적 능력

'지적 능력intellectual ability'이란 문제를 인식하고, 계획·검토·평가하는 데 필요한 사고력, 즉 문제 해결 과정에 필요한 사고 기술과 능력이다. 이러한 지적 능력은 크게 '확산적 사고'와 '수렴적 사고'로 나뉘는데, 수렴적 사고는 일반 지능과 기타 지적 능력을 포함한다.

(1) 확산적 사고

'확산적 사고divergent thinking' 개념은 길퍼드(1950)의 지능 이론인 '지능구조 모형Structure-of-Intellect model: SI model'에서 시작되었다. 이 모형에 의하면 지능은 세 가지 기본 차원인 '작용(사고하는 방식)', '내용(생각하는 대상)', '결과'로 이루어지는데, 이들의 하위 요소들이 서로 결합해 120개의 구별된 정신 능력을 구성한다. 이렇게 많은 정신 능력은 나중에 180개로 더 세분화되었다(Guilford, 1988; [그림 2-1] 참조).

지능을 이루는 세 차원 중 하나인 '작용'에는 '확산적 산출'이 포함되어 있는데, 이는 확산적 사고를 통한 산출을 의미한다. '확산적 사고'란 '정보에 대한

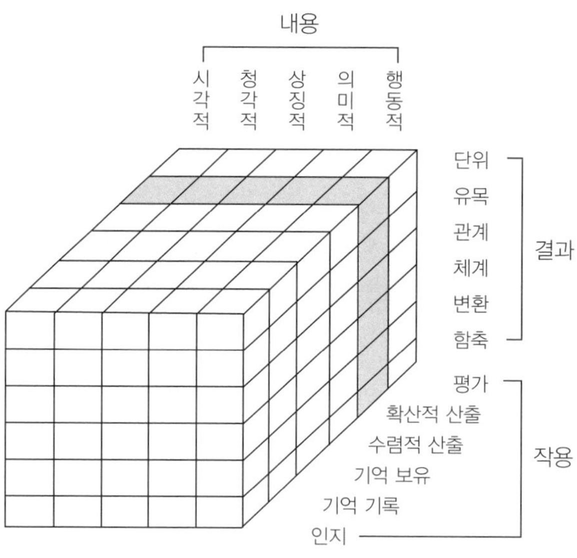

[그림 2-1] 길퍼드의 지능구조 모형

출처: Guilford(1988: 3).

광범위한 탐색, 그리고 문제(예: 종이 클립의 독특한 이용법 찾기)에 대해 새로운 답을 많이 생성하는 능력'을 말한다. 더 나아가 길퍼드는 확산적 사고를 문제에 대한 민감성(문제를 인지하는 능력), 유창성(많은 아이디어를 생성하는 능력), 융통성(다양한 범주의 아이디어를 생성하는 능력), 독창성(독특한 연합을 생성하는 능력) 등의 여러 요소로 구분했다. 창의성에서 확산적 사고의 중요성은 다양한 아이디어를 많이 생성할수록 더 독창적인 아이디어가 나올 가능성이 높아진다는 가정에서 나온다.

또한 메드닉(Mednick, 1962)도 독창적인 아이디어를 떠오르게 하는 확산적 사고가 창의적 사고에 도움이 된다는 가정하에 확산적 사고를 통해 창의적 사고의 잠재 가능성을 평가하고자 원격 연합 검사Remote Associate Test: RAT를 개발한 바 있다. 메드닉의 '연합 이론'에 의하면 우리의 마음은 단어나 이미지, 공식과 같은 무수한 아이디어들로 구성되어 있고, 한 아이디어는 다른 아이디어와 연합되어 있어서 이러한 '연합 체인associative chain'을 따라 한 아이디어에서 다른 아이디어로 이동한다는 것이다. 우리가 문제에 답하고자 아이디어를 생각해낼 때 한 아이디어가 다른 아이디어를 떠오르게 하고, 그 아이디어는 또 다른 아이디어를 떠오르게 하여 계속해서 꼬리를 물고 아이디어가 생성되는데, 이러한 연합 체인에서는 나중에 연상된 아이디어가 앞서 연상된 아이디어보다 더 독창적이라고 본다. 따라서 먼 거리에 있는 독창적 아이디어를 생각해내기 위해서는 문제를 해결할 때 과제에 충분한 시간을 할애해야 한다(Runco, 1999b).

그렇다면 확산적 사고와 창의적 수행 간에는 실제로 관계가 있을까? 확산적 사고 능력과 창의적 성취의 관계에 대해 많은 연구(Barron & Harrington, 1981; Brown, 1989; Rossman & Horn, 1972; Torrance, 1988)가 이루어져왔는데, 이러한 연구 결과들을 종합해보면 확산적 사고 검사 점수는 창의성 점수와 대체로 낮은 상관(r = .2 ~ .3)이 있는 것으로 나타났다. 그러나 확산적 사고가 창의성에 기여하는 유일한 능력이라기보다는 여러 지적 능력 중의 하나라는 점을 감안한다면 이는 적절한 수준의 상관관계로 볼 수 있다(Lubart, 1994; Runco, 1991).

앞서 살펴본 이론과 경험적 연구 결과를 함께 고려할 때 '확산적 사고'는 독창적이고 새로운 아이디어들을 생각해내는 데 도움이 되므로 창의성 발현에 필요한 지적 능력으로 볼 수 있다. 그러나 확산적 사고 검사 점수와 다른 창의성 점수 간의 상관이 낮다는 점을 고려해볼 때 확산적 사고를 곧 창의성의 전부라고 생각하기보다는 창의성에 기여하는 여러 지적(사고) 능력 중 하나로 간주해야 할 것이다.

(2) 수렴적 사고

확산적 사고가 새로운 아이디어와 가능성들을 많이 생성해내는 사고인 반면, '수렴적 사고convergent thinking'는 생성된 아이디어들을 분석·비교·선택해 문제에 대한 옳은 해결책에 도달하도록 하는 사고이다. 이러한 수렴적 사고 과정은 '비판적critical' 사고와 '판단적judicial' 사고를 모두 포함한다(Carson & Runco, 1999). 수렴적 사고는 옳고 적절한 아이디어에 초점을 두게 되므로 일반적으로 사람들은 창의성과 관련이 없다고 생각하기도 하는데, 창의적 산출물을 생성하는 과정에서는 수렴적 사고도 필요하다. 먼저 확산적 사고 과정을 통해 새롭고 독창적인 아이디어를 생성한 다음에 수렴적 사고 과정을 통해 생성된 아이디어들 중에서 최선의 아이디어를 선택하기 때문이다. 따라서 확산적 사고는 산출물의 '독창성'에, 수렴적 사고는 산출물의 '적절성'에 기여한다.

니커슨 등(1985)은 비판적 사고와 창의적 사고는 별개의 것이 아니라 동전의 양면 같아서 실제 문제 해결에서는 두 종류의 사고가 함께 작용한다고 보았다. 예를 들어 아이디어 생성 과정에서는 창의적 사고를 통해 독특한 아이디어들을 생성하고, 적절한 생각을 걸러내는 과정에서는 비판적 사고를 통해 가장 독특하고 새로운 아이디어를 선택해야 하므로 비판적 사고도 산출물의 독창성에 기여할 수 있다는 것이다. 이러한 역할 외에도 비판적 사고는 하위 목적을 생성하게 하여 산출물의 창의성에 기여할 수 있다. 다시 말해 한 아이디어가 적절하지 않다는 것을 발견했지만 달리 적절한 아이디어가 없을 때 비판적 사고를 통해 그 아이디어의 문제점이나 부족한 부분을 보완함으로써 더 새롭고 적절한 아이디어로 개선할 수 있다. 따라서 니커슨 등(1985)은 비판적 사고와 창의적 사고를 따로 구분할 수 없으며, 비판적 사고가 창의적 사고의 한 부분이라고 보았다.

한편 룬코(1999a)는 비판적 사고와는 또 다른 수렴적 사고인 '가치 평가 valuation'를 제안한 바 있다. 이 사고는 아이디어들의 문제점에 초점을 두고 비판적으로 사고하기보다는 아이디어들의 독창성에 초점을 두면서 유용한 것을 선택하게 함으로써 결국 독창적이고도 유용한 아이디어, 즉 창의적인 아이디어를 선택할 수 있게 한다. 창의성은 '새롭고, 적절한 산출물을 생성해내는 능력'이라는 정의를 고려해볼 때 확산적 사고가 새로운 아이디어 생성을 위해 필요하다면 수렴적 사고는 산출물의 새로움(독특함)과 적절성(유용성)을 판단하거나 평가하고 문제점이나 부족한 점을 발견하여 더 새롭고 더 적절한 아이디어를 생성하는 데 필요하므로 이 둘은 창의적 과정에서 상보적으로 작용한다고 볼 수 있다.

전통적인 지능 검사에서는 전형적인 수렴적 사고를 강조하는데, IQ로 측정된 '지능(수렴적 사고)'과 '창의성'의 관계에 대한 연구 결과들은 다음과 같이 크게 세 가지로 나누어볼 수 있다(Sternberg, 1999). 첫째, 창의적인 사람은 평균보다 높은 IQ, 흔히 120 이상의 IQ를 가지고 있다. 둘째, IQ 120 이하에서는 창의성이 IQ와 높은 상관을 나타내지만, 120 이상에서는 상관이 낮거나 거의 없다. 다시 말해 일단 IQ가 120이 넘으면 120 이하에서만큼 창의성에 중요한 기여를 하지 않는 것으로 나타난다. 셋째, IQ와 창의성의 상관관계는 대개 낮은

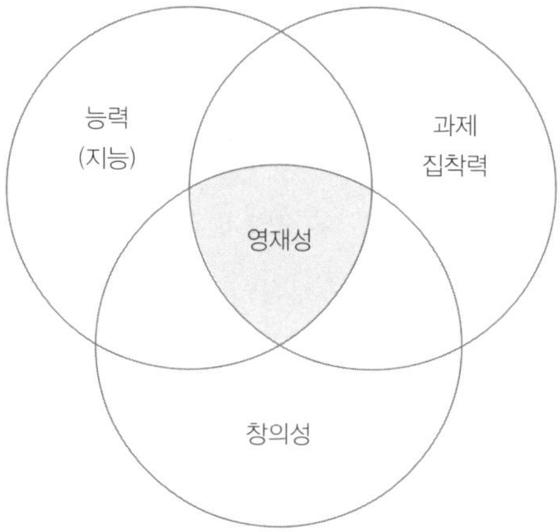

[그림 2-2] 세 고리 모형

출처: Renzulli(1986: 66).

상관에서 보통 정도의 상관을 나타낸다.

한편 영재성을 설명하기 위해 렌줄리(Renzulli, 1986)는 '세 고리 모형three ring model'을 제시했는데, [그림 2-2]를 보면 영재성은 평균 이상의 '능력(전통적인 방법으로 측정된 지능)', '창의성' 그리고 '과제 집착력'의 교집합으로 설명된다. 그는 IQ로 대변되는 전통적인 영재성과 창의적인 아이디어를 생성하는 '창의적-생산적creative-productive 영재성'을 구분해 전통적인 IQ로 영재를 선발하면 창의적인 영재를 간과할 수 있다고 지적했다.

지금까지 창의성을 발현하는 데 필요한 인지적 요소로서 확산적 사고와 수렴적 사고, 일반적 지능IQ에 대해 살펴보았다. 이와는 또 다른 인지적 능력도 있다. 예를 들어 1장에서 다룬 스턴버그와 루바트(1995)의 '투자 이론'에서는 창의성 발현에 필요한 여섯 가지 자원으로 '지적 능력', '지식', '사고 양식', '성격 특성', '동기', '환경'을 들었는데, 그중 하나인 '지적 능력'은 통합적·분석적·실제적 능력을 의미한다. '통합적synthetic 능력'은 전통적 사고의 틀에서 벗어나 과제에 적절한 새로운 아이디어를 생성하는 능력이며, '분석적analytical 능력'(그 일부가 전통적 지능 검사로 측정됨)은 여러 아이디어를 평가해 계속 추진할 가치가 있는 아이디어가 어떤 것인지를 결정하는 능력이다. 또 '실제적practical 능력'은 아이디어의 가치를 다른 사람들에게 전달하고 설득할 수 있는 능력을 뜻하는데, 창의성 발현을 위해서는 이 세 가지 지적 능력이 통합되어야 한다는 것이다. 예를 들어 '분석적 능력'은 있지만 다른 두 능력이 부족한 사람은 매우 비판적이지만 창의적인 사고를 하기 힘들고, '통합적 능력'은 있지만 다른 두 능력이 없는 사람은 새로운 아이디어를 생성할 수는 있지만 그 아이디어에 대한 전망을 평가하고 실제로 실행하는 데 필요한 치밀한 조사를 하지 못한다. 또한 '실제적 능력'은 있지만 다른 두 능력이 없는 사람은 아이디어를 설득력 있게 전달하기는 하지만 그 아이디어 자체는 훌륭하지 않을 수 있다.

스턴버그와 루바트가 제시한 '통합적 능력'은 새로운 아이디어를 생성하는 능력으로 확산적 사고 능력과 유사하고, '분석적 능력'은 여러 아이디어를 평가해 추진할 가치가 있는 아이디어를 결정한다는 점에서 수렴적 사고와 유사하다. 창의성 발현을 위해서는 이러한 지적 능력, 즉 아이디어 생성 능력과, 생성된 아이디어의 새로움과 적절성을 판단하고 평가할 수 있는 능력 모두가 필요하다.

2) 지식

하나의 영역이나 분야에서 창의적인 성취를 이루기 위해서는 해당 영역에 대해 얼마나 많은 지식이 필요할까? 특정 영역에서의 지식은 명제적 지식과 절차적 지식으로 개념화될 수 있는데, '명제적declarative 지식'은 사실과 개념 등을 의미하고, '절차적procedural 지식'은 명제적 지식을 획득하는 데 필요한 방법적 지식을 뜻한다. 창의성이 발현될 때 지식이 어떤 역할을 하는지에 대해서는 두 가지 다른 관점이 있다(Weisberg, 1999). 먼저 기존 지식이 창의성에 부정적인 영향을 미친다고 보는 '긴장 관점tension view'이 있는데, 이 관점에서는 한 분야에 대해 너무 많은 지식이나 경험을 갖게 되면 틀에 박힌 사고를 하게 되어 창의성이 제한될 수 있다고 본다. 다시 말해 과거의 지식과 경험이 기존의 시각에서 벗어나 새로운 방식으로 사고하는 것을 방해한다는 것이다.

이러한 긴장 관점을 지지하는 입장으로는 창의적인 성취를 이룬 192명의 유명한 사람들을 대상으로 했던 사이먼튼(1984)의 연구를 들 수 있다. 그는 형식적 교육 기간과 창의적 성취 간에 역 U자 관계가 있음을 밝혀내고, 지나친 형식적 교육은 창의적인 사고를 방해한다고 보았다. 또한 과거에는 성공적이었던 문제 해결 전략의 '부정적 전이'에 관한 연구들(Frensch & Sternberg, 1989; Luchins & Luchins, 1959)도 긴장 관점을 지지한다. 그러한 연구들에 의하면 과거에는 성공적이었던 문제 해결 전략이지만 문제 상황이 변해서 전면 수정해야 할 경우에는 기존 상황에서의 경험이 많을수록 더 어려움을 겪었다. 이는 한 분야에서의 전문성이 상황이 달라지면 오히려 불리하게 작용하는 것으로 해석된다.

반면 창의성을 위해서는 지식이 필요하다고 보는 '토대 관점foundation view'이 있는데, 창의적인 사고를 하려면 기존 지식에서 벗어나기보다는 오히려 그 지식에 의존하고, 지식을 토대로 해야 한다고 보는 입장이다. 이러한 토대 관점을 취한 애머빌(1983, 1996)은 '창의성 구성 요소 모형'에서 창의성에 영향을 미치는 세 요소 중 첫 번째 요소로 '영역 관련 기능들domain-relevant skills'을 제시했는데(1부 1장 2절 '창의성 이론' 중 '4) 통합적 접근' 내용 참조), 그 하위 요소로 '사실적·절차적 지식'을 제안함으로써 특정 영역의 지식이 필요하다고 보았다. 그루버와 데이비스(Gruber & Davis, 1988)의 '창의성에 대한 진화적 체제 모형evolving-systems approach to creative thinking'에 의하면 창의적인 사람은 일생을 통해 함께 진화하는 3개의 체제, 즉 지식 체제, 감정이나 정서 체제, 목적 체제를 가지고 있다고 한다. 여기서 '지식 체제'란 개인이 자기 선택적으로 조직하는 인지 구조를 의미하며, 창의적 수행에 중요한 역할을 한다.

또한 와이스버그(Weisberg, 1986)는 어떤 영역에서든 창의적인 사고를 하려면 해당 영역의 폭넓은 지식이 필요하다고 보았다. 사람들은 순간의 비범한 통찰에 의해서가 아니라, 오랫동안 쌓아온 지식을 토대로 새로운 해결 방법을 생각해낸다는 것이다. 칙센트미하이(1996)는 여러 분야에서 매우 창의적인 사람들 91명을 대상으로 인터뷰를 실시한 결과, 창의적인 공헌을 하고자 하는 사람은 해당 영역의 지식을 공부해 스스로가 그 지식 체계를 재생산해야 한다고 결론지었다. 한 영역을 변화시키려면 먼저 해당 영역의 지식을 완전히 습득해야 한다는 것이다. 요컨대 여러 영역에서 창의적인 산출물을 만들어내기 위해서는 수년에 걸친 지식의 습득이 필요하다고 보았다.

헤이스(Hayes, 1989)의 연구 결과도 이러한 주장을 뒷받침해주는데, 76명의 위대한 작곡가가 작곡한 500개 이상의 유명한 곡들 중에서 경력 10년 이전에 작곡된 것은 겨우 세 곡뿐이었다고 한다. 특히 과학 분야에서는 지식이 더 중시된다(Mansfield & Busse, 1981/1993; Ochse, 1990; Simonton, 1988). 사이먼튼(1988)에 의하면 과학적 개념이나 기술은 전문적인 교육이나 훈련을 통해 습득되므로 과학에서 창의적인 성취를 하려면 다른 분야에서보다 해당 영역에서의 지식과 기능의 습득이 더 중요하다. 사실 과학에서도 위대한 혁신은 당시 과학에 완전히 정통한 사람에게만 가능했고, 운 좋은 뜻밖의 발견도 그것이 무엇을 의미하는지 알아볼 수 있는 충분한 지식이 있는 사람에게만 가능했다(Nickerson, 1999).

스턴버그와 루바트(1995)는 지식을 형식적 지식과 비형식적 지식으로 구분하고, 창의성에서 이 두 지식이 모두 중요하다고 했다. '형식적formal 지식'이란 책, 강의, 기타 직접적인 교수를 통해 학습하게 되는 지식이며, '비형식적 informal 지식'이란 명시적으로 가르쳐지거나 말로 표현되지 않지만, 해당 분야에서의 경험을 통해 알게 되는 지식을 뜻한다. 스턴버그와 루바트(1993)는 창의성에서의 '지식의 중요성'을 다음과 같이 열거했다. 첫째, 지식이 없으면 문제를 인식하거나 문제의 본질을 이해하기 어렵다. 둘째, 지식은 특정 분야에서 이미 알려진 아이디어를 재발견하는 수고를 덜어주고, 정말 새로운 산출물을 생성하게 해준다. 셋째, 지식을 통해 현재의 사고가 어디에 위치하고 있는지 알 수 있고, 새로운 아이디어를 수용하거나 생성할 수 있다. 넷째, 지식은 창의성 판단 기준의 하나인 질적으로 높은 수준의 작품을 생성하게 해준다. 다섯째, 지식은 새로운 아이디어에 정신을 집중할 수 있게 해준다. 지식이 없는 사람들은 대부분의 정신력을 기본 지식을 습득하는 데 소모해야 한다. 여섯째, 지식이 있어야 우연히 발생한 일도 창의적인 아이디어의 원천으로 인지하고 이용할 수 있다.

'토대 관점'을 취하는 학자들은 창의적인 아이디어를 생성하는 데 필요한 영역 관련 지식이 어떻게 저장되어 있는지도 매우 중요하다고 본다. 적용 범위가 좁은 단편적인 사실보다는 일반적인 원리를 중심으로 조직된 지식이 더 유용하며, 높은 수준의 창의성에 기여한다는 것이다(Amabile, 1983, 1996). 헤이스(Hayes, 1989)도 창의성을 위해서는 지식을 서로 관련지어 네트워크처럼 조직해 인출 가능한 형태로 저장해야 한다고 했다.

지금까지 지식의 역할을 정반대로 보는 긴장 관점과 토대 관점에 대해 살펴보았다. 그렇다면 이 두 관점은 상호 배타적인 것일까? 스턴버그와 루바트(1995)에 의하면 지식은 긍정적 측면과 부정적 측면을 모두 가지고 있다. 앞서 언급했듯이 지식은 창의성에 여러 가지로 도움을 주기도 하지만, 지나치게 영역 관련 지식에 의존할 경우에 때로는 창의성이 제한을 받아 기존의 시각에서 벗어난 새로운 방식의 문제 접근이 방해받을 수도 있다. 이러한 지식의 양면성을 고려한다면 지식의 부작용을 극복하는 동시에 잘 활용해야 할 것이다.

'긴장 관점'을 지지하는 사이먼튼(1984)의 연구는 형식적 교육을 받은 기간과 창의적 수행 간의 관계를 연구한 것이지, 지식과 창의성의 관계를 직접적으로 연구한 것은 아니다. 또한 그가 연구한 대상들은 주로 1450년대에서 1850년대 사이에 활동했던 인물들인데, 당시의 학문 수준과 현대의 학문 수준은 다르므로 그 당시 형식적 교육과 지금의 형식적 교육을 같은 의미로 사용하는 데에는 무리가 있다. 따라서 그의 연구 결과를 통해 지식이 창의적 수행에 부정적인 영향을 미친다고 결론 내리기는 어렵다. 긴장 관점의 또 다른 예로 제시되었던 지식의 부정적 전이에 관한 연구들(Fensch & Sternberg, 1989; Luchins & Luchins, 1959)에서도 기존 지식 그 자체가 창의성에 부정적인 영향을 미쳤다기보다는, 새롭게 변화된 상황에 맞게 지식을 창의적으로 적용하지 못하고 기존 지식을 그대로 적용함으로써 창의성에 부정적인 영향을 미쳤다고 보아야 할 것이다.

이러한 연구들은 지식 그 자체가 창의적 수행에 방해가 된다는 것보다는 창의적 수행을 하려면 지식만으로는 충분하지 않고, 다른 능력도 필요함을 시사한다고 해석할 수 있다. 한 예로, 아무리 높은 수준의 영역 관련 지식이 있어도 창의성 관련 기술이 부족하면 창의적 수행이 불가능하다(Amabile, 1983, 1996). 요컨대 조직과 형태, 저장, 적용이 적절하게 이루어진다면 '해당 영역 관련 지식'은 창의적 성취에 꼭 필요한 것이다. 그러나 '지식' 하나보다는 다른 구성 요소들과 함께 상호작용할 때 상승 효과를 가져와 훨씬 높은 수준의 창의적인 수행을 가능하게 할 것이다.

3) 인지 양식

사람들은 각자 정보를 받아들이고 처리하는 스타일이 다르다. 정보를 처리하고 문제를 해결하는 방식에서 나타나는 이러한 개인의 성향을 '인지 양식 cognitive style'이라고 하는데, 성격이 인지 과정에 누적적으로 영향을 미친 결과라고 할 수 있다(Martinsen & Kaufmann, 1999). 일반적으로 인지 양식은 '인지 능력cognitive abilities'과는 다르다. 인지 양식은 우리가 정보를 어떻게 혹은 어떤 방식으로 처리하는가를 나타내는 반면, 인지 능력은 자극을 얼마나 잘, 얼마나 많이, 또는 얼마나 정확하게 처리하는가와 관련이 있다(Martinsen & Kaufmann, 1999). 다시 말해 정보를 처리하는 방식인 인지 양식은 정보를 처리하는 능력의 수준을 뜻하는 인지 능력과는 차이가 있다. 그렇다면 인지 양식과 창의성은 어떤 관계가 있을까? 인지 양식을 연구하는 학자들은 사람들을 양식별로 구분해 어떤 유형의 사람들이 더 창의적인 수행을 하는지에 관심을 갖는다.

첫 번째, '장의존성field dependence-장독립성field independence 이론'에서는 사람들을 두 유형으로 구분하여 장독립적인 사람들은 내적인 인지적 재구성을 잘하는 반면 장의존적인 사람들은 외적인 것에 더 민감해서, 장독립적인 사람이 장의존적인 사람보다 더 창의적이라고 판단했다. 그러나 한 인지 양식의 전형적인 특성을 가진 사람들보다는 두 유형의 특성을 모두 가지고 상황에 따라 달리 대처하는 융통성 있는 사람들이 더 창의적일 수 있다는 의견도 있다(Martinsen & Kaufmann, 1999).

두 번째, 커튼(Kirton, 1976)의 '적응-혁신adaption-innovation 이론'에 의하면 창의성의 유형에는 '적응적 창의성'과 '혁신적 창의성'이 있다. 적응적 창의성과 혁신적 창의성은 모두 변화에 우호적이지만, 그 방법과 정도에서 차이가 있다. 적응적 창의성은 기존의 틀 안에서 점진적 개선을 추구하는 반면, 혁신적 창의성은 기존의 틀 자체를 근본적으로 바꾸고자 한다. 커튼은 이러한 창의성의 유형이 창의성의 수준과는 관계가 없다고 보았지만, 일부 연구에서는 혁신적 유형이 창의성과 더 상관이 있는 것으로 나타났다(Isaksen & Puccio, 1988; Masten & Caldwell-Colbert, 1987).

세 번째, 마르틴센과 카우프만(Martinsen & Kaufmann, 1999)의 '동화-탐험assimilation-exploration 이론'은 장 피아제Jean Piaget의 인지 도식 이론에 기초하고 있다. 동화assimilation를 잘 하는 사람들은 문제를 해결할 때 규칙에 의존해 기존 지식을 토대로 새로운 사태를 해석하려는 성향을 가지고 있는 반면, 탐험가들은 새로움을 추구하는 강한 성향으로 인해 문제를 해결할 때 새로운 유형의 해결책을 찾고, 외적인 압력이 없는 상황을 좋아한다. 따라서 탐험가들이 더 높은 창의성 점수를 받을 것이라 예측할 수 있지만 연구 결과가 뚜렷하지는 않다.

네 번째, 스턴버그(Sternberg, 1997)는 '정신 자치mental self-government' 개념에 기반을 둔 '인지 양식 이론'을 제시했다. 그는 인지 양식을 '전체적 양식global style', 즉 어떤 일에 있어서 전반적이고 총체적인 접근을 하는 양식과 과제의 세부적인 사항들에 초점을 두는 '지엽적인 양식local style'으로 나누었을 때, 문제를 시작하는 과정에서는 전체적으로 보는 양식이 필요하고, 문제를 해결해야 하는 뒷부분에서는 세부 사항에 초점을 맞추는 지엽적 양식이 필요하므로 '전체적-지엽적인 양식', 다시 말해 두 양식을 모두 갖는 균형 잡힌 스타일이 창의성에 더 적합하다고 결론을 내렸다. 이러한 인지 양식과 관련한 최근의 연구들을 종합해볼 때 하나의 양식을 강하게 고집하는 사람보다는 필요에 따라서 바꿀 수 있는 인지 양식을 가진 사람이 가장 창의적이라고 할 수 있다(Lubart & Mouchiroud, 2003).

지금까지 여러 가지 이론과 연구들을 통해 창의성을 발휘하는 데 어떤 인지적 측면의 요소들이 필요한지 알아보았다. 하지만 이러한 인지적 요소들만으로는 인간의 창의성을 충분히 설명하기 어렵다.

2. 정의적 측면의 구성 요소

인간의 행동을 유발하는 데에는 여러 가지 정의적 요소가 있지만, 그중 창의성 발현에 가장 중요한 역할을 한다고 알려진 '성격 특성'과 '동기'에 관해 여러 가지 이론과 연구들을 중심으로 살펴보고자 한다.

1) 성격 특성

창의적인 사람들은 어떤 '성격 특성'을 가지고 있을까? 창의적이지 않은 사람들과는 어떻게 다를까? 1950년대와 1960년대 미국 심리학자들은 과학적 소질과 재능이 있는 학생들을 선발해 그들의 소질과 적성을 기르게 하고, 과학 분야에서 높은 창의성을 요구하는 직업을 목표로 삼게 했다. 특히 1957년 구소련이 인공위성 스푸트니크Sputnik 호를 먼저 발사하자 이에 충격을 받은 미국은 과학적 창의성에 더욱 관심을 갖게 되어(Sawyer, 2006) 이에 관한 연구들을 더욱 많이 진행하게 되었다.

과학자가 되게 하는 요인이 무엇인지를 찾아내기 위해 동료들이 탁월하다고 지명했던 과학자들에 대한 로(1952)의 심층 사례사 연구 결과 중 주목할 만한 것은 다음과 같다. 첫째, 과학자들은 학생 시절에 매우 '독립적'이고, '자부심'이 강하고, 전형적으로 학교 생활을 즐겼으며, 독서광이었다. 반면 사회성 발달이 느렸고, 수줍어하는 내향적 성격을 가지고 있었으며, 아버지를 존경했다. 둘째, 성인이 되어서는 종교에 무관심했고, 많은 영향을 주고 후원해주는 뛰어난 스승을 만났다. 그들은 지적으로 뛰어난 능력을 갖고 있을 뿐만 아니라 열심히 일하고 헌신했다. 스타인(Stein, 1971) 역시 '성격요인 검사sixteen personality factor test: 16PF'를 사용해 창의적인 화학자들은 더 자율적이고, 통합적이며, 성취 지향적이고, 자신의 내적 욕구를 수용하며, 조화와 형식을 강조하고, 신비주의적인 가치는 덜 중시하며 정신적으로 행복하다는 증거를 더 많이 갖고 있음을 밝혀냈다. 이러한 경험적인 연구들을 검토하여, 맨스필드와 부세(Mansfield & Busse, 1981/1993)는 일반 과학자들과 창의적인 과학자들을 구분하는 성격 특성으로 '자율성', '융통성', '경험에 대한 개방성' 그리고 '심미적 민감성'을 제시했다.

창의성 발현에 필요한 성격 특성이 영역별로는 어떤 차이가 있을까? 16PF를 이용한 한 연구에 의하면 소설 작가(창작 문학) 153명의 성격 프로파일이 창의적인 과학자들의 성격 프로파일과 매우 유사했으며(Drevdahl & Cattell, 1958), 창의적인 예술가와 교양 과목(인문학, 사회과학, 어학, 자연과학) 대학원생을 비교했을 때에도 같은 결과가 나타났다. 국내 연구에서도 대학생들의 전공 배경(인문계, 자연계, 공학계)에 따른 창의적 성격과 하위 요인 점수에는 통계적으로 유의한 차이가 없는 것으로 나타났다(이신동, 2003).

또한 1949년에 설립된 IPAR(Institute of Personality Assessment and Research)에서는 1950년대 말과 1960년대 초에 '미네소타 다면적 인성 검사Minnesota Multiphasic Personality Inventory: MMPI', '캘리포니아 성격 검사California Psychological Inventory: CPI' 등 다양한 도구를 사용하여 매우 창의적인 건축가, 작가, 수학자, 우주 과학자 등 다양한 표본을 대상으로 연구를 실시했다. 이 연구에서도 각기 다른 분야의 창의적인 사람들의 성격에서 많은 공통점을 발견했는데, 지엽적인 일보다는 의미나 암시에 대한 관심, 인지적 융통성, 의사소통에 대한 관심과 정확성, 지적 호기심 등의 특성을 가지고 있었다(Helson, 1999). 구아스텔로와 시슬러(Guastello & Shissler, 1994)의 연구에서도

16PF로 측정한 결과, 과학적 창의성과 예술적 창의성이 많이 다름에도 불구하고 특성에서는 차이가 없었다.

이러한 연구 결과를 통해 정도의 차이는 있을지라도 여러 분야에서 창의성과 관련된 '공통 성격 특성군'이 존재함을 알 수 있다. 창의성과 관련된 성격 특성에 관한 많은 연구를 개괄한 배런과 해링턴(1981)의 연구에 의하면 창의성의 발현에서 비교적 안정적이고 핵심적인 성격 특성은 심미적 특성에 관한 관심, 광범위한 흥미, 어려운 문제에 대한 집착, 넘치는 활동 에너지, (판단의) 독립성, 자율성, 통찰력, 자신감, 개방성 등으로 요약될 수 있다. 이어서 스턴버그와 루바트(1995)는 여러 학자가 제시한 방대한 창의적 성격 특성들에서 다섯 가지가 공통적으로 나타난다고 주장했는데, 그 특성은 모호함에 대한 참을성, 인내, 성장하려는 욕구, 기꺼이 모험하려는 정신, 경험에 대한 개방성이었다. 어번(1996) 역시 대표적으로 뽑을 수 있는 창의성 관련 특성으로 개방성과 모호함에 대한 참을성, 그리고 초점 맞추기와 과제 집착력을 제시했다.

칙센트미하이 등이 노벨상 수상자와 같은 창의적 인물 100명을 인터뷰한 연구 결과를 창의적 성취에 도움이 되는 특성 및 가치로 가장 많이 언급된 순으로 나열하면 인간관계, 가족, 내적 동기, 사회에 대한 관심, 독립성, 교육, 탁월성, 균형 감각, 책임감, 호기심, 철저한 지식의 준비, 다양한 흥미, 개방성, 용기, 혼자만의 시간, 성실함 등이었다(최인수, 1998). 또한 한국 IT 영역에서의 창의적 성취에 중요한 기여를 한 사람들을 대상으로 한 최인수(Choi, 2006)의 연구에서도 18명의 창의적인 지도자를 인터뷰한 결과, 창의적 성취에 도움이 되는 특성으로 가장 많이 언급된 것은 내적 동기, 탁월성, 집중(몰두), 철저한 지식 습득(독서), 사회적 관심(책임감), 인간관계, 문제 발견 및 해결 능력, 광범위한 관심(경험), 개방성, 근면성, 위험 감수(용기)의 순으로 나타나 앞서 언급한 서구의 창의적 인물들의 특성과 유사한 경향을 보였다.

한 분야에서 전문가가 되려면 해당 분야에 대한 '지식'과 '기능'은 물론 그러한 지식과 기능을 습득하는 데 필요한 '지적 능력'도 필수적이다. 그러나 한 분야의 전문가가 되었다고 해서 모두가 창의적인 전문가가 되는 것은 아니다. 창의적인 전문가는 비창의적인 전문가와는 다른 '성격 특성'을 가지고 있는데(Mansfield & Busse, 1981/1993), 이러한 성격은 인지적 요소들을 효과적으로 사용할 수 있게 하여 머릿속의 아이디어를 실제적인 산출물로 만드는 것을 도와준다(Mumford & Gustafson, 1988).

2) 동기

정의적 측면을 좀 더 깊이 살펴보면 사람들이 어떤 일이나 활동을 할 때 그것을 왜 하는 것인지 의문을 제기할 수 있는데, 이에 대해서는 두 가지 설명이 가능하다. 하나의 설명은 일이나 활동 그 자체가 정말 흥미롭고 즐거워서 한다는 것이고, 다른 설명은 그 일을 하면 받게 되는 보상 때문에, 평가를 잘 받기 위해, 또는 다른 사람의 인정을 받기 위한 수단으로 그 일을 한다는 것이다. 전자의 경우를 내적으로 동기화되었다고 하고, 후자의 경우를 외적으로 동기화되었다고 한다. 그렇다면 창의적인 성취를 위해서는 '내적 동기'와 '외적 동기' 중 어떤 동기가 도움이 될까? 과거 정신분석과 행동주의적 접근에서는 사람들이 물질적 보상을 받기 위해 창의적 활동을 한다고 생각하고, 창의성에서 외적 동기가 중요하다고 보았으나, 최근에는 많은 연구자가 내적 동기가 중요하다고 주장한다.

(1) 내적 동기와 창의성

애머빌(1983, 1996)은 많은 실험 연구를 통해 창의성의 내적 동기 원리를 제시했다. '내적 동기 원리'란 사람들이 외적인 압력에 의해서가 아니라 과제 그 자체에 대한 흥미, 즐거움, 만족 및 도전에 의해 일차적으로 동기화될 때 창의성을 가장 잘 발휘한다는 것이다. 애머빌 등(Amabile, Hill, Hennessey & Tighe, 1994)은 '작업 선호 검사Work Preference Inventory: WPI'를 이용해 내적 동기와 외적 동기를 측정했는데, 이를 통해 일에 대해 내적으로 잘 동기화된 사람들이 더 창의적인 작품을 만든다는 사실을 발견했다.

성격 연구들을 보면 창의적인 사람들은 '완전히 일에 열중하고 몰두하는 사람'으로 스스로를 묘사했으며(Barron, 1969; MacKinnon, 1962), 그루버와 데이비스(1988)의 동기 연구에서도 매우 창의적인 사람들은 문제에 매료되어 몰두하며, 수년에 걸쳐 계속해서 일한다는 것을 관찰했다. 창의적 인물 100명을 인터뷰한 시카고대학교의 한 연구에서는 참여자들 중 과반수가 자기가 속한 분야에서 일하고 있는 이유, 그리고 창의적 성취를 이루게 된 이유를 내적 동기와 이에 수반되는 흥미, 열정이라고 지적했다(최인수, 1998). 애머빌도 창의적인 사람들의 일에 대한 사랑, 즉 창의성에서 내적 동기가 중요함을 제안했다(Collins & Amabile, 1999). 같은 맥락에서 칙센트미하이(1990)는 창의적인 일에 몰두하는 사람들은 몰입 경험을 추구한다고 했는데, 여기서 '몰입flow'이란 '내적으로 고도로 동기화된 상태' 또는 '삼매경에 들어간 듯한 심리적 상태'를 의미한다. 칙센트미하이는 창의성이 이러한 몰입 상태의 결과일 가능성이 높다고 주장함으로써 창의성의 기본 조건으로서 내적 동기를 강조했다.

과학 분야에서 창의적인 과학자들은 자신이 하는 연구만큼 '내적 보상감'을 느끼게 하는 것은 없다고 말한다. 이들 과학자들은 자신의 연구를 일종의 게임이라고 생각하거나(Dirac, 1978), 어려운 퍼즐 문제 풀기 같은 흥미로운 활동에 비유한다(Kuhn, 1970). 맨스필드와 부세(1981/1993)도 창의적인 과학자에 대한 경험적인 연구들을 검토한 결과, 내적 동기의 특징인 일에 대한 몰두가 과학적 발견의 중요한 요소임을 발견했다. 같은 맥락에서 수학과 과학에 재능이 있는 청소년들을 대상으로 한 하인젠 등(Heinzen, Mills & Cameron, 1993)의 연구에 의하면 창의적인 청소년은 또래 청소년에 비해 더 높은 수준의 내적 동기를 가지고 있었다. 칙센트미하이(1996) 또한 창의성은 그 자체가 목적인 활동을 할 때 발현되며, 보상은 과제 외적인 것보다는 활동 그 자체로부터 받는다고 했다. 우리나라 창의적 인물들의 창의성 촉진 요인에 관한 연구(Cho, Chung, Choi, Suh & Seo, 2011)에서도 내적 동기에 따른 몰입과 긍정적 사고가 창의성을 촉진하는 요소로 나타났으며, 세상에 유익함을 주고자 하는 가치관 또한 창의성을 촉진하는 요소 중 하나였다. 이러한 결과는 한국 사회의 특성상 개인적 만족뿐 아니라 사회나 집단에 기여하기 위한 노력이 내적 동기로 작용했기 때문이라고 볼 수 있다.

앞서 살펴본 바와 같이 창의적 수행의 기본 조건으로서 내적 동기는 매우 중요하다. 진정으로 자신이 하고 있는 일을 사랑하고, 일 자체에 의미를 부여하지 않는다면 창의적 산출은 불가능하다. 그렇다면 물질적 보상이나 사회적 인정 같은 외적 동기원은 창의적인 성취와 관련이 없을까?

(2) 외적 동기와 창의성

앞서 제시한 애머빌(1983)의 내적 동기 원리에 의하면 내적 동기는 창의성에 도움이 되지만 외적 동기는 창의성을 저해한다. 다시 말해 내적 동기와 외적 동기는 부적 관계여서 높은 수준의 외적 동기는 과제에 대한 내적 동기를 감소시켜 창의성을 떨어뜨린다는 것이다. 이러한 내적 동기 원리로부터 많은 실험 연구가 파생되었는데, 평가(Amabile, 1979), 작업 중 감시(Amabile, Goldfarb & Brackfield, 1982), 보상(Amabile, Hennessey & Grossman, 1986), 경쟁(Amabile, 1982), 제한된 선택(Amabile & Gitomer, 1984)과 같은 외적 동기 유발 요인이나 외적 압력이 창의성에 부정적인 영향을 미치는 것으로 밝혀졌다.

외적 동기가 어떻게 창의성에 부정적인 영향을 미치는지에 대해 애머빌(1996)은 미로의 비유를 들어 다음과 같이 설명했다. 창의적 문제는 다양한 출구로 통하는 미로인데, 미로에서 출구를 찾을 때 외적으로 동기화된 사람은 과제와는 상관없는 다른 목적에 관심이 있기 때문에 출구를 찾기는 하지만, 다른 새로운 출구를 찾으려 하지 않는다. 반면에 내적으로 동기화된 사람들은 과제 그 자체를 즐기기 때문에 다양한 해결책을 찾는 데 많은 시간을 보낸다. 따라서 외적으로 동기화된 사람들은 빨리 목적을 달성하여 그에 수반된 보상을 받을 수 있는 방법을 찾은 것에 만족하고, 더 새롭고 좋은 방법을 찾는 데에는 관심이 없다는 것이다.

그러나 근래 이러한 외적 동기의 부정적 역할에 대한 생각이 달라지고 있다. 데시와 라이언(Deci & Ryan, 1985)의 '인지 평가 이론cognitive evaluation theory'에 의하면 어떤 일에 대한 동기화 과정에 미치는 외부 자극의 영향은 그 객관적 특성에 의해 좌우되는 것이 아니라, 그 자극을 개인이 어떻게 해석하느냐에 따라 달라진다. 다시 말해서 평가나 보상과 같은 외적 자극들을 도움이 되는 것으로 해석하는지, 아니면 동기를 떨어뜨리는 것으로 해석하는지는 통제의 소재와 자존감에 따라 달라진다. 또한 애머빌(1996)은 외적 동기가 창의성을 항상 저해하는 것은 아니라고 하면서, 자신의 내적 동기 원리를 수정하여 '동기 협력 이론theory of motivational synergy'을 제시했다. 외적 동기에는 내적 동기와 협력하여 과제를 더 잘 수행할 수 있게 하는 '협력적 외적 동기synergistic extrinsic motivators'와, 개인으로 하여금 통제를 당한다고 느끼게 하고 내적 동기와는 조화를 이룰 수 없는 '비협력적 외적 동기nonsynergistic extrinsic motivator'의 두 종류가 있다는 것이다. 이 중 비협력적 외적 동기는 창의성을 저해하지만, 협력적 외적 동기는 내적 동기와 협력해 상승 효과를 가져오므로 창의성에 도움이 될 수 있다는 것이다.

또한 스턴버그와 루바트(1995, 1996)도 '투자 이론investment theory'에서 창의성을 위해 필요한 여섯 가지 자원 중의 하나로 '과제 중심 동기task-focused motivator'를 제시함으로써 애머빌의 외적 동기에 대한 입장을 지지했다. 과제 중심 동기는 대개 내적 동기 유발 요인에 의해 생기지만, 과제에 대한 개인의 관심을 증가시키는 외적 동기 유발 요인에 의해서도 생길 수 있다는 것이다. 따라서 내적 동기와 외적 동기는 공존할 수 없는 대립적인 것이기보다는 상호작용할 수 있는 관계여서 현실적으로 많은 창의적인 사람이 좋아하는 일을 하면서 보상도 받을 수 있는 방법과 환경을 찾는다. 다른 창의성 이론가들도 창의적인 사람에게는 외적 동기와 내적 동기가 모두 있다는 데 동의한다(Rubenson & Runco, 1992). 특히 매우 창의적인 과학자들의 경우, 자신이 하는 일에 깊게 몰두하는 내적 동기와 함께 성취에 대해 인정받고 싶은 외적 동기를 동시에 느끼는 것으로 나타났으며(Mansfield & Busse, 1981/1993), 정신분석학자들 또한 창의적 활동에서 외적 동기의 중요성을 강조한 바 있다.

이러한 이론 및 연구들을 고려할 때 외적 동기 유발 요인들은 본질적으로 창의성을 저해하기보다 과제에 집중하는 것을 도울 수 있는데, 다음의 세 경우가 그 예에 해당된다. 첫째, 외적 보상이 과제에 대한 관심을 흐트러뜨리지 않는 경우, 둘째, 적정 수준의 내적 동기가 이미 존재하는 경우, 셋째, 창의적 작업의 후반부에 지루한 작업(예: 아이디어를 실용화하기)을 해야 하는 경우이다. 창의적인 사람은 자신이 하는 일을 좋아하는, 내적으로 동기화된 사람이라고 할 수 있다. 또한 자신이 성취한 것에 대한 인정과 보상을 받기를 원함으로써 외적으로 동기화된 사람이기도 하다. 그러나 우선순위를 둔다면, 창의적인 사람은 외적 보상보다는 과제 그 자체에 관심과 애정을 쏟을 수 있는 사람이라고 할 수 있다. 그러나 이러한 개인 특성들만으로는 여전히 창의성 발휘를 충분히 설명하지 못한다.

3. 환경적 측면의 구성 요소

인지적인 능력이나 성격 특성, 그리고 동기 이외에 환경적인 요인들도 창의성에 영향을 줄까? 어떤 사람은 창의성을 격려해주는 수용적인 환경에서 창의성이 촉진된다고 보는 반면, 오히려 극복해야 할 어려운 장애가 있는 환경에서 창의성이 발현된다고 보는 관점도 있다. 이와 같이 창의성에 미치는 환경의 영향에 대해 두 가지 다른 관점이 있는데, 먼저 인본주의 전통에서 유래한 전자의 관점을 살펴보자.

에리히 프롬Erich Fromm, 애이브러햄 매슬로Abraham H. Maslow, 칼 로저스Carl R. Rogers 등의 인본주의자들은 창의성이 '자아 실현'과 관계가 있으며, 자아를 실현한 사람은 창의적이라고 생각한다. 또한 모든 사람이 창의적 잠재력을 가지고 있는데, 이러한 잠재력을 실현할 수 있도록 촉진하고 지원해주는 것이 바로 환경이라고 보고(Maslow, 1970; Rogers, 1954/1976) 창의성을 위해서는 획일화, 금지와 억압, 타인에 의한 평가가 없는 수용적인 환경이 이상적이라고 보았다. 획일화에 대한 압력, 금지와 억압이 있는 환경은 창의적 충동을 발산하고 표현하는 것을 방해하지만, 수용적인 환경은 방어 기제의 필요를 감소시켜 창의적 행동을 증가시킨다는 것이다(Rogers, 1954/1976).

애머빌(1983)도 인본주의적 관점과 유사한 입장에서 타인에 의한 평가와 통제가 창의성을 감소시키므로, 판단을 유보하고 외적 보상을 제거하며 사회적 압력을 최소화하는 것이 창의성을 위해 바람직하다고 했다. 마찬가지로 토런스(1965)도 창의성 발현에 환경이 중요한 역할을 한다고 보고, 창의성에 긍정적인 영향을 미치는 중요한 환경 변수들을 찾아내어 강화해 창의적인 행동을 기르고자 했다. 그의 연구 결과에 의하면 호기심을 제한하고, 두려움과 소심함을 갖게 하며, 성공을 지나치게 강조하고, 아이디어 생성을 위해 필요한 자원이 부족한 환경은 창의적 사고 발달에 부정적 영향을 미치는 한편, 사고력의 원리를 가르치고 창의적 사고에 보상을 주는 것은 긍정적 영향을 미치는 것으로 나타났다.

앞서 살펴본 이론 및 연구들에 의하면 평가가 없고 심리적으로 편안하며 창의적인 아이디어를 자발적으로 표현할 수 있는 '지원적 환경'이 창의성에 도움이 된다. 그러나 뛰어나게 창의적인 성취를 이룬 사람들에 대한 전기적 자료들은 이와 사뭇 다른 결과를 보여준다. 창의적인 사람들 중 많은 수가 지적 자극은 풍부하지만 정서적 안정감이 결여된 학생기를 보냈거나(Albert, 1978), 질병, 좌절, 어려움, 빈곤 등을 경험했거나(MacKinnon, 1970b), 문제 가정에서 자랐거나(Goertzel, Goertzel & Goertzel, 1978), 부모 중 한 명을 일찍 여의는(Albert, 1971) 등의 장애를 겪었다고 한다.

앞서 설명한 첫 번째 관점은 보통 수준의 창의성을 다룬 반면, 두 번째 관점은 탁월한 수준의 창의적 인물에 대한 연구라는 점을 고려해야 하는데, 두 관점은 서로 보완적인 것으로 볼 수도 있다. 다시 말해 도전하고 극복해야 할 장애가 전혀 없는 완벽하게 갖춰진 환경보다는 창의성을 격려하고 지원하면서도 때로는 적절한 어려움과 역경이 있는 환경이 더 바람직하다고 볼 수 있다(Sternberg & Lubart, 1995).

다음으로 개인의 창의성 발현에 중요한 영향을 미치는 이러한 환경을 가정·학교·사회·문화·역사 영역으로 구분해 살펴보고자 한다.

1) 가정과 부모

학생들의 창의성 발달에 직접적인 영향을 미치는 요인으로 알려진 부모와 가정의 특성을 중심으로 한 연구들을 살펴보면 재능 있고 창의적인 자녀를 둔 부모들은 대부분 일찍부터 자녀의 재능 계발을 위해 노력한다. 블룸과 소스니아크(Bloom & Sosniak, 1981)의 연구에 의하면 재능 있는 수학자와 작곡가의 부모들은 처음부터 자녀의 재능 계발에 적극적으로 참여하고, 열정적으로 격려해주며, 부모가 솔선해서 재능 있는 분야에서 열심히 활동하는 모범을 보였다. 우리나라의 창의적 인물들에 관한 연구에서도 역시 허용적이며 창의적 삶의 모델을 보이는 부모, 그리고 감성적 체험의 기회를 갖게 해준 가정환경이 자녀의 창의성에 영향을 주었다(Cho, Chung, Choi, Suh & Seo, 2011).

또한 창의적인 학생들의 부모는 권위적이지 않고, 훈육을 위한 행동 제한을 덜 하며, 독립심을 격려하고, 부모와 자녀의 관계는 다소 냉정하기도 했다(Miller & Gerard, 1979). 창의적인 건축가들을 대상으로 한 매키넌(1962)의 연구 결과에 의하면, 첫째, 부모들은 자녀를 존중하고, 자녀의 능력을 믿고 있었다. 둘째, 대개 아버지는 물론 어머니도 자녀와 강한 친밀감이나 애정 표현이 부족한 것으로 나타났다. 셋째, 어머니는 자녀에게 자율적이고 능동적인 삶을 살게 했다. 넷째, 개인적인 행위 규범을 개발하도록 강조하지만, 형식적인 종교적 관습에는 거의 관심이 없는 것으로 나타났다. 미셸과 두데크(Michel & Dudek, 1991)의 연구에서도 매우 창의적인 8세 아동들의 어머니는 자녀와 정서적으로 덜 밀착되어 있고, 과잉보호를 덜 하는 경향을 보였다. 이상의 연구 결과들을 볼 때 창의적인 자녀의 부모들은 자녀를 존중하고 신뢰하면서도 정서적으로 지나치게 밀착되어 있지 않고, 적절한 거리를 유지하고 자녀가 스스로 자신의 가치나 행위 규범을 결정하도록 함으로써 독립적이고 자율적으로 사고하고 행동할 수 있도록 하는 것으로 보인다.

창의성에 영향을 주는 가정 환경 중 출생 순위나 가족 구성원 수 혹은 사회경제적 요인과 같은 '가족의 구조'에 관한 연구들도 있다. 일반적으로 대가족의 자녀들은 소가족의 아이들보다 학업 성취는 낮았으나 창의성은 더 높았다. 이는 대가족에서 성장한 자녀들이 부모의 통제를 덜 받고, 형제들과의 활발한 상호작용으로 인해 상상의 기술을 사용하는 기회가 많기 때문일 수 있다. 또한 사회경제적 수준이 더 낮은 환경의 아이가 더 창의적이었는데, 이는 사회경제적 수준이 낮은 경우 장난감이나 오락거리가 적어서 오히려 더 창의적으로 노는 방법을 생각해야 했기 때문이라 해석된다(Runco, 2007).

또한 출생 순위에 관하여 사이먼튼(1999)의 연구에서는 창의적 인물들은 맏이가 아닌 경우가 많다고 했고, 설로웨이(Sulloway, 1996)의 연구에서도 창의적 인물들은 둘째와 같이 중간에 있는 경우가 많다고 했는데, 중간 순위의 자녀가 부모의 통제를 덜 받으므로 자유로운 성격으로 성장할 수 있기 때문으로 해석된다. 그러나 반대로 맏이가 많다는 연구 결과도 있는데(Eisenman & Schussel, 1970; Weisberg & Springer, 1961), 이들은 동생에게 교사의 역할을 할 수 있고, 동생들보다 상대적으로 더 다양한 환경에 노출되기 때문으로 해석되었다. 한편 밀러와 게라드(Miller & Gerard, 1979)는 맏이는 과학 같은 성취 지향적 과제에서 더 창의적이었으며, 동생들은 예술적 분야에서 보다 창의적이었음을 보고하기도 했다.

앞의 연구 결과들을 종합하면, 가정에서 자녀를 창의적으로 기르기 위해서는 새로운 아이디어를 생성하고 발전시키는 데 도움이 되는 '물리적 여건'은 물론, 독립심, 자율성, 활동에 대한 내적인 동기 유발과 같은 '정의적 특성', 그리고 상상력, 특정 영역의 재능 계발과 같은 '창의성 관련 인지 능력'의 계발을 지원하는 여건을 조성해주는 것이 필요하다.

2) 학교와 교사, 보상

학교는 다음과 같은 교육 방식으로 인해 학생들의 창의성을 저해한다는 비판을 받아왔다. 첫째, 학교에서는 지식을 분절적이고 단편적으로 가르쳐 학생들이 지식을 서로 관련지어 통합적으로 이해하고 조직하는 것을 어렵게 한다. 둘째, 학교는 시험을 위해 주로 단편적 지식을 기계적으로 암기하고 학습하게 한다. 셋째, 시험 문제의 정답이 대개 한 개여서 학생들의 확산적 사고와 창의적 사고를 제한한다. 넷째, 주로 잘 정의된 단기 과제를 내주어 모호함에 대한 참을성이나 인내심을 기를 기회를 제한한다. 다섯째, 성적 중심의 보상 체제는 위험을 감수하려는 시도를 막고, 주로 외적이고 목적 지향적인 동기를 갖게 한다. 여섯째, 대부분의 교사가 조용히 앉아서 교사의 가르침을 잘 따르고, 의문을 제기하지 않고, 교사가 계획한 수업 진행을 방해하지 않는 학생을 이상적으로 본다(Sternberg & Lubart, 1991). 아인슈타인도 다음과 같이 전통적인 교육을 강하게 비판한 바 있다(Hoffman, 1972, Sternberg & Lubart, 1995 재인용).

> 좋든 싫든 시험을 위해 학교에서 배운 모든 지식을 머릿속에 쑤셔 넣어야 했다. 시험에 통과한 후, 그해 내내 어떤 과학 문제도 생각하기 싫을 정도로 억지로 했던 공부는 내게 부정적 영향을 미쳤다.

이는 시험에서 좋은 성적을 받기 위해 억지로 공부하는 것과 같은 '외적 동기' 유발 요인에 의존하는 것이 '내적 동기'를 얼마나 감소시키는지 보여주는 단적인 예이다. 애머빌(1983)에 의하면 내적 동기의 감소는 곧 창의성의 감소를 의미하는데, 시험 성적을 지나치게 강조하는 학교 환경은 외적 동기를 과도하게 유발함으로써 내적 동기를 감소시켜 창의성을 저하시킬 수 있다. 이와 같이 전통적인 학교의 많은 특성들이 창의성에 부정적 영향을 미치고 있음을 알 수 있는데, 특히 '교사의 특성'에 초점을 둔 연구를 살펴보면 다음과 같다.

671명의 대학 교수를 대상으로 했던 체임버스(Chambers, 1973)의 연구에 의하면 창의성을 촉진하는 교수들은 수업을 진행할 때 격식을 차리지 않고, 비정통적인 다른 의견을 환영하며, 학생들에게 연구 주제를 선택할 기회를 주고,

자신이 하고 있는 일에 대한 열정을 표현하며, 수업 밖에서도 학생들과 상호작용을 더 많이 하는 것으로 나타났다. 이러한 교수들의 가장 중요한 세 가지 특징은 학생들을 집단이 아닌 개별적인 존재로 대하고, 독립심을 격려하고, 교수 자신이 창의적인 사람의 모범으로서 행동한다는 것이다. 이와 대조적으로 창의성을 저해하는 교수들은 새로운 아이디어의 생성을 차단하고, 기계적 암기에 의한 학습을 강조하며, 자신감이 없고 완고한 것으로 나타났다.

우리나라의 창의적 인물들을 대상으로 한 연구에서도, 자신의 창의적 성취에 있어서 중요한 영향을 준 요소로 교사의 역할을 꼽았다. 그들에게 교사는 롤모델이나 멘토가 되었고, 지식 기반이나 지적 능력을 풍부히 해주는 역할을 했다고 한다. 또한 친구들과의 선의의 경쟁도 도움이 되었으며, 좋아하는 것에 몰두할 수 있게 했던 자유로운 학교 분위기와 동아리 활동 등 역시 창의적 성취에 도움이 되었다고 한다(Cho et al., 2011). 지아코니아와 헤지스(Giaconia & Hedges, 1982)는 자신만의 개별화된 교육과정을 통해 배울 수 있는 열린 교육과 융통성이 부족한 전통적인 교육을 비교하는 연구를 했는데, 열린 환경이 창의성 발달에는 유리하지만, 학업 성취 수준을 높이는 데는 도움이 되지 않을 수도 있다는 사실을 발견했다. 이 결과는 창의성 교육에서 양자의 조화가 필요함을 시사해준다.

이러한 연구들을 종합해볼 때, 학교는 학생들의 창의성에 부정적으로, 또는 긍정적으로 영향을 미칠 수 있다. 따라서 학생들의 창의성을 길러주려면 학교는 경쟁과 평가 중심의 교육을 하기보다는 학생들이 좋아하는 주제를 선택하게 하여 적극적으로 활동에 참여할 수 있도록 하는 환경적 지원을 해주어야 할 것이다. 자신의 결과물이 평가받을 것이라고 예상하게 하는 것만으로도 학생들의 창의성은 약화될 수 있다. 또한 우리 사회 전반에 걸쳐 긍정적으로 인식되는 보상도 외적 동기를 유발함과 동시에 내적 동기는 감소시켜 창의성을 저해할 수 있다. 따라서 평가는 다른 사람과 비교하여 경쟁하게 하는 도구가 아니라 자기 자신의 성취도를 판단하게 하는 도구로서 활용하는 것이 바람직하다.

3) 사회

사회는 구성원들의 창의성을 격려하기도 하고 때로는 저해하기도 한다. 그렇다면 창의성을 격려하는 사회는 어떤 특징을 가지고 있을까? 아리에티(Arieti, 1976)에 의하면 창의성을 격려하는 사회는 창의적인 일을 지원하고(예: 많은 후원자들이 예술가를 지원함), 문화적인 자극에 개방적이고, 완성품보다는 이루어져가는 과정을 중시하며, 다른 문화로부터의 다양한 자극을 접하고, 확산적 관점에 대해 포용력과 관심이 있고, 서로의 작품이나 성과를 토대로 새로운 것을 창조할 수 있도록 상호작용이 원활하며, 창의적인 일을 장려하고 보상하는 등의 특징이 있다. 또한 사회는 창의성을 정의하고, 평가하며, 인정하는 역할을 통해 영향을 미치기도 하는데, 창의성의 개념에서 핵심 요소라 할 수 있는 '새로움'과 '적절성'은 사회적 맥락에 따라 달리 해석될 수 있으므로, 한 사회에서 창의적인 것이라 하여 다른 사회 맥락에서도 같은 평가와 인정을 기대할 수는 없다.

창의성을 이해하기 위한 체제적 접근을 제시한 칙센트미하이(1999)는 1장에서 언급한 바와 같이 창의성이 개인, 분야, 영역이 상호작용하는 교차점에서 나타난다고 보았다. 그에 의하면 개인들이 산출물을 창조했을 때, 그중에서 어떤 것을 창의적인 것으로 받아들여야 할지 결정하는 것은 해당 영역의 전문가들로 구성된 '분야'이다. 분야가 선택한 창의적 산출물은 해당 영역, 즉 문화적으로 정의된 상징 체계에 포함되어 보존되고, 다른 사람들과 미래 세대에 전파된다. 결국 창의성은 '개인'과 '분야'와 '영역'이 상호작용한 결과로서 사회문화적으로 정의된다는 것이다.

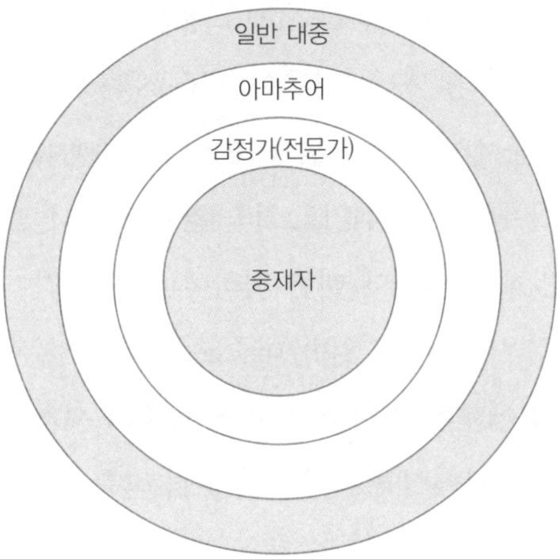

[그림 2-3] 청중의 종류

출처: Sawyer(2006: 127).

이와 같이 창의적 산출물을 평가하는 데 있어서 분야의 중재자들이 중추적인 역할을 하지만, 그들이 선택했다고 해서 끝나는 것은 아니다. 창의적 산출물에 대한 최종 판단은 일반 대중에게 달려 있으며, 일반 대중이 그 산출물을 받아들이고 인정할 때 비로소 창의적 산출물로 해당 영역에 남을 수 있다(Sawyer, 2006). 예를 들어 매해 여러 과학 학술지에 수많은 논문이 전문 편집자들과 심사자들에 의해 선택되어 게재되지만, 이 중 상당수는 다른 과학자들에 의해 인용되지 못하고 미래 연구에 아무런 영향도 주지 못한다. 소여(2006)는 이러한 사회 구성원을 [그림 2-3]과 같이 창조적 산출물을 만들어내는 개인에게 미치는 영향에 따라 중재자, 감정가, 아마추어, 일반 대중으로 구분했다.

한 분야의 구성원인 '중재자intermediaries'가 선택한 산출물은 감정가(전문가), 아마추어 그리고 일반 대중에게 전해지는데, '감정가connoisseurs'란 해당 영역에 대해 가장 많이 알고 있는 전문가나 전문가 수준의 애호가를 말한다.

예술가들도 애호가의 기대에 부응하려고 노력하므로 애호가가 창의적 과정에 간접적인 영향을 미칠 수 있다. '아마추어amateurs'는 대개 취미로 예술 활동을 하는데, 반전문가 수준에서 평생 그림을 그리거나 악기를 연주하는 경우도 있고, 단지 여가 시간을 활용하여 취미로 하는 경우도 있다. 또한 본인이 직접 활동을 하지는 않지만 해당 영역에 대한 지식이 있어 공연이나 예술 행사에 자주 참여해 즐기는 경우도 있다. '일반 대중general public'은 어떤 작품이 인정받고 전파되는 데 별 영향은 주지 못하지만, 청중의 수가 중요한 영화, TV 프로그램, 음반과 같은 분야에서는 미래의 창의적 작품에 간접적인 영향을 미칠 수 있다.

한편 우리나라의 창의적 인물들은 사회라는 조직에 있어 수평적 관계와 팀워크를 창의성의 중요한 요소로 생각하는 경향을 보였다. 조연순 등(Cho et al., 2011)에 따르면 이러한 경향은 창의적 인물들이 자신의 영역에서 보여준 리더십 형태에서 발견되었는데, 이들은 업무 수행에 있어 수평적 관계를 유지하며 팀워크를 장려했다.

한 사회에서 창의성이 꽃을 피우기 위해서는 그 사회에 재능 있는 사람들이 얼마나 많이 있는가도 중요하지만, 사회가 구성원들의 창의성을 격려하고 지원하는 것이 매우 중요하다. 한편 사회에서 개인이 창조한 산출물에 대한 인정이나 명성을 지나치게 강조한다면 개인의 고유한 창의성 발현을 저해할 수도 있다.

4) 문화

문화란 한 사회의 구성원들이 공유하는 인지, 행동, 관습, 가치, 규칙, 상징들의 체계로서(Triandis, 1996), 사람들이 사고하고, 느끼고, 행동하는 방식을 나타낸다. 창의성이란 새로운 것을 창조하여 문화나 영역을 변화시키는 것으로 보았던 칙센트미하이(1999)는 사회 구성원들이 사고하고, 느끼고, 행동하는 방식인 문화에 영향을 주지 못하는 변화는 창의적이라고 보지 않았다. 그에게 창의성이란 개인적 수준을 넘어 문화적 수준에서 변화를 창출하는 것을 의미한 것이다.

이와 같이 문화와 창의성은 밀접한 관계가 있어서 문화가 창의성을 격려하기도 하고 때로는 저해하기도 한다. 북아메리카나 서유럽과 같이 개인주의적 특성이 강한 문화에서는 개인을 집단으로부터 자율적이고 독립적인 존재로 보고, 독립심과 자기 신뢰에 가치를 부여한다. 이와 대조적으로 아시아권의 집단주의 문화에서는 가족과 같은 집단의 기준과 책임에 의해 자신을 규정하고, 순종하며, 협동과 의무, 집단 내 권위의 수용을 중시한다(Triandis, 1996; Triandis et al., 1993).

'개인주의 문화권'에서는 창의성에서 '독창성(새로움)'이 중시되는 반면, '집단주의 문화권'에서는 창의성의 또 다른 기준인 '적절성(유용성, 과제 조건 충족)'이 더 중시된다. 따라서 개인주의 문화권에서는 자기 작품이 새롭고 혁신적임을 강조하게 되고, 집단주의 문화권에서는 작품이 사회나 집단의 기준에 부합된다는 것을 강조하게 된다(Sawyer, 2006). 개인적 수준의 창의성 측면에서 보면, 대다수의 의견과는 다른 새롭고 독창적인 의견을 제시하는 개인의 특성이 창의성에 도움이 된다고 할 수 있다. 그러나 집단주의에서의 타협, 점진적 혁신 과정, 공동의 이익을 위해 협동하여 일하는 능력 또한 창의성을 촉진할 수 있다(Kim, 2007).

또 다른 측면에서 동양과 서양의 문화를 비교해볼 때, 서양에서는 창의성에서 창의적 '산출물' 그 자체에 중점을 두는가 하면 동양에서는 창의적 산출물이 나오는 '과정'에 중점을 둔다고 본다. 이는 창의적 과정을 서양에서는 그 영역에서 알려진 지점으로부터 가능한 한 더 멀리 떨어진 새로운 지점으로 옮겨가는 '선형적linear 과정'이라고 보는 반면, 동양에서는 현존하는 요소들을 새롭게 해석하고 예전 아이디어와 경험들에 새로운 호흡을 불어넣어서 분야를 더 넓혀가는 '순환적cyclic 과정'으로 보기 때문이라는 것이다(Lubart, 2010).

문화에 따라 전통을 존중하는 정도 또한 다른데(Mann, 1980), 문화는 전통과의 연속성을 장려하거나 반대로 전통과의 단절을 뜻하는 혁신을 장려함으로써 창의성을 저해하거나 지원하기도 한다(Lubart, 1999b). 인류학자 포그(Forge, 1967)에 의하면 뉴기니의 아벨람Abelam 문화권에서는 씨족 신 숭배와 관련된 목각 조각품을 만드는 전통을 가지고 있는데, 예술가들은 전통을 따라 상당히 제한된 범위에서 조각을 해야 한다. 이 문화에서 조각품들은 씨족 신을 상징하여, 조상들이 만들었던 것과 똑같아야만 종교 의식이 효력이 있다고 생각하기 때문이다.

문화는 제한적 요소를 둠으로써 특정 영역이나 집단의 창의성에 영향을 미치기도 한다(Lubart, 1999b). 아프리카 아샨티Ashanti 부족의 경우 종교적 주제를 표현하는 조각에서는 창의성이 제한되지만(Silver, 1981), 비종교적인 대상을 표현할 때는 오히려 창의성이 장려된다. 한편 오세아니아의 사모아Samoa 문화는 춤 영역에서 창의성을 제한하며, 서남아시아(아랍)의 문화에서는 종교 영역에서 창의성을 제한하여 많은 아랍계 학생들은 종교와 관련되지 않은 질문에는 독창적이고 정교한 대답을 하지만 종교와 관련된 주제에 대해서는 피상적인 응답을 하거나 거부하는 것으로 나타났다(Mari & Karayanni, 1983). 또한 동남아시아의 발리Bali 문화에서는 작곡 영역에서의 혁신은 음악가 집단에게만 허용되고 개인 음악가는 기존의 것을 그대로 따라야 하므로 음악적 창의성을 발휘할 수 없다(Colligan, 1983).

이처럼 문화권에 따라서 창의성의 개념 및 기준이 다르기 때문에 특정 문화권의 작품에 나타난 혁신의 본질과 정도를 이해하고 창의성을 설명하기 위해서는 그 문화에 대한 이해가 선행되어야 한다. 이러한 문화인류학적 접근의 연구들에 의하면 문화에 따라 창의성에서 독창성 측면이 강조되기도 하고 적절성 측면이 강조되기도 하는데, 지나치게 개인주의적이거나 집단주의적인 문화 특성은 모두 창의성의 특정 측면에만 초점을 두어 창의성을 저해할 수 있으므로 적절한 조화가 필요하다.

5) 역사

앞에서 살펴본 바와 같이 창의성은 개인과 사회, 그리고 개인과 문화의 상호작용의 산물로서 사회와 문화로부터 영향을 받기도 하지만, 특정 시기나 시대적 특성의 영향을 받기도 한다. 영국의 철학자 프랜시스 베이컨Francis Bacon은 가장 위대한 혁신자는 바로 '시간'이라고 말했다. 여러 시대에 걸쳐 수많은 예술가들에게서 발견되는 광범위한 패턴을 찾고자 했던 역사 계측학적[1] 연구들에 의하면 창의적 산출물은 특정 시대를 반영한다고 한다.

소여(2006)는 광범위한 역사적 미술 자료를 분석함으로써 '각 개인의 작품은 시대적 특징을 반영한다'는 보편적 원리를 발견했다. 예를 들어 19세기 주요 인상파 화가 중의 한 사람인 폴 세잔Paul Cezanne(1838~1906)과 입체파 화가로 유명한 파블로 피카소Pablo Picasso(1881~1973)는 모두 일생 동안 많은 작품을 남겼는데, 세잔은 인생 후반부로 갈수록 더 영향력 있고 중요하다고 평가되며 비싸게 팔리는 작품들을 창조한 반면, 피카소는 20대에 그린 초기 작품이 가장 중요하고 가치가 있다고 평가되며 후기 작품은 덜 중요한 것으로 평가된다. 갤런슨(Galenson, 2001)에 의하면 두 예술가 간의 이러한 차이는 개인의 능력, 동기, 성격과 같은 개인차보다는 시대적 특징의 차이로 설명할 수 있다. 세잔과 같은 시대에 활동했던 다른 화가들 역시 후기 작품일수록 가치를 더 인정받았고, 피카소 시대의 다른 화가들도 피카소와 마찬가지로 초기 작품이 더 가치

---

1 역사 계측학적 방법historiometric method이란 역사적 유형이나 법칙을 발견하기 위한 양적 연구를 말한다.

있는 것으로 평가받았다.

소여(2006)는 또한 자신의 경험을 이야기하며 '각 개인의 작품은 시대적 특징을 반영한다'는 보편적 원리를 뒷받침하고자 했다. 전체 미국 대학생의 반수 이상이 한 번도 들어보지 못한 1970년대 팝송을 듣고서 그 노래가 언제 녹음되었는지를 알아낼 수 있었다고 한다. 이런 경험은 누구나 하게 되는데, 어떤 노래를 들으면 그 노래에 대해 잘 몰라도 그 노래가 대략 어느 시기의 노래라는 것은 짐작할 수 있다는 것이다. 물론 그 곡을 만든 예술가들은 의도적으로 시대적 특징을 반영하고자 하지는 않았을 것이며, 오히려 반대로 그들은 뭔가 독특하고 다른 곡을 만들고자 했었을 것이다. 즉 당시에는 새롭게 보였지만 시간이 흘러 나중에 보면 같은 시기의 작품들은 다 비슷하게 느껴질 수 있는데, 보통 작품들은 당시 유행하는 스타일을 모방하기 때문에 시대별로 공통점이 있게 마련이다. 같은 시대에 유행하는 스타일 안에서도 작품 간에 차이는 있지만, 다른 시대의 것과 비교하면 공통점이 더 부각된다. 이에 대해 미국의 한 예술학교 교수는 가장 최근의 미술학교 카탈로그에 실린 학생들의 작품을 보면 각 학생이 혁신자처럼 보이지만, 오래된 카탈로그에 실린 학생들의 작품을 보면 마치 한 사람의 작품들처럼 느껴진다고도 했다.

이렇듯 일반적으로 사회는 규칙과 관례 또는 유행을 선호하다가 특정 시점에서 과거와 완전히 다른 혁신적 창의성을 유도하게 되는데, 그 이유는 무엇일까? 이는 마틴데일(Martindale, 1990)의 사회적 습관화 개념으로 설명될 수 있다. '사회적 습관화societal habituation'란 사회가 비슷한 자극에 대해 점차 흥미를 잃게 되는 경향을 말하며, 이는 결국 새로움에 대한 욕구를 야기함으로써 새로운 스타일의 예술이 창조되고, 그 스타일 안에서 크고 작은 변화들이 시도된다. 따라서 역사적으로 볼 때 특정 시점에서 그 가치를 인정받아 선택된 산출물들은 그 사회가 기존 자극에 익숙해져서 습관화된 바로 그 시점에 생성된 것이라고 할 수 있다.

요컨대 뛰어나게 창의적인 사람은 맨 앞에서 시대적 유행을 선도하게 되고 다른 보통 수준의 창의적인 사람들은 그 뒤를 따르는데, 이들은 유행이라는 큰 흐름 안에서 크고 작은 변화들을 시도한다. 따라서 뛰어난 수준과 평범한 수준의 창의적 산출물 모두 특정 시대를 반영한다고 볼 수 있다. 또한 창의적 산출물은 적절한 시점에서 새로움에 대한 '사회적 요구'와 함께 '시대적 요구'에 부응한 결과이므로, 한 시대에 창의적인 것으로 인정받았던 산출물이 다른 시대에도 같은 인정을 받을 것이라고 기대할 수 없다.

요약

창의성은 인지적·정의적·환경적 측면으로 구성된다.

창의성의 인지적 측면은 '지적 능력', '지식', '인지 양식'으로 나누어볼 수 있다. 창의적 사고 과정에는 새롭고 독창적인 아이디어를 생성하는 과정은 물론 생성된 아이디어들 중에서 최선의 아이디어를 선택하는 과정도 수반되므로 '확산적 사고'와 '수렴적 사고'가 모두 필요한 지적 능력이다. 창의적인 아이디어를 생각해내려면 특정 분야에 대한 충분한 '지식'도 꼭 필요하지만, 지나치게 특정 영역의 지식에 의존하면 기존 시각에서 벗어나 새로운 방식으로 문제에 접근하는 것을 방해받을 수도 있다. 또한 정보를 처리하고 문제를 해결하는 등 자신의 능력을 이용하는 방식에 대한 선호 경향인 '인지 양식'도 고려해야 할 인지적 요소 중의 하나이다.

정의적 측면에서는 심미적 특성에 관한 관심, 광범위한 흥미, 과제 집착력, 넘치는 활동 에너지, 판단의 독립성, 자율성, 통찰력, 자신감, 개방성, 인내심, 모험심 등과 같은 '성격 특성'이 필요하다. 또한 '동기'는 여러 인지적 요소들을 사용하게 하는 추진력을 제공하는 중요한 요소이다. 창의적 성취를 위해서는 외적인 보상보다는 자신이 하는 일 그 자체를 사랑하는 내적 동기가 중요하지만, 자신이 성취한 것에 대한 인정과 보상을 받기를 원하는 외적 동기도 도움이 된다.

환경적 측면을 구성하는 하위 요소로서 '가정'과 '학교'는 창의적인 아이디어를 자극하고 격려해주며, 창의적인 행동에 적절히 보상함으로써 학생들의 창의성에 긍정적인 영향을 미친다. 또한 '사회'도 창의성을 정의하고 평가하며 인정하는 역할을 통해 영향을 주며, '문화'에 따라서 창의성의 독창성 측면 혹은 적절성 측면이 강조될 수 있다. 창의적 산출물은 '역사적'으로 특정 시기나 시대적 특성을 반영하기도 한다.

이러한 인지적·정의적·환경적 측면의 요소들이 결합될 때 높은 수준의 창의성을 발휘할 수 있다.

토의 과제

※ 자신이 수행했던 가장 창의적인 일이나 작품(예: 연구 보고서 쓰기, 그림 그리기, 악기 연주하기, 시 쓰기, 연극하기, 요리하기 등)에 대해 생각해보자.

1. 자신의 어떤 '사고 과정'이 그러한 창의적 수행을 가능하게 했다고 생각하는가? 해당 영역의 '지식'이나 '경험'이 도움이 되었는가? 도움이 되었다면 어떻게 도움이 되었는가? 도움이 되지 않았다면 그 이유는 무엇인가?
2. 창의적 성취를 위해 자신의 '동기'나 '성격 특성'이 도움이 되었는가?
3. '가정이나 부모'는 어떻게 도움을 주었는가?
4. '학교나 교사'는 어떻게 도움을 주었는가?
5. 우리나라의 '문화'는 창의성에 어떻게 영향을 미친다고 생각하는가?
6. 요즘 유행하는 노래는 어떤 것들이 있는가? 그 곡들은 왜 인기가 있다고 생각하는가?

제3장 창의적 문제 해결

일반적으로 창의성과 창의적 문제 해결은 혼용하여 사용되기에 이 장에서는 앞서 살펴본 '창의성'의 개념을 토대로 '창의적 문제 해결'이 무엇인지 구체적으로 알아본다. 그리고 이를 위해 '문제 해결'이란 무엇인지, 창의적 문제 해결은 일반적 문제 해결과는 어떻게 다르고 창의성과는 어떤 관계가 있는지, 또한 창의적 문제 해결은 어떤 과정을 거쳐 이루어지는지 탐색해보고자 한다.

1. 문제와 문제 해결

창의적 문제 해결이 무엇인지 알기 위해 이 절에서는 '문제'와 '문제 해결'의 개념 및 특성에 대해 먼저 살펴보고자 한다.

1) 문제의 의미와 특성

'문제'는 상황에 따라 여러 가지 의미로 사용된다. 생활을 하면서 어려움을 느끼거나 장애(물)를 만나게 되면 사람들은 문제가 발생했다고 생각한다. 이때의 문제는 '불편하고 바람직하지 못하며 답답하고 고통스러운 딜레마 또는 어려움이나 장애'를 의미한다(Dewey, 1910; Getzels, 1975, 1979). 김영채(1997)는 "목표 상태와 현재 상태 사이에 간격만 있는 것이 아니라 그 사이에 반대로 작용하는 장애가 있어서 목표 도달을 어렵게 할 때 문제가 있다고 말할 수 있다"고 했다. 한편 학문 분야에서는 문제를 '기존의 이론이나 현상과의 불일치, 모순' 등의 의미로 보는 경우가 많다(Lai, 1991). 기존의 이론으로 설명할 수 없는 이러한 현상은 새로운 과학적 연구를 이끄는 패러다임의 전환을 가져오며(Kuhn, 1962), '바람직한 목표 상태와 그렇지 못한 현 상태 사이의 차이 발견'은 해결의 필요성을 제기하므로 이때의 문제는 학문적인 진보를 가져오게 하는 중요한 역할을 한다.

이처럼 일상생활의 측면에서든 학문 분야에서든, 문제는 기회로서의 의미를 갖지만 상식적으로는 문제는 부정적인 것으로, 기회는 긍정적인 것으로 여겨지므로 문제와 기회는 상반되는 개념으로 볼 수도 있다. 그러나 라이(Lai, 1991)는 문제와 기회는 상반되는 것이 아니라 상보적인 것이라고 주장했는데, 문제를 해결하기 위해서는 문제를 재구조화 또는 변형시켜야만 하며, 그런 과정 자체가 또 다른 기회가 되기 때문이다. 즉 문제를 '우리가 해야 하거나 풀어야 할 일' 또는 '도전이나 탐구의 기회'로 받아들인다면, 문제는 성장과 발전의 기회로 작용한다(Getzels, 1975; 이혜주, 2005).

이러한 관점에서 본다면, 문제와 기회는 호환 가능한 동일한 것인데 단지 다른 형태를 띠고 있을 뿐이다. 따라서 어려움이나 장애, 모순 또는 불일치로 표현된 문제는 개선을 위한 기회가 될 수 있다. 이와 같은 문제는 다양한 특성을 가지고 있는데, 여기서는 문제의 '구조화', 그리고 문제의 '존재 방식'에 따라 구분해보고자 한다.

(1) 문제는 구조화의 정도에 따라 다르다

문제는 구조화의 정도에 따라서 구조화된 문제와 비구조화된 문제로 구분될 수 있는데(Frederiksen, 1984; Simon, 1973), 구조화된well-structured 문제는 잘 정의된well-defined 문제라고 할 수 있으며, 비구조화된ill-structured 문제는 잘 정의되지 않은ill-defined 문제라고 할 수 있다(Hunt, 1994; Sternberg, 1982). 문제는 대부분 시초 상태, 목표 상태, 조작인 및 조작인의 제한으로 구성되어 있는데(Ernst & Newell, 1969), '시초 상태'란 현재의 상황을 의미하며, '목표 상태'는 최후의 목표 장면으로서 그렇게 되어야 한다고 바라는 상태를 가리킨다. '조작인operator'이란 조작자, 조작 행위를 말하는 것으로서, 어떤 상태를 다른 상태로 변화시키기 위해 수행시킬 수 있는 작용 또는 이동 행위(해결 방법)를 의미한다. '조작인의 제한operator restrictions'이란 조작인의 적용을 구속하고 지배하는 조건들을 말한다.

'구조화된 문제'는 잘 정의된 문제로서, 문제의 구성 요소인 시초 상태, 목표 상태, 조작인, 조작인의 제한 등이 명시되어 있어서 문제가 분명하고, 문제 해결을 위한 표준화된 절차 및 방법이 알려져 있거나 주어진다. 이러한 구조화된 문제는 학교에서 가장 흔하게 다루어지는 문제로서 수업 시간에 배운 내용을 학생들이 알고 있는지 확인하는 교과서 연습 문제가 그 대표적인 예라고 할 수 있다. 이러한 문제들은 일반적으로 학생들이 배운 주제에 한정된다. 예를 들어 학생들에게 사각형의 넓이를 구하는 공식, 즉 '가로×세로'를 가르치고 나서 '가로가 2cm, 세로가 3cm인 사각형의 넓이를 구하라'고 제시하는 문제를 말한다. 따라서 구조화된 문제는 즉시, 쉽게, 직접적으로 해결할 수 있는 문제라고 할 수 있다.

반면 '비구조화된 문제'는 정의가 잘 되어 있지 않은 문제로서, 문제의 구성 요소인 시초 상태, 목표 상태, 조작인, 조작인의 제한 등에 관한 정보가 부족하거나 주어져 있지 않은 경우를 말한다. 따라서 문제를 해결할 때 이러한 구성 요소가 결정되어야 한다(Kahney, 1986). 이러한 문제는 처음 보고 무엇이 문제이며 어떤 조건들이 충족되어야 하는지 파악하기가 어렵고, 어떠한 원리와 규칙이 적용되어야 하는지, 어떤 수단과 방법으로 문제를 해결할 수 있는지가 명확하지 않기 때문에 다양한 방식으로 해결될 수 있다. 대부분의 일상생활 문제에 해당되며, 그 예는 다음과 같다.

> 정원에서 기르던 장미가 말라 죽어버렸다. 어떤 일이 벌어진 것일까? 어떻게 하면 장미가 잘 자라게 할 수 있을까?

이 문제는 장미의 특성과 장미를 비롯한 식물들이 자라는 데 필요한 조건, 식물을 심고 가꾸는 원예 등에 대해 알아야 해결할 수 있다. 그런데 이러한 정보는 문제 안에 제시되어 있지 않다. 그렇기 때문에 학습자는 이것을 스스로 찾아서 문제를 해결해야만 한다. 이러한 정보 탐색은 문제 해결자가 제시된 문제를 어떻게 정의하고 이해했는가에 따라서 달라질 수 있으며, 또한 해결 방법도 정보를 어느 정도 탐색했는가에 따라서 달라질 수 있다. 그러므로 비구조화된 문제를 해결하는 과정에서는 문제를 어떻게 이해하고, 저장되어 있는 지식을 어떻게 활용하며, 추가 정보를 어떻게 그리고 어느 정도 수집할 것인지가 중요한 고려 사항이 된다.

(2) 문제는 존재하는 방식이 다양하다

문제는 명시적으로, 암시적으로, 그리고 잠재적으로 존재할 수 있다(Dillon, 1982). 어떤 문제는 '명시적으로explicitly' 존재하는데, 이런 문제는 다른 사람들이 이미 인식했던 문제이거나, 사람들이 많은 노력을 하지 않고도 알게 되는 문제이다. 학교에서 수업 시간이나 시험 시간에 제시하는 대부분의 문제가 이에 해당하며, 문제의 형태가 구조화되어 있어서 학생들은 이렇게 제시된 문제를 풀기만 하면 된다. 사람들은 명시적으로 존재하는 문제를 찾기도 하고, 우연히 발견하기도 한다. 예를 들어 주행 중 갑자기 차가 흔들렸을 때, 자동차 바퀴에 어떤 문제가 있다고 인식한다면 이는 명시적 문제가 우연히 발견된 경우라 할 수 있다.

한편 문제가 '암시적으로implicitly' 존재하기 때문에 인식하기 어려운 경우도 있다. 이러한 문제는 다른 사람으로부터 주어지는 것이 아니라 어려움, 모순, 놀라운 사실, 질문 등을 통해 발견해야 한다. 따라서 문제를 찾기 위해서는 특정 현상을 탐구하고 자료를 탐색해서 분석하는 과정이 필요하다. 예를 들어 자동차에 연료도 가득 있고 배터리도 정상적인데 시동이 걸리지 않는다면(명시적 문제), 다른 부품이 불량이거나 노후된 것은 아닌지 등 눈에 보이지 않는 문제(암시적 문제)를 찾아내어 수리해야 한다.

또한 문제는 '명시적'이거나 '암시적'이지 않고 '잠재적으로potentially' 존재할 수도 있다. 학문 분야이건 실생활 상황이건 문제는 항상 잠재해 있다고 볼 수 있다. 예를 들어 새로운 환경의 주거지를 설계하거나 환경오염을 줄이기 위해 새로운 종류의 연료를 사용하는 자동차를 개발해야 하는 것과 같은 것이다. 이러한 잠재적 문제는 개인이 스스로 발견해야 하는 경우가 많아서 창의적 산출이나 발명과 가장 관련이 높다. 그럼에도 불구하고 학교 교육에서는 이러한 잠재적 문제가 가장 소홀히 다루어지고 있다.

2) 문제 해결의 의미와 이론

'문제 해결'은 다양하게 정의된다. 가네(Gagné, 1985)는 문제 해결을 '이미 배운 규칙을 응용해 새로운 문제들에 대한 해결책을 발견하는 것'이라고 정의하는가 하면, 해치(Hatch, 1988)는 '문제에 대한 가능한 해답을 찾는 과정'으로 정의했다. 또한 캐니(Kahney, 1986)는 문제가 목표와 장애물로 구성되어 있고, 장애물 때문에 목표를 달성할 수 없을 때 문제 해결이 필요하다고 보아서, 문제 해결이란 '주어진 상태에서 목표 상태에 도달하기 위해 조작인을 사용하는 것'으로 정의했다. 그리고 메이어(Mayer, 1999)는 '문제 해결자가 이용할 수 있는 분명한 해결 방법이 없을 때 주어진 상태에서 목표 상태에 도달하기 위해 수행하는 인지적 처리cognitive processing'로 문제 해결을 정의했다.

문제에 관한 이러한 정의와 설명들을 종합해볼 때 '문제 해결'이란 어떤 상황에서 문제를 인식하고 현재 상태에서 목표 상태에 도달하기 위해 행하는 일련의 인지적 처리 및 사고 활동이라고 할 수 있다. 따라서 문제 해결을 위해서는 문제를 의미 있게 인식 또는 인지해야 하며, 현재 상태와 목표 상태 및 그 차이를 제대로 파악해야 하고, 그다음에는 목표 상태에 도달하기 위해 차이를 줄여나가려는 인지적 노력을 해야 한다.

문제 해결을 설명하는 이론으로는 행동주의적 접근, 형태주의적 접근, 정보처리적 접근 등이 있다(Mayer, 1999; Weisberg, 1980). 문제 해결은 이론에 따라 설명하는 방식에서 다소 차이를 보이는데, 이를 구체적으로 살펴보면 다음과 같다.

첫 번째로 '행동주의적 접근'으로서, 미국의 대표적인 행동주의 심리학자인 에드워드 손다이크Edward L. Thorndike(1898)의 실험을 보면 수수께끼 상자 속에 있는 고양이가 상자 밖에 있는 먹이를 얻기 위해 상자 안에 있는 장치를 사용해 문을 열고 탈출해야 하는데, 처음에 성공적이지 못했던 반응들(예: 할퀴거나 물기)은 서서히 소거되고, 시행착오를 통해 문 열림 장치를 건드리는 반응들을 성공적으로 하게 된다. 이러한 연구 결과를 기초로 손다이크는 동물들이 과거의 경험에 기초한, '문제와 연합된 반응의 위계'를 가지고 있다고 제안했다. 즉 문제에 직면했을 때, 문제 해결자는 문제 상황과 가장 강하게 연합된 반응을 적용하고, 다음에는 그다음으로 강하게 연합된 반응을 성공할 때까지 계속 적용해서 시행착오를 통해 문제를 해결해나간다는 것이다. 그러나 이러한 연구에서는 동물이 문제의 구조적 특성을 간파했다는 증거를 발견하지 못했다. 인간을 대상으로 한 후속 연구에서도 문제 해결의 전이는 이전에 학습된 과제의 요소가 새롭게 해결될 과제의 요소와 동일할 때에만 일어난다고 했다(Mayer, 1999). 이와 같은 행동주의 접근에서는 문제 해결을 '문제와 연합된 반응들의 위계적인 시행착오를 통해 학습된 결과'로 본다. 즉 문제 해결은 문제 해결자의 수많은 시행착오를 통해 얻은 과거 경험에 기초하고 있으며, 이 과정에서 창의성은 고려되지 않는다.

두 번째로 시행착오에 의해 점진적으로 해결책을 학습한다는 이러한 행동주의적 접근은 갑작스러운 '아하!'와 같은 새로운 발견에 관심을 갖는 형태주의적 접근의 도전을 받게 되었다. '형태주의적 접근'의 초기 연구로 가장 잘 알려진 쾰러(Köhler, 1976)의 연구에서는 침팬지에게 창의적인 해결책을 요구하는 문제를 제시했는데, 우리 바닥에는 여러 개의 나무 상자를 두고, 침팬지의 손이 닿지 않는 높은 곳에 바나나 또는 오렌지 같은 과일을 매달아 두고, 침팬지가 상자를 쌓고 올라가서 바나나를 잡도록 하는 것이었다. 침팬지는 팔을 뻗거나 짧은 막대기를 이용하는 등 여러 번 실패를 했으나 심사숙고하던 중 갑자기 문제를 해결했다. 이는 침팬지에게는 분명히 창의적 문제 해결이었고, 쾰러는 이러한 발견을 '통찰insight'이라는 용어를 사용해 설명했다. 침팬지의 이러한 특정 반응들은 연습한 적이 없으나, 시각적 정보를 정신적으로 재조직함으로써 목적 달성을 위한 방식을 발견한 것이므로, 문제 해결은 상황에 대한 지각의 변화를 포함한다고 할 수 있다(Mayer, 1999). 이러한 형태주의적 접근에 의하면 문제 해결이란 '정신적 표상을 통해 문제를 재구성하고, 구조적 통찰을 통해 목적의 요구 조건들을 충족시킬 수 있도록 모든 부분들을 맞추어 가는 것'으로, 창의적 측면이 고려되었다고 볼 수 있다.

지금까지 살펴본 행동주의자들의 '학습'과 형태주의자들의 '지각'에 대한 설명은 문제 해결을 인간 사고의 기초적 원리에서 파생된 것으로 다루는 경향이 있다. 그러나 이 두 시각 모두 문제 해결이 이루어지는 동안에 무엇이 발생하며, 어떻게 문제 해결이 되어가는지 그 '과정'에 대한 설명은 충분히 해주지 못했다는 한계를 가지고 있다(Hunt, 1994).

세 번째로 문제 해결을 설명하는 또 다른 이론으로 정보처리적 접근을 살펴보자. '정보처리적 접근'은 1950년대 중반에 뉴웰 등(Newell, Shaw & Simon, 1958)이 인간 사고에 기반한 컴퓨터 프로그램을 활용하여 20세기 후반의 사고 연구에 큰 영향을 미친 이론으로서 문제 해결에 관한 현대 이론들의 기초가 되고 있다. 정보처리적 접근에서는 인간의 정신적인 표상이 컴퓨터 프로그램에서와 같은 절차와 단편적인 사실들로 구성된다고 본다. 따라서 이 접근에서는 문제 해결이란 정보에 일련의 변환transformation을 적용하는 것을 의미하며, 문제를 주어진 상태인 문제 공간, 목적 상태, 그리고 가능한 모든 중간 상태로 구분한다. 또한 문제 해결자는 주어진 상태에서 목적 상태로 문제 공간을 이동하기 위해 전략을 활용한다고 설명한다(Mayer, 1999). 즉 문제 해결을 '주어진 상태에서 시작하여 일련의 중간의 상태들을 해결해가면서 목표 상태에 도달하는 과정'으로 보는 것이다.

사람들이 어떻게 문제 공간을 통해 해결책을 조직하는지에 대해 뉴웰과 시먼(Newell & Simon, 1972)은 더 큰 목적이 직접적으로 달성될 수 없을 때 하위 목적들을 수립한다는 '수단-목적 분석means-ends analysis 전략'으로 설명했다. 즉 유능한 문제 해결자는 자신의 현재 상태를 고려하고, 현재의 상태에서 최종 상태에 이르는 단계를 비교하며, 현재 상태와 최종 상태 사이에 존재하는 문제들을 제거하는 방법을 찾는다는 것이다. 그러나 라킨(Larkin, 1983)은 물리학 분야에서의 문제 해결에 관한 연구를 통해, 학생들은 뉴웰과 시먼의 수단-목적 분석 전략에서 제시한 대로 행동하지만 전문가들은 상당히 다르게 행동한다는 것을 발견했다. 즉 학생들은 이미 알고 있는 것과 문제를 풀기 위해 요구되는 것이 무엇인지를 비교했고, 필요한 지식을 개발하기 위해 어떤 행위를 해야 하는가를 질문했지만, 전문가들은 기억 속에 저장된 '문제 해결 도식'에 더 의존했다. 전문가들은 문제를 익숙한 유형의 문제로 인식해 기존의 도식에 의존해 해결한다는 것이다.

이러한 뉴웰과 시먼의 설명은 인간의 문제 해결 과정에 대한 적절한 설명이라고 볼 수 있다. 또한 형태주의 접근과 일부 정보처리적 접근에서는 창의적 사고 과정 혹은 창의적 문제 해결 과정을 다루기도 한다. 그러나 이러한 전형적인 문제 해결 연구에서는 문제 해결자가 스스로 문제를 발견해서 해결해가는 과정을 주로 다루는 '창의적 과정'을 구체적으로 다루지는 못했다.

3) 문제 해결의 단계

문제 해결이란 현재 상태에서 목적 상태에 도달하기 위해 진행되어가는 복잡한 인지적 과정으로서 여러 단계를 거치게 되는데, 많은 학자들이 제시하고 있는 여러 가지 유형의 문제 해결 단계를 살펴보면 다음과 같다.

존 듀이John Dewey(1910)는 문제 해결의 과정을 반성적 사고로 간주했는데, '반성적 사고reflective thinking'란 문제 해결의 과정과 그 결과에 대해 다시 한 번 생각하는 사고를 일컫는다. 듀이는 이러한 사고는 곤란, 곤란 검토, 가능한 해결책 제안, 제안/추리에 의한 전개, 행위에 의한 가설 검증의 체계적이고 논리적인 5단계로 진행된다고 제시했다. 먼저 '곤란 단계'에서는 기존 경험과의 괴리에서 오는 갈등을 통해 문제를 인식하고, '곤란 검토 단계'에서는 문제의 특성을 파악하여 문제를 정의하게 된다. 다음으로 '가능한 해결책 제안 단계'에서는 문제 해결을 위해 자료 수집 및 정보 탐색을 하고 사실을 파악하여, 문제 해결을 위한 가설을 세울 수 있게 된다. 다음의 '제안/추리에 의한 전개 단계'에서는 자신이 세운 가설을 실행하고, 마지막으로 '행위에 의한 가설 검증 단계'에서는 설정한 가설이 맞는지 확인하고 문제 해결 방법이 적절했는지 등을 평가하게 된다.

그레이엄 월러스Graham Wallas(1926)는 문제 해결의 과정을 '아하!' 하는 경험, 즉 통찰을 하게 되는 과정으로 간주해 준비, 부화, 조명, 검증의 4단계로 설명했다. 먼저 '준비' 단계에서는 문제를 해결하기 위해 정보를 수집하고 수집한 정보를 바탕으로 문제를 해결하려고 시도한다. 그러한 시도에도 불구하고 문제가 쉽게 해결되지 않으면 두 번째 단계인 부화 단계로 가게 된다. '부화' 단계에서 사람들은 해결하던 문제를 일단 그만두고 다른 일을 하거나 잠을 잔다. 일종의 휴지기인 셈이다. 이러한 단계를 거치고 나면 문제 해결의 비결이 떠오르게 되며, 여기에서 '아하!'라는 통찰을 갖게 된다. 이 단계가 바로 '조명' 단계이다. 마지막으로 '검증' 단계에서는 해당 문제에 대한 해결책이 맞는지 확실히 하기 위해 그것을 점검하게 된다. 월러스는 이 문제 해결 단계 중에서도 부화 단계를 매우 중요하게 다루었는데, 문제에서 잠시 떠나 있는 이 단계 동안 사람들은 문제에 집중하고 있을 때보다 오히려 더 다양한 상황이나 요인들에 대해 생각할 수 있게 되어서 이를 토대로 문제를 해결할 수 있게 된다고 했다.

수학 교사였던 폴리아(Pólya, 1945/1957)는 스스로 관찰한 것에 기초해 문제 해결의 과정으로 문제 이해, 계획 수립, 계획 실행, 반성의 4단계를 제시했다. 먼저 '문제 이해' 단계에서는 주어진 문제에 대한 정보를 수집하고 '알고 싶어 하는 것이 무엇인가?', '가지고 있는 자료와 조건은 무엇인가?' 등의 질문을 함으로써 문제를 이해하게 된다. 다음으로 '계획 수립' 단계에서는 해결 방법을 찾기 위해 자신의 과거 경험을 이용해 자신이 이미 알고 있는 것이 무엇인지, 기존에 알고 있던 사실과 새로운 사실은 서로 어떻게 연관되는지 등을 파악함으로써 해결 전략을 세우게 된다. 이 단계에서 사람들은 '아하!'와 같은 통찰의 순간을 경험하기도 한다. 그러고 나서 '계획 실행' 단계에서 사람들은 해결 계획을 실제 행동으로 옮기게 된다. 마지막으로 '반성' 단계에서는 실행했던 방법들을 점검해보면서 이 방법들이 서로 어떻게 연관되어 있는지, 새로운 문제에 이를 적용할 수 있는지 확인해봄으로써 얻은 결과를 점검해보게 되는데, 폴리아는 이러한 문제 해결 단계 중에서 바로 이 반성 단계가 가장 중요하다고 강조했다.

브랜스퍼드와 스타인(Bransford & Stein, 1984)은 문제 해결 과정을 문제 확인, 문제 정의, 가능한 해결책 탐색, 계획 실행, 효과 검토의 5단계로 설명했다. 이들이 제시한 과정은 각 단계의 앞 글자를 딴 'IDEAL'로 널리 알려져 있다. 먼저 '문제 확인Identifying problem(I)' 단계는 해결해야 할 문제를 인식하는 단계이다. 문제를 확인한 다음에는 확인된 문제를 어떻게 이해하고 그것에 접근할 수 있는가를 찾기 위한 '문제 정의Defining problem(D)' 단계를 거치고, 다음의 '가능한 해결책의 탐색Exploring alternative approaches(E)' 단계에서는 문제를 해결하기 위한 대안적 방법을 모색한다. 이 단계에서는 문제에 대해 현재 자신이 어떻게 반응하고 있는지 분석하는 것과 대안적인 방법이나 전략들을 탐색해보는 것이 모두 포함된다. 대안적인 방법을 탐색한 이후에는 '계획 실행Acting on a plan(A)' 단계를 거쳐 실행의 결과로 얻게 된 효과를 확인하고 분석하며, '효과 검토Looking at the effects(L)' 단계로 진행하게 된다. 효과를 검증한 결과가 만족스럽지 못한 경우에는 문제의 정의로 되돌아가서 다시 새롭게 해결 단계를 거쳐 문제를 해결한다. 브랜스퍼드와 스타인은 자신들이 제시한 단계 중에서 문제 확인과 문제 정의 단계를 강조했다.

이 밖에도 많은 학자들이 문제 해결의 단계를 제시했는데, 로스먼(Rossman, 1931)은 '문제 해결의 필요성 인식', '문제 분석 및 정의', '관련 정보 수집', '다양한 해결책 형성', '해결책에 대한 비판적 평가', '새로운 아이디어/해결책 형성', '가장 가능성 있는 해결책의 수정·보완과 평가'의 7단계로 제시했고, 펠드후센과 트레핑거(Feldhusen & Treffinger, 1977)는 '문제의 산출', '문제의 명료화', '문제의 확정', '아이디어의 탐색', '해결의 종합화', '수행'의 6단계로 설명했다.

시먼(Simon, 1980)은 '문제 인지', '가능한 대안의 규정', '대안의 평가', '결정 및 시행'의 4단계로 제시했으며, 맨스필드와 부세(1981/1993)는 '문제 선정', '문제 해결을 위한 확장된 노력', '문제 해결에 관한 제한 설정', '제한의 변경', '증명과 정교화'의 5단계를 제시했다. 또한 토드 등(Todd, Todd & McCrory, 1996)은 '문제를 확인하고 정의하기Identify and define the problem(I)', '설계 개요를 개발하기Develop the design brief(D)', '가능한 대안을 탐색하기Explore possible alternatives(E)', '대안을 수집하고 평가하기Accumulate and assess the alternatives(A)', '최선의 해결 방안을 시도하기Try out the best solution(T)', '결과를 평가하기Evaluate the results(E)'의 6단계로 설명하고 이를 각 단계의 앞 글자를 딴 'IDEATE'라고 소개했다.

이상과 같이 여러 학자가 제시한 문제 해결 단계를 정리하면 〈표 3-1〉과 같다. 요컨대 문제를 해결하기 위해서는 문제가 무엇인지 파악하고, 문제와 관련된 정보를 찾고, 이 정보로부터 해결책을 세운 다음, 제안된 해결책을 평가하고 수정하는 등의 과정을 거쳐야 한다.

2. 창의적 문제 해결과 단계

앞 절에서는 '문제'와 '문제 해결'에 관해 살펴보았는데, 이 절에서는 '창의적 문제 해결'에 관해 탐색해보고자 한다. 창의적 문제 해결을 구체적으로 이해하기 위해 우선 '창의성과 문제 해결의 관계'를 밝히고 '일반적 문제 해결과 창의적 문제 해결의 차이점'을 비교한 다음, '문제 발견의 중요성' 및 '창의적 문제 해결의 개념과 구성 요소'에 대해 살펴보자.

〈표 3-1〉 여러 학자들이 제시한 문제 해결의 과정

학자 / 단계	Dewey (1910)	Wallas (1926)	Rossman (1931)	Pólya (1945/1957)	Feldhusen & Treffinger (1977)	Simon (1980)	Mansfield & Busse (1981/1993)	Bransford & Stein (1984)	Todd, Todd & McCrory (1996)
1	곤란	준비	문제 해결의 필요성 인식	문제의 이해	문제의 산출	문제 인지	문제의 선정	문제 확인	문제 확인 및 정의
2	곤란의 검토	부화	문제의 분석 및 정의	계획의 수립	문제의 명료화	가능한 대안의 규정	문제 해결의 확장된 노력	문제 정의	설계 개요 개발
3	가능한 해결의 제안	조명	관련 정보 수집	계획의 실행	문제의 확정	대안의 평가	문제 해결에 관한 제한 설정	가능한 해결책의 탐색	가능한 대안 탐색
4	제안/추리에 의한 전개	검증	다양한 해결책의 형성	반성	아이디어의 탐색	결정 및 시행	제한의 변경	계획의 실행	대안 수집 및 평가
5	행위에 의한 가설 검증		해결책에 대한 비판적 평가		해결의 종합화		증명과 정교화	효과 검토	최선의 해결 방안 시도
6			새로운 아이디어/해결책의 형성		수행				결과평가
7			가장 가능성 있는 해결책 수정·보완·평가						

1) 창의성, 문제 해결, 창의적 문제 해결의 관계

문제 해결과 창의성은 각각 독립적으로 연구되어왔지만, 근래에는 많은 연구자들이 '창의성'과 '문제 해결'에는 매우 밀접한 관계가 있다고 보고 있다. '창의성'을 연구하는 사람들은 문제 해결을 창의적 수행 과정 중의 하나라고 여기는 반면(Csikszentmihalyi & Getzels, 1971), '문제 해결'을 연구하는 사람들은 창의성을 문제 해결의 한 특별한 유형으로 본다(Mumford, Reiter-Palmon & Redmond, 1994; Newell, Shaw & Simon, 1962; Smith, 1966). 그리고 창의성과 문제 해결을 같은 것으로 보는 입장도 있다(Basadur, 1994; Feldhusen & Treffinger, 1986; Guilford, 1959).

창의성 이론가들은 '문제 해결'을 새롭고 적절한 산출물을 만들어내는 것, 즉 '창의성이 발현되는 하나의 과정'으로 본다. 예를 들어 수학, 과학 및 사회과학 영역에서는 문제를 발견하거나 주어진 문제를 새롭게 인식해 새로운 결과물(예: 과학 이론, 발명)을 창출하거나, 또는 새롭고 적절한 방식으로 문제 해결을 하는데, 이러한 문제 해결을 창의성이 발현되는 과정으로 간주한다(Csikszentmihalyi & Getzels, 1971).

한편 '창의성'을 '문제 해결의 한 유형'이라고 보는 입장에서 뉴웰 등(Newell, Shaw & Simon, 1962)은 문제 형성에서의 새로움, 비관습성, 인내심, 어려움으로 특징화되는 문제 해결 활동의 한 특별한 종류를 창의성이라고 언급했고, 멈퍼드 등(Mumford, Reiter-Palmon & Redmond, 1994)은 창의적 사고를 주어진 것과 이미 알려져 있는 것을 능동적, 의식적, 목적 지향적으로 조작하는 문제 해결의 한 형태라고 했다. 또한 스미스(Smith, 1966)는 창의성이란 '매우 간단한 사고에서 매우 복잡한 사고 과정까지의 연속선상에 위치하는 문제 해결의 한 유형'이라고 했다.

창의성과 문제 해결을 같다고 보는 입장에서는 '창의적 사고'는 새로운 결과를 이끌어내는 것이며, '문제 해결'은 새로운 상황에 대한 새로운 반응을 산출하는 것이므로 기본적으로 같은 정신적 현상이라고 본다(Basadur, 1994; Guilford, 1959). 펠드후센과 트레핑거(1986)는 유창성, 융통성, 독창성 등이 복합적인 문제 해결에 꼭 필요한 구성 요소들임을 주장하면서, 창의성과 문제 해결을 '하나의 복합적인 개념'으로서 설명했다.

그러나 모든 문제 해결이 창의적이지는 않다. 앞에서 살펴본 바와 같이 문제 해결 방식은 '해결해야 할 문제의 종류'에 따라서 달라진다. 즉 문제가 사실이나 지식을 요구하는 경우와 새로운 아이디어를 요구하는 경우로 구분할 수 있는데, 정확한 사실이나 지식을 찾으면 해결되는 문제의 경우에는 굳이 창의적 사고가 요구되지 않는다. 기존의 정보나 지식을 정확하게 적용하기만 하면 되기 때문이다. 그러나 기존의 정보나 지식을 단순히 적용 혹은 이용하는 것만으로는 해결되지 않고, 특히 새로운 아이디어를 요하는 문제는 창의적 사고를 필요로 한다.

여기서 전자에 해당하는 것을 '일반적 문제 해결'이라고 하는데, 그 경우에 주어지는 문제는 '구조화된well-structured/well-defined 문제'로서 문제가 분명하게 진술되어 있고, 해결을 위한 표준화된 절차나 방법이 알려져 있거나 주어지며, 해결 방법을 검증하기 위한 효율적인 방법도 있다. 따라서 일반적 문제 해결에서는 이미 기억하고 있는 절차를 그대로 적용해 해결하면 된다. 반면 기존의 정보를 단순히 적용하거나 이용해서는 해결되지 않고 독창적인 아이디어를 생각해내서 문제를 해결해야 하는 경우를 '창의적 문제 해결'이라고 하는데, 이때 주어지는 문제는 구조화되어 있지 않다. 즉 문제 해결을 위한 구체적인 정보나 절차가 주어져 있지 않거나, 구조화되어 있더라도 해결자가 독창적인 방법으로 해결안을 내야 하는 경우이다. 따라서 창의적 문제 해결을 위해서는 문제 해결자가 문제와 방법, 해결책을 스스로 발견하거나 창조해야 한다. 또한 창의적 문제 해결에서는 해결의 통로가 하나가 아니라 여러 개이기 때문에 여러 개의 해결 대안들 가운데서 더 나은 것, 더 최선의 것을 모색해야 한다.

멈퍼드 등(Mumford, Mobley, Uhlman, Reiter-Palmon & Doares, 1991)은 창의적 문제 해결 과정이 틀에 박힌 비창의적 과정과 다른 점을 네 가지로 설명했다. 첫째, 창의적 문제 해결은 비구조적인 문제를 다루기 때문에 '문제 구성problem construction'을 하게 되며, 둘째, 일반적 문제 해결은 이미 알고 있는 과정을 적용하면 되므로 수렴적 사고만으로 가능하지만 창의적 문제 해결은 새로운 대안을 창출해야 하므로 '확산적·수렴적 사고'가 모두 필요하다. 셋째, 일반적 문제 해결은 더하기 식의 과정이 필요하지만, 창의적 문제 해결은 확산적·수렴적 사고가 '복합적 주기multiple cycles'로 일어나므로 주의 집중을 요한다. 넷째, 일반적 문제 해결은 현존하는 범위 안의 정보들을 상기하고 이해함으로써 가능하지만 창의적 문제 해결은 현존하는 정보를 재구성하고, 재조직하며, 연결시켜야 한다는 것이다.

이렇듯 일반적 문제 해결과 창의적 문제 해결의 차이는 '해결 방법'에서도 있지만, 근본적으로는 해결해야 하는 '문제의 특성'에 기인한다. 잘 정의되어 있고 방법과 해결책이 알려져 있는 구조화된 문제의 경우에는 기존의 알고리즘이나 기억에 의한 절차를 적용해 문제를 해결할 수 있다. 그러나 잘 정의되어 있지 않고 해결 방법이나 해결책이 잘 알려져 있지 않은 비구조화된 문제에 봉착할 경우에는 문제 해결자 스스로가 처음 상태, 목표 상태, 조작인, 조작인 제한과 같은 요소들을 찾아서 해결해야 한다. 따라서 일반적 문제 해결과 창의적 문제 해결을 구분 짓는 가장 큰 차이점은 '문제' 자체에 있다고 볼 수 있으며, 문제가 무엇인지를 발견하고 파악하는 일은 창의적 문제 해결에서 매우 중요한 비중을 차지한다. 그럼 이제부터 이러한 문제 발견이 창의적 문제 해결과 어떤 관계가 있는지 자세히 살펴보고자 한다.

2) 창의적 문제 해결에서 문제 발견의 중요성

문제를 해결하기 위해서는 도달해야 할 목표와 현재 상태 간 불일치를 발견하고, 목표 상태에 도달하기 위해 여러 가지 조작을 해야 하는데, 이러한 도달해야 할 목표와 현재 상태 간 불일치를 발견하는 것이 바로 문제 발견이다. 다시 말해 '문제 발견problem finding'은 문제를 찾아내거나 형성하고 창조하기 위한 행동, 태도, 사고 과정을 일컬으며, 문제 표현, 문제 구성, 문제 제기, 문제 형성, 문제 확인, 창의적 문제 발견, 문제 정의 등의 용어로 표현되는 다양한 행동과 기술, 경향성의 복합체라고 할 수 있다(Dudek & Cote, 1994; Mumford et al., 1994; Runco, 1994; Runco & Okuda, 1988; 이혜주, 2005).

구조화된 문제는 문제가 잘 정의되고 설명되어 있기 때문에 문제를 발견해야 할 필요가 없다. 그러나 비구조화된 문제는 문제(또는 하위 문제)가 암시적이거나 잠재되어 있어서 문제 해결자가 자신의 자원을 사용해 문제를 찾고, 문제 해결 활동을 스스로 구조화하고 유도해야 한다(Mumford et al., 1994). 그러므로 문제 발견은 '비구조화된 실제적 문제 상황에서 질문이나 문제를 생각하고 형성하는 능력'이라고 정의내릴 수 있다.

이러한 문제 발견은 여러 분야에서 창의적인 성취나 수행을 하는 데 매우 중요하다. 아인슈타인은 문제의 해결보다는 '문제의 형성'을 더 중요하게 여겼으며(Einstein & Infeld, 1938), 예를 들어 과학 분야에서 빌헬름 뢴트겐Wilhelm K. Roentgen의 X선 발견이나 아인슈타인의 상대성 이론, 케플러의 행성궤도 이론 등 통찰력 있는 문제 발견을 찾아볼 수 있다. 최초의 노벨 물리학상을 받은 물리학자 뢴트겐은 뿌옇게 된 사진 감광판을 보고 당시의 다른 연구자들과 달리 '왜 감광판이 뿌옇게 되었지?'라는 의문을 제기함으로써 X선을 발견하게 되었고, 이를 통해 원자과학의 혁명이 이루어졌다(Lee & Cho, 2007; 이혜주, 2004).

이처럼 문제 발견은 창의적 성취에 필요한 기술이라고 할 수 있으며, 이미 여러 연구에서 문제 발견 능력이 문제 해결 능력보다 창의적 산출물에 더 큰 영향을 준다는 결과가 제시된 바 있다(Getzels & Csikszentmihalyi, 1967/1976; Moore, 1985; Wakefield, 1985). 게첼스와 칙센트미하이(Getzels & Csikszentmihalyi, 1967, 1976)는 31명의 미술 전공 학생들에게 27개의 사물을 제시하고 사물을 스스로 선택해 배열한 후 그림을 그리게 함으로써 미술 영역에서의 '발견 중심 행동discovery-oriented behavior'과 산출물에 있어서의 창의성의 정도를 연구했다. 그 결과 '문제 형성 단계'에서 독특하고 다양한 사물들을 선택하고 배열하는 발견 중심 행동을 보인 학생들이 더 창의적인 그림을 그린 것으로 나타났다. 그리고 7년 후에 실시한 추적 연구에서도 문제 발견에서 높게 평가되었던 학생들이 그렇지 않은 학생들보다 더 전문적 성취를 이룬 것으로 나타났다.

또한 무어(Moore, 1985)는 중학생을 대상으로 쓰기 영역에서 문제 발견과 최종 산출물의 독창성 간 관계에 대해 알아보았는데, 사전 쓰기 단계에서 '문제 발견 과정'에 더 많은 시간을 보낸 학생들은 그렇지 않은 학생들에 비해 작문에서 독창성 점수가 더 높은 것으로 나타났다. 웨이크필드(Wakefield, 1985) 또한 초등학교 5학년 학생들의 문제 발견 능력이 학생들의 창의적 그리기 점수와 유의미한 상관이 있음을 발견했고, 맨스필드와 부세(1981/1993)는 과학에서의 창의적 업적에서도 문제 발견이 결정적인 역할을 하며, '연구 문제 선택에서의 민감성'은 창의적 과학자와 그렇지 못한 과학자를 구분하는 기준이 된다고 했다. 문제 발견은 새로운 문제와 하위 문제를 계속 찾게 함으로써 문제 해결을 더 효과적이고 창의적으로 이끄는 과정이며 태도이기 때문에, 단순히 문제 해결 과정의 초기에만 작용하는 것이 아니라 문제를 재형성하거나 해결책을 선택하는 등의 평가 시점에도 필요하다.

3) 창의적 문제 해결의 개념

일반적 문제 해결이든 창의적 문제 해결이든 문제에는 '해당 분야'가 있다. 그리고 그것이 일상생활의 경우이건 전문적인 경우이건 문제를 해결하기 위해서는 해당 분야에서의 '경험', '지식', '기능', '사고력'이 필요하다. 뿐만 아니라 그 문제를 해결하고 싶은 흥미나 욕구 등의 '동기'가 있을 때 가능하다. 이러한 창의적 문제 해결 과정을 좀 더 시각적으로 또는 명시적으로 밝히고자 하는 것은 오랫동안 연구자들에게 도전적인 작업이었다.

'창의적 문제 해결'과 관련해서는 그 과정에 관한 연구가 주류를 이루고 있는데, 오즈번(Osborn, 1952)은 최초로 오리엔테이션, 준비, 분석, 가설, 부화, 종합, 확증의 7단계로 '창의적 문제 해결 모형'을 제시했다. 이후에 파네스(Parnes, 1967)는 사실 찾기, 문제 찾기, 아이디어 찾기, 해결책 찾기, 수용안 찾기의 5단계로 이루어진 '오즈번-파네스Osborn-Parnes 창의적 문제 해결 모형'을 제시했고, 이것은 또다시 아이작슨과 트레핑거(Isaksen & Treffinger, 1985)에 의해 '혼란 찾기' 단계가 추가된 6단계로 확장되었다. 이 모형에서는 확산적 사고와 수렴적 사고가 각 단계에서 반복적으로 이루어지면서 이들이 하는 역할이 부각되었다. 이후 아이작슨 등(Isaksen, Dorval & Treffinger, 2000)은 창의적 문제 해결의 구성 요소와 단계들 사이의 좀 더 융통성 있는 이동을 강조하여 다양한 문제 상황에 광범위하게 적용할 수 있는 모형을 제시했다.

한편 어번(1996)은 아이작슨과 트레핑거(1985)와 마찬가지로 창의적 문제 해결을 창의성과 문제 해결의 구성 요소인 '확산적 사고와 행동, 일반 영역의 지식과 기능 기반, 특정 영역의 지식과 기능 기반, 초점 맞추기와 과제 집착력, 모호함에 대한 참을성, 동기 등의 역동적인 관계'로서 설명했다. 창의적 문제 해결이 시작되는 문제 발견 단계에서는 개방성이나 내적 동기, 확산적 사고가 중요한 역할을 하며, 특정 영역의 지식과 기능 기반 또한 도움이 될 수 있다. 그리고 창의적 아이디어를 정교화하는 단계에서는 일반 영역의 지식과 기능 기반 및 수렴적 사고가 중요한 역할을 하며, 창의적 문제 해결이나 창의적 산출물을 집단이나 대중에게 수용될 수 있도록 만드는 과정에서는 모호함에 대한 참을성과 인내심 등도 장애물을 극복하는 데 도움을 준다.

또한 창의적 문제 해결력을 신장시키기 위한 교육과정 개발 기초 연구에서 김경자 등(1997)은 창의적 문제 해결을 '일반적인 영역의 지식과 기능 기반,

동기 요인, 특정 영역의 지식과 기능 기반을 토대로 확산적 사고와 논리적 사고가 역동적으로 상호작용하여 새로운 창의적 산출물 혹은 해결책을 만들어 내는 사고 과정'이라고 정의했다. 멈퍼드 등(Mumford et al., 2012)은 창의적 문제 해결 과정에서 문제 정의부터 시작하여, 정보를 수집하고 해당 정보들을 이해하는 데 필요한 개념들을 찾아 연결시켜 새로운 지식을 생성하고, 아이디어를 산출하고 평가하는 것까지의 과정을 실행하기 위해서는 각 과정에 대한 '전략'이 필요하며, '지식'도 필요하다고 했다. 이러한 과정은 각각 고유의 기능을 하지만 멈퍼드(Mumford, 2002)가 진행한 연구 결과에 의하면 창의적 문제 해결에 가장 중요한 요소는 '문제 구성', '개념적 연결', '아이디어 생성'이라고 했다.

종합해보면 창의적 문제 해결이란 창의성이 발현되는 과정 또는 여러 수행들의 일부이며, 동시에 문제 해결 중 창의성이 요구되는 특별한 형태이다. 이는 [그림 3-1]과 같이 표현될 수 있다. 이 그림을 보면 '창의적 문제 해결'은 '창의성'의 속성과 '문제 해결'의 속성을 모두 만족시켜야 하는 영역이다. 따라서 창의적 문제 해결은 '인지적 사고 기능(확산적 사고, 수렴적 사고)과 지식, 동기적 요소와 환경적 요소가 상호작용해 문제를 새롭게 발견하고 적절한 탐색 과정

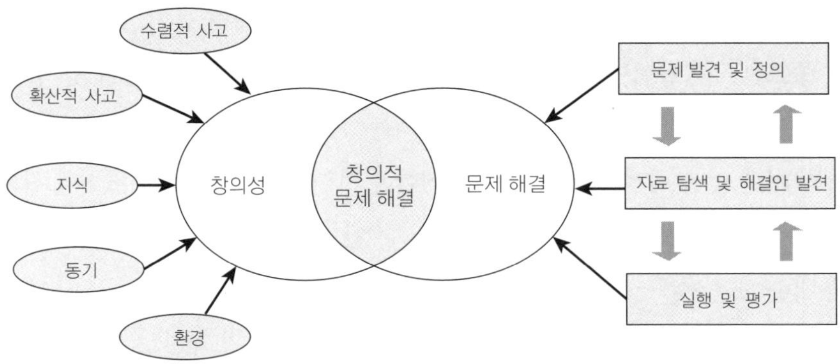

[그림 3-1] 창의성, 문제 해결, 창의적 문제 해결의 관계

을 거쳐 새롭고 유용한 해결책을 생성해가는 과정'이라고 정의할 수 있다. 이러한 정의는 창의성이나 문제 해결의 어느 한 관점보다는 두 관점을 모두 수용한 포괄적인 입장을 나타내는 것이다. 따라서 창의적 문제 해결은 창의성에 영향을 미치는 여러 요소들을 포함할 뿐만 아니라 문제 해결에 필요한 여러 단계를 거쳐 이루어지게 된다. 다시 말해 창의적 문제 해결은 대체로 문제의 발견 및 정의, 자료 탐색 및 해결안 발견, 실행 및 평가의 단계로 이루어지며, 각 단계에는 지식, 확산적 사고 및 수렴적 사고, 동기, 환경 등의 요소가 영향을 미친다. 그리고 이러한 창의적 문제 해결 단계는 이전의 과정을 기반으로 계속해서 순환된다.

4) 창의적 문제 해결의 단계

이제부터는 창의적 문제 해결의 단계를 '문제의 발견 및 정의', '자료 탐색 및 해결안 발견', '실행 및 평가'의 과정으로 나누어서 구체적으로 알아본다. 문제에 따라서 이러한 모든 단계를 다 거치지 않을 수도 있지만, 대부분의 창의적 문제 해결을 요하는 문제는 간단한 것이기보다는 복잡한 문제이며 노력을 요하는 문제이므로 이 세 단계는 기본적으로 거치는 것이 바람직하다.

(1) 1단계: 문제의 발견 및 정의 단계

앞에서 살펴본 것처럼 창의적 문제 해결이란 구조화되어 있지 않은 문제를 해결하거나 구조화된 문제일지라도 해결책을 창의적으로 찾아내는 것을 말한다. 따라서 창의적인 문제 해결에서 가장 중요한 일차 조건은 해결해야 하는 문제를 정확히 찾아내는 것이다. 같은 문제를 접했다 하더라도 문제 해결자가 그것을 어떻게 보느냐에 따라서 문제에 대한 접근 방법이나 해결책이 달라질 수 있으므로 창의적 문제 해결은 해결해야 할 문제를 발견하는 데에서 시작된다.

그러나 문제를 발견하기란 그렇게 쉽지는 않은데, 그 이유는 현재나 미래에 발생할 수 있는 여러 가지 상황들을 상상하고, 대비하며, 향상시킬 수 있는 생각을 일반적으로는 하지 않기 때문이다. 다시 말해 일반적으로 어떤 장면이나 상황이 불편하더라도 그것을 당연한 것으로 받아들이고 지나쳐버리는 경향이 있다. 따라서 평소에 어떤 장면이나 상황에 대해 스스로 '문제는 없는가?', '더 낫게 할 수는 없는가?'라고 질문하는 '문제 제기'의 태도를 가지는 것이 중요하다. 발명을 하거나 특허를 얻는 등 창의적 문제 해결을 수행하는 사람들은 일반적으로 당연하고 어쩔 수 없는 것으로 지나쳐버리는 것에 의식적으로 의문을 제기하면서 문제를 발견해내려고 노력하는 사람들이다(Bransford & Stein, 1984).

보통 문제가 있는데도 그것을 문제로 의식하지 못하는 경우가 많은데, 조만간에 드러나게 될 이러한 문제들을 '암시적·잠재적 문제'라고 한다. 이 암시적·잠재적 문제가 해결해야 할 문제로 의식되고 외현적으로 발견되지 않으면 나중에는 해결하기 어렵거나 해결 불가능하게 될 수도 있다. 문제를 문제로 인식해야 그것을 해결하기 위한 노력을 기울일 것이기 때문이다. 이러한 의미에서 '창의적인 문제 해결자'는 있을 수 있는 문제가 어떤 것인지를 찾기 위해 끊임없이 현상을 탐구하고 분석하는 사람이라고 할 수 있는데, 그러기 위해서는 창의적 문제 해결이 필요한 상황과 요구 및 동기가 갖추어져야 한다. 문제를 해결해야 할 필요성, 그리고 문제에 대한 관심과 흥미가 있어야 문제를 해결하고자 하는 노력을 하게 되기 때문이다. 그리고 문제 관련 분야에 대한 풍부한 지식도 소유하고 있어야 한다. '지식'이란 문제와 관련된 원리, 정보, 아이디어 등을 일컫는데, 해당 분야에 대한 지식을 충분히 갖추고 있어야 문제가 무엇인지를 간파할 수 있기 때문이다.

문제 가능성이 있는 아이디어를 찾기 위해서는 '확산적 사고'도 필요한데,

이렇게 새로운 문제를 찾아내는 활동은 개인의 타고난 성향에서 비롯되기도 하고 사회 분위기, 교육 환경, 가정 환경에 의해 격려받거나 소멸되기도 한다. 한편 이와 같이 문제를 발견한 후에는 문제를 구조화시켜서 문제가 무엇인지 정확하게 파악하기 위한 정의를 내려야 한다. 이때 '문제 정의', 즉 '문제의 진술'은 구체적이고 명확해야 하며, 해결 가능한 것이어야 한다. 창의적 문제 해결 과정에서의 문제는 구조화되어 있지 않은 상태에 있으므로 문제를 어떻게 정의하느냐에 따라 해결 방법이 달라지기 때문이다. 따라서 창의적 문제 해결에서는 논리적이고 체계적으로 아이디어를 평가하여 최선의 것을 선택하고 문제를 재구성해야 하며, 이러한 인지적 활동은 '수렴적 사고'를 통해 가능하다.

(2) 2단계: 자료 탐색 및 해결안 발견 단계

어떤 문제를 해결해야 할지 결정하고 나면 문제를 창의적으로 해결하는 데 필요한 자료가 무엇인지 탐색하는 과정이 요구된다. 이 단계에서는 개인이나 집단이 소유한 경험과 지식을 최대한 사용해 어떠한 자료나 지식이 요구되는지를 분석해야 하며, 이를 통해 숨겨져 있는 자료까지 빠뜨리거나 간과하지 않고 중요한 자료들을 모두 탐색해내는 것이 중요하다. 이때 자료에는 지식과 정보, 관찰한 사실, 감정 등도 포함되는데, 풍부한 자료를 탐색하기 위해서는 왜, 누가, 무엇을, 언제, 어디서, 어떻게 등의 육하원칙을 사용하는 것이 도움이 된다(Treffinger, Isaksen & Dorval, 2000).

'왜'라는 질문은 현재 문제의 중요성이나 요구에 관한 이유를 확인하는 데 도움이 된다. 이와 관련된 질문으로는 '왜 이 문제가 해결되어야 하는가?', '왜 이 문제가 생겨났는가?', '왜 아직도 이 문제가 해결되지 않고 있는가?', '왜 이 문제를 해결하는 것이 중요한가?' 등이 있다. '누가'라는 질문은 문제에 관여하는 사람들을 확인하는 데 도움을 준다. 문제에 관여된 사람들을 확인하기 위해서는 '누가 이 문제에 대해 자료나 정보를 제공해줄 수 있는가?', '나와는 다른 자료를 가지고 있는 사람은 누구인가?' 등의 질문을 할 수 있으며, '누구를 위해 이 문제를 해결하려고 하는가?'와 같은 질문도 생각해볼 수 있다. '무엇을'이라는 질문은 문제와 관련되어 있는 자료, 정보, 출처 등을 확인하는 데 도움이 된다. 이와 관련된 질문으로는 '무슨 자료가 있는가?', '이 문제와 관련해서 무엇이 필요한가?' 등이 있다. '언제'라는 질문은 문제 상황과 관련된 시기나 시간 등을 확인하는 데 도움을 준다. 이러한 정보를 탐색하기 위해서는 '언제 자료를 수집하는 것이 가장 좋은가?', '자료 수집을 위해서는 언제 관찰해야 하는가?', '언제까지 문제를 해결해야 하는가?' 등의 질문이 도움이 된다. '어디서'라는 질문은 문제 해결을 위해 생각해보아야 할 장소, 위치, 사건을 확인하는 데 도움을 준다. 이와 관련된 질문으로는 '어디서 자료를 얻을 수 있는가?', '어디서 정확하게 관찰할 수 있는가?' 등이 있다. 마지막으로 '어떻게'라는 질문은 문제 상황과 관련된 단계, 활동, 행위를 확인하는 데 도움을 준다. 이와 관련된 질문으로는 '현재의 문제 상황을 해결하기 위해 어떻게 관찰(자료 수집)할 수 있는가?', '이 문제가 어떻게 해서 이슈가 되었는지 알아보려면 어떻게 자료를 수집해야 하는가?' 등이 있다.

일반적으로 사람들은 가장 먼저 떠오른 아이디어를 받아들이고 만족하는 경향이 있는데(Simon & Hayes, 1976), 창의적인 문제 해결책을 찾기 위해서는 좀 더 풍부한 자료 탐색이 필요하고, 그러기 위해서는 '확산적 사고'가 필요하다. 자료 탐색이 충분히 이루어져야 해결책을 위한 다양한 아이디어를 생성해낼 수 있다. 또한 이들 중에서 더 유용하고 가치 있는 것을 선택하기 위해서는 아이디어들을 분석하고 평가해야 하는데, 이때 '수렴적 사고'가 요구된다. 즉 산출된 아이디어가 가능성 있는 해결안인지 판단하기 위한 적절한 준거들을 찾아야 하며, 준거들 중에서 가장 중요한 준거를 뽑고, 이것을 사용해 아이디어들을 평가해야 한다.

이처럼 자료 탐색 및 해결안 발견 단계에서는 확산적 사고와 수렴적 사고의 상호작용을 통해 풍부한 자료를 탐색하고, 이를 기반으로 가능성 있는 해결안을 다듬고, 조합하고, 보강해 더 좋은 것이 되도록 해야 하는데, 그러기 위해서는 문제와 관련한 정보나 지식을 찾아내는 과정뿐 아니라 알아야 할 지식을 학습하는 과정도 필요하다. 또한 이러한 자료 탐색 및 지식 습득 자체를 왜 하는지에 대한 문제 해결과 관련된 '동기'가 있어야 한다. 이러한 정보와 지식 탐색이 가능하기 위해서는 정보와 자료들이 풍부한 '물리적 환경'과 함께, 그러한 탐색 과정에 가치를 두는 '사회적 환경'도 필요하다.

(3) 3단계: 실행 및 평가 단계

적절한 해결안을 발견한 후에는 이러한 해결안을 실제로 실행해야 하는데, 해결안을 실행하는 데에는 현재 상태에서 바라는 미래의 목표 상태로 움직여 갈 수 있는 계획을 잘 세우는 것이 중요하다. 그러기 위해서는 먼저 해결안을 실행하는 데 긍정적·부정적으로 영향을 미칠 수 있는 요소들을 확인해내고, 그 한계를 극복할 수 있는 다양한 방법들을 찾아야 하는데, 그 과정에서 '확산적 사고'가 요구된다. 또한 구체적인 실행 계획을 단계별로 세워야 하는데, 실행 계획을 어느 정도 상세하게 세워야 하는지는 문제에 따라 다양하다. 일반적으로 단기 및 중기, 장기 실행 단계로 나누어 계획하지만, 어떤 경우에는 실행을 할 때 핵심적인 행위, 그러한 행위에 도움이 되거나 방해가 될 수 있는 요인들을 찾아내서 극복하기 위한 방법과 구체적인 진행 일정 등까지도 고려해야 하므로 논리적이고 체계적으로 평가하는 '수렴적 사고'가 요구된다.

문제를 발견·정의하고, 자료 탐색을 통해 해결안을 찾아서 계획대로 수행해본 다음에는 실행 효과를 확인하고 분석해야 한다. 문제가 창의적으로 만족스럽게 해결된다면 창의적 문제 해결 과정은 종결되지만, 실행 결과가 불만족스럽거나 부족하게 느껴지면 문제의 발견 및 정의, 자료 탐색 및 해결안 발견 등의 단계로 되돌아가야 할 것이다. 또한 실행을 하는 동안에도 계속해서 계획대로 잘 진행되고 있는지, 수정이 필요한지 등에 대한 평가를 함으로써 실행 과정을 조절할 수 있는 방법도 생각해야 하는데, 이 과정에서 요구되는 것이 수렴적 사고이다. 또한 이와 같은 실행 효과의 타당성과 유용성 여부 등을 평가하기 위해서는 '관련 지식'을 준거로서 활용하게 되며, 이러한 창의적 문제 해결 과정에서 새로운 지식이 생성되기도 한다.

지금까지 창의적 문제 해결의 과정을 설명했다. 이러한 단계는 순차적으로 진행되기보다는 순환적으로 반복된다고 보아야 할 것이다. 즉 '실행 및 평가' 단계는 창의적 문제 해결의 마지막 단계이지만 실행 결과가 불만족스럽거나 부족하다고 평가되면 다시 이전의 첫 번째 단계로 되돌아가는 것이다. 각 단계는 하위 단계로 더 세분화될 수도 있다. 즉 문제의 발견, 문제의 정의, 자료 탐색, 해결안 발견, 실행, 평가의 세부적인 단계로 나뉠 수 있는데, 이러한 세부 단계도 순차적이기보다는 순환적이고 필요에 따라 역방향으로 진행될 가능성이 있다. 예를 들어 해결안을 발견할 때, 산출한 아이디어들 중에서 적절한 해결안을 찾지 못한 경우에는 좀 더 풍부하게 아이디어를 산출하기 위해 다시 이전 단계인 자료 탐색 과정으로 되돌아가는 것이 필요하다.

사실상 '문제 해결'과 '창의적 문제 해결'은 양극단에 있다기보다는 연속선상에 있다고 말할 수 있다(Lubart & Mouchiroud, 2003). 문제의 상황에 따라서 일반적이고 정확한 경로를 따라 수행할 것이 요구되기도 하고, 새로운 해결책이 요구되기도 하기 때문이다(Sternberg, 1999). 일반적으로 어려운 문제일수록 공통적으로 요구되는 것이 있는데, 그것은 '의사 결정'과 '초인지 능력'[1]이다.

---

1 '초인지meta-cognition'란 사람에 대한 지식과 과제에 대한 지식, 전략에 대한 지식으로 나눌 수 있는데, '사람에 대한 지식'이란 자신과 타인의 능력 및 특성에 대해서 알거나 믿고 있는 것을 의

즉 문제를 인식하고 해결하는 전 과정에 걸쳐 여러 가지 방안이나 정보 중에서 최선을 선택하는 '의사 결정'이 필요하고, 이때 문제에 대한 판단, 어떤 정보와 지식을 탐색해야 하는지에 대한 판단과 결정, 어떤 해결책이 적절한지에 대한 의사 결정을 하기 위해 문제를 총괄하여 운영하는 '초인지 능력'을 갖춰야 한다.

미하며, '과제에 대한 지식'은 해야 하는 과제의 성질이나 난이도 등에 대해 아는 것이고, '전략에 대한 지식'은 과제를 위해 어떤 전략이 필요한지 아는 것을 의미한다.

요약

문제는 구조화의 정도에 따라 '구조화된 문제'와 '비구조화된 문제'로 구분할 수 있으며, 이는 명시적이거나 암시적, 잠재적으로 존재할 수 있다. 창의적 산출이나 발명은 비구조화된 문제 및 암시적·잠재적인 문제에서 출발하는 경우가 많지만 현재 학교 교육에서는 소홀히 다루어지고 있다.

문제 해결은 문제를 인식한 후, 현재 상태에서 목표 상태에 도달하기 위해 진행되어가는 복잡한 인지 과정이며 여러 단계를 거쳐서 이루어진다. **문제 해결의 단계**는 공통적으로, 문제 파악하기, 문제와 관련된 정보 찾기, 찾은 정보로부터 해결책 찾기, 제안된 해결책을 평가하고 수정하기의 과정을 거친다.

문제 해결의 종류는 일반적 문제 해결과 창의적 문제 해결로 나눌 수 있다. 이 둘은 문제를 정의하고 해결안을 찾고, 이를 실행해 평가하는 등의 유사한 절차로 이루어지지만 문제의 특성 및 해결 방법에서 차이를 보인다. **일반적 문제 해결**에서는 '구조화된 문제'를 다루며, 기존의 알고리즘을 적용하거나 이미 기억한 절차를 그대로 적용하는 반면, **창의적 문제 해결**에서는 '비구조화된 문제'를 다루며, 문제와 방법, 해결책을 스스로 발견하거나 창조해 해결한다.

창의적 문제 해결의 단계를 살펴보면, '문제 발견 및 정의 단계'에서는 가능성 있는 잠재된 문제를 찾아내고, 문제를 구조화해 정확히 파악한다. 또한 '자료 탐색 및 해결안 발견 단계'에서는 문제 해결을 위해 필요한 자료, 정보, 지식을 찾아 문제의 다양한 해결안을 생성하고, 이러한 해결안 중에서 적절한 해결책을 결정한다. 그리고 '실행 및 평가 단계'에서는 다양한 실행 계획을 세우고 타당한 안을 선택해 실행하며, 문제 해결의 실행 효과를 분석해 조절한다.

토의 과제

1. 현재 학교에서 다루는 문제들 중 '구조화된 문제'의 예와 '비구조화된 문제'의 예를 찾아보자. 이들을 실생활 문제와 비교해보면 어떤 차이가 있는가?
2. 역사적으로 또는 개인적으로 '문제 발견'이 창의적 문제 해결에서 중요한 역할을 했던 사례들은 어떤 것이 있는가?
3. 학문 분야나 전문 영역에서 또는 실생활에서 '창의적으로 문제 해결'을 했다고 생각되는 사례를 찾아보고, 어떤 과정을 거쳐서 문제를 해결했는지 토의해보자.

제4장 창의성과 발달, 학습의 관계

이 장에서는 창의성은 어떻게 발달하는지, 그리고 창의성과 발달은 어떤 관계가 있는지, 그러한 것들은 학교에서 다루어지고 있는 교과 학습과는 어떤 관계가 있는지를 다룬다. 또한 학교 수업에서 촉진되어야 할 '학생 창의성'은 무엇인지 탐색해보고자 한다.

1. 창의적 잠재력과 발달

창의성은 나이가 들어감에 따라 점점 발달하는가? 혹은 점점 쇠퇴하는가? 인간의 일생 중 어느 시기에 창의성이 가장 잘 발현되고, 어느 시기에 하강 현상이 나타는가? 이와 같은 질문에 대한 명쾌한 답은 아직 없다. 여기서는 이 문제에 대한 인지적·사회심리학적 이론 및 연구들을 탐색해본다.

1) 창의성 발달의 단계

일반적으로 발달은 연속성과 불연속성의 특성으로 설명될 수 있다. '연속성'

을 가정하는 이론에서는 연령이 증가함에 따라 인간의 능력이 계속해서 발달(또는 쇠퇴)하는 것으로 보고 발달을 '연속적이고 누적적인 양적 변화'라고 설명한다. 한편 '불연속성'을 가정하는 이론에서는 인간의 능력은 질적으로 다른 여러 단계를 거쳐 발달한다고 보아 '불연속적 변화'라고 설명한다(Runco, 1999d). 이와 같이 창의성 발달에서도 연령이 증가하고 지식과 경험이 많이 쌓이면서 유능해져서 더 창의적이 된다는 '연속성 이론'을 지지하는 입장이 있는 반면, 연령과는 상관없이 각기 특징과 수준이 다른 여러 단계를 거치면서 창의성이 발달한다고 보는 '불연속성 이론'을 지지하는 학자들 역시 많다.

'불연속적인 발달 단계 이론'의 대표적 학자인 피아제의 인지 발달 이론에 의하면 '감각운동기' 아동은 감각적이거나 운동적 경험을 통해 얻은 정보에 한해서만 이해를 할 수 있다. 이후 '전 조작기'에 이르면 상징적인 정보를 다룰 수는 있지만 직관적인 사고를 하고, '구체적 조작기'에 이르러서야 논리적 사고를 하게 된다. 그러나 아직 구체적인 정보에 한해서만 논리적 사고가 가능하고, '형식적 조작기'에 도달하면 비로소 가설적이고 추상적인 정보에 관해서도 논리적으로 사고할 수 있다. 다시 말해 각각의 단계에서 가능한 사고의 특성과 처리할 수 있는 경험의 종류가 다른데, 발달 이론가들은 이러한 인지 발달적 특성이 아동의 창의성에도 영향을 미친다고 본다. 예를 들어 구체적 조작기에서는 단순하고 구체적인 수준에서의 새로움을 창출하고, 형식적 조작기에서는 더 가설적이고 추상적인 수준의 새로움을 추구할 수 있다는 것이다. 한편 1970년대 이후에는 형식적 사고 다음에 발달되는 '후형식적 postformal 사고' 개념이 소개되었다(Yan & Arlin, 1999). 새롭게 관심의 대상이 된 다섯 번째 인지 발달 단계라고 할 수 있는 후형식적 단계에서는 문제에 대한 재정의, 즉 문제 발견(Arlin, 1975)이 가능해지고, 논리적 사고와 유추적 사고(일종의 창의적 사고) 간의 균형 잡힌 사고가 이루어지게 된다는 것이다(Smolucha & Smolucha, 1985).

이러한 인지 발달 단계와 창의성을 관련지었던 테일러(Taylor, 1975)는 창의성 발달을 5개 수준으로 구분하여 자발적 표현, 기술적 창의성, 발명적 창의성, 혁신적 창의성, 발생적 창의성으로 제시했다. '자발적 표현expressive spontaneity'의 수준에서는 구체적인 물리적 특징에 대해 전 논리적 또는 구체적 사고를 하고, '기술적 창의성technical creativity' 수준에서는 지식과 기술의 숙달을 기초로 새로운 것을 만들어내며, '발명적 창의성inventive creativity' 수준에서는 이미 알려진 것을 이용해 새로운 것을 고안한다. 이러한 기술적 창의성과 발명적 창의성은 모두 이미 존재하는 것을 직접적으로 적용하는 것이거나 기존의 구조를 토대로 새로운 것을 산출하는 것을 의미한다. 그러나 '혁신적 창의성innovative creativity' 수준에 이르면 특정 분야의 상징화 방법을 변화시키거나 확장한다. 마지막으로 '발생적 창의성emergent creativity' 수준에서는 새로운 이해 방법을 개발하여 새로운 원리나 체계를 창조하게 된다. 혁신적 창의성과 발생적 창의성의 수준에서의 새로움은 사물의 단순하고 구체적인 특성 수준에서의 새로움이 아닌 더 추상적인 체계나 분류 수준에서의 새로움으로서 학생의 인지 발달 수준을 능가하는 높은 수준의 인지 능력을 요한다(Cropley, 2001/2004).

로젠블래트와 위너(Rosenblatt & Winner, 1988)는 미술 작품에서의 연령차를 연구하여 취학 전 아동들의 그림은 자유롭고 미적으로 호소력이 있으나, 초등학교 중학년으로 올라감에 따라 작품에서 정확성과 사실성을 강조하는 경향이 나타난다고 보고하면서 로런스 콜버그Lawrence Kohlberg의 '도덕성 발달 이론'에 따라 6~8세 시기를 인습 이전 단계, 8~10세를 인습 단계, 12세 이후를 인습 이후 단계로 구분했다. 먼저 '전인습pre-conventional 단계'에서는 각 영역의 관행, 경험, 지식의 부족으로 더 융통성 있고 개방적인 독창적 사고를 하다가 '인습conventional 단계'에서는 각 영역의 인습에 동화되어 비창의적인 경향을 보이며, '후인습post-conventional 단계'에 이르면 인습, 지식, 정보를 획득하고 그것을 기반으로 하여 더 창의적 수행이 가능해진다는 것이다.

또한 어번(1991)은 아동의 그림 창의성 발달을 다음과 같이 6단계로 구분했다. 첫째, '자발적 낙서 및 그리기autonomous scribbling/drawing 단계'로서, 이 단계에서는 제시된 그림의 부분들과는 무관한 그림을 그리는데, 이러한 자발적 표현은 자기중심성과 외부 세계의 기준을 무시한 자유로운 사고의 표현이라고 할 수 있다. 둘째, '모방imitation 단계'로서, 이 단계에서는 제시된 그림의 부분들을 다른 형태로 변화시키지 않고 단지 모방한다. 이 시기의 사고는 전조작기적이다. 셋째, '종결 및 완성concluding/completing 단계'로서, 이 단계에서는 제시된 부분들을 사용해 어느 정도 형태를 갖춘 단순한 그림(예: 동그라미, 네모)을 완성한다. 넷째, '고립된 애니메이션 및 객관화isolated animation/objectivation 단계'로서, 이 단계에서는 단순한 형태들을 활용하여 새로운 산출물을 생성하기는 하지만 상호 관계성이 없고 단편적이다. 다섯째, '주제 관련 산출producing thematic relations 단계'로서, 이 단계에서는 그림의 부분들을 사용해 주제와 관련성이 있는 구조를 창조한다. 무엇인가를 만들거나 형성하려는 의도는 보이지만 아직 구체적 조작기 수준의 사고에 머물러 있다. 여섯째, '전체적 구도 형성forming a holistic composition 단계'로서, 이 단계에서는 그림의 부분들을 결합하고 이미지를 더 그려넣어 주제가 포함된 하나의 통일된 구도를 만들어낸다. 이것은 형식적 조작기 사고의 수준이라고 볼 수 있다.

결국 창의성 발달 이론과 연구들은 인지 발달 이론에 기초하여 이루어져왔으며, 전체적으로 자기중심성(외부 세계 무시) 단계, 구체적인 외적 자극에 의해 지배되는 단계, 개인적 의도(목적)가 외부 자극에 영향을 주는 단계로 발달하는 것으로 종합할 수 있다.

2) 아동기의 창의성

이제부터는 학령기 아동들의 창의성에 관하여 경험적 연구들을 기반으로 알아보기로 한다. 먼저 토런스(1962)는 일반적으로 아동들이 학교에 입학하는 시기인 만 5세경에 창의성이 떨어지는 경향을 발견했는데, 이 시기의 학생들이 학교 생활에 적응하고 권위를 수용하는 데 주력하는 것을 그 원인으로 보았다. 이어서 창의적 사고력 검사Torrance Tests of Creative Thinking: TTCT를 이용해 초등학교 3~5학년 학생들을 대상으로 종단적 연구를 실시한 결과 4학년이 되어서 창의성이 떨어지는 현상을 발견했는데(Torrance, 1963), 이를 '4학년 슬럼프'라고 지칭했다(Torrance, 1968). 이와 같이 TTCT를 사용한 연구들에서는 초등학교 입학 시기와 4학년에서 창의성의 하강 현상이 발견되었다.

한편 어번(1991)의 연구에서는 TTCT가 확산적 사고를 양적으로 측정하는 검사라는 한계를 극복하기 위해 질적인 부분도 평가할 수 있는 그림 창의성 검사Test for Creative Thinking-Drawing Production: TCT-DP를 개발하여 사용했는데, 여기에서도 5~6세 사이에 슬럼프가 나타남으로써 토런스(1962)의 입학 연령기 슬럼프에 대한 주장을 지지했다. 유연옥(2003)의 TCT-DP를 사용한 초등학생들의 창의성 발달에 대한 연구에서는 초등학교 1학년에서 3학년 사이에 창의성이 급격히 증가하다가 4학년에서 저하되는 경향을 나타냄으로써 이 역시 토런스(1963)의 4학년 슬럼프 현상을 나타냈다.

범위를 넓혀 아동기에서 청소년기까지의 '창의적 인성'과 '창의적 인지 능력'의 발달 경향을 살펴본 하주현(2000)의 연구에서는 영역별, 하위 요인별로 창의성이 발달하는 시기가 서로 다른 것을 발견했다. 즉 창의적 인성과 인지적 영역의 총점은 학년이 올라갈수록 증가했으나 '독창성'과 '정교성' 등은 4학년 때 다소 하강하는 현상이 나타났다. 초등학생의 창의적 능력과 창의적 성격에 관한 또 다른 연구에서도 학생들의 창의적 성격은 학년이 올라감에 따라 점차 향상되었고, 창의적 능력도 학년에 따라 꾸준히 향상되다가 4~5학년에서 감소했으며, 6학년에 가서는 다시 증가하는 불연속적인 추세를 보였다(우종옥·이신동·이경화·전경원, 2003; 유연옥, 2003).

이러한 4학년 슬럼프 현상에 대해 로젠블래트와 위너(1988)는 인습 단계에 속하는 4학년 학생들은 현실적이며, 인습이나 규범, 또래 집단에 동조해야 한다는 사회적 압력에 민감해 창의성이 감소하게 된다고 설명했다. 한편 룬코(1991)는 인습 단계의 학생들이 창의성 슬럼프에 빠지는 이유는 비판적·평가적 기술을 획득했기 때문이라고도 해석했다(Runco & Charles, 1997). 또한 가드너(Gardner, 1982)는 이와 같이 사실성(현실성)이 증가되는 현상이 영역에서의 '상징 숙달' 때문이라고 보았다. 학생들은 언어, 그림, 수, 음악 등의 다양한 상징의 사용을 학습하게 되므로 상징의 숙달을 통해 점차 사회적 인습과 관행에 집착하게 된다는 것이다.

이와 같이 아동기에 창의성 하강 현상이 나타나기는 하지만, 그 횟수와 시기에 대해서는 아직 단정적으로 말하기 어렵다. 그러나 학생들의 창의성에서 인습이나 사회적 경험이 중요한 역할을 한다는 데에는 많은 연구자들의 의견이 일치되고 있다(Runco & Charles, 1997). 우리는 인습에 의해 어떤 것이 적절한지 결정하게 되는데, 로젠블래트와 위너(1988)의 '전인습·인습·후인습 단계 이론', 룬코(1991)의 '비판적·평가적 기술의 획득' 및 '영역에서의 상징 숙달'에 대한 개념들(Gardner, 1982)은 모두 이러한 사회적(영역적) 인습의 영향을 강조하고 있다. 사실 많은 학생들이 이러한 인습의 영향으로 창의성 슬럼프를 경험하기도 하지만, 그렇다고 모든 학생이 슬럼프에 빠지는 것은 아니다(Torrance, 1968). 같은 환경이나 경험 속에서도 개인의 반응은 다를 수 있기 때문이다. 따라서 사회적 인습을 존중하면서도 인습에 제한되지 않는 '자율적 태도'가 필요하다(Runco & Charles, 1997).

앞서 살펴본 창의성 발달에 대한 이론 및 연구들에서 우리는 다음과 같은 교육적 시사점을 얻을 수 있다. 먼저 자발적이고 융통성 있게 자신을 표현하는 유아기에는 자신의 생각과 느낌을 내부에서 우러나오는 대로 자연스럽게 표현할 수 있게 하고, 외적인 기술이나 지식을 너무 강조해 자발성을 억제하지 말아야 할 것이다. 그리고 학령 아동기에는 인지 발달 단계에 맞는 적절한 수준의 영역별 지식과 기술을 학습하는 학교 교육과정에서 교사들이 다양한 생각을 표현하도록 장려하여 인습과 융통성, 수렴적 사고와 확산적 사고가 조화를 이루도록 이끌어주는 것이 중요하다.

3) 성인기의 창의성

성인기의 창의성은 '뛰어난 수준의 창의성Big-C'과 '일상적이고 평범한 수준의 창의성little-c'으로 나누어 살펴볼 수 있다. 탁월한 인물의 경우에는 창의적인 성취를 이루게 되는 절정기가 있으며, 절정기에 도달하는 나이는 분야마다 다르다(Lehman, 1953; Simonton, 1997). 예를 들어 물리학자들은 20대나 30대에, 생물학자와 사회과학자들은 40대에, 작가와 철학자들은 평생에 걸쳐 절정기를 누린다고 한다. 이러한 절정기 이후, 심지어 은퇴 후(Csikszentmihalyi, 1996)나 70세 이후(Dennis, 1958)에도 여러 영역에서 매우 창의적인 성취가 가능하다는 연구 결과들이 있다.

그렇다면 창의적인 천재들은 혁명적인 새로운 통찰이나 아이디어를 '아하!' 하고 한순간에 깨닫는가? 아니면 오랜 시간에 걸쳐 일련의 작은 통찰들을 통해 계속적으로 발전시켜나가는가? 이에 대해 많은 논란이 제기되어왔는데, 진화론에 관한 찰스 다윈Charles Darwin의 노트를 연구한 그루버(Gruber, 1974)는 다윈의 창의적 영감은 '아하!' 하는 한순간의 깨달음에서 나온 것이 아니라 오랜 기간의 꾸준한 연구를 통해 일련의 작은 통찰들을 계속해서 발전시켜 얻은 것이라는 발견을 기초로 창의성에서 '진화론'이라는 개념적 틀을 정립했다. 사실 다윈 이전에도 같은 아이디어를 제시한 이론가들이 있었지만, 그들은 자신의 통찰을 논리적으로 설명할 수 있는 개념적 틀을 제시하지 못해 진화론의 창시자로서 역사에 이름을 남기지 못했다는 것이다.

창의성 발달에서 '10년 법칙'을 이야기한 와이스버그(Weisberg, 2006/2009)는 헤이스(Hayes, 1989)의 연구 결과를 바탕으로 세계 수준의 창의적 성취는 고도로 동기가 부여된 개인이 오랜 세월 동안 자신의 영역에 몰입하여 발달시켜온 전문성에 기초한다고 보았다. 다윈뿐 아니라 모차르트와 피카소도 그들만의 독창적인 작품을 보여주는 데는 10년 이상의 시간이 필요했다는 것이다. 이를 통해 탁월한 창의적 성취는 단 한 번의 위대한 발견이나 아이디어에서 나온 것이라기보다는 일련의 통찰이나 아이디어들을 논리적으로 관련시키고 발전시키고 정교화하여 더 큰 개념적 틀을 형성한 결과로서, 오랜 시간, 또는 일생에 걸쳐 이루어지는 발달임을 알 수 있다.

반면 성인들의 일상적이고 평범한 수준에서의 창의성은 연령이 증가함에 따라 감소하는 경향을 볼 수 있다(Dennis, 1966; Lehman, 1966; Simonton, 1975). 일반적으로 창의성 점수는 30~40대 이후에 떨어진다고 하는데, 이에 대해 룬코와 찰스(Runco & Charles, 1997)는 여러 연구 결과(Guilford, 1967; Ripple & Jaquish, 1982)를 토대로 나이가 많은 성인들도 젊은 사람들만큼 독창적일 수 있으나, 검사 방법이 주로 속도 검사이므로 익숙하지 않아 재빨리 반응하지 못하기 때문이라고 해석했다. 또한 젊어서 사망한 창의적 인물들을 포함시킨 사례 연구 방법상의 문제로도 볼 수 있으며(Cropley, 2001/2004), 창의성을 산출물로만 여긴 평가 방법도 문제의 요소라고 볼 수 있다.

장수한 예술가들을 대상으로 했던 린다우어(Lindauer, 1993)의 연구는 창의성의 최고 절정기가 50세임을 밝혔고, 여성의 경우 20대에 절정을 이룬 것과 달리 남성들은 60대 혹은 그 이후에도 절정의 성취를 나타낸다는 점에서 창의성 발달의 성별 차이점을 지적했다. 이는 동서양을 막론하고 사회문화적인 풍토가 남성의 사회적 성취를 더 지지하기 때문으로 해석할 수 있다. 또한 사이먼튼(1998)은 고전 음악 작곡가들의 경우 경험과 전문성, 자신감 등의 결합으로 인생 후기까지 독창성이 지속적으로 증가했음을 밝혔다. 이는 생물학적 측면의 능력 감소가 경험을 통한 삶의 지혜와 상호작용하여 생애 전반에 걸쳐 '지혜로운 창의성'으로 발전할 수 있음을 의미한다. 이러한 연령과 창의성에 관한 논의는 연령이 '창의성의 수준'과 관련되기보다는 '창의성의 유형'과 관련됨을 보여준다. 즉 '혁신적이고 중요한 창의성'은 젊은 시절 나타나는 반면, 폭넓고 완벽하며 사회적·문화적으로 더 '조화로운 창의성'은 후기에 나타날 수 있다는 것이다(Abra, 1994; Mumford & Gustafson, 1988).

나카무라와 칙센트미하이(Nakamura & Csikszentmihalyi, 2003)는 생의 후반기 창의성 연구에서 80~90대에도 일을 즐기고 전문 영역에서 깊은 의미를 찾으며 기여를 하는 인물들을 세 가지 유형으로 나눌 수 있다고 했다. 첫 번째로 가장 많이 나타나는 유형은 자기 영역의 범위 내에서 계속 생산과 학습을 하고, 두 번째 유형은 인접 영역으로 옮기거나 다른 영역으로 이동하여 업적을 내며, 세 번째 유형은 문화적·사회적으로 더 넓은 영역으로 범위를 넓히고 수준을 초월하여 기여·발전한다는 것이다. 이러한 인물들은 살아온 삶의 과정은 서로 달랐어도 공통점이 있는데, 자기가 몸담은 영역과 자기 자신을 동일시하고 그 분야에서 수년간 협력자로 일해왔다는 점이다.

크로플리(Cropley, 2001/2004)는 연령보다는 창의적 산출을 가능하게 하는 심리적 특성을 가지고 있는가가 중요하므로 인생의 후반기에서도 다음과 같은 '심리적 특성'을 가지고 있다면 창의적인 생산성을 발휘할 수 있다고 본다.

- 문제에 대한 민감성 유지
- 엄격한 논리나 경직된 사고를 탈피할 수 있는 능력

- 새로운 지식에 계속 적응할 수 있는 능력
- 새롭고 다른 일에 대한 공포의 극복
- 인지적으로나 사회적으로 초보 단계로 돌아가려는 의지
- 오랫동안 소중히 여겨온 지식과 기술의 부적절성을 인식하는 능력
- 자아상에 대한 유연한 태도
- 체면 손상을 두려워하지 않는 태도

또한 창의적인 삶을 유지하기 위해서는 무엇인가에 호기심과 흥미를 느껴야 하는데, 다음의 방법을 적용해보는 것이 도움이 된다(Csikszentmihalyi, 1996).

- 잃어버렸던 호기심을 되살리는 경험을 하도록 한다. 그러기 위해서는 (a) 매일 뭔가 자극적인 경험을 하거나(예: 식당 메뉴에서 새로운 음식 먹어보기), (b) 매일 누군가를 놀라게 함으로써(예: 전에는 감히 드러내지 못했던 의견을 표현하기) 호기심과 흥미의 맛을 느껴본다.
- 아이처럼 새로운 경험과 지식 추구에 대한 '호기심 자체를 즐기는 것'을 다시 배워야 한다. 그러기 위해서는 (a) 빨리 하고 싶어 못 견딜 정도로 흥미롭고 신나는 일이나 과제를 전날 밤에 계획하고 실천해본다. (b) 관심이 있는 일을 잘하기 위해 열심히 노력한다. 잘하게 되면 그 일이 즐겁게 되고, 또 그 자체가 보상이 되어 계속하게 되기 때문이다. (c) 일을 더 복잡하게 만든다. 일에서 새로운 도전과 기회를 발견하지 못하면 곧 싫증이 나게 되기 때문이다.
- 자신의 '호기심과 관심을 통제'하는 것을 습관화한다. 목적에 따라 자신의 관심을 개방적·수용적으로 넓혔다가 또 하나에 집중할 수 있도록 통제해야 하는데, 시간과 공간, 활동을 잘 조직해서 산만해지는 것을 피하고, 집중하여 정말 관심 있는 것에 모든 에너지를 쏟을 수 있어야 한다.

그러기 위해서는 (a) 자신의 리듬에 가장 잘 맞는 시간대를 찾아서 일한다. (b) 바쁜 일과 중에도 긴장을 풀고 생각할 시간을 갖는다. (c) 주의 분산 없이 목적에 집중할 수 있도록 편안한 공간을 조성한다. (d) 자신이 하기 좋아하는 것과 싫어하는 것을 알아내어, 좋아하는 것은 더 많이 하고 싫어하는 것은 덜 함으로써 삶을 통제해간다.

마지막으로 창의적으로 일하는 습관을 기르는 방법에 대해 살펴보면 (Sawyer, 2006), 첫째, 과제를 하는 데 오랜 시간을 들여 열심히 하면 작은 통찰들이 떠오르고, 결국 창의적이고 획기적인 아이디어가 나오게 된다. 둘째, 한 번에 하나 이상의 프로젝트를 한다. 셋째, 쉰다. 창의적인 사람은 다른 사람보다 열심히 일하고, 역설적이지만 더 많은 시간을 쉰다. 작은 통찰들은 흔히 힘들게 일한 바로 뒤에 여유롭게 쉬는 시간에 떠오르기 때문이다.

성인기의 창의성을 종합해보면, 나이가 들면서 여러 생물학적 기능이 쇠퇴함에 따라 육체적 활기와 인지 및 감각 능력에도 변화가 생겨 창의적 성취가 저하될 수 있지만, 이는 인지 능력의 상실이라기보다는 '일에 대한 동기'와 같은 개인적 요인과 '해당 분야의 요구와 인정'과 같은 사회환경적 요인들이 상호작용하는 것이라고 볼 수 있다. 따라서 성인기는 물론 생의 후반기에도 독창성과 생산성 유지에 관심을 가지고, 창의성을 발휘할 수 있는 분야와 활동을 선택해 즐기고, 사회의 각 분야에서 이들이 적극적으로 참여할 수 있도록 정신적·물질적으로 격려하고 지원한다면 개인적인 삶의 질이 높아질 뿐만 아니라 국가적·사회적으로도 생산성이 높아질 것이다. 이러한 성장이 결국에는 전문 영역의 지속적인 성장과 발전을 이루게 만들 것이다.

2. 발달 이론과 창의성의 관계[1]

앞 절에서 살펴본 창의성 발달 연구들에서는 학교 교육을 통해 창의성이 감소되는 경향을 보였다. 이러한 경향은 학교 교육, 특히 창의성 교육을 '결과 중심', '성취 중심'으로 접근했기 때문이라는 문제점을 꼽을 수 있다. 1장에서 설명한 창의성 개념의 변화 과정을 다시 살펴보면, 위대한 업적 중심의 '큰 창의성Big-C'에서 일상생활의 '작은 창의성little-c'으로 개념이 분화되고, 이는 다시 과정에 초점을 두는 '개인적 창의성personal creativity'으로 확장되었다. 이어서 경험과 행동 그리고 사건의 개인적으로 새롭고 의미 있는 해석이라는 '미니 창의성mini-c'의 개념 또한 생성되었다(Beghetto & Kaufman, 2007). 미니 창의성에서의 '새로움'과 '의미'는 개인 내적 판단에 의한 것이어서 큰 창의성Big-C이나 작은 창의성little-c에서처럼 개인 간 평가 혹은 역사적인 평가에 의존할 필요가 없다. 베게토와 카프만(2007)은 이러한 '과정 중심의 미니 창의성'은 나중에 나타날 창의적인 표현('little-c'나 'Big-C')의 기원이 된다고 했으며, 수련 과정을 거쳐 '작은 창의성little-c'이나 '전문적 창의성Pro-c'의 수준으로 갈 수 있고, 더 나아가서는 '큰 창의성Big-C'으로도 갈 수 있다면서 그 관계를 [그림 4-1]과 같이 표현했다.

여기서 '작은 창의성little-c'은 위대한 인물의 창의적 성취뿐만 아니라 평범한 사람의 일상생활에서 표현되는 창의성, 그리고 학습 과정에서 표현되는 학생들의 창의성으로 볼 수 있고, 또한 과정 중심의 '미니 창의성mini-c'은 각 분야의 전문가나 교사에게서 인정받는 것 외에도 '학생 자신에게 새로운 의미를 갖는 것'을 창의성으로 볼 수 있게 하는 새로운 이해를 암시한다. 학생들의 입장에서 창의성이란 완성된 상태의 혁신적인 결과물이라기보다는 학생의 전인

1 이 내용은 주로 조연순(2012)을 기반으로 하여 이루어졌다.

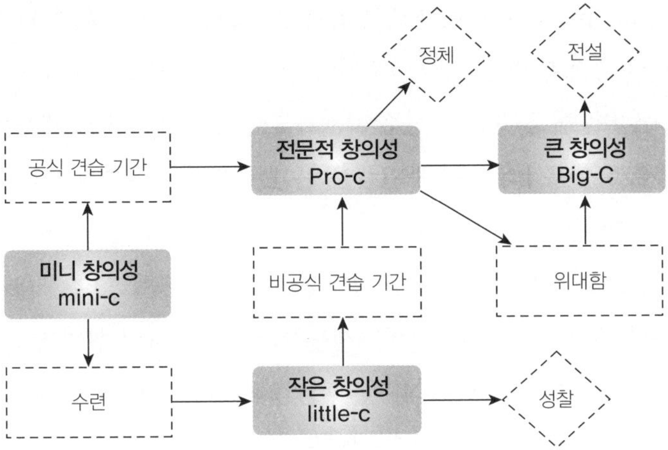

[그림 4-1] 네 가지 창의성 모형Complete Four-C Model

출처: Kaufman & Beghetto(2009: 7).

적인 발달에 도움을 주는 일이 되어야 할 것이다. 그렇다면 창의성과 발달은 어떤 관계가 있을까? 앞 절에서 창의성은 연령과 경험에 따라 발달한다고 했는데, 일반적인 발달의 과정에도 창의성이 작용하는가? 그럼 여기서는 피아제와 레프 비고츠키Lev Vygotsky의 발달 이론을 중심으로 발달과 창의성은 어떤 과정에 의해 이루어지며, 둘 사이의 관계는 어떠한지를 탐색해보자.

1) 발달 이론과 창의성 이론

동물 실험을 통해 인간의 학습에 관한 연구를 주도했던 '행동주의 이론'에서는 발달과 학습을 '수동적 전달 과정'으로 설명했다. 하지만 발달 이론가들은 여기에 반기를 들고 발달을 '변형 생성적transformational'이라고 주장했다. 이 이론의 대표적 학자인 피아제는 19세기의 생물학적 발생론의 영향을 받아 유기체의 발달은 환경에의 적응 결과라고 해석하고, 자신의 발달 이론을 '발생적 인식론genetic epistemology'이라고 명명했다(Piaget, 1971). 이러한 피아제 인지 발달 이론의 중요한 가정은 '구성주의적 발달 이론constructive developmental theory'의 근간을 이루었다. '구성주의constructivism'는 유기체의 새로운 스키마[2]가 단지 새로운 지식의 누적에 의해서가 아닌 생각의 재조직에 의해서 이루어진다고 보았다(Feldman, 1974).

피아제는 또한 아동의 개인적인 발달을 설명하는 평형화, 추상, 일반화, 동화와 적응의 개념을 수학과 물리학, 생물학에도 적용하여 설명했다. 예를 들어 예술가나 과학자의 창의적 과정, 혹은 아동이 나이가 들고 성숙해가면서 경험하는 발달 과정은 본질적으로 같다는 것이다. 다시 말해서 '새로움이 있어야 발달 단계가 있는 것이고, 새로움이 없다면 발달 단계는 임의적인 것'이다(Sawyer, 2003 재인용). 이러한 구성주의의 핵심 가정은 아동이 자기 자신의 지식을 창조하는 일에 참여한다는 것이며, 따라서 피아제의 '구성주의적 발달 이론'을 근본적으로는 '창의성 이론'이라고 본다(Sawyer, 2003). 다시 말해 발달에는 창의성이 내포되어 있다는 것을 의미한다.

또 다른 구성주의론자인 비고츠키(1978)는 이러한 발달에 있어서의 단계나 수준을 '수준'이라기보다는 '영역'으로 정의하면서 '근접발달영역Zone of Proximal Development: ZPD'의 개념을 제안했다. 즉 '독립적으로 문제 해결을 할 경우의 학생의 발달 수준과, 성인의 도움을 받아서 문제 해결을 할 경우의 학생의 잠재적 발달 수준은 다르다'고 지적하면서 학습과 발달의 '상호 관련성'을 강조했다. 그러면서 '학습은 다양한 내적 발달 과정을 깨우치게 하고, 발달 과정은 학습 과정의 뒤에 놓여 있다'(Vygotsky, 1978)고 설명했다. 비고츠키는 학습에 있어서 사회적 과정을 중시했기에 피아제의 이론과 다른 측면을 강조했지만, 피아제 역시 발달이 개인 혼자의 힘에 의해 이루어지는 것이 아니

2 스키마schema: 외부의 환경에 적응하도록 환경을 조작하는 감각적·행동적·인지적 지식과 기술을 통틀어 이르는 말로, '도식'이라고도 한다.

라 환경과의 상호작용에 의해 이루어진다고 보았다는 점에서 이 두 이론이 서로 보완적인 관계임을 알 수 있으며, 결과보다는 과정을 중시한다는 공통점이 있다.

'과정 중심'의 이러한 발달 이론들의 가정은 발달의 각 단계는 그 이전 단계로부터 발현된다는 것인데, 이러한 이론적 가정은 사실상 발달 이론이나 창의성 이론이 같다. 예를 들어 피아제나 프로이트가 발달 이론을 생성하던 비슷한 시기에 쥘-앙리 푸앵카레Jules-Henri Poincaré, 앨프리드 월러스Alfred R. Wallace, 자크 아다마르Jacques Hadamard 같은 사람들은 창의적 과정에 단계 이론을 제안하고 있었다. 다만 발달 이론에서는 아동기부터 시작되어 수년간 지속되는 성장 과정에 대해 연구했다면 창의성 연구자들은 소수의 특정 인물이 창의적 산출물을 이루어내는 짧은 기간에 대해서만 주로 연구했다. 이렇게 발달 이론과 창의성 이론은 각각 독립적으로 수행됨으로써 결국, 학교에서 '평범한 학생들의 발달 과정에서 발현되는 창의성'에는 주의를 기울이지 못하는 결과를 초래했다고 볼 수 있다.

2) 내면화와 외현화 과정

발달의 '변형 생성적 관점transformational view'에서 사회와의 상호작용을 더 강조하는 사회문화학자들은 학생이 환경과 상호작용함으로써 정보를 내적으로 구성하여 내면화를 한 이후에는 여러 요소들을 지식의 구조나 틀로 통합 및 변형하는 외현화 과정을 거치게 된다고 보았다(Lawrence & Valsiner, 1993). 비고츠키는 '내면화internalization'란 들어오는 정보를 그냥 복사하는 것이 아니라 개인의 특성과 갖고 있는 지식에 기초하여 정신적 구조를 재조직하거나 변형하는 것이라고 설명했다(Moran & John-Steiner, 2003). 따라서 역사적으로 위대한 업적을 이루어낸 인물들의 창조는 그 분야의 지식이나 경험에 대한 내면화가 충실히 이루어졌기에 가능했을 것이라고 추론할 수 있다. 이렇게 정신적인 구조를 변형한다는 것은 '과정 중심의 개인적인 창의성'을 의미하는데, 대부분의 서구 심리학에서는 이러한 내면화의 과정에서 발현되는 과정 중심의 창의성이 간과되었다.

내면화가 이루어진 다음에는 '외현화externalization'가 이루어지는데, 외현화란 정서적 의미와 인지적 상징들의 구성 및 통합이며, 이러한 의미들의 자료화, 공유된 생각, 믿음, 지식, 정서, 문화의 외현화로부터 역동적 구성이 이루어진다(Moran & John-Steiner, 2003). 여기서 내면화는 개인 속으로 문화가 그대로 접목되는 것이 아니라 개인을 새로운 상황으로 이끌어가는 문화적 자원에 개입하는 것이라고 보았으며, 외현화는 현존하는 문화를 확장하고 영역을 변화시키는 창의적 변형의 기초가 된다고 보았다. 그래서 이러한 내면화·외현화의 움직임은 과거를 미래로 연결하는 순환적인 관계이고, 결과적으로 시간이 흐르면서 그 사회의 역사와 문화 발전에 기여한다는 것이다. 이러한 내면화(개인적)와 외현화(문화적)의 두 사회적 과정은 변증법적으로는 긴장의 관계이면서, 이러한 긴장은 새로운 생각과 산물을 창조할 수 있는 풍부한 기반을 만들어준다고 했다. 따라서 창의성은 발달에 의존하고, 발달은 창의성에 의존하게 되어서 둘 사이는 상호 의존적이라는 것이다. 이러한 관계를 모란과 존-슈타이너(Moran & John-Steiner, 2003)는 [그림 4-2]와 같이 표현했다.

이 모형은 지금까지 '발달'과 '창의성'이 서로 다른 영역으로 분리되었던 것을 연결시켜준다. 여기서는 외현화를 문화에 영향을 주는 창의성으로 표현했지만 학생들로부터 외부 영역에 영향을 주거나 전문가의 인정을 받는 창의성을 기대하기 어렵다. 그렇다면 학생들에게 있어서 외현화란 무엇을 의미할까? 그것은 학생들이 새로운 상황에 처해 있을 때 내면화된 지식과 경험들에 기반하여 새로운 해결책을 내는 일이 될 것이며, 이것은 최근 창의성 이론에서 말하는 '작은 창의성little-c'에 해당될 것이다. 한편 발달이 이루어지는 내면화의

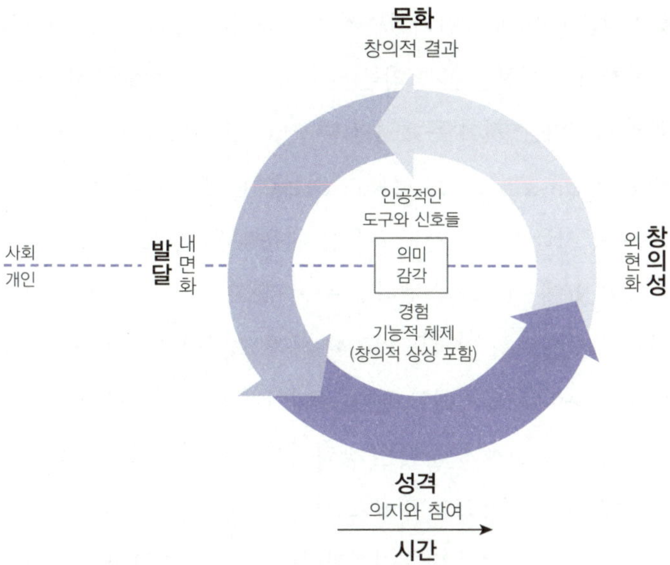

[그림 4-2] 발달과 창의성에 관한 비고츠키의 개념도

출처: Moran & John-Steiner(2003: 64).

과정에서는 학생들의 새로운 발견과 해석 같은 '미니 창의성mini-c'이 발현될 수 있다. 다시 말해서 학생들의 창의성은 내면화와 외현화 과정 모두에서 발현된다고 볼 수 있다.

3. 학교 교육과 창의성의 관계

전문 분야에서 창의성을 발휘하기 위해서는 '지식'과 '경험'이 중요하다는 것에 대해서는 많은 학자들이 공통적으로 언급하면서도(Csikszentmihalyi, 1996; Sternberg & Lubart, 1995; Weisberg, 1986), 창의성 연구자들은 주로 창의적 인물들이 기본 지식을 배운 이후 창의적 산물을 생성하는 과정에만 관심을 보였기 때문에 그들이 기초 지식을 어떻게 내면화했는지, 또 기초 지식을 배우는 과정에서 창의성은 어떻게 발현되었는지에 대해서는 아직 알려진 연구가 없다.

최근에는 창의적 성취를 이룬 인물들의 지식 발달과 학교에서 가르치는 지식 교육은 매우 다르다는 것이 주요 쟁점이 되고 있다(Beghetto & Kaufman, 2010; Beghetto, Kaufman & Baer, 2014; Runco, 2007). 베게토와 플러커(Beghetto & Plucker, 2016)는 지금까지의 학교 교육은 내용을 피상적으로 전달하는 것일 뿐 학생들이 깊이 있게 이해하게 했다고 볼 수 없으며, 학생들이 지식을 깊게 이해하기 위해서는 새로운 지식을 기존에 가지고 있던 지식과 연결하여 개인적 구성을 통해 이루어내도록 해야 한다는 피아제의 구성주의 이론을 지지했다. 또한 지금까지 학교 교육의 문제는 창의성이 독창적이고 유용해야 한다는 전통적인 정의에 얽매어 학교의 정규 교과 교육과는 분리된 채 주로 영재 교육이나 교과 외 교육과정에서 다루어져왔다는 점을 지적하면서 교과 교육은 이해와 새로움이 연결되어서 학생들이 '창의적 개념화'를 이루기 위한 맥락으로서의 역할을 해야 한다고 주장했다([그림 4-3] 참조).

또한 베게토(Beghetto, 2016)는 창의성과 학습이 연결되는 과정을 개인 내적 과정과 대인관계적 과정으로 나누어서 제시했다. 그는 학습자가 사전에 갖고 있는 지식과 새로운 자극이 만나서, 나름대로 갖고 있던 시각으로 새로운 경

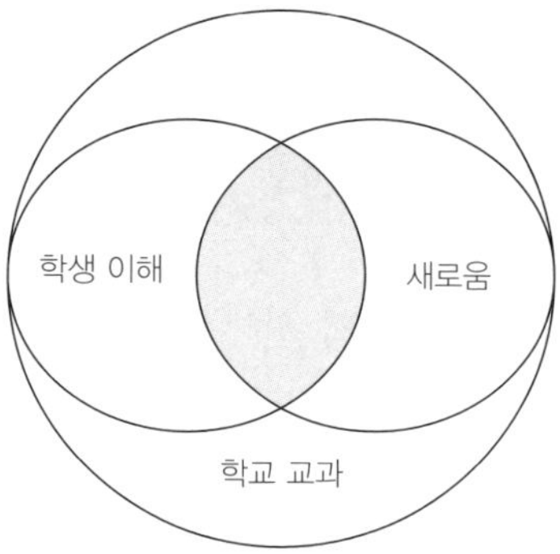

[그림 4-3] 교차점에서의 창의성

출처: Beghetto & Plucker(2016).

험을 해석하고 결합하며 자신의 이해를 바꾸어가는 것이 '개인 내적intrapsychological 과정'이라고 보았으며, 이렇게 이루어지는 것이 '학습 안의 창의성creativity-in-learning'이라 했다. 한편 자신의 새로운 생각과 통찰을 동료들과 나누며, 교사와 다른 학생들의 피드백을 받고 새로운 생각을 표현하면서 학생들이 새로운 이해를 하고 이것을 또 다른 개념화로 이루어가는 것은 '대인관계적interpsychological 과정'이고, '창의성 안의 학습learning-in creativity'이라고 했다. 이러한 심리학적 관점은 앞의 발달 부분에서 설명한 학습의 '내면화와 외현화의 과정'과 맥을 같이 한다고 볼 수 있다.

이렇게 교과 학습의 상황에서 창의성을 기르기 위해서는, 우선 무엇을 지식으로 보는가에 관한 교육철학적인 관점을 세우는 것이 필요하다. 또한 학습자에게 의미 있는 지식으로 내면화되고, 외현화가 이루어지게 하려면 어떻게 교과를 조직하고 학습자와 연결을 지어주어야 하는가에 대한 교육 방법적 지식도 필요하다. 여기서는 이러한 탐색을 위해 지식에 관한 새로운 관점을 제시했던 교육철학자 마이클 오크쇼트Michael Oakeshott의 '지식관'과 마이클 폴라니Michael Polanyi의 '현대 인식론'을 간단히 살펴보고, 현대 교육의 기초를 다지는 역할을 했던 듀이의 이론을 통해 학습자가 '지식을 배워가는 과정'을 살펴보고자 한다.

1) 지식의 의미

(1) 기법적 지식 대 실제적 지식

전통적으로 '지식'은 사물에 대하여 명제적 형태나 체제로서 아는 것을 의미했는데, 영국의 철학자 라일(Ryle, 1949)은 이러한 '명제적 지식propositional knowledge'에 한정되지 않는 '과정적 지식procedural knowledge'이 있다는 것을 언급하여, 지식의 범위를 어떤 것에 대해 아는 것뿐만 아니라 능력과 기능에 대해서도 적용했다. 또한 교육철학자 오크쇼트(Oakeshott, 1991)는 명제, 지침, 원리 등의 형태로 활동의 표면 또는 표층에 드러나 있는 지식을 '기법적 지식technical knowledge', 그리고 그것의 이면 또는 심층에서 활동의 원천으로 작용하는 지식을 '실제적 지식practical knowledge'으로 구분했다. 그는 인간의 지식과 활동이 어떻게 나타나는지와 관련하여 다음과 같이 구체적이고 총체적으로 설명하고 있다.

> 아무리 정교한 고도의 기법적 지식을 훤히 꿰뚫는다 하더라도, 그런 지식을 가지고 있다는 것은 실제로 미술 작품을 창조하는 능력, 진정한 음악성이 담긴 작품을 작곡하는 능력, 위대한 시 한 편을 짓는 능력을 발휘하는 것과는 별개의 일이며, 이 후자의 능력을 발휘하는 데는 기법적 지식과 더불어 실제적 지식이 반드시 필요하다. 뿐만 아니라 이 두 종류의 지식은 진정한 과학적 활동에도 반드시 들어 있다. 자연과학자가 과학의 기법적 지식에 해당하는 관찰과 증명의 규칙을 사용한다는 것은 두말할 필요가 없다. 그러나 그런 규칙은 그의 과학적 지식을 성립시키는 하나의 구성 요소에 불과하다. 이때까지의 과학적 발견 중에 순전히 그런 규칙을 따르는 것만으로 이루어진 경우는 단 하나도 없다(Oakeshott, 1991: 8).

이러한 오크쇼트의 실제적 지식은 학교에서 학생들이 새로운 지식과 자극들을 학습하는 과정, 즉 이해의 과정에서 묵시적으로 생성되는 내면의 변화(발달 이론에서 말하는 '내면화')이며, 학습자의 언어적·행위적 반응으로 외현적으로 드러날 수도, 드러나지 않을 수도 있다. 이와 같이 학습자만의 느낌과 생각, 해석들이 포함된 실제적 지식은 학습자의 주관적 창의성의 의미가 내재되어 있다고 해석할 수 있다. 오크쇼트는 이러한 실제적 지식이 교육에 의해 전수되는 내용으로서 최상의 가치를 지닌다고 했다.

예술이나 자연과학 분야를 생각해보면, 학생은 교사로부터 기법적 지식을 교수받고 학습하지만, 그 과정에서 그는 자신이 기법적 지식 이외에 또 어떤 것을 배웠는지 혹은 안 배웠는지, 또 그 배운 것이 정확하게 어떤 것인지 알지 못하는 사이에 기법적 지식과는 다른 종류의 지식을 획득하게 된다. 피아니스트는 피아노 연주의 기법뿐만 아니라 예술성을 획득하며, ……(중략)…… 과학자는 과학자로서의 여러 가지 자질 중에서 특히 기법적 지식이 잘못된 길로 이끄는지 아닌지를 알려주는 판단, 그리고 탐구할 가치가 있는 문제와 그렇지 못한 문제를 구별할 수 있도록 해주는 안목을 획득하게 된다(Oakeshott, 1991: 8).

(2) 개인적 지식과 암묵적 인식

폴라니(Polyani, 1962)는 객관주의 지식론에 대한 회의로부터 '현대적 인식론'에 바탕을 두고, '지식이란 모든 개인이 동일하게 수용하는 객관의 대상이자 언어적 명제만을 의미하는 것이 아니라 개인의 내부에서 구성되는 비언어적 체험을 포괄한다'는 지식관을 제시했다. 이러한 폴라니의 지식론은 개인적 지식과 암묵적 인식이라는 용어로 대표된다. 폴라니의 '개인적 지식personal knowledge'을 한마디로 말하기는 매우 어려운 데, 인식 주체가 거리를 두고 객관적 지식을 바라보는 이분법적 인식이 아니라, 인식 주체의 지적인 열정과 실천적·정서적·심미적 요소가 적극적으로 작용하여 인식 대상의 의미를 구성해간다는 것을 말한다.

또한 폴라니는 지식을 알아가는 방법을 '암묵적 인식tacit knowing'으로 설명한다. 암묵적 인식이란 우리가 언어화할 수 있는 것 이상을 인식할 수 있다는 것이며, 외현화할 수 없으면서도 알고 있기에 실천적 행함을 통해 드러나는 인식의 유형을 의미한다. 그는 암묵적 인식과 명시적 지식의 관계에 대해서도 논의했는데, 암묵적 인식은 그 자체로 소유될 수 있는 반면, 명시적 지식은 암묵적으로 이해되어 적용되는 것에 의지해야 한다. 따라서 모든 지식은 암묵적이거나 암묵적 인식에 뿌리를 두고 있다고 하면서 지식을 분석적으로 이해하기보다 '통합'의 개념으로 이해해야 한다고 했다(Polyani, 1969).

폴라니는 모든 명시적 지식에 이르는 앎의 과정은 암묵적 통합의 과정이며, 연결되지 않은 세목으로부터 전체로 이행하는 과정을 거친다고 했다(이은봉, 1990). 여기서 '암묵적 통합'이란 세계를 의미 있게 지각하고자 하는 해석적 노력이며 오랜 경험의 축적을 통해 학습한 결과를 의미한다. 이와 같은 암묵적 인식 작용 결과 도달하는 것은 낱낱의 부분들에 대한 지식이 아니며, 구성 인자들이 통합적으로 연계 맺고 있는 포괄적이고 보다 높은 수준의 실체에 대한 깊은 이해라고 했다(양은주·조경원·임현식, 2001).

오크쇼트(1991)는 학습자 내부의 심층에서 작용하는 주관적이며 비논리적인 '실제적 지식'의 중요성을 부각했고, 폴라니(1969)는 지식을 알아가는 방법으로 학습자의 능동적인 관심과 해석적 노력을 통한 '통합적 이해'를 강조했다. 이러한 철학자와 인식론자들의 '지식의 본질'과 그것을 '알아가는 과정'에 대한 설명은 진정한 배움의 과정 속에 학습자 개개인의 독창적인 해석과 노력을 통한 창의성이 내포되어 있음을 의미한다.

2) 지식의 내면화

(1) 학생과 교육과정의 관계

듀이는 『학교와 사회, 아동과 교육과정*The School and Society & The Child and The Curriculum*』(1990)이라는 책에서 교육의 과정은 교과, 사회, 아동 등의 요소가 상호작용적임에도 불구하고 다음과 같이 대립적인 관점으로 보는 것을 교육의 문제점으로 지적했다.

• 학생의 세계는 협소하고 개인적인 반면에 교과의 세계는 개인과는 무관한 것이며, 시공간을 초월한다.
• 학생의 생활은 통합적이고 전심적이나 교육과정은 전문화되어 있고 구분되어 있다.
• 학생의 삶은 실제적이고 정서적인 유대로 묶여 있으나 교육과정은 논리적 분류와 조직의 추상적 원리로 되어 있다.

듀이(1902/1990)는 이렇게 '학생의 경험'과 '교과'가 이분법적으로 존재한다는 편견을 버려야 하며, 학생과 교과는 교육과정이라는 동일한 선상에 존재하는 2개의 극점이어서 '교육과정은 학생의 경험에서 시작하여, 교과라는 이름으로 불리는 조직된 진리의 체계로 나아가는 계속적인 재구성 과정'이라고 주장했다. 따라서 교육이란 학생의 심리적 상황으로부터 시작하여 논리적 지식의 체계를 깨닫도록 이끌어주는 것이며, 교과 지식은 그렇게 진보적으로 조직되어야 함을 제시했다. 여기서 학생 개개인의 생각, 느낌, 호기심, 경험이 존중되어야 하고, 그러한 경험들은 교과 내용 지식에 도달하기 위한 토대가 되며, 결국 지식은 또 다른 경험의 토대 역할을 한다. 이러한 과정을 통해 지식을 배워간다는 것은 그 과정, 즉 내면화의 과정에서 자연스럽게 학생들의 창의성이 길러질 수 있다는 점을 시사한다.

듀이는 마치 기존 지식을 부인하는 것 같은 오해를 많이 받아왔다. 하지만 그는 기존 지식의 가치를 부인한 것이 아니라 지식이 삶의 경험이나 상황과 연관 되지 못하고 기계적으로 습득하고 암기하는 대상이 되는 것을 경계한 것으로, 이 경우 지식은 의미를 갖지 못하게 된다고 하며 다음과 같이 언급했다.

> 정보를 뜻하는 것으로서의 '지식'은 장차 탐구, 다시 말하면 더 알아내고 더 배우는 데에 없어서는 안 될 자원이며 요긴한 자본이다. 그런데 흔히 그 자체

> 가 목적처럼 취급되어서 그것을 쌓아가고 또 필요할 때 그것을 내어 보이는 데에만 주력하게 된다. 이러한 정적 냉동 저장물을 지식의 이상으로 삼는 것은 교육적 성장에 큰 장애가 된다. 그것은 사고의 계기를 그냥 흘려버리는 것에 그치지 않고 사고를 삼켜버린다(Dewey, 1916/1980: 165).

이러한 지적은 학교에서 가르치는 지식이 양은 많으나 학생 개인에게는 의미가 없으며 피상적인 교육이 되는 현실 문제를 지적하는 것인데, 오늘날의 학교 교육에서도 이는 여전히 문제로 남아 있다. 이러한 지식에 대한 이분법적 관점이 해결되지 않는 한 창의성 교육은 늘 지식 교육과 무관한 활동으로 그 효과를 발휘하지 못하게 될 것이며, 더하기 식의 피상적인 교육이 되어버릴 것이다.

(2) 학습 과정에서의 경험과 창의성

듀이는 『경험과 교육*Experience and Education*』(1938)에서 교육의 문제점은 '내부로부터의 발달'이라는 견해와 '외부로부터의 형성'이라는 견해가 대립되는 것이라고 지적하고, 이러한 양극단적인 입장을 취하기보다는 어떻게 하면 학습자 내부의 경험과 외부의 교육을 연결시켜서 전체적인 성장을 가져오게 할 것인가에 대한 해답을 제시하기 위해 노력했다. 즉 경험의 과정과 교육 사이에는 본질적이며 필연적인 관계가 존재한다고 보며, '경험 속에서 교과와 교과의 조직이 차지하는 위치는 무엇이며 이들은 어떠한 의미를 가지는가?', '교과는 어떤 기능을 수행하는가?'에 대한 의문으로부터 '경험 이론'을 전개했다. 그는 '교육은 경험의 내부에서, 경험에 의해 이루어지는 것이면서, 동시에 경험을 위하여 이루어지는 발달'이라고 언급하면서도(Dewey, 1938/1963), 모든 경험이 다 교육적인 것은 아니라고 했다. 경험의 종류에 대해 그는 다음과 같이 말했다.

> 경험과 교육을 곧바로 상호 동일한 것으로 취급할 수는 없다. ……(중략)…… 경험은 그것이 무엇이든 간에 이후의 경험의 성장을 억제하거나 왜곡하는 결과를 가져온다면 비교육적인 것이다. 어떠한 경험은 새로움에 대하여 무감각한 상태를 초래하는 것일 수도 있다. 그러한 경험은 새로움에 대한 감수성과 감응을 불러일으키지 못하며, 그럼으로써 앞으로 좀 더 풍부한 경험을 갖게 될 수 있는 가능성을 제약한다. 또한 어떤 경험은 한 개인이 지니고 있는 기능을 거의 기계적인 것이 될 만큼 특정한 방향으로 증진시키기는 하지만, 그럼으로써 그를 틀에 박힌 활동을 수행하는 존재로 만들어버리기도 한다. ……(중략)…… 어떠한 경험들은 서로 관련을 맺지 못함으로써, 개개의 경험은 그 자체로 좋고 흥미로운 것일지라도 그것들이 하나로 결합하여 더 커다란 경험으로 축적되지 못할 수도 있다(Dewey, 1938/1963: 25).

이러한 경험의 종류에 대한 언급은, 전통적인 학교 교육이 학생들의 경험과 동떨어져서, 학생들의 입장에서는 흥미와 의미가 없거나 새로운 경험으로 결합될 수 없는 내용과 방법으로 채워짐으로써 비창의적인 학습자를 만들어갔다는 지적이라고 할 수 있다. 듀이는 어떠한 경험이든 경험은 우리를 변화시키며, 이러한 변화는 우리가 원하든 원치 않든 후속되는 경험의 특질에 영향을 준다고 하면서 그것을 '경험의 계속성의 원리'라고 했다. 즉 모든 경험은 선행하는 경험들로부터 무엇인가를 받아들이며, 동시에 후속하는 경험의 특징을 어떤 방식으로든 변화시킨다는 것이다. 이것은 앞서 발달 이론에서 제시한 '발현'과 같은 의미라고 볼 수 있다. 또한 경험이 교육적인 것이 되려면 어느 한 수준에서 고착되기보다는 끊임없이 확장되는 교과 내용의 세계로 점차적으로 발전될 수 있도록 해야 하며, 그렇게 하기 위해서 교사들은 가르치고 배우는 일을 '경험의 계속적인 재구성 과정'으로 보아야 할 것이라고 했다. 결론적으로 듀이는, 교육은 '일상적인 경험에 내재해 있는 가능성을 지적으로 지도

하며 개발하는 일'이라고 했다(Dewey, 1938/1963).

이렇게 '경험'이라는 것이 수동적인 것이나 주어진 것이 아닌 개인과 환경 사이의 상호작용 속에서 이루어지는 것임을 강조한 것은 비록 듀이가 발달에 대해 구체적인 언급은 하지 않았지만 피아제의 '물리적 환경과의 상호작용', 비고츠키의 '사회적 상호작용'의 관점을 모두 포용하고 있다고 할 수 있다. 또한 듀이는 교육의 가치를 단편적인 지식의 습득이 아닌 '개인의 포괄적인 성장과 발달'에 두었으며, 지식은 후속되는 경험들을 변화시킬 수 있는 것, 즉 '창조적 활동에 기여'할 수 있는 것일 때 가치가 있음을 주장했다.

4. 학생 창의성의 개념화 및 유형

지금까지 살펴본 창의성 이론과 발달 이론, 그리고 교육학적 이론들에 대한 고찰을 기초로 하여 학교 교육에서 기본적으로 고려해야 할 '학생 창의성'의 개념을 탐색하고, 학생 창의성에는 어떤 유형들이 있는지 탐색해보고자 한다.

1) 학생 창의성의 개념화

교 사 : 자, 여러분, 철가루 판을 잘 퍼트려서 자석을 놓아보니까 어떤 것을 발견할 수 있었나요? 철가루가 어떻게 보였어요?

학생1 : 철가루가 자석을 따라 움직이니까 동물 털 같이 보였어요.

교 사 : 자석을 따라 움직이니까 동물 털 같이 느껴졌어요?

학생2 : 철가루를 가운데 놓고 자석을 흔들어봤더니 모양이 만들어져요.

교 사 : 모양이 만들어져요? 좋아요.

학생3 : 자석으로 철가루를 조정하니까 옛날에 공룡시대 때 육지가 다 붙어 있다가 사람이 생긴 시대에 육지가 갈라지는 것 같아요.

교 사 : 네, 철가루가 육지였는데 갈라지는 것처럼 느꼈군요. 좋은 발견이네요!

학생4: 철가루를 옮겨보니까 사람이 달리다가 자석을 떼면 넘어지는 것 같아요.

교 사 : 그랬어요? 달리다가 멈춘 것 같았어요? 또 어떤 발견을 했나요?

학생4: 판이 두꺼워서 안 붙을 줄 알았는데 붙어서 신기했어요. 자석대로 움직였어요.

이 대화는 초등학교 1학년 '슬기로운 생활' 수업 중 2개의 플라스틱 판 사이에 철가루를 뿌리고 판 밑에서 '자석'을 움직이면서 철가루의 움직임을 관찰하는 장면에서 이루어진 것이다(조연순, 2012: 2). 이 장면에서 학생들의 창의성이 발현되고 촉진되고 있다고 볼 수 있을까? '그렇지 않다'고 판정받을 가능성이 크다. 창의성 전문가들의 입장에서는 '창의성'이란 새롭고 우수하고 적절한 것을 생산할 수 있는 능력이어야 하는데, 여기 표현된 학생들의 생각은 전문 영역을 새롭게 변화시킬 수 없다고 보기 때문이다. 교육 전문가들 또한 창의성 교육을 '창의적 사고력을 직접 가르치는 교육', '창의적 재량활동을 통해 범교과적인 내용을 다루는 교육'이라고 보는 경향이 있다.

그렇다면 학교에서 이루어지는 수업에서 무엇을 창의성으로 보아야 할 것인가? 앞서 살펴본 발달 이론에 의하면 발달에는 개인이 갖고 있는 특성과 지식에 기초하여 정신적 구조를 재구조화하는 '내면화 과정'과 외부에 영향을 주는 '외현화 과정'이 있는데, 이 두 과정 모두에는 창의성이 작용한다. 이것을 최근 베게토(2016)는 '학습 안의 창의성'과 '창의성 안의 학습'이라는 말로 표현하기도 했다. 한편 교육학적 입장에서 교육이란 '경험의 계속적인 재구성 과정'이라고 볼 때, 여기서의 재구성이란 '학습자가 새로운 경험과 만나서 사전에 가지고 있던 경험과 지식을 능동적으로 재구성해가는 것'이며, 이러한 과정

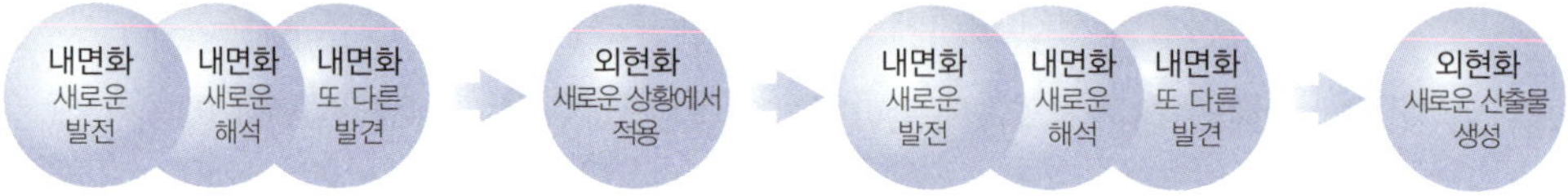

[그림 4-4] 학습의 내면화·외현화 과정에서 발현되는 '학생 창의성'

출처: 조연순(2012: 20).

에서 학습자의 창의성이 작용한다. 또한 최근의 창의성 이론에서도 '개인에게 새로운 의미를 갖는 것' 역시 창의성으로 봄으로써 창의성의 범주가 점점 넓어지고 있다.

이러한 맥락에서 조연순(2012)은 '학습의 내면화와 외현화 과정에서 발현되는, 학생에게 의미 있고 새로운 발견·해석·적용, 또는 산출물의 생성'을 '학생 창의성'으로 개념화했다. [그림 4-4]를 보면 지식의 새로운 발견이나 해석을 통해 지식을 자기의 것으로 만드는 내면화가 이루어지고, 이것을 새로운 상황에 적용하면서 외현화가 이루어지는데, 이러한 과정에서 학생 창의성이 발현되며, 이는 또 다른 차원의 학습의 내면화와 외현화로 이어져서 결국 더 높은 차원의 발달을 초래하게 된다. 지금까지의 창의성 연구들은 이러한 발달의 과정과 지식의 습득 과정에서 학생들의 창의성을 찾아내고자 하는 노력이 미약했는데, 학교에서의 창의성 교육을 위해서는 이러한 학생 창의성의 개념을 이해할 필요가 있다.

2) 학생 창의성의 유형

학교 학습 상황에서 학생들의 창의성을 촉진시키려면 결과물 산출을 나타내는 외현화뿐만 아니라 지식을 자기의 것으로 생성하는 내면화 과정에서의 창의성도 중시해야 한다. 이러한 학생 창의성은 그 특성에 따라 발견적·해석적·통합적 창의성으로 구분할 수 있다(Cho et al., 2011).

(1) 발견적 창의성: 경험과 관찰에 근거한 지식의 발견

새로운 자료들을 접할 때 학생들은 개인적 경험에 기반하여 새로운 사실이나 개념을 발견하거나, 주어진 현상이나 자료를 상세하게 관찰하여 표현한다. 이러한 과정에서 지식 내면화의 기초가 이루어지는데, 이때 발현되는 학생들의 창의성을 '발견적 창의성heuristic creativity'이라고 할 수 있다. 이러한 발견적 창의성은 주로 확산적 사고 형태로 나타나며, 다음의 두 가지 유형으로 나누어볼 수 있다.

- 색다른 생각에 의한 발견: 어떠한 사실이나 현상을 보고 경험에 기반하여 연상이나 유추를 통해 개인적 기준으로 분류해보는 등 주로 자유로운 상황에서 나타난다.
- 상세한 관찰에 의한 발견: 실험을 해보거나 자료를 관찰하는 상황에서 사건이나 사물의 특징을 학생들 스스로 찾아내어 개념을 형성하거나 새로운 문제점을 찾아낸다.

(2) 해석적 창의성: 새로운 해석을 통한 지식의 내면화

학생들이 나름대로 형성한 개념이나 경험을 바탕으로 새로운 현상이나 자료를 재해석하고 재정의하면서 지식을 자기의 것으로 깊이 있게 내면화하는 과정에서도 창의성이 발현되는데, 이것을 '해석적 창의성interpretive creativity'이라고 할 수 있다. 이와 같은 해석적 창의성은 분석이나 추론, 은유적 사고, 문제 제기 등의 확산적이고 비판적인 사고 형태로 나타나며, 다음의 두 가지 유형으로 나눌 수 있다.

- 의미 있는 재해석: 학생들이 새롭게 배우게 된 개념이나 지식을 다른 자료나 새로운 현상들에 적용하여 재해석해보면서 넓게 펼쳐가는 보편적

인 '지식의 내면화'가 이루어지며 주로 분석과 추론의 '비판적 사고'가 작용한다.

- 은유적 재정의: 새롭게 배우게 된 어떠한 개념이나 지식을 연상과 은유, 유추 등을 활용하여 나름대로 재정의함으로써 학생이 기존에 갖고 있던 개념과 연결시키는 또 다른 형태의 '지식의 내면화'가 이루어지며, 주로 '확산적 사고'가 작용한다.

(3) 통합적 창의성: 내면화된 지식에 근거한 외현화

학생들이 알고 있는 개념들을 모두 활용하여 새로운 산출물을 내야 하는 상황, 혹은 새로운 문제를 해결하는 과정에서 지식의 외현화가 이루어진다. 이때 발현되는 것은 학생들의 발견적 창의성과 해석적 창의성을 모두 포함하는 '통합적 창의성integrative creativity'이라고 할 수 있다. 이 과정에서는 학생들이 내면화된 개념과 지식을 종합하여 새로운 형태의 아이디어 및 산출물을 제시하거나, 여러 개념들을 연결하여 새로운 상황에 대해 예측하고 설명한다. 이 과정에서는 사고의 전환이나 확장 같은 '확산적 사고'와 분석, 추론 등의 '비판적 사고'가 모두 나타난다.

3) 학생 창의성 연구를 위한 융합적 접근

교육의 목적은 지식의 이해에만 있는 것이 아니고, 정신 구조의 변화에만 있는 것도 아니며, '발달과 학습의 토대 위에서 새로운 변화를 창출해낼 수 있는 인간을 기르는 것'에 있다. 따라서 이제 사회에서 필요한 창의적 인재를 기르려면 그동안 서로 분리되어 연구되어온 '창의성'과 '발달', '학습'의 연구 주제들이 새로운 연구 영역으로서 융합되는 [그림 4-5]와 같은 패러다임 전환이 필요하다.

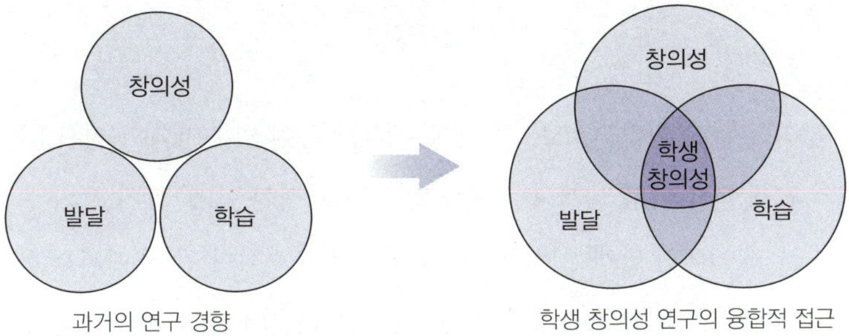

[그림 4-5] 학생 창의성 연구를 위한 패러다임 변화

출처: 조연순(2012: 21).

창의성 교육의 정책 또한 '각 교과의 일상적인 교실 수업 상황에서 어떻게 창의성이 촉진될 수 있는가'에 대한 구체적인 연구에 기초하여 추진되어야 할 것이며, 그러기 위해서는 교육학자들과 발달 이론가, 창의성 연구자들이 함께 협력해야 할 것이다.

요약

창의성의 발달은 일반적으로 인지 이론에 기초하여 외부 세계와 상관없는 '자기 중심성의 단계'에서 외부 세계의 지배를 받는 '구체적인 단계' 그리고 외부 세계에 영향을 주는 '형식적인 단계'로 점차 추상화되고 유목적적이 된다. 따라서 유아기에는 창의성이 발달하다가 학교 입학 즈음 혹은 4학년 정도가 되면 창의성이 하강하는 경향이 나타나기도 하지만 개인과 환경에 따라 다르다. 성인기에 전문 분야에서 창의성 성취를 이루려면 그 분야에서 10년 이상의 경험이 필요하며, 절정기 이후 쇠퇴하는 경향을 보이지만 '강한 동기'와 '여러 여건'을 유지할 수 있다면 생의 후반기에도 같은 분야 혹은 다른 분야에서 창의적 성취를 이룰 수 있다.

발달 이론과 창의성의 관계에서 피아제의 발생적 인식론과 비고츠키의 변형생성적 관점에 의하면 '발달'은 외부에서 들어오는 정보들을 내적으로 재구성하여 '내면화'를 하고 난 후에 여러 요소들을 통합하여 변형하는 '외현화' 과정으로 진행하는데, 이러한 발달은 학습의 과정 뒤에 일어나는 현상이다. 이러한 과정을 통해서 학생들의 창의성 또한 발현된다.

학교 교육과 창의성의 관계에서 교육철학자 오크쇼트의 '실제적 지식'과 폴라니의 '개인적 지식', '암묵적 인식론'에 의하면 지식은 외적으로 드러나는 것뿐만 아니라 학습자의 느낌과 생각, 해석들을 포함한다. 또한 듀이의 이론에 의하면 학교 교과는 학습자의 현재 경험으로부터 출발하여 계속해서 경험을 재구성할 수 있도록 이끌어주어야 한다.

이 장에서는 **학생 창의성**을 '학습의 내면화와 외현화 과정에서 발현되는, 학생에게 의미 있고 새로운 발견·해석·적용, 또는 산출물의 생성'으로 개념화했다. 또한 이러한 학생 창의성을 '발견적 창의성', '해석적 창의성', '통합적 창의성'으로 구분했으며, 창의성 교육 연구의 방향으로 '발달'과 '학습', '창의성' 영역들의 융합적 접근을 제시했다.

토의 과제

1. '유아기, 아동기, 청소년기의 창의성'은 어떻게 판단하고 길러주어야 할 것인가? 또 성인기, '생의 후기의 창의성'은 어떻게 발전시키고 유지시켜야 할 것인가?
2. 현재 자신이 하고 있는 일은 '창의적'이라고 생각하는가? 어떤 면에서 창의적이라고 생각하는가?
3. 자신이 배운(혹은 가르친) 과목에서 하나의 개념이나 지식을 생각해볼 때, 나(혹은 학생들)에게 '내면화'된 것과 '외현화'된 것은 무엇인가?

제5장 창의성 관련 쟁점들

한 영역에서 창의적인 사람이 다른 영역에서도 창의적인가? 아니면 한 영역에서만 창의적인가? 그동안 이루어져 온 수많은 창의적인 성과나 산출물들이 과연 인간의 삶을 더 풍요롭게 만들고 있는가? 아니면 더 황폐하게 만들고 있는가? 이 장에서는 이와 같은 창의성 관련 쟁점을 다룬 여러 이론과 연구를 살펴보고, 교육에 이러한 문제들을 어떻게 반영해야 할지 방향을 찾고자 한다.

1. 창의성의 영역 일반성과 영역 특수성

역사적으로 볼 때 레오나르도 다 빈치와 같이 그림, 조각, 건축, 해부, 생물, 발명 등 여러 영역에서 창의성을 발휘한 인물도 있지만, 그렇다고 매우 창의적인 작곡가가 과학에서도 뛰어난 창의성을 발휘할 것이라고 기대할 수 있을까? 창의성 분야에서는 오래전부터 창의성이 '영역 일반적 특성'을 갖는지 아니면 '영역 특수적 특성'을 갖는지에 대한 이분법적 논쟁이 이루어지고 있으며, 근래에는 이러한 이분법적 사고를 극복하고 두 관점을 통합하려는 시도를 하고 있다. 먼저 영역 일반적 관점과 영역 특수적 관점에 대해 살펴본 다음 통합적 관점에 대해 알아보자.

1) 영역 일반적 관점

'영역domain'은 일반적으로 언어, 수학, 과학, 미술, 음악 등의 지식이나 학문 분야를 의미한다(Baer, 1999). 지능이 일반 요인(g요인: 모든 지능 검사에서 공통적으로 발견되는 요인)으로 이루어져 있다고 가정하는 지능 이론에서처럼, 창의성에도 모든 영역에 두루 영향을 미치는 일반적이면서 공통적인 능력, 즉 '영역 일반성domain-generality'이 있다고 보는 관점이 초기 50여 년간의 창의성 연구를 주도해왔다. 따라서 어느 한 영역에서 창의성이 높은 사람이 다른 영역에서도 마찬가지로 높은 수준의 창의성을 발휘할 것이라는 가정 하에 창의성을 정의하고 교육 프로그램을 개발하며 평가를 해왔다.

같은 맥락에서 토런스(1998)는 '창의적 사고 능력'이란 창의적인 성취를 할 때 작용하는 일반화된 정신 능력의 집합체라고 정의한 바 있다. 또한 길퍼드는 다양한 아이디어를 많이 생성할수록 더 독창적인 아이디어가 나올 가능성이 높다는 가정 하에 '확산적 사고'를 창의성의 핵심 요소로 보고, 어떤 영역에서나 적용될 수 있는 일반적 능력으로 간주하여 '대안적 이용법' 등의 검사 도구를 개발했다(Guilford, Christensen, Merrifield & Wilson, 1978). 토런스의 '창의적 사고력 검사TTCT'(Torrance, 1974), 월러치와 코건의 '창의성 검사'(Wallach & Kogan, 1965)[1]도 이러한 창의성의 영역 일반성 개념에 기초하고 있다.

창의적인 업적을 낸 인물들을 중심으로 과거의 창의적 성취를 회상하여 보고하게 한 연구들에서는 창의적인 성취가 다양한 영역들 간에 상관이 있는 것

1 구체적인 내용은 2부 12장 참조.

으로 나타나 영역들 간 공통 요인이 있다는 창의성의 영역 일반성을 지지했다 (Hocevar, 1976; Kaufman & Baer, 2002). 이러한 영역 일반적 능력을 증진시키기 위해 브레인스토밍, 스캠퍼, 시네틱스, 속성열거법, 강제연결법, 형태분석법, 육색사고모 등의 기법[2]이나 프로그램들이 개발되어 학교 혹은 영재 교육센터 등에서 지금까지도 많이 활용되고 있다.

2) 영역 특수적 관점

그러나 이러한 창의성의 영역 일반성에 이의를 제기하고, 창의성을 '영역 특수적'이라고 보는 관점이 등장함으로써 창의성에 대한 '영역 일반성 대 특수성' 논쟁이 시작되었다. 이미 인지심리학에서는 하워드 가드너Howard E. Gardner(1983)가 인간의 지능이 여러 개의 다른 지능, 즉 언어, 수학, 음악, 미술과 같은 영역별로 독립적인 (비록 상호작용할지라도) 특수한 지능으로 이루어져 있다는 '다중 지능multiple intelligence 이론'을 제시함으로써 지능의 영역 특수성 개념의 기초를 마련한 바 있다. 이와 마찬가지로 한 영역에서 창의성을 발현하려면 다른 영역과는 구별되는, 영역별로 고유하고 특수한 창의적 기능과 성향이 필요하다고 보는 창의성의 '영역 특수적domain-specificity 관점'이 대두되었다.

어느 한 영역에서 뛰어난 창의적 수행을 나타낸 사람이라도 다른 영역에서는 그렇지 못할 수 있다는 경험적 연구 결과들(Amabile, 1996; Baer, 1991, 1994; Conti, Coon & Han, 2000; 박숙희, 2007; 안동근, 2015)은 이러한 영역 특수적 관점을 지지한다. 예를 들어 동일한 피험자에게 글쓰기, 미술, 수학과 같은 여러 다른 영역에서 창의적 산출물을 생성하게 한 후, 해당 영역의 전문가들이 평가

---

2 구체적인 내용은 2부 7장 참조.

(예: 합의사정기법)하게 했을 때, 여러 영역의 산출물들 간의 창의성 점수는 보통 낮은 상관을 보였다. 이러한 결과는 상상력이 풍부한 이야기를 창작해낸다고 해서 창의적인 미술 작품을 만들거나 과학적 가설을 검증하기 위한 새롭고 흥미로운 실험을 설계할 것으로 예측하기 어렵다는 것을 의미한다.

심지어 같은 언어 영역인 '소설 쓰기'와 '시 쓰기'에서의 창의성 간에도 상대적으로 낮은 상관관계를 보여주고 있어(Baer, 1993), 창의적인 소설을 쓰는 사람이 창의적인 시를 쓸 것이라고 기대할 수는 없다. 소설 쓰기와 시 쓰기는 모두 언어 영역으로서 기본적으로 뛰어난 독해력과 풍부한 어휘력이 필요하지만, 기본적인 수행을 넘어서 더 창의적인 수준에 도달하기 위해서는 과제별로 필요한 창의적 기술이 다를 수 있기 때문이다(Baer, 1993). 다시 말해 소설과 시를 쓰는 데 공통적으로 필요한 기본 기능이 있기는 하지만, '창의적인 소설'과 '창의적인 시'를 쓰려면 각기 고유한 창의적 기능이 필요하다는 것이다. 이러한 연구 결과들을 토대로 영역 특수적 관점에서는 창의성을 일반적 능력이라기보다는 영역별로 다른 특수한 능력과 특성으로 구성되어 있는 '영역 특수적 능력', 심지어는 '과제 특수적 능력'이라고 본다.

과학 영역을 보면, 휴와 애디(Hu & Adey, 2002)는 과학 창의성의 특징을 '실험, 문제 발견 및 해결에 관련된 과학 활동'으로 정의하며, 과학적 창의성은 일반 창의성과 다르게 주로 '과학적 지식'과 '기술'의 영향을 받는다고 주장했다. 우리나라의 연구에서도 과학적 창의성이 발현되기 위해서는 일반적 창의성의 요인도 필요하지만, 과학이라는 영역 특수적인 내용과 탐구 능력이 밀접하게 연계되는 영역 특수적인 기능이 사용되어야만 한다고 했다(박종석·김민정, 2003; 임성만·양일호·임재근, 2009). 또 다른 연구에서도 과학 영역에서 창의성을 발현하는 데는 '과학적 지식'이나 '경험'이 중요한 요소이고, 일반 창의성과의 상관관계는 낮게 나타났다고 지적하면서 과학 영역 창의성을 평가할 때 일반 창의성 검사를 사용하는 것은 부적절하다고 했다(유용현·강유진·김지나, 2013).

미술, 소설, 시, 음악, 연기 등의 예술적 창의성은 물론 경영, 심리학, 교수teaching 등의 다양한 영역에서도 영역 고유 창의성에 대한 특징을 밝히려는 연구들이 이루어지고 있다. 뿐만 아니라 군軍에서의 문제 해결(Vincent, Decker & Mumford, 2002), 광고 제작(Mumford, Baughman, Supinski & Mahe, 1996), 상담(Alexander, 2003; Zimmerman, 2006) 영역에서도 창의성 요소 분석 연구들이 이루어지고 있는데, 이러한 분야에서는 일반적인 창의성 요소보다는 '영역 특수적인 내용 지식'이 더 중요한 요소로 작용했다.

3) 영역 통합적 관점

이제까지 창의성의 영역 일반성과 영역 특수성을 주장하는 두 관점에 대해 살펴보았는데, 이러한 이분법적 사고 자체에 문제가 있다는 비판과 함께 '영역 통합적 관점'이 제기되었다. 이는 창의성의 정의나 구성 요소별 분석 및 경험적 연구 결과를 검토해볼 때 창의성을 단순히 영역 일반적이라거나 영역 특수적이라고 말할 수 없고, 오히려 두 특성을 모두 가지고 있다고 보아야 한다는 입장인데 그 이유는 다음과 같다.

첫째, 창의성은 정의상 어떤 영역에서든 '새로움'과 '적절성'이라는 두 조건을 충족시켜야 한다는 점에서 영역 일반적 특성을 가지고 있지만, 영역이나 과제에 따라 두 요소의 상대적 중요성이 달라진다는 점에서는 영역 또는 과제 특수성도 있다는 것이다(Lubart & Guignard, 2004). 예를 들어 과학과 경영 분야에서는 새로움과 적절성이 비슷한 비중으로 중시되지만, 미술의 경우는 새로움이 더 중요하다. 심지어 같은 미술 안에서도 차이가 있는데, 회화와 조소에서는 독창성에 약간 더 비중을 두지만, 건축과 디자인의 경우에는 기능성이 현저하게 중요하게 작용한다(Glück, Ernst & Unger, 2002). 따라서 이러한 정의에 비추어볼 때 창의성은 어느 영역에나 통용되는 일반적 특성도 있지만, 특정 분야나 과제에만 해당되는 특수성도 있다고 할 수 있다.

둘째, 창의성의 구성 요소에는 영역 일반성을 더 나타내는 요소도 있고, 영역 특수성을 더 나타내는 요소도 있다(Lubart & Guignard, 2004). 예를 들어 애머빌(1996)이 제시한 창의성의 세 가지 구성 요소 중 '창의성 관련 기능(인지 유형, 새로운 아이디어를 생성하는 방법에 대한 지식 및 작업 유형)'은 여러 영역의 창의성에 기여하는 일반적 특성이라고 할 수 있지만, '영역 관련 기능(해당 영역의 지식, 기능, 재능)'과 '과제 동기 요소'는 영역 및 과제 특수성을 갖는다. 따라서 창의성을 영역 일반적 요소들과 영역 특수적 요소들의 상호작용 결과로 본다.

셋째, 영역 일반성을 지지하는 연구들(Hocevar, 1976; Kaufman & Baer, 2002)과 영역 특수성을 지지하는 연구들(Baer, 1991, 1994; Conti, Coon & Amabile, 1996; Han, 2000)을 종합해볼 때 창의성은 여러 영역에서 창의적 수행을 하는데, 공통적으로 필요한 '일반적 능력', 영역별로 고유한 '영역 특수적 능력', 그리고 같은 영역이라도 과제마다 달리 요구되는 '과제 특수적 능력'의 결합체라고 볼 수 있다(Lubart & Guignard, 2004).

이러한 영역 통합적 관점에 기초하면서도 약간의 차이를 보이는 창의성에 대한 혼성적 입장과 다중적 입장이 대두되었는데, 이에 대해 살펴보면 다음과 같다.

(1) 창의성에 대한 혼성적 입장

'혼성적 입장hybrid position'이란 창의성은 영역 일반적 요소들을 가지고 있지만 이러한 영역 일반적 요소들이 특정 사회 맥락에 적용될 때는 영역 특수성을 나타내므로, 그 두 가지 요소는 분리되어 있기보다는 혼합적으로 존재한다고 보는 입장이다. 플러커와 베게토(2004)에 의하면 창의성이란 특정 사회적 맥락에서 정의되는 것으로서, '한 개인이나 집단이 새롭고 유용한 결과나 산출물을 만들어내는 능력과 과정 간의 상호작용'을 말한다. 여기에서 창의성의 '새로움'과 '유용성' 요소와 '사회적 맥락' 요소는 여러 영역에서 공통적으로 필요한 일반적 요소이지만, 새로움과 유용성에 대한 판단은 특정 영역의 사회적 맥락에 따라서 달라지므로 영역 특수성을 나타낸다. 따라서 창의성은 영역 일반적이면서도 실세계 과제에 적용될 때는 영역 특수성을 나타낸다는 것이다(Plucker, 2005; Plucker & Beghetto, 2004).

[그림 5-1]을 보면 창의성은 영역 일반성과 영역 특수성을 모두 나타내는 발달적 구인으로서, '피상성', '일반성', '특수성', '고착'의 과정을 거치며 발달한다. 다시 말해 인생 초기에는 피상적이거나 일반적 수준에서 창의성이 발달하다가 인생의 어느 시점에서 특정 영역을 선택하게 되고, 나이와 경험이 많아짐에 따라 해당 영역에 더 많은 관심을 가지고 몰두함으로써 전문성을 계발하게 되어 더욱 영역 특수적이 된다. 그러나 영역 특수성이 지나치게 되면 특정 영역에 고착되어 오히려 창의적이기 힘들다. 이때 창의성 발현을 위한 최적 조건은 일반성과 특수성의 중간 어딘가의 지점으로서, 융통성 있게 다양한 영역의 관점과 지식 그리고 특정 영역의 전문성 모두를 활용할 때 창의적 성취를 이룰 수 있다는 것이다.

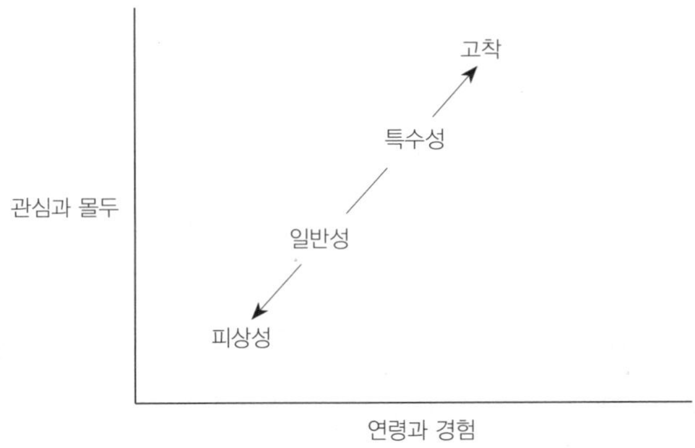

[그림 5-1] 창의성의 영역 특수성과 일반성에 관한 개념화

출처: Plucker & Beghetto(2004: 161).

또한 플러커와 베게토(2004)는 창의성에 대한 영역 일반성과 영역 특수성의 이분법적 구분이 창의성 교육을 잘못 이끌 수 있다고 지적한다. 일반적인 창의성 훈련 기법만 계속해서 다루면 문제를 일반적 수준에서 피상적으로 다루는 데 머물게 되며, 이와 반대로 오랫동안 특정 영역에서 지엽적인 특정 과제를 통해서만 창의적 사고 훈련을 하게 되면 특정 영역이나 과제에 기능적으로 고착functional fixedness되어 융통성 있게 사고하지 못할 우려가 있다는 것이다.

이러한 혼성적 접근은 해당 영역에서의 전문성의 가치를 인정하면서도, 문제를 해결할 때 다른 영역의 관점과 지식을 활용할 수 있는 융통성 있는 사고가 중요함을 시사한다.

(2) 창의성에 대한 다중적 입장

배어와 카프만(Baer & Kaufman, 2005)은 창의성이 영역 일반적이면서도 동시에 영역 특수적이고 과제 특수적인 다중적 특성을 가지고 있다는 점을 지적했다. 대부분의 영역에서 창의적 수행을 하려면 지능, 동기, 지식, 창의성 관련 기능과 특성이 공통적으로 중요하다는 점에서 창의성은 영역 일반적인 것(추상적·분석적 수준)으로 보이지만, 이러한 요소들이 전문 영역으로 갈수록 영역 특수성을 나타내거나 실제 과제에 적용될 때는 과제 특수성을 나타내므로 실제로는 영역 특수적(기능적·실제적 수준)이라는 것이다.

이러한 창의성의 본질을 설명하고자 배어와 카프만(2005)은 창의성을 놀이동산에 비유해 다음과 같이 '놀이동산 이론amusement park theory'을 제시했다. 첫째, 놀이동산에서 어떤 놀이기구를 타려면 신장이 얼마 이상은 되어야 하듯이, 어떤 영역에서든 창의적 성취를 하려면 일정 수준 이상의 지능, 동기, 적절한 환경이 필요하다. 그러나 이 요소들은 창의성 발현에 꼭 필요한 조건이긴 해도 충분조건은 될 수 없으므로 창의성의 '영역 일반성'이라고 볼 수 있다.

둘째, 미국의 '디즈니 월드Disney World'에는 '마법 왕국', '미래 도시', 'MGM

스튜디오', '동물 왕국'이라는 4개의 테마 공원이 있는데, 이 공원들은 각각 놀이기구, 미래 도시, 영화, 동물이라는 주제를 표방하고 있다. 이와 마찬가지로 창의성의 영역을 세 가지 커다란 주제인 '감정 이입/의사소통 창의성(대인관계, 의사소통, 개인 문제 해결, 글쓰기 창의성)', '실제 조작hands-on 창의성(미술, 공예, 신체적 창의성)', '수학/과학 창의성'으로 나누어보면 어떤 영역에서의 창의성이든 그 영역과 관련된 인지 기술과 성격 특성을 갖추어야 창의적 수행을 할 수 있다는 점에서 창의성의 '영역 특수성'을 시사한다.

셋째, 디즈니 월드의 네 테마 공원 중 하나인 '마법 왕국'은 '판타지 랜드', '어드벤처 랜드', '투모로우 랜드' 등의 여러 구역으로 이루어져 있는데, 이와 마찬가지로 창의성의 세 영역 중 하나인 '감정 이입/의사소통 창의성' 안에도 '시 쓰기'와 '신문·잡지 기사 쓰기' 등의 하위 영역이 있다. 이 둘은 언어 능력을 많이 요구한다는 점에서 공통점도 있지만 서로 다른 측면들이 있다. 예를 들면 '사고 유형'에서 시인은 창조적이고 스스로 방향을 결정하는 입법적 사고 유형을 선호하는 반면, 기자는 지시를 따르고 구조화된 상황에서 일하는 행정적 사고와 논리적 사고 유형을 선호한다. 그뿐만 아니라 '동기 유형'에서도 차이가 있는데, 시인은 내적 동기를, 기자는 외적 동기를 선호한다는 것이다. 이러한 점에서 창의성은 '하위 영역 특수성'을 가지고 있다고 할 수 있다.

넷째, 앞서 소개된 '마법 왕국' 공원 안의 한 구역인 '투모로우 랜드'에 있는 놀이기구들은 모두 미래와 관련이 있으면서도 각기 다른 특징을 가지고 있다. 이와 같이 창의성의 경우도 같은 하위 영역에 속하는 것끼리의 공통점도 있지만 서로 구분되는 특정 과제나 미시 영역들이 존재한다. 예를 들어 '시 쓰기' 하위 영역 안에는 하이쿠俳句(총 17음절을 포함하는 일본의 짧은 3행시), 서사시, 소네트sonnet(정해진 운율 패턴을 따르는 14행시) 쓰기 등의 특정 과제(미시 영역)들이 존재하는데, 한 시인이 하이쿠를 쓰는 것은 좋아하지만 서사시나 소네트에는 별 흥미가 없을 수 있다는 점에서 '미시 영역 특수적 수준'의 동기가 존재할 수 있다.

다섯째, 서로 다른 주제를 표방하고 있는 '미래 도시' 와 '동물 왕국'에는 모두 3차원의 입체 영화관이 있는데, '미래 도시'에서 본 입체 영화인 〈여보, 내가 관객들을 작게 만들어버렸어!Honey, I Shrunk the Audience!〉를 재미있게 본 사람들은 '동물 왕국'에 가서도 입체 영화인 〈벌레가 되는 것은 힘들어!It's Tough to Be a Bug!〉를 보려고 하는 경향이 있다. 이렇게 창의성에서도 서로 다른 주제 영역에 속하는 과제들 간에 이상한 관계가 발견된다. 배어(1993)의 연구에 의하면, 여러 다른 종류의 창의적 산출물(시, 콜라주, 수학 문장제 문제, 방정식 및 이야기)에 대한 창의성 점수들은 대체로 상관관계가 낮음에도 불구하고 언어가 중요하게 작용하는 '시 쓰기'와 '수학 문장제 문제 만들기' 과제(미시 영역)는 놀랍게도 일관된 상관이 나타났다. 이는 서로 다른 영역에 속하는 두 과제 간에 아직 밝혀지지 않은 어떤 관계가 있다는 해석을 가능케 한다.

요컨대 놀이동산 이론은 거의 모든 영역에서 창의적 수행을 하려면 '지능', '동기', '지식', '창의성 관련 기능과 특성' 등이 공통적으로 중요하다는 점에서 창의성은 '영역 일반적'인 측면도 있지만, 주제 영역별로 고유한 '영역 특수적' 측면, 각 주제 영역을 구성하고 있는 '하위 영역 특수적' 측면, 또한 '과제 특수적' 측면으로도 이루어져 있음을 시사한다.

4) 교육적 시사점

이와 같이 영역 일반성 또는 영역 특수성에 비추어 창의성의 본질을 밝히려는 노력도 의미가 있지만, 창의성이 일생의 어느 시기에 더 영역 일반성을 나타내고 또 어느 시기에 영역 특수적이 되는지를 아는 것도 중요하다(Lubart & Guignard, 2004). 아기가 세상을 탐색하고 발견하기 위해 자극에 반응할 때는 일반적 수준에서 계속 새로운 행동과 개념을 창조하다가 아동기, 청소년기, 성인기가 되면 더욱 분화된 창의성을 나타내게 된다. 이러한 발달적 관점에 비추어볼 때 창의성 교육은 어릴 때에는 '영역 일반적 접근'을, 아동기에는 창의적 사고 기법(창의적 사고와 비판적 사고 등)과 교과 내용을 융합한 '영역 특수적 접근'을 하고, 청년기에는 더 전문화된 영역의 지식과 기능, 사고 방법 등을 익히는 '과제 특수적 접근'으로 나아가는 것이 효과적일 것이다. 그러나 성인이 되어 실생활에 맞닥뜨리게 되면 실생활 문제는 매우 복합적인 요소들을 갖고 있으므로 이 모든 접근이 결국 다 필요하게 될 것이다.

플러커와 베게토(2004)는 창의성에서 영역 특수성에 영향을 미치는 요소들을 개인의 연령과 경험, 그리고 과제에 대한 헌신과 동기로 정리했다. 영역 일반성과 영역 특수성은 이분법적으로 분리될 수 있는 것이 아니고, 개인이 나이가 들거나 구체적인 과제를 만났을 때 얼마나 흥미를 가지고 집중할 시간을 가지며 그 과제에 헌신하느냐에 따라 개입 범위가 달라진다. 또한 이러한 특수성과 전문성을 다른 영역에 적용시키기 위해서는 사고의 융통성을 가지고 있어야 한다. 따라서 창의성을 영역 일반성과 특수성으로 분리해서 생각하고 교육하기보다는 연장선상에서 바라보아야 한다.

그렇다면 이제 영역 일반적인 창의적 사고와 영역 특수적인 교과를 어떻게 교육해야 하는지에 관한 문제에 봉착하게 된다. 창의적 사고를 독립적인 시간으로 교육했을 때는 창의성이 무엇인지에 대한 감각을 키울 수 있고, 사고 기법의 본질을 보다 깊이 다룰 수 있어서 온전히 이에 대한 훈련과 평가를 할 수 있는 장점이 있다(Perkins, 1988; Sternberg, 1987; 김영채, 2010). 그러나 이와 같은 창의적 사고 기법의 독립적 교육은 교과 교육과정이나 학생들의 실질적인 삶과 분리되어 지식이 비활성화될 수 있다는 우려도 있다(최석민, 2003).

통합적인 관점에서 보면 창의적 사고를 신장시키기 위해서는 사고 대상인 교과 지식이 필요하고, 교과 지식의 깊이 있는 이해와 적용을 위해서는 창의적 사고가 필요하다. 따라서 창의성의 일반적인 요소인 '사고 기법'과 영역 특수적인 '교과 내용'은 분리해 생각할 수 있는 성질의 것이 아니고 교육과정에 통합되어 나타나도록 해야 한다(Baer & Garrett, 2010; Fairweather & Cramond, 2010). 초등학교부터 고등학교까지의 교과에 창의적·분석적·실제적 능력을 통합하여 실제 적용한 연구 결과에 따르면 학생들의 학업 성취도와 창의성이 향상되었다고 한다(Sternberg, Torff & Grigorenko, 1998). 또한 국가 차원에서 창의성 교육을 강조하는 영국 학교의 수업 관찰을 통해 창의성 증진 요소를 분석한 연구를 보면 창의성 교육을 성공적으로 하고 있는 학교들은 모두 교과 내에서 사고력을 촉진하는 활동들이 이루어지고 있었다(조연순·정혜영·백경미, 2010).

우리나라에서 이루어진 연구들에서도 창의적 문제 해결력 증진을 위한 교육과정 요소를 '내용 지식(영역 특수적 지식)'과 '탐구 과정(영역 특수적 기능)', '창의적 사고 기능(영역 일반적 기능)'의 세 가지 요소로 보고, 초등학교 과학 교육과정을 재구성하여(조연순·최경희·채제숙·성진숙·서예원, 2000) 이 세 가지 요소가 통합적으로 작용할 수 있도록 수업에 적용한 결과, 학생들의 창의적 문제 해결 능력이 증진되었다(조연순·성진숙·채제숙·구성혜, 2000). 초등학교 4학년 국어, 사회, 과학과의 내용을 분석하여 교과 내용을 재구성해서 창의적 사고 기법을 적용한 연구에서도 유창성, 융통성, 독창성, 정교성 등 학생들의 창의성이 향상된 결과를 살펴볼 수 있고(홍후조·임유나·민부자·임혜진, 2014), 또 다른 연구들에서는 학생들의 창의성뿐만 아니라 성향적·동기적 요소도 함께 신장되었음이 보고되고 있다(신재한, 2007; 조경자, 2015). 이처럼 사고력과 교과 내용을 통합하는 교과 통합적 접근 관련 연구들이 다양하게 이루어져야 할 것이다.

2. 창의성과 지혜

우리나라를 포함한 세계 여러 국가에서 인간의 인지 능력을 계발하기 위해 노력해왔으며, 최근에는 인간의 한계를 뛰어넘는 인공지능의 개발과 그 성과들이 발표되며 세상을 놀라게 하고 있다. 그러나 이러한 노력과 발전으로 세상이 더 살기 좋게 바뀌고 있는지에 대해서는 긍정적으로만 답하기 어렵다. 세계는 여전히 고통 속에 있고, 빈곤, 부정부패, 전쟁은 물론 기후 변화와 미세먼지, 지구 생태계 파괴에 이르기까지 심각한 문제들이 발생하고 있다. 따라서 인류 공영의 기반이라 할 창의성이 과연 인간을 더 행복하게 만들고 있는지는 반추해볼 필요가 있다.

과학 분야의 혁신적인 성과를 가져온 아인슈타인이 상대성 이론을 기반으로 원자폭탄이 제조되자 자신의 과학적 발견을 후회하고 원자폭탄 반대 운동에 참가하게 되었다는 일화는 유명하다. 또한 현대인이라면 누구나 사용하고 있는 인터넷 웹의 창시자인 영국 컴퓨터 공학자 팀 버너스리Tim Berners-Lee는 '원래 웹의 정신은 공개와 교류를 통한, 국경을 초월한 아이디어의 융합과 협력에 있었는데 거대 기업이 정보와 이익을 독점하거나 가짜 뉴스가 정치 선전에 이용됨으로써 결과적으로 반인권과 빈부 격차를 키우게 되었다'고 하며, 최근에는 오염된 'www(World Wide Web)'를 버리고 인터넷 분권화를 하자고 주장하고 있다(조선일보, 2018).

이러한 인간의 지능 및 창의성의 부정적 측면을 어떻게 극복할 것인가? 인간의 안락과 편리를 추구하기 위해 끊임없이 발전해야 할 것인가? 아니면 그 이면에 닥쳐올 부정적 측면까지 예상하여 발전을 멈추어야 할 것인가? 요즘 '인공지능AI'이나 '생명공학BT' 등과 관련된 많은 연구들이 이러한 문제를 안고 있기에 지혜로운 선택과 판단이 필요하다. 여기서는 '창의성과 지혜'의 관계, 그리고 '지혜 이론'에 대해 살펴보고 이를 통한 교육적 시사점을 찾아보자.

1) 창의성과 지혜의 관계

그동안 창의성은 경제와 생산성, 경쟁의 측면에서 강조되어왔고, 세계 여러 국가에서는 창의성을 창업가 정신에 필요한 주요 요소로 간주하여 시장경제의 개념으로 접근해왔다. 이러한 현상에 대해 크래프트(Craft, 2008)는 두 가지 측면에서 맹점을 지적했다. 첫 번째는 '문화적 측면'에서의 문제로, 동양과 서양처럼 서로 다른 문화에서는 창의성이 다른 개념으로 받아들여질 수 있다는 것이며, 두 번째는 '도덕 및 환경적 측면'의 문제로서, 옛것을 버리고 계속 새로운 것을 생산하는 시장경제 개념으로 창의성을 받아들인다면 결국 생태계 평형이 깨지고 환경에 치명적 결과를 가져올 수 있다는 것이다.

따라서 이제부터라도 인간과 문화, 환경을 고려하고 도덕적인 목적을 추구하는 창의성, 결과적으로 그 최종 결과가 인간의 삶을 더 나은 방향으로 가게 하는 창의성이 요구된다. 그루버(1993)는 탁월한 책임감을 보여주는 사람은 높은 수준의 도덕적 추리력, 중요한 문제에 대한 관심, 강한 도덕적 열정과 용기를 가지고, 자신이 생각하고 느낀 것을 효과적인 행위로 실천하는 성향이 있는데 이러한 것이 '도덕적 창의성'이라고 설명했다.

이러한 맥락에서 1995년부터 가드너는 미하이 칙센트미하이Mihaly Csikszentmihalyi, 윌리엄 데이먼William Damon 등과 함께 '좋은 일 프로젝트'를 통해 다양한 분야에서 좋은 일을 하고자 하는 사람들에 대한 연구를 진행해왔다. 질적으로 우수하며 동시에 사회적 책임감이 있는 좋은 일을 하는 전문가들을 심층 면접하여 얻어낸 이들의 연구 결과, 좋은 일을 하는 사람들은 기술적 측면에서 '우수성'의 의미와 그들이 하는 일이 사회에 미치는 영향을 인지하고 있었다. 또한 그들의 공통적인 가치관은 정직, 공정성, 진실성, 다른 사람들과의 윤리적 관계, 높은 수준의 역량이었다(Barendsen, et al., 2011).

또한 가드너는 미래 사회를 성공적으로 살아가기 위해서 필요한 마음으로 다섯 가지를 제시했는데, 가장 기본이 되는 것은 '훈련된 마음disciplined mind'으로, 미래 사회를 성공적으로 살아가기 위해서는 전문 분야의 지식과 인지 양식에 통달할 필요가 있다는 것이다. 다음으로 '종합하는 마음synthesizing mind'이 필요하다고 했는데, 이는 다양한 출처에서 정보를 얻어 객관적으로 이해·평가하고, 자신과 타인을 이해할 수 있는 것을 의미한다. 또한 이러한 두 가지 마음을 토대로 새로운 경지를 개척하는 '창조하는 마음creating mind'이 필요하며, 개인 및 집단 간의 차이점에 주목하여 그것을 받아들이고 타인을 이해하며 함께 효율적으로 일하려는 '존중하는 마음respectful mind'과 인간 노동의 본질 및 사회의 욕구에 대해 깊이 생각할 줄 알고 개인의 이익을 넘어 사회 전체 이익의 증진을 위해 헌신할 수 있는 '윤리적인 마음ethical mind'이 필요하다고 했다(Gardner, 2007).

이렇게 인간의 생활을 도덕적이고 윤리적인 바람직한 방향으로 이끌어가기 위해서는 창의성에서 지혜가 필요하다. '지혜'는 윤리적 성향이나 도덕에 대한 '문화적 규범'의 터득으로부터 비롯될 수 있는 것으로서, 현명하다고 생각되는 사람에 의하여 조성되어왔는데, 전통 사회에서는 지혜를 가진 어른이 그러한 역할을 했다면 최근에는 종교적 리더나 넓은 시각을 가진 전문가가 그러한 역할을 할 수 있다고 본다(Knoop, 2008). 그러나 '윤리적 마음'과 '책임감'이 있어서 많은 사람들에게 존경받을 수 있는 사람만이 우리 사회의 진정한 지도자가 될 수 있다. 창의성과 지혜의 통합은 이러한 책임감 있는 윤리적 마음을 기르기 위한 교육의 방향을 제시해줄 수 있다(Craft, Gardner & Claxton, 2008).

그렇다면 창의성과 지혜는 과연 통합될 수 있는 영역인가? 창의성과 지혜의 관계에 대해 설명하는 이론들을 살펴보면 이 두 가지를 별개의 개념으로 보기도 하고(Gardner, 2008), 창의성이 지혜를 포함한다고 보기도 하며(Craft, 2008), 지혜가 창의성을 포함한다고 보기도 한다. 그러나 과학이나 예술 등 영역 특수적 문제를 해결하기 위해 특정 분야의 발전에 보다 관심을 기울이는 것이 '창의성'이라면 '지혜'는 생활 속에서 직면하는 다양한 문제를 해결하는 것에 좀 더 비중을 둔다는 차이점이 있다. 즉 지혜는 삶과 관련된 일반적 지식을 많이 알고 균형을 맞추는 데 더 주의를 기울이는 반면, 창의성은 해당 분야에서의 전문성(해당 분야에서 10년 이상의 훈련)을 더 필요로 한다. 특히 천재 수준의 창의성에서 나타나는 기질은 지혜와 모순된 모습을 보이기도 한다(Simonton, 2000). 또한 분야에 따라 창의성이 최고 정점을 이루는 연령대가 있고 이후 감소하는 모습을 보이는가 하면, '삶과 연관된 지혜'는 뇌에 문제가 생기는 극단적인 상황이 아닌 한 계속해서 증가하며 적어도 감소하지는 않는다고 한다(Simonton, 1990).

그러나 사이먼튼(2008)은 창의성과 지혜가 양립하기보다는 둘 간의 연결고리가 존재한다고 보고, 창의성의 수준과 요소를 고려하여 그 관계를 설명한다. 즉 일상생활의 문제를 해결하는 작은 창의성little-c은 지혜와 관련이 있어서 나이가 들수록 그 능력이 더 커지고 삶에 성공적으로 적용될 수 있으나 특정 분야에서 천재 수준의 큰 창의성Big-C은 지혜와 직접적으로 관련이 없다는 것이다. 또한 창의성의 요소인 '독창성'과 '유용성'을 고려해볼 때 '유용성'은 사회문화적 시스템에 영향을 받는다는 측면에서 '지혜'를 포함한다고 보았으며, 특히 동양에서는 독창성보다는 유용성을 중요시하여 사회 질서를 방해하는 아이디어는 유용하지 않다고 간주하는 경향이 있다(Simonton, 2005).

한편 스턴버그(1985a)는 창의성과 지혜 모두 인지적 유연성, 경험에 대한 개방성, 상대론, 모호함과 불확실성에 대한 인내 등이 필요하다는 점에서 비슷하다고 보며, 클랙스턴(Claxton, 2008)은 지혜는 창의성의 인지적 특성과 비슷하지만 창의성에서는 고려하지 않아도 되는 도덕적·동기적·사회적 측면을 가지고 있으므로 '발전된 창의성advanced creativity'이라고 개념화하기도 한다. 따라서 창의성이 지혜를 포함하기 위해서는 사회적 가치와 도덕적 원칙을 포함하는 유용성에 관심을 가지고 '독창성과 유용성의 균형'을 이루는 것이 필요하다.

2) 지혜의 개념과 이론

일반적으로 '지혜'란 '지식, 경험, 이해 등을 기반으로 올바르게 판단하고 행동하는 힘'(Webster's New World College Dictionary, 1997: 1533)으로 정의되나 '창의성'과 마찬가지로 사회문화, 철학, 심리학의 다양한 영역과 관점에서 다루어지기 때문에 합의된 정의나 이론적 근거가 분명하지는 않다(Craft, Gardner & Claxton, 2008). 지혜의 개념은 시대와 문화적 맥락에 따라서도 다르게 나타나는데, 서양에서의 지혜는 '경험이 있는' 그리고 '지식이 있는' 것으로 여겨지는 반면 동양에서의 지혜는 '사리분별이 있는' 것으로 여겨진다. 이는 서양의 지혜가 인지적 측면을 강조한다면 동양의 지혜는 인지적 측면뿐만 아니라 정의적 측면까지도 강조하는 것이라 볼 수 있다(Takahashi & Bordia, 2000). 지혜에 관한 깊은 통찰과 숙고의 결과, 클랙스턴(2008)은 다음과 같이 설명했다.

> 지혜란 동시에 여러 사람의 입장에서 생각하면서도 자기 자신이 추구하는 고유의 가치와 관점을 추구할 수 있는 공감의 능력을 요구한다. 또한 시간이 허락한다면 어떤 행동을 시도하기 전에 여러 가지 복합적인 상황을 생각해보고, 옳다고 생각되는 순간이 왔을 때는 행동으로 옮기는데, 이때 종종 직관에 기반하여 결정을 내릴 수 있는 능력을 필요로 한다(Craft, Gardner & Claxton, 2008: 42).

지혜를 설명하는 이론들은 '발달 단계적 관점'으로 접근하기도 하고, 실천적이고 실용적인 '메타 인지적 관점'으로 접근하기도 한다. 피아제의 인지 발달 단계를 확장시켜 설명하는 이론가들은 지혜를 형식적 조작기 이후에 나타나는 발달 단계인 '후형식적 조작기 사고post-formal operational stage'로 본다(Sternberg, 2004). 이러한 관점에서 일부 학자는 현명한 사람은 반성적으로 사고할 수 있는 사람이며(Kitchener, 1983), 진실은 항상 절대적인 것이 아니라 정립, 반정립, 종합의 역사적인 상황에서 진화하는 것이라고 지각하면서 변증법적으로 사고할 수 있는 사람(Basseches, 1984)이라고 주장했다.

한편 콜버그의 도덕성 발달 단계[3]에 기초한 이론가들은 연령에 따라 도덕적 판단의 기준이 외부에서 내부로 연속적 순서에 따라 발달한다고 보았으며(Colby et al., 1983), 이러한 도덕성 발달 단계 모형은 교육의 단위가 단순히 개인이 아니라 집단이어야 하고, 교육에서 '도덕 추론 능력'을 증진시켜야 함을 강조했다(Kurtines & Gewirtz, 1995/2004). 이와 유사하게 발테스와 그 동료들은 지혜를 '진보적 인지 기능'과 '인지적 성장'의 형태로 보았다(Dittmann-Kohli & Baltes, 1990). 폴 발테스Paul B. Baltes를 중심으로 형성된 '막스 플랭크 기구Max Planck Institute: MPI'의 '베를린 학교Berlin School'에서는 지혜를 '불확실한 삶의 문제에서 좋은 판단과 충고가 되는 전문적 지식'이자 '삶의 근본적 실천에 대한 행동 시스템'이라고 했다(Baltes & Staudinger, 1993). 또한 발테스와 스미스(Baltes & Smith, 1990)는 삶의 근본적 실천을 '인생 계획', '인생 설계', '인생 회고'에 관한 것으로 보고, 지혜의 구성 요소를 다음과 같이 다섯 가지로 제시했다.

- 풍부한 사실적 지식: 삶의 조건과 그 변화에 관한 일반적·특수적 지식
- 풍부한 절차적 지식: 인생 문제에 관해 판단을 내리고 전략을 세우는 데 필요한 일반적·특수적 지식
- 생애에 걸친 맥락적 사고: 인생을 살면서 부딪치게 되는 상황에 관한 지

---

3 콜버그의 도덕성 발달 단계: 인습 이전 수준과 인습 수준, 인습 이후 수준에서 6단계로 나뉜다.
'인습 이전 수준' 1단계: 벌과 복종 지향의 도덕성(보상과 처벌의 기준에 따라 판단)
2단계: 개인적 보상 지향의 도덕성(자신의 이익 정도에 따라 판단)
'인습 수준' 3단계: 대인관계 조화 지향의 도덕성(인정받는 정도에 따라 판단)
4단계: 법과 질서 지향의 도덕성(사회의 법률과 규칙을 지지하는 정도에 따라 판단)
'인습 이후 수준' 5단계: 사회 계약 정신 지향의 도덕성(사회 계약을 유지하는 정도에 따라 판단)
6단계: 보편적 도덕 원리 지향의 도덕성(보편적 원리에 근거하여 판단)

식, 그 상황들의 변화와 관계에 관한 지식

- 상대주의적 사고: 가치, 목적, 우선순위의 차이에 관한 지식
- 불확실성의 인식: 인생의 상대적인 불확실성과 불예측성 그리고 관리 방법에 관한 지식

한편 지혜의 '정의적 측면'을 강조한 아델트(Ardelt, 2004)는, 지혜는 인지적·반성적·정의적 성격 특성을 종합한 것으로, 이는 '삶의 실제 상황에서 발휘될 수 있는 행동적 능력이나 그러한 행동을 수행하게 하는 인간의 성격적 특성'이라고 했다. 이와 같은 관점은 인지적 차원으로 간주해온 지혜의 개념을 훨씬 더 다차원적으로 바라보게 한다. 또한 지혜의 핵심을 행동과 관계된 것으로 보는 관점에서는 지혜가 특정 개념 혹은 지식의 형태로 존재하거나 성격적 성향으로 존재하기도 하지만, 실제 행동으로 나타나지 않으면 진정한 지혜가 될 수 없다고 본다. 따라서 바셋(Bassett, 2005)은 지혜를 '인지와 정서, 반성과 행동의 창의적 종합 작용'이라고 설명했다.

이와 같은 이론들은 지혜의 정체성을 밝히고 어떤 요소들이 작용하여 지혜가 발휘되는지를 설명했는데, 지혜를 좀 더 포괄적·구체적으로 이해하기 위한 방법으로 스턴버그(2003)는 '지혜 균형 이론'을 제시했다. 여기서 '지혜'란 자신(개인 내)의 이익은 물론 다른 사람들(개인 간)의 이익과, 더 나아가 도시, 국가, 환경, 신과 같은 상황적 측면(초개인 간)의 이익도 균형 있게 고려함으로써 기존 환경에 적응하거나(환경에 맞게 자기 자신을 바꿈), 환경을 조성하거나(자기 자신에 맞도록 환경을 바꿈), 새로운 환경을 선택(자기 자신의 능력, 가치관, 욕망에 더 잘 맞는 새로운 환경을 찾음)함으로써 궁극적으로 공공선을 이루게 하는 것이라 했다. 이때 무엇을 공공선으로 보고, 또 공공선을 어떻게 이룰 것인가를 판단할 때는 가치가 개입된다. 지혜란 생각하는 방법이 아닌 실천하는 방법이므로, 지혜롭고 싶다면 지혜롭게 생각만 할 것이 아니라 지혜롭게 실천에 옮겨

야 한다는 것이다.

요컨대 뛰어난 개인의 능력(지능과 창의성)을 사용하여 성취를 이루고자 할 때는 다른 사람들이나 사회와 환경에 미치는 영향을 고려하여 더 좋은 세상을 만드는 데 기여할 수 있어야 할 것이다.

3) 교육적 시사점

창의성을 계발하고 또 발휘하는 궁극적인 목적은 개인의 이익이나 국가적 이익의 차원이 아닌 인류의 복지와 행복을 위한 것이고 미래 지향적인 것이어야 한다. 그러기 위해 창의적 산출의 과정에서는 개인의 행복뿐만 아니라 '사회적 책임감'과 '도덕성'도 함께 고려되어야 한다. 이러한 윤리·도덕에 대한 강조는 새로운 것이 아니다. 동서양을 막론하고 전통적인 교육에서는 지력을 계발함과 동시에 윤리와 도덕성을 갖춘 인간을 육성함으로써 더 살기 좋은 사회를 구현하는 것을 목표로 했다. 서양의 경우, 고대 그리스 플라톤 시대의 교육에서는 '지적'이면서도 '좋은' 인간을 길러내기 위해 지적 측면과 인격적 측면을 모두 고양시킬 수 있는 내용을 가르쳤으며, 자기 자신뿐만 아니라 다른 사람들의 권익 도모를 위해 노력하는 시민을 육성하고자 했다(Palmour, 1986).

그러나 유럽에서 기독교 중심의 중세 봉건사회가 몰락하고 16세기 르네상스(고대 그리스·로마 시대 가치와 예술 스타일의 부흥)와 18세기 계몽운동(유럽 합리주의 운동)을 거치면서 인간은 비과학적인 절대적 권위(예: 종교, 군주국, 정치 탄압)로부터 벗어나고자 했다. 그리고 정신적 노력을 통해 스스로 문제를 해결할 수 있다는 인간 능력에 대한 믿음, 즉 인본주의를 기초로 하여 신성한 존재의 개입 없이 독립적이고 자율적인 존재로서 세계를 탐구하는 자유를 존중하게 되었으며, 이는 점차 개인주의로 발전·확산되었다.

우리나라의 전통 교육에서는 인仁, 의義, 예禮, 지智, 신信과 같은 인성을 온

전히 구현한 인간을 기르고자 했다. 조선 시대 초등 교육의 경우 『동몽선습童蒙先習』, 『명심보감明心寶鑑』, 『소학小學』, 『사서오경四書五經』 등의 교재를 사용해 자연 환경, 역사 등에 대한 지식을 가르쳤는데 어떤 교재에서나 '인륜'과 '도덕'이 강조되고 있다(조연순, 1995). 뿐만 아니라 오늘날의 교육과정에서도 교육의 궁극적인 목적은 '홍익인간'의 이념 아래 모든 국민으로 하여금 인격을 도야하고, 자주적 생활 능력과 민주 시민으로서 필요한 자질을 갖추게 함으로써 인간다운 삶을 영위하게 하고, 민주 국가의 발전과 인류 공영의 이상을 실현하는 데에 이바지하게 하는 것이다(교육부, 2017). 우리나라는 7차 교육과정부터는 '창의성 교육'을, 2009 개정 교육과정부터는 '창의성'과 함께 '인성 교육' 또한 강조하고 있으나 점차 사회에 대한 책임감보다는 개인의 권리와 자유를 더욱 강조함으로써 인륜과 도덕 질서의 가치가 약화되어가고 있다.

인간이 세상을 살아가기 위해 필요한 '핵심적인 가치(예: 정직, 성실, 감사, 배려심, 용기)'는 존재한다. 그러나 가치는 시간과 공간에 따라 변하며, 같은 시대, 같은 문화 속에서도 개인차가 존재한다는 것 또한 무시할 수 없다(Sternberg, 2004). 따라서 우리가 공공선을 위해 창의성을 사용해야 한다고 했을 때, 무엇을 공공선으로 보고 또 어느 정도로 실천할 수 있을지는 개인(또는 관점)에 따라 그리고 시간과 공간에 따라 다를 수 있다. 그러나 인류 공동체의 번영을 위해서는 창의성과 지혜를 분리하기보다 통합하여 '지혜로운 창의성 교육'을 실천해야 할 것이다.

요약

이 장에서는 최근 관심의 대상이 되고 있는 **창의성의 영역 일반성·특수성**에 대한 문제, **지혜와 창의성의 관계**, 그리고 **지혜 이론**을 다루었다.

창의성은 영역 일반적인가, 영역 특수적인가? 이에 대해서는 다음과 같은 세 가지 관점에 대해 살펴보았다. '영역 일반적 관점'에서는 창의성에는 영역에 상관없이 공통적으로 필요한 일반적 요소나 특성들이 있다고 보는 반면, '영역 특수적 관점'에서는 창의성이 영역별로 다른 특수한 능력과 특성의 결합으로 구성되어 있다고 본다. 그러나 근래에는 창의성이 영역 일반적 측면과 영역 특수적 측면을 모두 가지고 있다고 보는 '영역 통합적 관점'이 설득력을 더해가고 있다. 또한 교육에서도 사고력 교육을 강조하는 '교과 독립적인 입장'이 있는가 하면 교과 교육과 사고력 교육을 병행하는 '교과 통합적인 입장'이 있다.

창의성에 지혜가 필요한가? 창의성에는 지혜가 포함된다는 이론도 있고, 지혜가 창의성을 포함한다는 이론도 있다. 하지만 전문 영역에서 인정받는 창의적 성취 중에는 인간의 삶을 더 황폐하게 만든 사례들도 많다. 따라서 인류의 존속과 번영을 위해서는 창의성에 전문성뿐만 아니라 지혜가 포함되어야 할 것이다. 지혜는 인지적·정의적·행동적 측면을 모두 포함하는 개념으로서, 창의성 교육에서 중시되어야 할 요소이다.

토의 과제

1. 창의성의 '영역 일반성'과 '영역 특수성' 문제가 교육에 주는 시사점은 무엇인가? 본인은 어떤 입장을 지지하는가?
2. 자신이 익숙한 교과를 하나 선택하여 '영역 통합적 관점'에서 재구성하고 수업을 설계해보자.
3. 역사적 혹은 사회적으로 볼 때 '창의적이지만 지혜롭지 못한 인물'은 누구인가? '창의적이면서도 지혜로운 인물'은 누구인가?
4. 창의성과 지혜의 개념이 하나로 통합될 수 있는가? 교육에는 어떻게 반영되어야 할 것인가?

제6장

창의성 교육의 필요성과 지원 방법

이 장에서는 창의성은 교육 가능한 것인가?, 창의성 교육을 위해 우리나라를 비롯한 세계 여러 국가에서는 그동안 어떠한 노력을 해왔으며, 그 현황과 문제점은 무엇인가?, 창의성을 지원하기 위해서는 어떻게 해야 하는가?와 같은 주제들에 관해 살펴보고자 한다.

1. 창의성 교육의 필요성과 가능성

위대한 업적을 이룬 창의적인 사람들의 삶에 대해 연구했던 칙센트미하이는 창의적인 삶을 사는 것이 중요한 이유를 다음과 같이 말했다.

> '개인 수준의 창의성personal creativity'에서 '문화 수준의 창의성cultural creativity'으로 가려면 재능, 훈련 및 엄청난 운도 작용한다. 한 영역에의 입문과 분야에서의 지원이 없다면 개인은 사회적 인정을 받을 기회를 갖지 못한다. 그러나 개인 수준의 창의성이 명성이나 부를 가져오지는 못할지라도, 개인의 입장에서 볼 때 훨씬 더 의미 있는 삶을 가능하게 해준다. 즉 '개인 창의

> 성'은 매일의 경험을 더 활기차고 즐겁고 보람 있게 만든다. 우리가 창의적으로 살아갈 때 권태는 사라지고 매 순간 신선한 발견을 하리라는 희망으로 가득 차게 된다. 이러한 발견이 세상을 풍요롭게 하든 못하든, 창의적으로 산다는 것은 우리를 발전의 과정으로 인도해준다(Csikszentmihalyi, 1996: 344).

그러나 '창의성이 과연 교육을 통해 길러질 수 있는 능력인가'에 대해서는 여러 가지 관점이 있다. 매슬로나 로저스 등의 '인본주의 심리학자'들은 개인이 기존의 문화에 단순히 동조하는 데 머무르지 않고 창의성을 발휘할 때 자아 실현이 가능하다고 주장했다. 기존의 사고방식이나 형식에서 과감히 탈피해 새로운 방향에서 문제를 지각하고 그것을 해결하려는 자발적인 탐구의 자세를 가질 때 잠재 능력이 계발되고 자아가 실현될 수 있으므로(한순미·김선·박숙희·이경화·성은현, 2005), 창의성 교육을 통해 인간의 잠재적 본질과 가능성을 실현시키도록 함으로써 개인적 차원에서 삶의 질을 한층 높일 수 있다(Davis, 1981).

또한 창의적인 인물들이 생산해내는 창의적 작품이나 산출물, 문제 해결 등은 사회 여러 영역에 발전을 가져와 사회적 공헌도 이끌어낼 수 있게 된다. 예를 들어 세종대왕, 장영실, 백남준, 아인슈타인, 에디슨, 모차르트, 셰익스피어, 파스칼, 피카소 등의 인물들은 창의적 공헌을 통해 인류 역사를 발전시켰다. 따라서 인간의 창의성을 발견하고 계발함으로써 그 사회의 산업, 경제, 복지 등 여러 분야의 국가 경쟁력도 강화할 수 있다. 이 밖에도 창의성은 개인으로 하여금 변화하는 미래 사회에 효과적으로 적응하게 하고, 현재와 미래 사회에서 직면하게 될 많은 문제 및 위험 상황과 관련된 여러 가지 도전이나 정신적 스트레스에 잘 대처할 수 있게 해준다(Cropley, 1999; 남순현, 2006).

그러면 '창의성이란 가르칠 수 있는 것일까?', '창의성 교육을 시킨다고 창의성이 높아질까?' 이러한 창의성 교육의 가능성에 대해서는 상반된 논의가 있다. 창의적 능력은 누구에게나 존재하며 교육을 통해 나름대로의 수준에서 얼마든지 계발될 수 있다는 긍정적인 견해(Feldman, 1993; Guilford, 1950; Maslow, 1968; Osborn, 1963; Rogers, 1954)가 있는 반면, 교육 현장에서 창의성을 신장시키고자 하는 노력이나 시도에 대한 회의적인 입장(Arieti, 1976; Freud, 1908/1973; Jung, 1933; Koestler, 1964; Kris, 1976; Wertheimer, 1945; 김인, 2017)도 있다.

과거의 회의적인 입장에서는, 창의성은 본래 신비롭고 알 수 없는 능력으로서 일부 사람에게 천부적으로 부여된 무의식적인 영감의 작용이며, '우연'이라는 변인이 큰 작용을 하기 때문에(Mednick, 1962) 교육을 통해 길러지기 어렵다고 생각했다. 창의성을 소수의 개인에게서 발견되는 특별한 자질로 여기는 이러한 입장은 창의성 교육이 엘리트주의를 유발하게 된다는 우려를 가져오게 했고, 많은 교사와 학부모가 학교에서 창의성을 강조하는 것은 기초 기술과 표준, 옳고 그름과 같은 기본적인 원리에 대한 교육을 포기하는 것으로 간주하기도 했다(Cropley, 1999). 교사들 또한 교실에서 창의적인 학생들에 대해 부정적으로 생각하고 덜 창의적인 학생들을 선호하는 경향이 있어왔는데, 이는 창의성을 불확실하고, 충동적이며, 방해적인 행동이라고 생각했기 때문이다(Cropley, 1992; Dawson, 1997; Scott, 1999; Beghetto & Kaufman, 2010 재인용). 베게토(2007)는 예비 중·고등학교 교사들마저 수업 중 토의 시간에 덜 독특하고, 예상된 답을 말하는 학생들을 선호한다는 것을 발견하기도 했다.

그러나 1960년대 이후부터 이러한 엘리트주의를 거부하고 창의성을 신장시키는 것이 가능하다고 보는 입장이 대두되었다. 이러한 입장에서는 '누구에게나 잠재해 있는 창의성'에 관심을 가진다. 즉 모든 사람은 스스로의 창의적 능력이나 생산성을 통해 생활을 더 높은 수준으로 끌어올릴 수 있다고 본다(Cropley, 1999). 다시 말해 흥미와 노력만 기울이면 누구든 타고난 창의력을 더 훌륭하게 효율적으로 활용할 수 있다는 것이다.

이러한 논란은 '창의성은 개인 고유의 타고난 속성인가? 아니면 교육에 의해 후천적으로 길러질 수 있는 특성인가?'라는 '본성nature' 대 '양육nurture'의 논쟁으로 발전되었다(Plucker & Runco, 1999). 본성과 양육의 두 입장은 각각의 입장을 지지하는 증거를 가지고 있지만 상대방의 입장을 부정할 수 있을 만큼 충분하지는 못해서 본성과 양육이 모두 중요하다고 인식되고 있다. 즉 창의성은 타고난 능력이지만 교육이나 훈련을 통해 그 계발이 가능하며, 노력 여부에 따라 나름대로의 수준에서 창의성을 발휘할 수 있다고 본다. 예를 들어 어떤 사람의 선천적인 잠재적 키 성장의 범위가 175～180cm인 경우, 운동이나 비타민 복용 등의 발달적·환경적 경험을 지속적으로 한다면 185cm까지도 클 수 있을 것이다.

이러한 잠재 능력의 범위가 노력이나 시도에 따라 확대될 수 있다는 생각은 창의성에도 적용될 수 있다(Plucker & Runco, 1999). 사이먼튼(1994)이 실시했던 지능과 창의성의 관계에 관한 연구에 따르면, 창의적 인물들의 최소 IQ는 120이었으나 그 이상에서는 지능과 창의성 간의 상관관계가 매우 낮은 것으로 나타났다(Beghetto & Kaufman, 2010 재인용). 따라서 창의적 능력은 어느 정도 선천적으로 가지고 태어나지만 후천적으로 교육적·사회적·문화적·환경적 지원을 통해 신장될 수 있는 것이라고 보는 것이 타당할 것이다.

2. 창의성 교육의 현황과 문제점

21세기의 주요 특징 중 하나는 사회가 전례 없이 빠르게 변화하고 있으며, 그로 인해 지식이나 기술 역시 계속 변화하고 넘쳐나고 있다는 것이다. 그러나 현재의 지식과 기술은 얼마 지나지 않아 바뀔 수 있고, 결국 쓸모없게 되어버릴 수 있다. 따라서 그에 대한 대안으로서 창의성이 현대인의 필수 소양 가운데 하나로 부상하고 있다. 이러한 시대적 상황 속에서 세계 주요 국가들은 창의성이 경제적·사회적·문화적 번영에 큰 영향을 미칠 뿐 아니라 자국의 생존 및 번영과도 직결되는 중요한 키워드라고 인식하고(CDC, 2001; Education Commission, 2000; 김춘일, 2006), 학교 교육을 통해 창의성을 어떻게 증진시킬 수 있는가와 관련된 연구에 집중적인 노력을 기울이고 있다.

미국의 경우에는 1960년대 이후부터 창의성 교육의 필요성이 제기되었다. 그 당시에는 학교에서의 학업 성취와 실제 생활에서의 수행을 예측하기 위한 척도로서 지능을 중시했다. 그러나 지능 중심의 국가 교육 시스템에 의해 길러진 졸업생들은 대부분 사회적 요구와 실제적인 문제들을 해결하지 못했다. 지식을 단편적 방법으로만 훈련시켰기 때문에 이러한 문제가 발생하게 되었다는 비판이 제기되었고, 이때 길퍼드(1950)의 '확산적 사고' 개념이 주목을 끌게 되었다. 이것을 계기로 학력 증진 중심에서 벗어나 발명 가능성, 독창적 능력 신장 등을 강조하는 창의성 교육에 대한 요구가 생겨나기 시작했다(Cropley, 1999). 그러나 미국의 경우, 학교에서 뒤처지는 아이가 없도록 하는 「아동낙오방지법No Child Left Behind Act」이 2001년부터 시행된 이후로는 표준화된 교육과정과 거기에 따르는 평가의 압박으로 인해 교사들은 창의성 교육을 정규 교육과정에 '덧붙여지는 과제add-on' 정도로만 생각한다(Beghetto & Kaufman, 2010).

한편 영국은 교육부 주관 국가자문위원회National Advisory Committee in Creative and Cultural Education: NACCCE에서 국가의 미래가 창의성 교육에 달려 있다고 보고, 창의성을 교수와 학습 그리고 교육과정에 융합시켜야 하는 핵심 요소로 지정하여, 일반 학생들에게 잠재되어 있는 다양한 창의성의 발견과 증진을 강조했다(NACCCE, 1999; 조연순 외, 2010). 이러한 NACCCE 보고서에 기반하여 영국의 교육과정평가원Qualifications and Curriculum Authority: QCA에서는 학교 현장 교사들의 수업 계획안 및 교육 방법을 통해 어떻게 창의성을 증진시킬 수 있는지 집중적으로 연구하여 창의성 증진 자료인 '창의성: 발견과 촉진Creativity: Find it! Promote it!'(QCA, 2005)을 제작, 학교에서 사용할 수 있도록 배포했다. 또한 2002년부터 영국 문화미디어체육부Department for Cultrure, Media and Sports: DCMS의 지원으로 교외 기관들이 교육 현장을 돕는 '창의적 파트너십Creative Partnership'이라는 프로그램을 구축하여 다양한 외부 전문가들과 학생들이 함께 작업할 수 있는 기회를 만들어 활용하고 있다.

영국의 학교 수업 사례를 직접 관찰 연구한 보고(조연순 외, 2010)에 의하면 영국의 창의성 교육은 교과 외의 활동이라기보다 학교 교육과정과 매우 밀접하게 관련을 맺고 있으면서 학교의 특성에 따라 자유롭게 편성·운영되고 있다. 또한 2013년에 개정된 영국 국가교육과정의 방향은 교육과정이 학교 교육을 구속하는 것이 아니라 참고문헌 중 하나로 간주하며, 국가교육과정에서는 모든 학생이 습득해야 할 필수 지식과 이해만을 규정하고, 이를 가장 효율적으로 교수하는 방법은 교사들에게 일임하고 있다(Department for Education, 2011, 김천홍·홍수진, 2017 재인용).

일본의 경우 창의성 교육에 관한 관심은 1960년대 과학기술의 발전과 함께 시작되었고, 1980년대에 들어서면서 과열된 교육 경쟁 완화와 획일화된 교육 체제의 개혁을 통해 개성 중시 및 풍부한 창조력 육성을 강조했다(이지원, 2004). 이후 2002년부터는 공교육에서 창의성과 자율성을 존중하고, 학습량을 감소시키며, 살아가는 데 꼭 필요한 덕목으로서 사고력과 표현력 등을 강조하는 '여유 있는 교육(유토리 교육)' 정책을 도입하여 과도한 주입식 교육을 탈피하도록 했다(김병찬·유경훈·조민지, 2015). 2010년에 들어서는 기초 학력 저하의 부작용이 심화되어 다시 '학력 강화 교육' 방침으로 선회했으나, 창의성 교육의 기본 바탕을 기초 학력이라 보고 학교 안팎에서 여전히 창의성 교육을 강조하고 있다(김진숙·이경언·서민철·박태준·김승보, 2010). 근래에는 초·중·고등학교 교육과정을 조정하여 중복되거나 불필요한 부분을 삭제하고 긴밀하게 연계하는 '초·중·고등학교 일관 학교 정책', 그리고 세계가 필요로 하는 새로운 창의적 인재 육성을 목표로 경제협력개발기구OECD와 공동으로 수행하는 '국제기구와 연계한 창의성 교육 모형 개발'이 논의되면서 창의성 교육에 더 노력을 기울이고 있다(김병찬·유경훈·조민지, 2015).

싱가포르에서는 1997년 '제7차 국제사고학회Seventh International Conference on Thinking'에서 국가 수상이 '생각하는 학교와 학습하는 국가Thinking School and Learning Nation: TSLN'의 기틀을 발표한 이후 창의성 교육과 연구가 범국가적으로 실시되기 시작했다(Goh, 1997). 여기서 '생각하는 학교'는 창조적 사고, 평생교육의 소양, 국가에 대한 헌신을 강조하는 학교 교육 체제의 비전이며, '학습하는 국가'는 국가 문화의 하나로서 학습을 강조하고, 사회의 전 영역에서 창조와 혁신을 이끌기 위한 비전을 제시한 것이었다(김왕준, 2010). 이어서 1999년에는 모든 학생의 잠재적 능력을 최대한 발달시키도록 강조하는 새로운 교육 패러다임ability-driven education을 수립했는데, 이는 모든 어린이의 잠재적 능력을 극대화·개별화하여 국민 모두에게 기회를 줄 것을 강조하는 싱가포르의 '국가적 목표Singapore 21 ideals'에 따른 것이다(Tan, 2003). 또한 2000년 이후 싱가포르의 창의성 교육에 있어 주목할 만한 특징은 스포츠, 미술, 음악과 같이 비학문적 영역에서 잠재성을 극대화하는 '공통교육과정 문화 활동Co-curricular Culture Activities: CCA'에 모든 학생이 참여하도록 한 것으로, CCA 기록은 대학 입학을 위한 자료로 활용되기도 한다(Tan, 2003). 이 CCA의 목적은 지역사회 봉사, 음악 활동, 시각 및 행위 예술과 같은 분야를 망라하여 간학문적 기회를 제공하며, 융통성 있고 비학문적인 창의적 재능을 발달시키도록 돕는 것에 있다. 이와 같은 싱가포르 창의성 교육의 초점은 점차 일상생활에서 '개인의 안녕wellness'을 증진시키는 방향으로 전환되고 있으며, 이를 위한 새롭고 유용한 방안을 지속해서 모색하고 있다.

홍콩의 경우에도 사회의 생산성과 경쟁력을 증진시키는 중요한 요소로 창의성을 인식함으로써, 대상이 영재나 특수한 재능을 가진 학생들로 제한되었던 창의성 교육이 모든 학교 교육으로 확산되었다(Hui, 2003a). 홍콩 교육부의 핵심 구성원들은 교사를 위한 창의성 교육 프로그램을 전문화하고, 학생들의 창의성을 강화하기 위한 효과적인 교수 전략을 찾고자 과목별 교수자들과 공동 연구를 통해 '학교 중심 창의성 유도 프로그램School-based Creativity Induction Programs: SCIP'을 개발하여 21개 학교 750명의 교사들과 17,000명의 학생들을 대상으로 실행했다(Hui, 2003b). 이 교사 교육 프로그램은 창의성을 위한 교수를 학교 문화의 일부분으로 확립하는 데 매우 중요한 역할을 하고 있으며, 교과 내용과 창의적 사고가 결합된 '학교 중심 교육과정' 구성으로 이어질 수 있도록 하고 있다.

우리나라 역시 '창의성 신장'을 국가 교육 목표의 하나로 설정하고, 1963년 2차 교육과정부터 그 성격이나 인간상, 교육 목표에서 창의성을 추구하고 있다. 특히 7차 및 개정 교육과정에서는 학습자의 자율성과 창의성을 신장하기 위한 '학생 중심 교육과정'을 표방하고, 기초 능력을 토대로 창의적인 능력을 발휘하는 사람을 교육과정이 추구해야 할 인간상 중 하나로 제시했으며(교육인적자원부, 2007), 2009 개정 교육과정에서도 이와 유사하게 진술했다. 그리고 2015 개정 교육과정에서는 추구하는 인간상이 '기초 능력의 바탕 위에 다양한 발상과 도전으로 새로운 것을 창출하는 창의적인 사람'(교육부, 2015)으로 표면화되었다.

그러나 창의성 교육의 필요성에 대한 주장들이 실제로 학교 현장에는 제대로 반영되지 못해왔다는 지적을 받는다(김명숙, 2001; 김순남·이변환·황향숙, 2003; 임선하, 2007). 그 이유는 교육과정 총론, 교과 교육과정, 교사용 지도서, 교과서 등에서 교과 내용과 활동들이 너무 세세한 부분까지 규정되어 있어 교육과정 안에서 창의성을 발휘하거나 개발할 여지가 없으며, 창의성 교육을 각 시·도 교육 기관에서 추진하는 교수-학습 방법 개선 과제의 일환 정도로만 인식하기 때문이라는 지적이 있다(이용환, 2007). 또한 학교 현장에서 보편화된 창의성 수업은 교과 내에서부터 이루어지는 포괄적 접근보다는 주로 재량활동이나, 학교가 자체적으로 제작한 교재를 활용한 소극적 접근을 통해 이루어지고 있다(한국교육개발원, 2001: 최석민, 2006). 최근 들어 교과 내 창의성 교육이 점차 늘어나고는 있으나 교과 내용과 창의성이 어떤 과정에서 어떻게 통합되었는지에 대한 심층 연구는 부족한 실정이며, 2009 개정 교육과정에서 신설된 창의적 체험활동 역시 창의성 신장과는 관계없는 교육적 접근으로 이루어지고 있는 실정이다(정지은·조연순, 2012).

이렇게 세계 여러 국가에서 창의성이 중요한 교육 목표로 부각되고 있는 것에 비해 실제적인 접근 방법에 있어서는 국가별로 차이를 보이고 있는데, 이는 '창의성'에 대한, 그리고 '창의성 신장을 위한 지원 방법'에 대한 교육 관계자를 비롯한 국가와 사회, 교육 관련 기관, 학부모들의 인식에 따른 차이라고 볼 수 있다.

다음으로 창의성 신장을 위한 기본적인 지원으로는 어떤 것들이 있는지 알아보고자 한다.

3. 창의성 신장을 위한 지원 방법

사람들이 일상생활에서 창의성을 발휘하며 살아간다면 더 신나고 행복하며 발전하는 삶을 살아갈 수 있을 것이다. 따라서 창의성을 신장시키기 위한 노력은 '개인 수준의 창의성', 다시 말해 일상생활에서 창의적인 삶을 살 수 있도록 돕는 데에서 시작하는 것이 바람직하다. 이를 위해서는 가정에서부터 창의성 교육을 시작하여 학교와 사회, 국가 등 모든 체제의 여러 측면에서 관심을 갖고 지원해주는 노력이 필요하다. 이제부터 인지적·정의적·환경적 요소별로 창의성 교육을 지원하는 방법과, 이 요소들이 통합될 수 있는 지혜로운 창의성 지원 방법을 살펴보고자 한다.

1) 인지적 측면의 지원 방법

창의성의 인지적 측면에 대한 많은 연구들이 이루어짐에 따라 이를 토대로 창의성을 신장시키는 방법을 제시되었는데, 크로플리(1999)는 다음과 같은 학생들의 인지적 특성을 교사들이 길러주어야 한다고 보았다.

- 일반 지식의 축적
- 하나 이상의 특수 분야 지식
- 적극적인 상상력
- 문제를 인지·발견·고안하는 능력
- 논리적 관계와 유사성을 보고 결론을 끌어내는 기술(수렴적 사고)
- 원격 연합을 할 수 있고, 예기치 못했던 것을 볼 수 있는 기술(확산적 사고)
- 많은 문제 해결 방법을 생각해내는 능력
- 동화assimilating보다는 조절accommodating하려는 성향
- 자신이 한 일을 평가하는 능력과 그렇게 하려는 자발성
- 자신의 결과물을 다른 사람에게 전달할 수 있는 능력

같은 맥락에서 데이비스(Davis, 2004)는 창의성 훈련 프로그램이 다음과 같은 인지적 목표와 활동을 포함해야 한다고 했다.

- 창의성의 인지적 측면(예: 유창성, 융통성, 독창성, 정교성, 유추적 사고, 시각화와 상상력, 문제에 대한 민감성) 강화하기
- 창의적 사고 기법(예: 브레인스토밍, 속성열거법) 가르치기

• 창의적 사고와 문제 해결을 요하는 활동(예: 오디세이 오브 더 마인드, 미래 문제 해결 프로그램)[1]에 참여시키기
• 창의성, 창의적인 사람 및 사고의 본질이 무엇인지 잘 알게 하여 학생들의 창의성에 대한 상위인지를 증진시키기

이와 같이 창의성의 인지적 측면을 지원하기 위해서는 확산적 사고, 수렴적 사고, 창의적 문제 해결력을 강화하고, 지식을 축적하며, 창의성에 대한 상위인지적 이해를 증진시킬 필요가 있다. 이에 대해 구체적으로 살펴보면 다음과 같다.

첫째, '확산적 사고'의 경우 많은 아이디어를 생각해보는 것, 다양한 종류의 아이디어를 생각해내는 것, 독창적인 아이디어를 생각해내는 것이 핵심이다. 이 중에서 독창적인 아이디어를 생각해내는 것은 특히 어렵다. '독창적인 아이디어'란 새롭고 독특하면서도 적절하고 가치가 있는 아이디어로서, 대다수의 생각과는 다르지만 사람들이 들었을 때 괜찮아서 '나는 왜 저런 생각을 미처 못 했지?' 하는 반응을 자아낸다(Csikszentmihalyi, 1996). 확산적 사고를 위한 기법으로는 브레인스토밍, 강제연결법, 속성열거법, 스캠퍼 등을 들 수 있는데, 이러한 확산적 사고 도구들을 통해 가르치는 것이 학생들의 창의성 증진에 도움이 된다(Nickerson, 1999). 더불어 여러 아이디어들을 평가하고 선택하고 정교화하기 위해서는 '수렴적 사고'도 필요하므로 하이라이팅, 역브레인스토밍, 평가행렬법, 쌍비교분석법과 같은 수렴적 사고 기법도 가르치는 것이 바람직하다.[2]

둘째, '창의적 문제 해결' 과정으로는 문제 발견, 정보 수집, 개념 선택, 개념 결합, 아이디어 생성, 아이디어 평가, 수행 계획, 해결책 점검 등을 들 수

1 구체적인 내용은 2부 10장 참조.
2 구체적인 내용은 2부 7장 참조.

있는데, 이 중에서 특히 중요한 것은 '문제 발견', '아이디어 생성' 및 '아이디어 평가'이다(Scott, Leritz & Mumford, 2004). 다음은 일상생활에서 문제를 발견하고 해결하는 기술을 연습하기 위한 실제적인 방법들[3]이다(Csikszentmihalyi, 1996).

- 삶에서 우리를 괴롭히는 문제를 찾아내어 해결이 가능한 구체적인 문제로 나타낸다.
- 가능한 한 여러 관점에서 문제를 본다. 예를 들어 다른 사람이 자기보다 먼저 승진을 한 경우 대다수는 상사가 자기를 싫어해서 그렇게 되었다고 생각하게 되는데, 바로 그 순간에 역으로 생각해보면 자기가 상사를 싫어해서 그런 일이 일어났다고 문제를 다르게 정의할 수도 있다. 그 밖의 다른 대안들도 생각해본다.
- 문제를 구체화한 다음 여러 가지 가능성들을 고려하면서 다양한 해결 방법을 생각해본다. 가장 좋은 방법을 찾았다는 확신이 들 때까지 결정을 유보하고 계속해서 대안적인 해결 방법들을 탐색한다.
- 생각한 해결 방법을 실행해본다. 그러나 해결책을 실행에 옮기는 중에도 더 좋은 아이디어가 떠오르면 언제든지 해결책을 수정할 여지를 남겨둬야 한다. 더 오래 선택지를 열어놓을수록 더 독창적이고 적절한 해결책이 나온다. 우유부단해 보일지라도 서두르지 말고 '아, 이거다!' 하는 확신이 들 때까지 결정을 유보해야 한다.

셋째, 과학, 음악 등의 전문 영역에서는 물론이고 일상생활에서도 창의성을 발휘하려면 '지식'이 필요하다. 머릿속에 잘 조직된 정보나 지식이 축적되어

3 구체적인 내용은 2부 9장과 10장 참조.

있지 않으면 창의적 과정 중에 필요한 지식을 꺼내서 사용할 수 없기 때문이다. 또한 실제적인 문제를 중심으로 기존에 갖고 있던 지식에 새로운 지식이나 기술을 관련지어 적용하는 연습을 하는 것도 필요하다(Plucker & Runco, 1999). 그러나 기존 지식에 지나치게 의존하면 '기능적 고착'이나 '경직된 사고'를 유발해 오히려 창의성을 저해할 수 있으므로, 특정 분야의 지식을 적용해 문제를 해결할 때는 융통성 있는 전략을 세우는 것이 필요하다. 다시 말해 특정 영역으로 제한해 문제에 대한 해결책을 찾기보다는 다른 여러 영역의 관점에서 문제를 보고, 필요한 정보나 지식을 활용할 수 있는 능력을 계발하는 것이 필요하다(Plucker & Runco, 1999).

한편 지식을 기반으로 하는 창의성이 지혜롭게 발휘되려면 학교에서 배우는 명시적이고 형식적인 지식이 아닌 암묵적이고 비형식적인 지식이 필요하며, 학교의 성취도 검사에서 측정하는 분석적 사고가 아닌 상위인지와 연관된 실제적 갈등 상황을 분석하는 사고가 필요하다. 따라서 지혜를 촉진시키기 위해서는 다른 사고 유형과 마찬가지로 문제를 정의하고 해결하는 전략을 세우며, 문제 해결을 위한 자원을 할당하는 등의 과정을 부여할 필요가 있다. 지혜로운 사고는 균형적이며 창의적 통찰력과 관련이 있다. 따라서 학생들이 지혜로운 판단을 하게 하기 위해서는 그들이 자신의 이익과 다른 사람의 이익, 그리고 단체의 이익이 균형을 이루도록 인식하고 선택할 수 있게 도와야 하며, 또 문답법적 사고를 촉진시키고 다양한 관점에서 이해관계와 아이디어를 이해할 수 있도록 도와야 할 것이다(Sternberg, 2004).

넷째, 창의성과 관련된 '상위인지 기술'을 계발해야 한다. 창의성과 관련된 상위인지 기술에는 여러 가지가 있지만, 무엇보다도 자기관리가 중요하다. '자기관리'란 자신의 인지 자원을 적극적으로 관리하고, 자신의 사고 과정에 주의를 기울이며 책임을 지는 것을 뜻한다. 그뿐만 아니라 자신의 강점과 약점이 무엇인지를 알고, 강점은 활용하고 약점은 보완하는 방법을 발견하며, 자신의 창의적인 작업을 촉진시키는 조건이나 환경을 발견하려고 노력하는 것을 말한다(Nickerson, 1999). 또한 창의적인 작업은 많은 시간을 요하므로 시간을 효율적으로 관리하고, 정규적으로 창의적인 활동을 할 수 있는 시간을 확보하는 등 생활을 적절히 구조화하는 것이 필요하다. 이러한 상위인지 기술을 기르기 위해서는 학생들에게 심리적으로 위험부담이 적은 환경에서 문제 해결 전략을 실제 연습하게 한 후, 작업의 진전 정도를 정확하게 평가하고, 자기 자신의 인지 과정을 점검하게 하는 것이 좋다(Plucker & Runco, 1999).

앞서의 논의를 종합해볼 때 '인지적 측면에서의 지원 방법'으로서 아동기에는 기초적이고 폭넓은 교과 내용과 함께 여러 창의적 기법(확산적 사고와 수렴적 사고 등)을 융합하여 가르치는 것이 필요하고, 그 이후에는 여러 영역의 지식과 기능에 관한 더 깊은 이해와 다양한 사고 방법 등을 기반으로 복잡한 실생활 문제를 해결할 수 있는 기회를 주는 것이 바람직할 것이다. 또한 자기 자신의 사고 과정, 환경 및 시간을 관리하고 구조화하게 하며, 창의적 문제 해결 과정 및 수행 과정에서 지혜로운 선택과 실행을 할 수 있도록 기회를 주고 반성의 기회 또한 주어야 할 것이다.

2) 정의적 측면의 지원 방법

아인슈타인은 다음과 같이 말했다. "나에게 특별한 재능은 없다. 다만 열정적인 호기심이 있을 뿐이다." 이 말은 창의성을 발현하는 데 정의적 특성이 얼마나 중요한지를 실감케 한다. 사실 어느 정도의 지능과 창의적 잠재력이 있다면, 그 잠재력의 실현에 더 영향을 미치는 것은 인지적 요인이라기보다는 정의적 요인이라고 할 수 있다(Nickerson, 1999).

2장에서 살펴본 것처럼, 창의적인 사람들은 새로운 것에 대한 개방성, 융통성, 민감성, 독립심, 과제 집착력, 인내심, 책임감, 자율성, 긍정적 자아상, 모험심 등과 같은 특성들을 가지고 있다. 창의성의 이러한 정의적 측면을 고려하여, 크로플리(1999)는 학교에서 교사들이 과제 집착력, 지구력과 결단력, 호기심과 모험심, 어려운 과제를 시도해보려는 자발성, 모호함에 대한 내성, 독립심, 자신감, 잘못될 위험을 감수하기와 같은 성격 특성을 길러주어야 한다고 보았다.

한편 칙센트미하이(1996)는 연구를 통해 매우 창의적인 사람들은 많은 신체적 에너지(오랜 시간 일함)와 잦은 휴식, 영리함과 순진함, 책임감과 무책임감, 상상(환상)과 현실감, 외향성과 내향성, 겸손함과 자신감, 남성성과 여성성, 전통성/보수성과 저항성/독립성[4], 열정과 객관성[5], 고생(고통)과 즐거움의 양면적 성격을 가지고 있음을 발견했다. 이러한 발견을 토대로 그는 창의적 잠재력을 실현하려면 다음과 같은 노력이 필요하다고 보았다.

- 부족한 특성을 발견해 계발한다. 자신의 성격과 반대로 행동하는 훈련을 통해 반대 관점에서 세상을 달리 경험해보고 삶을 풍요롭게 할 수 있다. 예를 들어 내향적인 사람은 외향적인 사람처럼 세상을 보고 행동하면서 새롭고 다채로운 경험을 함으로써 더 창의적이 될 수 있다.
- 삶에 대한 호기심과 경외심을 가지고 개방성에서 폐쇄성으로 이동한다. 즉 처음에는 자유롭게 생각하다가 나중에는 하나에 집중한다.
- 더 복합적인 성격을 갖도록 한다. 즉 다양하게 분화되어 있으면서도 하나로 통합된 성격을 계발한다. 한쪽 성향이 강한 사람은 생각이나 의견, 느낌이 별로 없고, 예측 가능하고 일차원적이며 고지식한 사고를 하는 반면

4 창의적인 사람들은 한 영역의 규칙을 존중하고 내면화할 정도로 전통적(보수적)이지만, 동시에 끊임없이 변화를 수용하고 창출함으로써 전통에 저항(독립적)하기도 한다.

5 창의적인 사람들은 대개 자신의 일에 대해 매우 열정적이면서도, 감정에 치우치지 않고 객관적인 태도를 유지할 수 있다.

에 복합적인 성격을 가진 사람은 많은 의견을 제시하고, 변화하며, 끊임없이 새로운 것을 성취하고자 노력하므로 더 창의적일 가능성이 높다.

같은 맥락에서 크로플리(1999)도 창의적인 사람들은 '남성성'과 '여성성'을 모두 가지고 있다고 지적하고, 이러한 양극단의 성격을 통합해 두 성격의 경계선을 넘나들 수 있어야 한다고 보았다. 따라서 남아에게는 여성의 특성을, 여아에게는 남성의 특성을 격려함으로써 창의적 특성을 기르도록 도와줄 수 있다.

니커슨(Nickerson, 1999)은 창의성을 증진시키기 위해 '가치', '신념', '목적'을 포함한 더 포괄적인 방법을 다음과 같이 제시했다.

- 자신의 창의적 잠재력을 계발하겠다는 강한 의지와 창의적으로 행동하겠다는 목적을 설정하게 한다.
- 세상에 대한 호기심과 탐구를 격려하고 보상해준다.
- 자신감을 가지고 위험을 감수하려는 자발성을 기르게 한다. 소심함, 불안, 두려움을 버리고 위험을 감수할 수 있는 자신감을 갖게 한다. 일단 몇 번의 성공이 쌓이면 더욱 자신감이 생긴다. 아주 잘하지는 못했다 하더라도 적절한 피드백과 함께 창의적인 노력 그 자체에 격려와 보상을 해주도록 한다.
- 숙달과 자기 경쟁에 초점을 두게 한다. 다른 사람보다 더 잘하거나 이기는 데 주력하는 성과 지향적outcome orientation 태도보다는 자신의 수행을 더 향상시키려는 숙달 지향적mastery orientation 태도를 기르게 한다.
- 창의성이 증진될 수 있다는 신념을 갖게 한다. 믿는 대로 된다는 말이 있듯이 신념은 때로는 자기 충족적인 예언self-fulfilling prophecies이 되기도 한다. 따라서 학생들에게 창의성은 상당 부분이 자신의 동기와 노력에 의해 좌우된다는 신념을 갖게 한다.

- 선택과 발견의 기회를 제공한다. 사람들은 다른 사람이 선택해주었거나 할 수 없이 하게 된 활동보다는 자신이 스스로 선택한 활동에 더 흥미를 갖는다. 즉 내적으로 동기화되어서 흥미와 열정을 가지고 임할 과제나 활동을 스스로 발견하고 선택할 기회를 준다.
- 균형을 중시한다. 구조, 규율, 자제, 전통, 관례에 대한 존중과 함께 자유, 자발성, 혁신 및 위험 감수도 필요하므로 양자 간의 균형을 이루도록 한다. 억압적인 환경이 창의성을 누른다고 해서 구속이 전혀 없는 상황을 바람직하다고 할 수는 없다.
- 예examples를 통해 창의적 태도와 가치를 가르친다. 세상에 대한 호기심이 없는 교사는 아이들이 세상에 대한 호기심을 갖도록 가르칠 수 없다. 부모와 교사가 직접 본보기가 되어 아이들을 가르친다.
- 동기, 특히 내적 동기를 유발시킨다. 창의성을 위해서는 내적 동기를 유발하는 것이 바람직하지만, 외적 동기도 적절히 사용한다면 상승효과를 가져올 수 있다.

소여(2006)는 인생의 목적이 부자가 되거나 유명해지는 것에 있다면 창의적이 되고자 노력하지 말아야 한다고 보았다. 창의성은 얻게 될 이득에 대한 기대 때문이 아니라, 그 일 자체를 사랑하는 내적 동기화로부터 나오기 때문이다. 또한 창의적인 성취는 수년간의 힘든 노고를 요구하므로, 과정이 아닌 결과만을 목표로 한다면 힘든 과정을 버텨낼 수 없다. 창의적인 사람들처럼 학생들도 자신이 하는 일에서 큰 즐거움을 느끼는 동기를 유발시키기 위해서는 다음과 같은 방법이 바람직하다(Baer, 1997/2001).

- 과제나 활동을 흥미롭고, 창의성을 필요로 하게 하여 '내적 동기'를 유발하도록 구성한다.

- 과제 자체가 내재적 흥미를 내포하지 않는 경우에는 보상이나 다른 '외적 동기'를 사용한다. 동기 유발이 전혀 안 된 것보다는 외적 동기라도 유발된 상태가 낫다.
- '스스로 동기를 다루는 방법(상위인지 기술)'을 가르친다. 자신의 동기 상태를 알고 조절할 필요가 있음을 설명하고, 그 방법을 가르쳐주며, 행위를 시범으로 보여주고, 언제 자기 조절을 해야 하는지 적당한 때를 알려준다.

지금까지 창의적인 사람들의 성격 특성, 가치, 신념, 내적 동기 등에 관해 살펴보았다. 호기심, 위험 감수하기, 책임감, 독립심, 자신감, 지구력 등과 같은 창의적 성격 특성뿐만 아니라 그 반대 성격이라고 할 수 있는 많은 휴식, 무책임, 현실감, 겸손함, 전통적(보수적)인 성향과 같은 특성들도 창의적인 사람들의 성격 스펙트럼의 또 다른 한 극단이라는 점을 감안한다면, 창의성의 정의적 측면을 증진하기 위해 반대의 두 극단을 조화시킬 수 있는 '복합적이고 통합적인 성격'을 계발할 필요가 있다. 또한 세상을 좀 더 바람직한 방향으로 이끌어가는 창의성을 기르기 위해서는 창의적인 일이 사회에 미치는 영향에 대한 '책임감'과 '윤리 의식'을 갖게 해줄 필요가 있다. 이러한 성격과 동기는 지혜롭고 창의적인 인물들의 전기나 사례 연구를 통해 간접적으로 교육할 수도 있지만 부모나 교사가 직접 삶에서 본보기modeling를 보이는 것이 더 효과적이다. 특히 지혜로운 창의성을 발휘하기 위해서는 실천으로 연결되어야 하기에 부모나 교사의 역할 모델이 더욱 필요하다.

3) 환경적 측면의 지원 방법

앞서 살펴본 바와 같이 인지적·정의적 측면에서 아동과 청소년의 창의성 계발을 지원해줄 수 있는 환경은 가정과 학교이다. 여기서는 먼저 창의성을 증진시키는 가정의 특성과 부모의 역할을 살펴보고, 다음으로 학교의 특성과 교사의 역할에 대해서도 알아보고자 한다.

(1) 가정의 물리적 환경과 부모의 양육 태도

우리는 가정의 '물리적 환경'을 통해 자극적이고 특별한 경험을 하기도 하는데, 다음은 매우 창의적인 사람들이 살아온 가정의 모습이다(Amabile, 1989).

> 창의적인 사람들의 가족은 대개 일반 사람들과는 다른 형태의 집에서 산다. 어떤 집은 현대적이며, 상당수는 숲속의 바위가 튀어나온 곳에 위치하고 있기도 하고, 어떤 집은 고풍스럽다. 또한 19세기 마을회관을 개조한 집에 살고 있는 사람들이 있는가 하면 18세기에 지어진 방 두 칸짜리 집을 사서 뒤편에 초현대식 침실과 부엌을 만들어 사는 사람들도 있다. 집 내부도 많이 다르다. 터키산 찻주전자 같은 놀라운 수집품들이 장식되어 있는 집도 있고, 47마리의 독특한 새가 있는 집도 있었다(Amabile, 1989: 109).

이렇게 특이한 환경에서 자란 학생들은 흥미롭고 특별한 경험을 통해 인습에서 벗어나 다른 사람들과는 다른 새로운 시각을 가지고 세상을 다채롭게 경험하면서 창의적인 삶을 즐길 수 있을 것이다. 그러나 대다수의 가정은 자녀들에게 이와 같은 자극적이고 특별한 경험을 제공할 수 없는 것이 현실이다. 그렇다면 부모가 어떤 태도로 양육해야 자녀의 창의성을 자극할 수 있을까? 자녀의 창의성을 자극하는 부모의 태도는 다음과 같다(Amabile, 1989).

- 자녀들에게 많은 '자유'(예: 혼자만의 시간과 공간)를 준다.
- 자녀를 '개별적인 존재'로서 존중한다.
- 자녀와의 '적절한 정서적 친밀감'을 유지하는 한편, 자녀가 부모에게 지

나치게 의존하지 않도록 한다.

- 많은 규칙 대신 옳고 그른 것에 대한 '가치'를 분명히 제시한다.
- 자녀들의 성적이 아닌 '성취'에 높은 관심을 보인다. 성적보다는 '상상력'과 '정직성'이 더 중요하다고 생각한다.
- 부모 자신이 '독립적이고 적극적인 삶의 역할 모델'이 된다.
- 창의성의 진가를 인정하고, 자녀들이 '창의적인 일이나 활동'을 하도록 장려한다.
- 자녀들이 '도덕적이고 책임감 있는 행동'을 할 것이라 기대하고, 창의적인 일에 대한 비전을 표현한다.
- 특정한 상황이나 사건, 혹은 자신에 대해 웃을 수 있는 '유머'를 지닌다.

부모의 양육 방법이 잘못되어 자녀들의 창의성을 사장시키기도 한다. 사실 부모들이 흔히 사용하는 보상, 평가, 행동 제한은 창의성을 저해하는 것으로 알려져 있다. 그러나 이러한 방법들을 사용하지 않고 자녀들을 잘 양육하기란 쉽지 않다. 다음은 보상이나 규칙을 활용하면서도 창의적 수행에 관한 자녀의 내적 동기를 유지하게 하는 세 가지 방법이다(Amabile, 1989). 첫째, '내적 목적'(예: 일을 잘해서 자긍심을 갖는 것)을 이루면 '외적 목적'(예: 일을 잘하면 돈을 벌 수도 있음)도 함께 이루어진다는 것을 말과 행동으로 보여준다. 둘째, '보상'을 아낀다. 자녀들이 수행한 일에 보상을 주고 칭찬을 하는 대신, 자녀들의 작품을 전시하고 활용한다. 예를 들어 자녀가 그린 그림을 액자에 넣어 눈에 잘 띄는 곳에 걸어놓는다. 셋째, 보상이나 규칙과 같은 '외적 동기'가 '내적 즐거움'을 위해 사용될 수 있다는 것을 예를 들어 설명해준다. 가령 사람들은 급여를 많이 받기 원하는데, 그 이유는 돈에 대한 걱정에서 자유로워지고, 여러 가지 흥미와 관심사를 계속해서 추구하려면 돈이 필요하기 때문이라는 것을 알려준다. 또한 자녀들에게 좋은 성적을 받으면 학교나 직업을 선택할 때 더 많은 기회를 갖게 된다는 것을 알려준다. 국내 연구에서도 학생들을 개별적 존재로서 존중해주고, 자유와 선택을 제공하며, 창의성의 진가를 인정하여 적극적으로 지원해주면서 외적 동기를 유발할 수 있는, 통제, 평가, 보상, 경쟁이 많지 않은 가정 환경이 학생의 창의성과 유의한 상관이 있는 것으로 나타났다(정순곤, 2000).

아이들의 흥미는 계속해서 계발되고 변화한다. 그러나 자신이 정말 좋아하고 잘해서 창의성을 발휘할 수 있는 영역 및 활동이 무엇인지, 그리고 앞으로 진정으로 하고 싶은 일이 무엇인지 발견하는 것은 중요하면서도 어렵다. 애머빌(1989)에 의하면 사람들이 가장 창의적일 수 있는 영역은 자신이 '잘할 수 있는 것'과 '흥미'가 만나는 '창의성의 교차점creativity intersection'으로, 자녀가 이 창의성의 교차점을 발견할 수 있도록 부모가 도움을 줄 수 있다. 자녀에게 다양한 활동을 해보도록 격려해 스스로 자신의 최대 관심사를 발견하게 하되, 부모의 의도나 감정은 드러내지 않고 그저 기회를 제공하고, 뒤로 물러나서 자녀가 해내는 것을 지켜보는 것이 좋다.

가정의 환경적 지원에 관해 종합해보면, 새로운 아이디어를 생성하고 발전시키는 데 도움이 되는 '물리적 여건'을 조성해주고, 자신감을 가지고 새롭고 어려운 문제에 도전하도록 격려하며, 특정 영역의 재능 계발을 지원해주는 '심리적·사회적 여건'을 조성해줌으로써 자녀의 창의성에 긍정적인 영향을 미칠 수 있다. 그러나 무엇보다 자녀가 정말 좋아하고 잘할 수 있는 영역이나 활동을 찾도록 도와주는 것,[6] 그리고 부모 자신이 창의적이고 지혜로운 삶에 가치를 두고 살아가는 역할 모델이 되는 것이 중요하다.

6 구체적인 내용은 2부 11장 참조.

(2) 학교의 교육 환경과 교사의 태도

창의성을 증진시키는 교육 환경의 공통적인 특징은 다양한 자료가 비치되어 있고, 모험을 하되 무책임하거나 위험할 수 있는 모험은 피하게 하고, 표준에서 벗어남과 모호함에 관대하며, 여러 가지 측면에서 조화(확산적 사고와 수렴적 사고, 개별 활동과 집단 활동, 절차적 지식과 명제적 지식, 구조화된 과제와 비구조화된 과제)를 이루고 있다는 것이다(Plucker & Runco, 1999). 학생들의 창의성에는 '영역 특수적 기술', '창의적 작업 및 사고 기술', '내적 동기'가 중요한 역할을 하는데, 애머빌(1989)은 그중 어떤 요소는 선천적이고, 어떤 요소는 학습과 경험에 의존하며, 또 어떤 요소는 사회적 환경에 따라 달라진다고 하면서 교사가 학생들의 창의성을 길러줄 수 있는 방법을 다음과 같이 제시했다. 첫째, 교사는 언어, 수학, 미술과 같은 '특정 영역의 지식과 기술'을 가르칠 수 있다. 둘째, 어느 정도까지는 '창의성 기술'(예: 문제나 사물을 새롭게 보는 방법들)도 가르칠 수 있다. 셋째, '내적 동기 유발'은 직접적으로 가르치는 것이 불가능하다. 하지만 교사 자신이 호기심, 흥미, 즐거움, 도전 의식을 자유롭게 표현함으로써 내적 동기 유발의 본보기를 보일 수 있다. 학교에서 내적 동기 유발을 자극하는 가장 효과적인 방법은 내적 동기 유발을 저해하는 외적 구속이나 압박을 없애는 것이다.

애머빌(1989)은 학생들의 창의성을 촉진시키는 교수 철학 열 가지를 다음과 같이 제시했다.

- 배우는 것은 매우 중요하고 재미있는 일이다.
- 학생들은 독특한 개체로서 존중받고 사랑받을 자격이 있다.
- 학생들이 능동적인 학습자가 되도록 해야 한다. 그러기 위해서는 학생들 자신의 흥미, 경험, 아이디어, 자료들을 교실로 가져와 표현하도록 장려해야 한다.

- 학생들이 교실에서 편안함과 흥분 모두를 느끼도록 해야 한다. 그러기 위해서는 긴장과 압력이 없어야 한다.
- 학생들이 교실에서 주인의식과 자부심을 가질 수 있도록 하며, 교실 환경을 꾸미고 유지하는 데 참여하게 해야 한다. 그러기 위해서는 학생들에게 교육 활동에서 사용할 수 있는 자료들을 집에서 가져오게 하고, "이제 이 교실은 내 교실이 아니라 우리 교실이에요."라고 이야기해준다.
- 교사들은 경찰도, 훈련 담당 하사관도, 신도 아닌 자원이다. 학생은 교사를 존경해야 하고, 교사 역시 학생들이 편안함을 느끼도록 해야 한다.
- 교사는 지식이 많지만 완벽하지는 않다.
- 학생들은 교사 및 또래와 함께 문제에 대해 진솔하게 토론할 수 있어야 한다. 학급은 그들의 학급이고, 학생들은 학급이 원활히 운영될 수 있도록 돕는 책임을 공유해야 한다.
- 경쟁보다는 협력이 바람직하다.
- 학습 활동은 학생들의 현실 세계 경험과 밀접하게 관련된 것이어야 한다. 교실에서 학생들은 권리와 책임을 모두 가질 수 있어야 한다.

비슷한 맥락에서 크로플리(1999)도 창의성을 증진시키는 교사의 역할을 다음과 같이 제시했다.

- 학생들이 독립적으로 배우도록 격려한다.
- 학생들이 협동적으로 활동하게 하는 교수 방법을 사용한다.
- 학생들이 사실적 지식을 숙달하게 하여 확산적 사고의 확고한 토대를 마련케 한다.
- 학생들이 그들 자신의 아이디어를 철저히 탐색해 명료화할 때까지 판단을 유보한다.

- 학생들의 융통성 있는 사고를 격려한다.
- 학생들의 자기평가를 고무한다.
- 학생들의 제안과 질문을 진지하게 고려한다.
- 학생들에게 상이한 상황에서 다양한 자료를 가지고 학습할 수 있는 기회를 제공한다.
- 학생들이 좌절과 실패를 두려워하지 않고 새로운 것을 시도할 수 있는 용기를 갖게 한다.
- 예기치 못한 대답, 질문, 제안 등에 관대한 교실 분위기를 조성한다.

학교 교육에서 창의성을 지원하기 위한 방법들을 종합해보면, '인지적 측면'에서는 자신의 흥미와 실세계의 경험을 통해 지식을 습득하게 하고, 학습한 지식을 토대로 새로운 아이디어를 생성하게 하며, 그 지식을 창의적으로 적용하고 문제를 해결할 수 있도록 기회를 제공하는 것이 바람직하다. 또한 '정의적 측면'에서는 교사에게 의존하기보다는 독립적이고 자율적으로 학습하고, 새롭고 어려운 일에 도전하며, 경쟁보다는 협력과 내적 동기 유발을 자극하는 분위기를 조성해야 한다. 그리고 '환경적 측면'에서는 학생들이 다양한 자료를 교실에 가져오게 하고, 실제적인 조작 활동을 장려하는 것이 바람직하다.

4) 창의적 요소들과 지혜의 통합적 지원 방법

창의성 연구가 이제까지 요소별로 이루어져온 것과 마찬가지로 창의성 교육도 주로 한두 가지 요소를 중심으로 이루어져왔다. 그러나 각 요소는 창의성을 위해 필요하긴 하지만 충분조건은 아니므로, 여러 요소들을 통합적으로 교육하는 것이 더 효과적이다. 모든 요소를 다 다룰 필요는 없을지라도 효과적인 프로그램을 개발하려면 각 요소와 요소들 간의 상호작용을 고려하는 것이 바람직하다. 이러한 맥락에서 플러커와 룬코(Plucker & Runco, 1999)는 다음과 같은 일반적인 지침을 제시했다.

- 개인이나 집단의 관심을 요하는 활동을 계획한다. 최근의 정치적·문화적 사건 및 지역사회에서 일어난 사건과 같이 시사적인 내용을 잘 포착한다.
- 유용하면서도 흥미로운 전략이나 창의적 업적을 이룬 사람들에 대한 정보를 제공한다. 예를 들어 상대성 이론에 대한 구체적인 정보는 별 매력이 없을지라도 아인슈타인이 아이디어를 인정받기 위해 얼마나 고전했는지에 대한 이야기는 흥미로울 수 있다.
- 다른 상황(예: 집, 학교, 직장)에도 일반화할 수 있는 기술 및 정보를 제공하거나, 이미 소개한 기술과 정보를 다른 상황과 문제에 적용해보는 기회를 제공한다.
- 과도한 평가와 감독을 하지 않는다. 특히 세세한 부분까지 관리하는 것은 좋지 않다.
- 창의성과 독창성에 대한 태도 변화를 유도하고, 창의적 자신감(예: 창의적 자아효능감)을 가지고 위험을 감수하도록 격려한다.
- 신나고 자극적이며 호기심을 증진시키는 활동을 설계하고, 창의적이 되고자 하는 내적 동기를 증진하도록 돕는다.
- 개별적·집단적으로도 문제를 해결하게 한다. 창의적 과정 중이나 그 후에 자신의 사고 과정과 태도를 비판적으로 검토하게 한다(예: 집단 상위인지 계발하기).
- 학생들에 대해 단정을 하지 않는다. 지능, 동기, 성격 및 사고/학습 유형 등에 있어서 사람들의 능력과 선호 및 태도는 서로 아주 다르다. 이러한 다양성은 창의성에 있어서 결정적 요소이다.

- 문제를 발견하고 해결할 때 서로 다른 개인의 선호와 흥미를 활용하여 다양한 접근을 취하도록 장려한다.
- 창의성의 여러 요소들을 다루며, 이미 검증되어 잘 만들어진 프로그램을 활용한다.

이미 언급한 스턴버그와 루바트(1995/1996)의 '투자 이론'에 의하면 창의성은 개인이 획득한 각 요소의 수준을 단순히 합한 것 이상을 뜻한다. 다시 말해 다른 요소의 수준과 상관없이 특정 요소가 경계 수준 미달이면 창의성 발현이 불가능하지만, 개인의 강점 요소가 약점 요소와 상호작용하여 약점 요소를 부분적으로 보완해줄 수도 있고, 강점이 높은 요소들이 서로 상호작용하여 창의성이 배가될 수도 있다. 따라서 창의성을 증진시키기 위해서는 가정과 학교에서 창의성의 '인지적·정의적·환경적 요소들'을 모두 고려해야 하고, '지혜 요소' 또한 고려해야 한다.

'지혜로운 사고'는 이해관계의 균형을 이루면서 새로운 높은 수준의 문제 해결을 도모하므로, 지혜를 촉진시키기 위해서는 문제를 정의하고 해결하는 전략을 세우고, 문제 해결을 위한 자원을 할당하는 등의 과정을 부여할 필요가 있다. 클랙스턴(2005)은 교실에서 지혜를 계발시키기 위한 방법으로 현명한 판단과 해결을 해야 하는 열린 문제로 접근하는 것이 도움이 된다고 제안했다. 교실에서 '지혜로운 창의성'을 교육하기 위해서는 교사와 학생 모두 더 넓은 환경에서 자신의 아이디어가 자신뿐 아니라 타인에게도 영향을 줄 수 있음을 고려하도록 격려해야 하며, 다양한 맥락과 그들 간의 관계를 이해하고, '상대주의적 가치'를 받아들이고 불확실성을 다룰 수 있어야 한다(Baltes & Stange, 2005).

또한 '지혜로운 행동'은 본질적으로 '도덕적인 요소'에 주의를 기울여야 하므로 지혜로운 창의성을 신장시키기 위해서는 도덕적 역량 또한 고려해야 한다. 따라서 교실에서의 지혜로운 창의성 교육을 위해서는 '도덕적·윤리적 기본 틀'을 제시하되 여러 관점에서 문제를 인식하고 다양한 해결책을 모색·선택하여 행동으로 실천해볼 수 있게 하는 기회를 주어야 할 것이다.[7]

7 구체적인 내용은 2부 11장 참조.

요약

창의성은 '개인적 차원'에서는 잠재 가능성을 실현하고, 변화하는 미래 사회에 효과적으로 대응할 수 있게 하며, '사회적 차원'에서는 사회와 인류 발전에 기여하도록 하는 능력이므로 이에 대한 **교육의 필요성**이 대두된다. 창의성에 대해서는 선천적으로 타고나는 능력 중 하나인 '본성'으로 보는 입장과, 교육이나 환경적 지원을 통해 계발될 수 있다는 '양육'의 결과로 보는 두 가지 입장이 있는데, 창의성은 본성이기도 하지만 교육이나 환경적 지원을 통해 학습이 가능하다. 따라서 세계 여러 나라에서 창의성 교육에 큰 노력을 기울이고 있으나 국가별로 접근 방법에 있어서 차이를 보인다.

창의성의 지원 방법으로 **인지적 측면**을 위해서는 일반적으로 '확산적 사고', '수렴적 사고' 및 '창의적 문제 해결력'을 강화하고, '지식'을 축적하며, '지혜'를 포함한 '상위인지적 이해'를 증진시키는 노력이 필요하다.

정의적 측면에서는 호기심, 위험 감수하기, 책임감, 독립심, 자신감, 지구력 등과 같은 창의적 성격 특성은 물론 그 반대 성격도 조화롭게 통합된 '복합적인 성격'을 계발하는 것이 도움이 된다. 또한 '내적 동기' 유발이 중요하지만, '외적 동기'도 적절히 활용하여 동기를 스스로 조절하게 한다.

환경적 측면에서 **부모**는 새로운 아이디어를 생성 및 발전시키고, 특정 영역의 재능을 계발하는 데 도움이 되는 물리적·심리사회적 여건을 조성해주어야 한다. 그리고 **학교**에서는 학생들이 흥미와 실세계의 경험을 통해 지식을 습득하고, 새로운 아이디어를 생성케 하며, 창의적으로 문제를 해결할 기회를 제공하는 것이 좋다. 또한 경쟁보다는 '협력'할 수 있는 분위기를 조성해주는 것이 필요하다.

통합적 측면에서는 한 가지 요소에만 치우치기보다는 창의성의 여러 요소들을 고려하고, 다양한 관점에서 문제를 해결하고 실행해보도록 함으로써 '지혜로운 창의성'을 기르도록 하는 것이 중요하다.

토의 과제

1. '창의성 교육'이 학교에서 필요하다고 생각하는가? 혹은 필요하지 않다고 생각하는가? 그 이유는 무엇인가? '지혜 교육'에 대해서는 어떻게 생각하는가?
2. 자신이 창의적(또는 비창의적)이라고 생각한다면, '가정이나 부모', '학교와 사회'로부터 어떤 지원(또는 방해)을 받았다고 생각하는가? 더 필요한 지원은 무엇이었다고 생각하는가?
   - '인지적 측면'에서는?
   - '정의적 측면'에서는?
   - '환경적 측면'에서는?
3. 자신이 지혜롭다고(혹은 지혜롭지 못하다고) 생각한다면, 왜 그렇다고 생각하는가? 지혜가 '삶'에서, 또는 '창의성'을 발휘하는 데 어떤 역할을 한다고 생각하는가?
4. '지혜로운 사람'은 어떤 사람인가?

제2부

창의성과 창의적 문제 해결력 신장을 위한 교육 방법

2부에서는 창의성을 신장하기 위한 방법들을 탐색한다. 먼저 일반적으로 어느 영역에서나 적용할 수 있는 창의적 사고 기법들을 소개하고, 교과 교육과의 연계 또는 융합을 시도하는 창의성 교육 방법을 모색한다. 또한 창의적 문제 해결력 증진을 위한 교육 모형과 방법, 그리고 대회 형식의 프로그램들을 소개하고, 창의성과 함께 지혜를 촉진하는 방법들을 탐구하며, 창의성과 창의적 문제 해결력을 측정하는 평가 방법들을 살펴본다.

제7장 일반적 창의성 사고 기법

이 장에서는 창의성의 인지적 요소 중 기초적으로 필요한 '확산적 사고'와 '수렴적 사고'를 촉진할 수 있는, 교과 내용에 관계없이 사용 가능한 여러 가지 방법들을 소개한다.

1. 확산적 사고 기법

1) 브레인스토밍

'브레인스토밍brainstorming'은 미국의 한 광고회사 부사장이던 알렉스 오즈번Alex F. Osborn이 회의에서 좀 더 창의적인 아이디어를 쉽게 내기 위해 고안한 방법으로, 어떤 주제에 대해 확산적 사고를 유도하기 위한 기법이다. 이 기법은 '집단적 사고' 촉진을 위해 고안되었지만 집단 이외에 개인적으로도 사용될 수 있으며, 여러 종류의 주제 및 문제와 관련하여 일상적으로도 사용될 수 있다. 브레인스토밍의 목적은 모든 권위나 고정관념을 배제하고, 수용적이면서 온화한 분위기 속에서 '가능한 한 많은 아이디어'를 말하도록 하여 그중에서 좋은 아이디어를 찾아내려는 데 있다. 브레인스토밍의 실시 과정에서는 다음과 같은 기본적인 규칙을 지키도록 한다.

- 판단 보류: 다른 사람들이 어떤 아이디어를 제시하더라도 그 아이디어를 비판하지 않는다.
- 자유 토론: 아무리 허황되고 비현실적으로 여겨지더라도 아이디어를 모두 표현하도록 한다.
- 질보다 양: 질보다 양을 우선시하여 일정 시간 동안 가능한 한 많은 아이디어를 산출하도록 한다.
- 결합과 개선: 다른 사람의 아이디어를 수정하거나 확장시켜 자신의 아이디어와 결합해 새로운 아이디어를 산출하도록 한다.

이와 같은 규칙은 편견이나 경직된 사고에서 벗어나 좀 더 자유롭고 개방적이며 창의적인 사고를 가능하게 하기 위한 것이며, 진행 순서는 다음과 같다.

① 집단 구성하기: 브레인스토밍의 주제에 따라 적절한 인원(5~10명 정도)으로 집단을 구성하고, 서로 잘 바라볼 수 있도록 자리를 배치한다.
② 집단의 리더와 기록자 정하기: 브레인스토밍의 규칙에 대해 이미 숙지하고 있어서 활동의 진행을 원활하게 이끌어나갈 수 있는 리더를 정하고, 집단의 구성원들이 낸 아이디어를 모두 간단명료하게 기록할 수 있는 기록자를 정한다.
③ 워밍업하기: 리더는 브레인스토밍의 기본 규칙과 진행 방법을 집단의 구성원들에게 설명하고, 간단한 연습 문제를 통해 구성원들이 기본 규칙과 진행 방법을 정확히 알 수 있도록 연습한다.

④ 아이디어 산출하기: 집단의 구성원들은 주어진 문제에 대해 되도록이면 많은 양의 아이디어를 산출할 수 있도록 한다. 이때 서로 상대방의 아이디어에 자신의 아이디어를 결합하거나 수정해 새로운 아이디어를 내는 것도 가능하므로 되도록 기록자는 집단의 아이디어를 빠짐없이 기록하도록 한다.

⑤ 아이디어 평가하기: 집단별로 산출된 아이디어를 차례로 발표하고, 다양한 방식으로 서로 평가하도록 한다.

⑥ 아이디어 선정하기: 평가한 아이디어들 중에서 주어진 주제나 문제를 해결하기 위해 가장 실현 가능성이 높으면서도 새롭고 기발한 아이디어를 선정한다.

⑦ 문제 해결하기: 선정된 아이디어로 주어진 주제나 문제를 해결할 수 있는 해결책을 구체화하고 정교화한다.

브레인스토밍 기법은 대부분 주제나 문제의 해결책에 필요한 아이디어를 생성해내는 데 사용할 수 있으며, 가능한 문제들을 다양하게 생성해내는 데에도 사용할 수 있다. 예를 들어 과학 수업에서 '환경의 구성 요소'라는 주제에 관해 학습할 때 우리 주변에 있는 환경의 요소들에는 어떤 것이 있는지를 브레인스토밍해봄으로써 학습을 시작할 수 있으며, 발명 수업에서 '생활에 편리한 발명품 만들기'를 하는 경우에는 생활하면서 불편하다고 느꼈던 점들을 브레인스토밍해봄으로써 새로운 발명을 위한 아이디어를 생성해내게 할 수 있다. 〈표 7-1〉은 '생활에 편리한 발명품 만들기'에서 실시할 수 있는 브레인스토밍의 예이다.

〈표 7-1〉 브레인스토밍의 예

생활에서 불편한 점들
1. 돌아가는 선풍기 날개는 아이들이 손가락을 넣어 다칠 위험이 있다.
2. 우산은 짐이 많을 때 손잡이를 잡고 펴기가 어렵다.
3. 모자는 바람이 불 때 날아갈 위험이 있다.
4. 선이 있는 청소기는 이동 거리의 한계가 있다.
5. 외출했을 때 휴대전화가 방전되면 충전할 수 없어 불편하다.
6. 냉장고는 그 속에 무슨 음식이 들어 있는지 알기가 어렵다.
7. 이어폰은 줄이 계속 꼬여서 불편하다.
8. 안경을 낀 채 마스크를 쓰면 안경에 김이 서려 불편하다.

2) 브레인라이팅

'브레인라이팅brainwriting'은 독일의 헤르만 홀리게르Hermann Holliger가 창안한 기법으로 침묵을 지키며 진행하는 집단 발상 기법이다. 처음에는 6명이 참가하여 3개씩의 아이디어를 생각해 5분 이내에 기입한다는 의미에서 '6, 3, 5 기법'이라고도 불렸다. 브레인라이팅의 원리는 브레인스토밍과 유사하지만 아이디어 산출 과정에서 약간의 차이점을 보인다. 브레인스토밍에서는 '기록자'가 집단의 아이디어를 기록하지만, 브레인라이팅에서는 개인 각자가 정해진 용지에 본인의 아이디어를 차례대로 돌아가면서 기록하며, 진행 순서는 다음과 같다.

① 집단의 각 구성원에게 〈표 7-2〉와 같은 브레인라이팅 용지를 나눠주고, 예비 용지 한 장을 집단의 가운데에 둔다.

② 브레인스토밍의 기본적인 원칙을 지키면서 자신의 용지에 자신의 아이디어를 기록한다.

③ 자신의 아이디어를 세 가지 정도 기록했으면 그 용지를 집단의 가운데에 놓아두고 다른 용지를 가지고 가서 다른 구성원들이 기록한 아이디

〈표 7-2〉 브레인라이팅 용지

해결해야 할 문제			
이름	아이디어 1	아이디어 2	아이디어 3

어에 새로운 아이디어를 기록한다. 이때 다른 구성원들의 아이디어를 수정하거나 자신의 아이디어를 결합해 새로운 아이디어를 산출할 수도 있다.

④ 아이디어를 평가하고 문제를 해결하는 과정은 브레인스토밍 과정과 같다.

브레인라이팅은 브레인스토밍과는 달리 각 개인이 기록하므로 다른 사람으로 인해 자신의 아이디어를 방해받거나 평가받지 않아서 개인의 아이디어를 더 자유롭게 생성시킬 수 있다. 또한 같은 문제에 대해 여러 사람이 아이디어를 연속적으로 생각하게 하고, 말을 잘하는 사람들만 주로 참여하게 되는 브레인스토밍의 단점을 보완해줄 수 있다. '생활에 편리한 발명품 만들기'를 위한 브레인라이팅의 구체적인 예를 살펴보면 〈표 7-3〉과 같다.

<표 7-3> 브레인라이팅의 예

생활에서 불편한 점들			
이름	아이디어 1	아이디어 2	아이디어 3
노경민	냉장고 안에 어떤 음식이 있는지 겉에서는 보이지 않는다.	짐이 많을 때 우산 손잡이를 잡고 우산을 펴기가 어렵다.	바람이 불 때 모자를 쓰면 날아갈 위험이 있다.
유서영	집에 있는 냉장고는 들고 다닐 수가 없다.	사용한 우산을 접어서 깔끔하게 정리하기가 어렵다.	실내에서는 벗은 모자를 손에 들고 다니는 것도 짐이 된다.
이형은	냉장고 안의 음식이 얼마나 오래되었는지 알 수가 없다.	우산을 앞쪽으로 기울여 쓰면 앞을 볼 수 없어서 불편하다.	놀이기구 탈 때 모자가 벗겨질까봐 불안하다.
⋮	⋮	⋮	⋮

3) 스캠퍼

'스캠퍼SCAMPER'는 오즈번의 체크리스트를 밥 에벌Bob Eberle이 간단하게 재구성한 창의적 사고 기법으로, 다음과 같은 질문에 해당하는 영어 단어의 첫 글자들을 따서 만들어졌다.

- S: 대체Substitute하면? 다른 각도에서 사고를 유발하기 위해 기존의 것을 다른 것으로 대체하면 어떻게 될지 묻는 질문으로 '다른 무엇으로?', '다른 누가?', '다른 성분이라면?' 등이다. 예를 들어 '종이컵'은 '컵'의 재질을 종이로 대체해 새롭게 만든 것이다.
- C: 결합Combine하면? 두 가지 이상의 것을 결합해 새로운 것을 만들어내기 위한 질문으로 '새로운 무엇과 결합하면?', '여러 가지 목적들을 결합하면?', '아이디어들을 결합하면?' 등이다. 예를 들어 스마트폰은 '개인용 컴퓨터'와 '전화기'의 기능을 결합한 것이다.
- A: 응용Adapt하면? 어떤 것을 다른 분야의 조건이나 목적에 맞게 응용해 볼 수 있도록 사고를 유발하는 질문으로 '이것과 비슷한 것은?', '이것에

다른 어떤 것이 적용될 수 있나?', '과거의 것과 비슷한 것은?' 등이다. 예를 들어 '벨크로(일명 찍찍이)'는 '씨앗이 옷에 달라붙는 원리'를 응용해 만든 것이다.

- M: 변형Modify, 확대Magnify, 축소Minify하면? 어떤 것의 특성이나 모양 등을 변형하거나 확대 또는 축소하여 새로운 것을 생성할 수 있도록 하는 질문으로 '이것을 약간 변형하면?', '더 강하게 하면?', '더 간소화하면?' 등이다. 예를 들어 '노트북'이나 '태블릿'은 '컴퓨터'를 간소화해 휴대하기 쉽도록 만든 것이다.
- P: 다른 용도Put to other uses로 하면? 다른 용도로 사용될 수 있는 가능성을 생각하도록 하는 질문으로 '다른 사용 용도는?', '수정해서 다른 데 사용할 수 있는가?', '맥락을 바꾸면?' 등이다. 예를 들어 '낡은 창고'를 개조하여 '갤러리'로 활용할 수 있다.
- E: 제거Eliminate하면? 어떤 것의 일부분을 제거해봄으로써 새로운 것을 생성해낼 수 있도록 하는 질문으로 '이것을 없애버리면?', '없어도 할 수 있는 것은?', '수를 줄이면?' 등이다. 예를 들어 선풍기의 '날개'를 제거해 '날개 없는 선풍기'를 만들 수 있다.
- R: 뒤집기Reverse, 재배열Rearrange하면? 주어진 것의 순서나 모양 등을 거꾸로 해보거나 다시 배열해봄으로써 새로운 것을 생성해내도록 하는 질문으로 '거꾸로 하면?', '역할을 바꾸면?', '다른 순서로 바꾸면?', '원인과 결과를 바꾸면?' 등이다. 예를 들어 마요네즈 통의 '바닥'과 '뚜껑'을 뒤집어 뚜껑이 바닥으로 오게 만들면 마요네즈의 양이 적어도 잘 나오도록 할 수 있다.

스캠퍼 질문은 반드시 이 순서대로 모두를 사용하는 것이 아니라 필요에 따라 적절한 질문을 선택해 사용할 수 있다. '생활에 편리한 발명품 만들기'에서 실시할 수 있는 스캠퍼의 구체적인 예를 살펴보면 〈표 7-4〉와 같다.

〈표 7-4〉 스캠퍼의 예

'새로운 모자 만들기'를 위한 개선 아이디어	
S: 대체Substitute하면?	모자 대신 신문지나 종이봉투를 접어서 쓴다.
C: 결합Combine하면?	모자에 음악을 들을 수 있도록 무선 이어폰을 내장한다.
A: 응용Adapt하면?	실내에서는 벗은 모자를 손에 들고 다니는 것이 짐이 되므로 모자를 접어서 브로치처럼 옷에 달 수 있게 한다.
M: 변형Modify, 확대Magnify, 축소Minify하면?	야구 관람 등을 할 때 여러 사람이 같이 쓸 수 있도록 모자를 확대시킨다.
P: 다른 용도Put to other uses로 하면?	헌 모자를 이용해서 정리함을 만들어 사용한다.
E: 제거Eliminate하면?	땀이 차지 않게 모자의 윗부분을 제거하거나 망사 재질로 만든다.
R: 뒤집기Reverse, 재배열Rearrange하면?	모자를 뒤집어서 가방으로도 쓸 수 있게 한다.

4) 속성열거법

'속성열거법attribute listing'은 미국 네브래스카대학교의 교수인 로버트 크로퍼드Robert Crawford가 고안해낸 기법으로, 주어진 문제의 속성(모양, 크기, 색깔, 특성 등)을 열거해봄으로써 기존의 아이디어와는 다른 개념 및 원리를 결합하거나 수정해 새로운 아이디어를 산출해내도록 한다. 속성열거법의 진행 순서는 다음과 같다.

- 문제 확인 및 재진술하기: 주어진 문제를 명확히 하기 위해 문제를 확인하고 재진술해본다.
- 속성 열거하기: 주어진 문제의 속성들을 찾아내고 이를 자세히 열거해본다.

• 각 속성을 새롭게 결합하거나 수정하기: 열거한 속성을 새로운 시각으로 결합하거나 수정해봄으로써 새로운 아이디어를 생성하도록 한다.
• 생성된 아이디어의 실행 가능성 검토하기: 새로운 아이디어에 대해 분석 및 평가해봄으로써 해결책의 실행 가능성을 판단한다.

속성열거법의 예를 들면 〈표 7-5〉와 같다.

〈표 7-5〉 속성열거법의 예

단계	내용
문제 확인 및 재진술하기	• '새로운 우산 만들기'를 위한 아이디어 찾기 혹은 생성하기
속성 열거하기	• 손으로 들고 다닌다. • 비올 때 필요하다. • 방수가 된다. • 모양이 일정하다.
각 속성을 새롭게 결합하거나 수정하기	• 손으로 들고 다닌다. - 꼭 손으로 들고 다녀야 하나? - 몸이나 물건에 부착시킨다면? • 비올 때 필요하다. - 비가 오지 않을 때도 사용할 수 있을까? - 실내에서도 사용할 수 있을까? • 방수가 된다. - 기능을 추가할 수 없을까? - 자외선도 차단할 수 있을까? • 모양이 일정하다. - 다른 모양으로 만들면 어떨까? - 비를 맞지 않으면서 시야를 확보할 수 있을까?
생성된 아이디어의 실행 가능성 검토하기	• 가방 부착형 우산을 만들어보고 검토해보자. • 양산과 우산을 동시에 사용할 수 있도록 만들어보자. • 자외선을 차단할 수 있는 우산을 만들고 그 기능을 검토해보자. • 꽃 모양이나 네모 모양으로 우산을 만들어보자.

5) 형태분석법

'형태분석법morphological analysis'은 프리츠 츠비키Fritz Zwicky가 고안해낸 기법으로, 스캠퍼와 속성열거법을 입체적으로 조합한 발상법이라 할 수 있다. 즉 어떤 문제에 대한 요인을 찾아내고, 각 요인의 속성을 가로축과 세로축에 열거한 도표를 만들어 새로운 아이디어를 각 칸에 기록해보도록 하는 방법으로 '행렬 기법matrix method' 또는 '가능성 격자 기법grids of possibilities'이라고도 불린다. 이 기법은 다양한 측면에서 체계적으로 아이디어를 생성해내도록 하는 장점이 있기 때문에 간과되기 쉬운 아이디어나 해결 불가능할 것 같은 아이디어 생성에도 유리하다. 형태분석법의 진행 과정은 다음과 같다.

① 문제 정의하기: 문제를 정확하게 정의한다.
② 요인 찾기: 주어진 문제의 요인 중 두 가지를 선택한다.
③ 속성 열거 및 도표 작성하기: 선택된 두 요인을 도표의 가로축과 세로축으로 정하고, 각각의 속성을 찾아 해당 축에 열거한다.
④ 아이디어 생성하기: 도표의 가로축과 세로축에 열거한 속성들을 결합하여 새로운 아이디어들을 생성한다.
⑤ 아이디어 평가하기: 생성된 아이디어의 실효성을 평가한다.

형태분석법의 예를 들면 〈표 7-6〉과 같다.

〈표 7-6〉 형태분석법의 예

새로운 우유병 만들기			
재료 / 모양	원형	사각형	삼각형
플라스틱	원형 플라스틱	사각형 플라스틱	삼각형 플라스틱
비닐	원형 비닐	사각형 비닐	삼각형 비닐
유리	원형 유리	사각형 유리	삼각형 유리
종이	원형 종이	사각형 종이	삼각형 종이
알루미늄	원형 알루미늄	사각형 알루미늄	삼각형 알루미늄

6) 강제연결법

'강제연결법forced connection method'은 서로 관계 없어 보이는 사물이나 아이디어를 강제로 연결시켜봄으로써 새로운 아이디어를 생성하는 기법으로, 더 이상의 아이디어가 생성되지 않는 경우에 사용할 수 있다. 예를 들어 새로운 냉장고 개발을 위한 아이디어를 산출할 때 냉장고와 관계 없는 물건인 유리와 강제로 연결해 '유리창처럼 속이 보이는 냉장고' 같은 새로운 아이디어를 산출해낼 수 있다. 〈표 7-7〉의 예와 같이 도표에 관계 없는 사물이나 아이디어를 나열하고 이를 강제로 연결 지어 새로운 아이디어를 적도록 한다.

〈표 7-7〉 강제연결법의 예

새로운 냉장고 개발을 위한 아이디어				
순서	1	2	3	연결 짓기
1	냉장고	유리	–	유리처럼 속이 보이는 투명한 물질로 만들어진 냉장고
2	냉장고	유리	선글라스	온도나 빛에 따라 선글라스처럼 색깔이 변하는 유리로 만들어 속을 볼 수도 있고 보이지 않게 할 수도 있는 냉장고
3	냉장고	액자	–	액자처럼 벽에 걸 수 있는 냉장고 혹은 액자처럼 문에 사진이나 그림을 넣을 수 있는 냉장고

순서	1	2	3	연결 짓기
4	냉장고	TV	–	요리를 하거나 식사를 하면서도 TV를 시청할 수 있도록 TV 기능을 탑재한 냉장고
5	냉장고	컴퓨터	–	냉장고 안에 보관된 내용물의 구입 시기와 양을 기록하고, 유통기한이나 상태를 체크할 수 있는 냉장고
6	냉장고	인공지능	–	내용물의 유통기한과 양을 확인하여 미리 알려주고 내용물에 따라 알맞은 보관 온도를 스스로 조정하는 냉장고

7) 육색사고모

'육색사고모six thinking hats'는 에드워드 드 보노Edward de Bono가 '수직적 사고vertical thinking'뿐 아니라 '수평적 사고lateral thinking'도 기를 수 있도록 고안한 사고 기법으로서 〈표 7-8〉과 같이 여섯 가지 색깔의 모자를 사용하게 함으로써 여러 유형의 사고들을 훈련시키는 방법이다.

육색사고모를 활용할 경우 주의해야 할 점은 다음과 같다.

- 육색사고모를 모두 활용할 수 있지만 '한 번에 하나의 모자'만을 사용해 그 사고에 집중할 수 있도록 한다.
- '아이디어의 생성'을 위해 사용할 경우에는 백색모 → 녹색모 → 황색모 → 흑색모 → 청색모 → 적색모 → ……의 순서가 적절하고, '아이디어의 평가'를 위해 사용할 경우에는 적색모 → 황색모 → 흑색모 → 녹색모 → 청색모 → 백색모 → ……의 순서가 적절하다.
- 긍정적인 사고로 다양하게 사고한 후에 비판적으로 평가할 수 있도록 하기 위해서는 황색모를 먼저 사용한 후 흑색모를 사용하도록 한다.
- 똑같은 색깔의 모자를 여러 번 사용하게 할 수도 있다.

〈표 7-8〉 육색사고모의 색깔별 사고 형태와 역할

모자 색깔	사고 형태	역할
백색	중립적·객관적 사고	정확한 정보에 기초하고 이미 검증된 중립적이고 객관적인 사실을 제시 예 • 우리나라 고속도로의 최대 속도는 대부분 100km입니다. • 아침 6시 30분에야 자기 아파트에 들어오는 기록이 남았습니다.
적색	감정 및 정서적 사고	백색 사고와는 반대로 자신의 분노, 두려움, 직관과 같은 감정이나 정서를 제시 예 • 내 생각으로는 이것이 성공하지 못할 것 같습니다. • 나는 이런 처리 방식을 좋아하지 않습니다.
황색	긍정적·낙관적 사고	긍정적이고 낙관적인 측면을 제시 예 • 많은 친구들이 탤런트나 가수가 되기를 바랍니다. 성공하는 경우는 극히 드물지만 성공하는 사람도 있습니다. 원한다면 해보십시오.
흑색	비판적·부정적 사고	부정적이고 비판적인 측면을 제시 예 • 규정 때문에 그것은 할 수 없습니다. • 내가 아는 한 그것은 가정일 뿐입니다.
녹색	창의적·확산적 사고	창의적이고 확산적인 새로운 측면을 제시 예 • 우리가 네모난 햄버거를 만든다고 가정해보면 어떻게 될까요? • 다른 대안은 없나요?
청색	조절 및 통솔적 사고	지휘자나 사회자처럼 정리·요약하고 결론적인 내용을 제시 예 • 여기서 우리에게 주어진 가능성들을 검토해봅시다. • 이제 우선순위를 고려해야 합니다.

다음은 육색사고모를 사용해 '우리가 사는 마을에 더 필요한 공공시설'이라는 주제로 토의한 내용이다.

청 색: 우리 마을에 더 필요한 공공시설은 무엇인지 생각해봅시다. 모두 흰 모자를 써주십시오.

백색1: 주민들이 함께 이용할 수 있는 도서관이 더 필요합니다.

백색2: 공원을 찾는 인원에 비해 편의시설이 부족합니다.

청 색 : 모두 빨간 모자를 써주십시오.

적색1: 공원의 공중화장실이 더러워 불결합니다.

적색2: 놀이터가 낙후되어 아이들을 데려가기 싫습니다.

청 색 : 모두 노란 모자를 쓰고 말씀해주십시오.

황색1: 휴대전화 배터리가 다 떨어졌을 때 공공 태양광 충전기가 있어 좋습니다.

황색2: 공원에서 마음껏 자전거를 탈 수 있어 좋습니다.

청 색 : 모두 검은 모자를 써주십시오.

흑색1: 공공 태양광 충전기는 여러 사람이 함께 사용하기는 어렵습니다.

흑색2: 공원에서 자전거와 보행인이 부딪치는 사고가 자주 발생하여 위험합니다.

청 색 : 모두 초록 모자를 쓰고 의견을 발표해봅시다.

녹색1: 커다란 태양광판을 긴 벤치에 연결하여 여러 개의 휴대전화 충전기를 설치하면 그늘도 만들어지고 여러 사람이 함께 사용할 수 있을 것 같습니다.

녹색2: 산책로와 자전거 도로를 분리하고 자연친화적 놀이터를 만들면 좋겠습니다.

8) 시네틱스

'시네틱스synetics'의 어원은 '관련이 없는 것들의 각 요소를 결합하는 것'을 의미하는 그리스어 'synetikos'로 윌리엄 고든William Gordon이 창안한 기법이다. 그는 천재나 대발명가들을 대상으로 연구해본 결과, 이들이 '유추적 사고'를 한다는 공통점이 있음을 알게 되었고, 이러한 사고를 촉진하는 시네틱스 기법을 창안하게 되었다. 즉 시네틱스는 주어진 문제를 분석할 때 유추를 통해 친숙한 것을 낯선 것으로 전환하거나, 낯선 것을 친숙하게 전환해보도록 하는 방법이다. 이 방법은 이미 잘 알고 있는 것을 유추를 통해 새롭게 이해하고, 창의적 문제 해결력을 키우는 데 목적이 있다. 시네틱스 기법에 사용되는 유추는 다음과 같이 네 가지로 분류할 수 있다.

- 직접적 유추direct analogy: 주어진 문제를 전혀 다른 사물이나 현상과 객관적으로 직접 비교하는 방법으로, 사람의 귀와 입의 구조를 유추해 전화기를 만든 것이 그 예이다.
- 의인적 유추personal analogy: 개인적 유추라고도 하며, 자신이 주어진 문제의 일부라고 생각하고 자기 자신을 문제의 대상으로 의인화하여 새로운 아이디어를 유추하는 방법이다. 예를 들어 '케이블을 연결하여 휴대전화를 충전하는 것이 불편하다'라는 문제를 해결할 경우 자신이 직접 휴대전화가 되었다고 상상하면서 아이디어를 생각해내는 것이다.
- 압축된 갈등compressed conflict: 상징적 유추라고도 하며, 서로 반대되거나 모순되는 특징을 하나의 의미 및 단어에 결합하여 거리가 먼 것들을 유추해보게 함으로써 주제 혹은 문제를 새롭게 보도록 하는 방법이다. 예를 들면 '다정한 적', '생명을 구하는 파괴자' 등이 있다.
- 환상적 유추fantasy analogy: 문제를 해결하기 위해 현실적이기보다는 환상적인 상상을 통해 유추하는 방법으로, 예를 들면 '휴대전화를 충전하기 위해 전원을 선으로 연결하는 것이 불편하다'라는 문제의 경우, '선이 없어도 휴대전화를 충전할 수 있다면……' 하는 상상에서 무선 충전 장치라는 상품을 만들어낼 수 있었다. 시네틱스의 예를 들면 〈표 7-9〉와 같다.

〈표 7-9〉 시네틱스에서 활용 가능한 유추의 예

유추 종류	환경오염 관련 유추 내용
직접적 유추	오염된 지구를 병든 몸과 직접 비교하여 '우리가 병들었을 때 치료를 하기 위해 어떻게 하는가?'를 생각해보게 함으로써 환경문제의 해결 방법을 알아보게 한다.
의인적 유추	나 자신이 더러운 쓰레기 또는 더러운 물이나 공기가 되었다고 가정하고, 어떤 느낌이 드는지, 어떻게 해서 더러워졌는지, 그리고 어떻게 하면 깨끗해질 수 있는지를 유추해 보도록 한다.
압축된 갈등	더러우면서 아름다운 지구 아프면서 건강한 지구 화가 나고 행복한 지구
환상적 유추	공기 오염을 여러 외계인들이 지구 주위를 떠돌고 있는 상황으로 상상해봄으로써 그 상황에서 벗어날 수 있는 방법을 강구해보도록 한다.

시네틱스의 진행 과정은 다음과 같다.

① 집단과 사회자 정하기: 집단의 크기는 브레인스토밍에서와 비슷하게 정할 수 있으며, 집단을 이끌어나갈 사회자를 정한다.

② 문제의 진술과 분석하기: 주어진 문제의 설명을 듣고 스스로 재진술해보면서 간단한 문제 분석을 한다.

③ 탐색하기: 주어진 문제에 대해 다양한 유추를 해보고, 사회자는 여러 유추 중에서 주어진 문제에 가장 적절한 유추를 선택한다.

④ 유추를 정교화하기: 선택한 유추를 더욱 자세하게 정교화한다.

⑤ 정교화한 유추와 주어진 문제를 결합하기: 유추를 통해 생성해낸 아이디어를 주어진 문제와 결합하고, 관련성을 분석해 문제의 해결책을 찾아낸다.

⑥ 실제에 적용하기: 새로운 아이디어를 실제에 적용해보고 해결책을 모색한다.

9) 마인드 맵

'마인드 맵mind map'은 영국의 심리학자인 토니 부잔Tony Buzan이 개발한 것으로, 핵심 개념들 간의 상호 관련성이나 통합성을 시각적으로 표현함으로써 창의적인 사고를 유도하는 방법이다. 아이디어를 주제별로 묶어서 선으로 연결해 방사적으로 표현함으로써 아이디어들 간의 관계를 쉽게 파악할 수 있도록 하고, 많은 아이디어를 집약하여 전체적인 내용을 일목요연하게 보여줄 수 있으며, 진행 과정은 다음과 같다.

① 중심 이미지 표현: 먼저 나타내고자 하는 주제를 종이 중앙에 함축적으로 나타낸다. 중심 이미지는 함축적인 단어, 상징화한 그림이나 기호, 일러스트, 만화, 사진 등으로 나타내고 채색을 하여 주제를 가장 효과적으로 시각화하면서 상상력을 자극할 수 있도록 한다.

② 주가지: 중심 이미지로부터 연결된 가지를 주가지라 한다. 중심 이미지 쪽 주가지는 굵게 표시하고 그 위에는 핵심 단어만 쓴다. 그 이유는 생각의 폭이 너무 넓어지면 생각의 혼란을 초래할 수도 있기 때문이다.

③ 부가지: 주가지로부터 연결된 가지를 부가지라 한다. 부가지는 주가지보다 작고 가늘게 나타내며, 그 위에는 핵심 단어, 그림, 기호 등을 표현해서 양쪽 뇌의 기능을 사용하도록 할 수 있다. 생각이 계속 이어짐에 따라 부가지를 계속 그려나간다.

'환경오염의 해결 방법'에 대한 마인드 맵의 예를 살펴보면 [그림 7-1]과 같다.

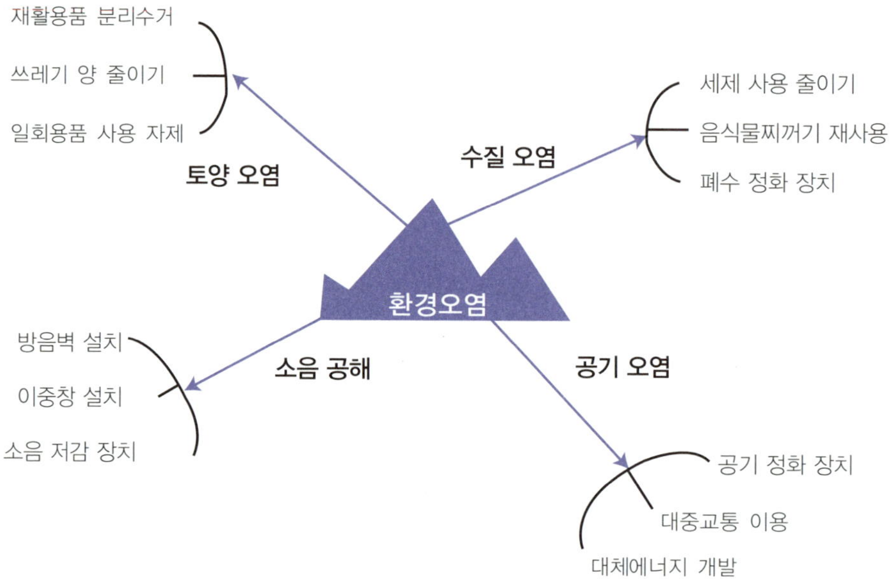

[그림 7-1] '환경오염의 해결 방법'에 대한 마인드 맵의 예

2. 수렴적 사고 기법

여기서는 앞서 소개한 확산적 사고 기법을 활용해서 생성된 아이디어를 분석·평가·수정하기 위해 사용할 수 있는 수렴적 사고 촉진 기법에 대해 알아보고자 한다. 이러한 수렴적 사고 기법들은 문제 해결 과정에서 '평가 및 해결책을 결정'하는 단계에 사용하는 것이 바람직하다.

1) 하이라이팅

'하이라이팅highlighting'은 아이디어들 중에서 적절한 것을 선정하여 이들을 서로 관련된 것끼리 묶음으로써 문제 해결을 위한 대안들을 분류해보게 하는 사고 기법이며, 진행 과정은 다음과 같다.

① 히트hits 아이디어 선정하기: 아이디어를 나열해 그중에서 가장 적절해 보이는 것에 표시한다.
② 핫 스팟hot spots 찾기: 히트 아이디어 중 서로 관련되어 있는 것들끼리 분류해 핫 스팟을 찾아낸다.
③ 각 핫 스팟에 대해 진술하기: 핫 스팟의 의미와 가능한 결과 등을 탐색해 보고, 핫 스팟의 구체적인 의미를 진술해본다.
④ 해결책 찾기: 가장 적절한 핫 스팟 혹은 몇 개의 핫 스팟을 조합하여 문제 해결에 가장 적절한 해결책을 찾는다.

〈표 7-10〉은 '어떻게 하면 우리가 학교 생활을 보람되게 보낼 수 있을까'의 문제를 해결하고자, 관련된 아이디어 중에서 히트 아이디어를 선정한 예이고, 〈표 7-11〉은 히트 아이디어들을 영역별로 분류해 핫 스팟을 찾고 각 핫 스팟에 대해 진술한 예이다.

〈표 7-10〉 '히트 아이디어 선정'의 예

보람된 학교 생활을 위한 방법		
차례	아이디어 내용	히트 표시
1	수업 시간에 집중한다.	V
2	계획표를 짜서 알찬 생활을 한다.	V
3	아르바이트를 하여 용돈을 번다.	
4	봉사활동을 한다.	V
5	예습과 복습을 충실히 한다.	V
6	친구들과 잘 사귄다.	V
7	학급 임원을 해본다.	
8	선생님과 친하게 지낸다.	
9	학교 행사에 적극 참여한다.	V

〈표 7-11〉 '핫 스팟 찾기'의 예

보람된 학교 생활을 위한 방법		
A 영역	B 영역	C 영역
1. 수업 시간에 집중한다. 2. 계획표를 짜서 알찬 생활을 한다. 5. 예습과 복습을 충실히 한다.	4. 봉사활동을 한다. 9. 학교 행사에 적극 참여한다.	6. 친구들과 잘 사귄다.
학업은 계획과 실행이 중요하다.	학교 안팎에서 이루어지는 활동에 참여한다.	친구들과의 관계는 학교 생활을 즐겁게 한다.

이러한 과정을 통해 보람된 학교 생활을 위해서는 '학업을 성실하게 수행하고 학교에서 진행하는 체험활동에 친구들과 함께 적극적으로 참여한다'는 해결책을 찾아낼 수 있다.

2) 역브레인스토밍

'역브레인스토밍reverse brainstorming'은 미국의 한 가전제품 회사에서 개발해낸 기법으로, 양적인 면을 중시하고 자유분방하게 실시한다는 점에서 브레인스토밍과 유사한 의미를 지녔지만, 아이디어를 생성해내는 입장인 브레인스토밍과는 다르게 이미 생성해놓은 아이디어에 대해 자유분방한 비판을 생성해내는 사고 기법이다. 역브레인스토밍의 진행 과정은 다음과 같다.

① 목표와 문제를 확인하기: 선정된 아이디어들의 목록과 함께 목표와 문제를 제시한다.

② 각 아이디어에 대한 비판을 생성하기: 각 아이디어의 비판 내용들을 기록한다.

③ 해결책 선정하기: 비판된 아이디어를 검토하고 수정하여 적절한 해결책을 선정한다.

④ 실천 계획 세우기: 선정된 해결책의 실천 계획을 세운다.

역브레인스토밍의 예를 들면 〈표 7-12〉와 같다.

〈표 7-12〉 역브레인스토밍의 예

냉장고의 문을 투명하게 만들자
냉장고 속이 지저분하게 보일 것이다. 불투명한 문보다 비용이 더 많이 들 것이다. 문을 깨끗하게 유지하기가 더 어려울 것이다. 문이 깨질 위험이 더 높을 것이다. 냉장고 문을 만드는 기술이 더 요구될 것이다. 온도차로 서리가 낄 것이다.

3) 평가행렬법

'평가행렬법evaluation matrix'은 아이디어를 준거에 따라 좀 더 체계적으로 평가하기 위해 사용하는 기법으로, 진행 순서는 다음과 같다.

① 행렬표 준비: 행렬표의 왼쪽에는 평가하고자 하는 아이디어를 쓰고, 오른쪽에는 아이디어를 평가할 때 사용되는 준거를 적는다.
② 행렬표 완성: 준거에 따른 평정 체제를 정해서 각 아이디어에 대한 평가를 행렬표에 기록한다.
③ 결과 해석: 행렬표의 결과를 보고 각 아이디어가 어떤 점에서 긍정적이고 어떤 점에서 부정적인지를 해석하여 아이디어의 강점을 부각하고 약점을 보강하여 최선의 아이디어를 찾아낸다.

앞서 확산적 사고를 위한 '강제연결법'에서 생성되었던 '새로운 냉장고 개발을 위한 아이디어'들을 평가하기 위한 평가행렬법의 예를 들면 〈표 7-13〉과 같다.

〈표 7-13〉 평가행렬법의 예

새로운 냉장고에 대한 아이디어					
준거 / 아이디어	디자인	성능	안전성	대중성	생산비
냉장고 안의 물건을 볼 수 있도록 문을 반투명이나 투명으로 만든다.					
냉장고의 표면에 아름다운 그림이나 무늬를 넣는다.					
냉장고에 컴퓨터와 TV 기능을 탑재한다.					
냉장고 안에 들어 있는 식품을 종류별로 알려주는 기능을 탑재한다.					
냉장고 안에 들어 있는 식품의 유통기한을 알려주는 기능을 탑재한다.					
냉장고에 들어 있는 식품으로 만들 수 있는 요리를 알려준다.					

* 평정 체제: 매우 우수(5점), 우수(4점), 보통(3점), 미흡(2점), 매우 미흡(1점).

4) 쌍비교분석법

'쌍비교분석법paired comparison analysis: PCA'은 아이디어들 간의 체계적인 비교를 통해 우선순위에 해당하는 아이디어를 선정하기 위해 사용하는 기법으로, 진행 과정은 다음과 같다.

① 비교분석표 만들기: 비교분석표에 각 아이디어를 기록해 표를 완성한다.
② 쌍비교하기: 〈표 7-14〉와 같이 아이디어의 각 쌍을 비교해 더 중요한 아이디어를 선택하여 해당 칸에 적고, 옆에는 중요도를 3점 척도(1: 좀 더 중

요하다, 2: 꽤 더 중요하다, 3: 매우 더 중요하다)로 기록한다.

③ 점수 구하기: 각 아이디어 열에 기록된 점수를 더해서 각각의 총점을 구한다.

④ 해석하기: 각 아이디어의 총점을 비교하여 가장 높은 점수를 받은 아이디어를 선정하고 상대적인 중요성을 해석한다.

쌍비교분석법의 예를 들면 〈표 7-14〉와 같다(여기서는 아이디어 C가 7점으로 가장 높은 점수를 받았다).

〈표 7-14〉 쌍비교분석법의 예

	아이디어 B	아이디어 C	아이디어 D	아이디어 E	점수
아이디어 A	A2	C3	A1	E2	A = 3 B = 1 C = 7 D = 0 E = 4
아이디어 B	–	C1	B1	E1	
아이디어 C	–	–	C2	C1	
아이디어 D	–	–	–	E1	
아이디어 E	–	–	–	–	

요약

이 장에서는 창의성의 인지적 요소 중 기초적으로 필요한 '확산적 사고'와 '수렴적 사고'를 촉진할 수 있는 방법들을 소개했다.

확산적 사고를 촉진하기 위한 기법들은 문제를 인식하거나 발견하고, 또는 해결책을 생성하는 단계에서 주로 사용하는데, 그중 **브레인스토밍**과 브레인라이팅은 주제나 문제의 해결에 필요한 다양한 아이디어를 찾아내기 위한 방법으로서 아이디어의 '유창성'을 강조한다고 볼 수 있다. 특히 **브레인라이팅**은 개인적으로 아이디어를 기록하도록 함으로써 아이디어가 방해받거나 평가받지 않게 한다는 장점이 있다. **스캠퍼**, **속성열거법**, **형태분석법**, **강제열거법**, **육색사고모**는 각각 강조하는 요소는 다르지만 사물이나 사건을 다양하게 볼 수 있는 사고의 '융통성'에 초점을 두는 기법이다. **시네틱스**는 비논리적인 유추를 통해 친숙한 것을 낯선 것으로 전환하도록 함으로써 독창성을 기르는 데 적합한 방법이며, **마인드 맵**은 핵심 주제를 중심으로 하여 그것을 다시 소주제별로 나누고 이들의 상호 관련성을 선으로 연결 짓게 함으로써 아이디어를 뻗어나가게 함으로써 유창성, 융통성, 독창성을 기르도록 하는 방법이다.

수렴적 사고 기법들은 생성된 아이디어를 분석·평가·수정하기 위해 해결책을 결정하거나 평가하는 단계에서 사용한다. 나열된 아이디어 중에서 중요한 것들을 찾아내고, 그것들을 분류함으로써 새로운 아이디어를 찾아내게 하는 **하이라이팅**, 브레인스토밍이나 브레인라이팅을 통해 생성된 아이디어들을 비판해보게 하는 **역브레인스토밍**, 준거에 따라 체계적으로 아이디어들을 평가하게 하는 **평가행렬법**, 그리고 이러한 아이디어들을 비교해 우선순위를 정하게 하는 **쌍비교분석법** 등이 있다.

이와 같은 '확산적 사고 기법'과 '수렴적 사고 기법'은 그것이 적용되는 분야나 교과 내용과 상관없이 사고력 신장을 위해 고안된 방법들이다. 이러한 사고 기법을 익힌 다음에는 학교에서의 정규 교과 교육과정과 연계시키는 노력이 중요하다.

토의 과제

1. 앞서 소개한 '확산적·수렴적 사고 기법들'의 적용 계획을 세우고 실천해보자. 실천 결과는 어떠한가? 학생들은 흥미 있어 하는가? 학생들의 사고력이 증진된 모습을 보이는가?
2. 확산적·수렴적 사고 기법들을 '교과 교육과정'에 적용해보자. 어느 부분에 어떻게 적용할 것인가? 실천 결과는 어떠한가?

제8장 교과를 통한 창의성 교육 방법

7장에서는 어떤 분야에서나 활용될 수 있는 창의적 사고 기능 촉진 방법들을 소개했다면, 이 장에서는 주로 학교 교육에서 활용할 수 있도록 교과 내용을 기반으로 하는 창의성 수업 모형 및 방법을 살펴본다.

1. 사고와 교과 내용의 융합 수업[1]

스워츠와 파크스(Swartz & Parks, 1994)는 교육과정 맥락 속에서 사고 기술을 직접적으로 가르칠 수 있도록 하기 위해 '융합 수업infusion lessons'을 제시했다. 이 접근은 정규 교육과정과 상관없이 사고 기술만 따로 가르치는 '직접적인 사고 교수 방법teaching of thinking'이나 교육과정 내용 속에서 '사고력을 촉진시키는 방법teaching for thinking'과 구분된다. 이 수업에서는 가르치고자 하는 사고 기술에 대해 명시적으로 제시하고, 교과 내용을 습득하면서 동시에 사고 기술을 배우도록 시도한다. 스워츠와 파크스(1994)는 교과 내용에 융합

1 구체적인 내용은 Swartz와 Parks(1994) 참조.

해야 할 주요한 사고 기술을 다음과 같이 제시했다.

- 아이디어 생성 기술: '창의적 사고'를 의미하며, 사고를 확장하고 상상력을 발달시키는 것을 말한다.
- 아이디어 명료화 기술: '분석적 사고'를 의미하며, 정보 이해 및 정보 사용 능력을 신장시키는 것을 말한다.
- 아이디어의 합리성 평가 기술: '비판적 사고'를 의미하며, 중요한 판단을 하도록 이끄는 것을 말한다.

이 세 가지 사고 기술이 일상생활에서나 전문적인 일을 하는 데 독립적으로 사용되는 경우는 드물다. 실제 만나게 되는 과제들은 대부분 '의사 결정'이나 '문제 해결'과 관련이 있는데, 이것을 잘 수행하기 위해서는 앞서 언급한 세 가지 사고 기술을 모두 사용해야만 한다. 이러한 사고 영역들의 관계는 [그림 8-1]과 같이 표현할 수 있다.

교사는 교과 내용을 다루면서 동시에 이러한 사고 기술을 강조하기 위해 다음과 같은 역할을 수행할 수 있다(Swartz & Parks, 1994).

- 학생들에게 사고 기술이나 과정을 잘 수행하는 것이 얼마나 중요한지 설명하면서 구체적으로 사고 기술이나 과정을 소개한다.
- 학생들이 교과 내용의 개념, 사실, 기술을 배울 때 명시적인 길잡이를 제공한다.
- 학생들에게 반성적인 질문을 하게 하여 스스로 어떻게 사고했는지 깨닫게 하고, 이를 통해 좀 더 잘 수행하도록 계획을 세울 수 있게 한다.
- 학생들에게 같은 유형의 사고 기술을 독립적으로 사용하게 할 수 있는 추가 기회를 제공해 사고 전략을 강화시킨다.

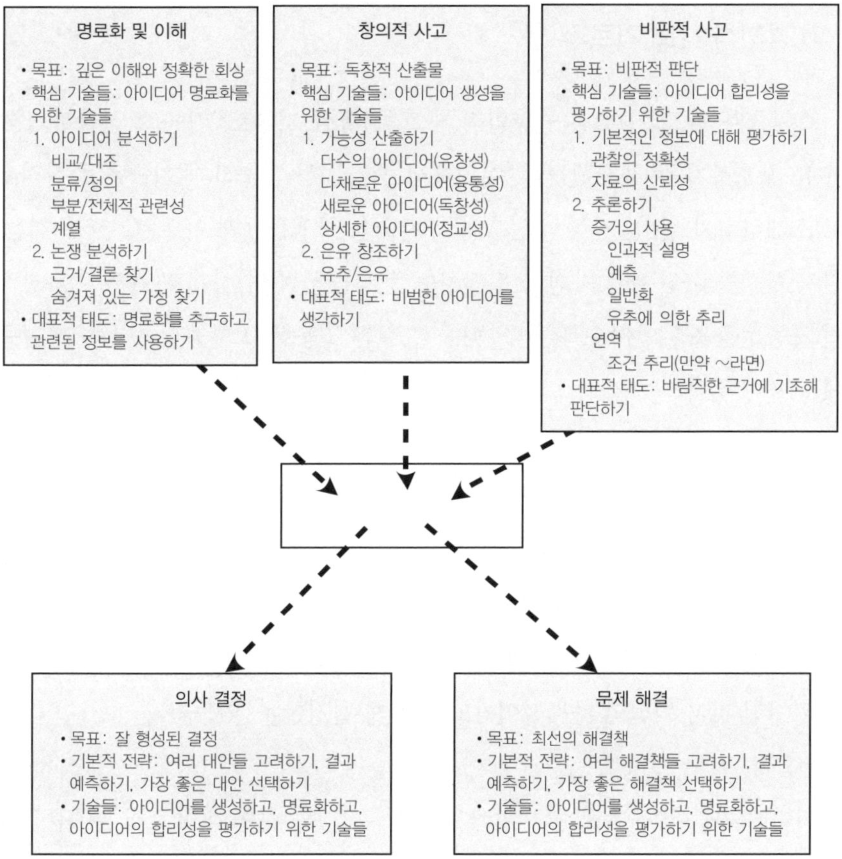

[그림 8-1] 사고 영역의 맵

출처: Swartz & Parks(1994: 93).

또한 스워츠와 파크스(1994)는 이러한 사고 기술들을 교과 과정에 어떻게 반영할 수 있는지 구체적으로 예를 들면서 설명했는데, 여기서는 그중 '창의적 사고'와 '비판적 사고'를 기르기 위한 교수-학습 절차와 방법을 살펴보고자 한다.

1) 창의적 사고 기르기

스워츠와 파크스(1994)는 창의적 사고의 핵심 기술로 '가능성 산출하기'와 '은유 창조하기'를 제시했는데, 여기에서는 가능성 산출하기 기술을 중점적으로 소개하고자 한다. 가능성 산출하기 기술을 학생들에게 가르치기 위해서는, 먼저 학생들로 하여금 자신이 부딪치는 문제들을 주의 깊게 관찰하여 독창적인 가능성들을 제안하도록 한다. 다음과 같은 질문들이 가능성 산출하기 활동에 도움이 된다.

- 왜 가능성을 찾으려고 하는가?
- 어떠한 가능성들을 생각할 수 있는가?
- 다른 종류의 가능성으로는 무엇이 있는가?
- 특이한 가능성으로는 무엇이 있는가?
- 어떤 것이 최선의 가능성이라고 어떻게 결정할 수 있는가?

이러한 가능성 산출하기를 위해 활용할 수 있는 수업의 예로서 '흙'을 주제로 한 초등학교 고학년 과학 과목의 수업을 소개하면 다음과 같다.

◈ 수업 사례: 가능성 산출하기

① 목표

- 내용: 흙이 다양하게 사용될 수 있는 천연자원임을 이해한다.
- 사고 기술: 브레인스토밍을 통해 다양한 아이디어를 산출하고 아이디어를 결합함으로써 새롭고 독창적인 가능성을 산출한다.

② 수업 방법 및 자료

- 방법: '흙의 구성'에 대한 내용을 읽고 흙의 표본을 조사한다.
- 사고 기술/과정: 가능성 산출을 위해 사고 맵thinking map, 그래픽 조직자graphic organizers, 구조화된 질문 전략을 사용하며, 협동학습을 통해 사고력을 증가시킨다.

③ 수업 내용과 절차

- 1단계: 내용과 사고 기술/과정 소개하기
  - 교사가 창의적인 방법으로 문제 해결을 한 사례를 소개한다.
  - '가능성 산출하기'를 위한 사고 맵을 〈표 8-1〉과 같이 제시한다.

〈표 8-1〉 '가능성 산출하기'를 위한 사고 맵

가능성 산출하기
1. 가능성을 고려하고 있는 과제는 무엇인가? 2. 어떤 가능성들을 생각할 수 있는가? 3. 다른 유형의 가능성들은 무엇이 있는가? 4. 이미 제시된 가능성들을 조합함으로써 새롭고 독특한 가능성들을 산출할 수 있는가? 5. 이러한 가능성들 중에서 가장 최선의 것을 결정하는 데 필요한 정보는 무엇인가?

출처: Swartz & Parks(1994: 299).

- 2단계: 능동적으로 사고하기
  - 학생들을 3명 정도의 집단으로 구성한 뒤, 집단별로 브레인스토밍을 하게 한다.
  - 그래픽 조직자를 사용한다.
    (a) 브레인스토밍에서 제시된 아이디어를 '가능성' 상자에 적는다.
    (b) 아이디어를 범주화하여 '가능성의 유형' 상자에 적는다. '범주명'을 정하여 밑줄을 치고 그 밑에는 해당되는 아이디어들을 적는다. 이

과정에서 새로운 아이디어를 계속해서 제시할 수 있다. 새로운 아이디어가 제시되면 '가능성' 상자에 이를 추가하고 기존의 범주에 따라 분류한다. 새로운 아이디어가 기존의 범주에 속하지 않는 경우에는 새로운 범주를 '가능성의 유형' 상자에 추가할 수 있다.

(c) 마지막 '독창적 가능성' 상자에는 지금까지 제시된 아이디어 중에서 새롭고 독창적인 아이디어를 적는다.

- 브레인스토밍을 할 때 그래픽 조직자를 사용해 독창적 가능성을 산출한 결과의 예는 [그림 8-2]와 같다.
- '도표matrix' 자료를 사용할 수도 있다.
  (a) 범주의 일부를 도표의 가로축과 세로축에 적는다.
  (b) 가로축과 세로축에 있는 가능성들을 결합해 새로운 가능성을 산출한다.
- 도표 자료를 사용해 독창적 가능성을 산출한 결과의 예는 〈표 8-2〉와 같다.

• 3단계: 사고에 대해 사고하기

- 가능성을 산출하기 위해 했던 활동에 대해 질문하고 함께 생각해본다.
- 예: '브레인스토밍을 할 때 처음 적은 아이디어는 어떻게 생각했는가?', '브레인스토밍은 아이디어를 산출하는 데 효과적인 방법이었는가?'

• 4단계: 사고를 적용하기

- 새로운 문제와 상황을 제시해 창의적인 사고를 적용해보게 한다.
- 예: '의사가 어린아이에게 하루에 한 번 먹어야 하는 알약을 처방해주었다. 어린아이에게 알약을 먹일 수 있는 여러 가지 방법을 나열해보고, 그중에서 가장 좋은 방법은 무엇인지 생각해보라.'

목표: 가능성은 무엇인가?
건물을 세우기 위해 기초 공사를 한 후 남은 흙의 사용 방안

가능성	
옆에 쌓아둔다. 필요한 사람에게 판다. 식물을 위해 배양토로 쓴다. 벌레를 잡아서 판다. 학교에서 지층의 생태를 공부하는 데 쓴다. 겨울에 썰매 타기를 하는 데 사용한다. 포대에 넣어서 강이 넘치는 것을 막는 데 쓴다. 비어 있는 공간에 버린다. 돌을 꺼내서 정원으로 만든다. 보물을 숨긴다. 동굴처럼 만들어서 동아리방으로 쓴다. 조각 내어서 머드팩으로 이용한다. 화분에 넣는다.	자건거를 위한 언덕을 만드는 데 사용한다. 돌무더기로 사용한다. 물과 흙을 섞어서 공을 만든다. 진흙 레슬링 쇼장을 만든다. 돌을 섞어서 진흙길에 넣는다. 그 위에 잔디를 심는다. 거대한 개미 언덕을 만든다. 나무를 심는다. 쓰레기를 묻는다. 사과를 저장한다. 물을 섞어서 벽돌 만들 점토를 만든다. 터널이 있는 언덕을 만들어서 놀이터로 쓴다.

가능성의 유형				
옮기기 옆에 쌓아둠 홍수 막는 포대 구멍 뚫기	추출하기 벌레 잡아서 팔기 돌 빼내기	재미를 위해 사용 겨울 썰매 자전거 진흙공	학습을 위해 사용 토양 생태 공부	융합하기 물(공) 돌(길)
환경 잔디 개미 언덕 나무 심기	넣기 보물 사과 쓰레기	건강 및 미용 머드팩	장식 화분	만들기 동굴 집 지붕

독창적 가능성	
벌레를 잡아서 판다. 돌로 정원을 꾸민다. 보물을 숨긴다. 동굴처럼 만들어서 동아리방으로 쓴다. 머드팩으로 이용한다.	진흙 레슬링 쇼장을 만든다. 물을 섞어서 벽돌 만들 점토를 만든다. 터널이 있는 언덕을 만들어서 놀이터로 쓴다.

[그림 8-2] '가능성 산출하기'를 위해 그래픽 조직자를 사용한 결과의 예

출처: Swartz & Parks(1994: 309).

〈표 8-2〉 '독창적 가능성 산출하기'를 위해 도표 자료를 사용한 결과의 예

건물을 세우기 위해 기초 공사를 한 후 남은 흙의 사용 방안				
이미 생성된 가능성의 흥미로운 점	옮기기	재미를 위해 사용	만들기	융합하기
옮기기	–	우주선에 실어서 별똥별 쇼처럼 보이도록 대기권에서 분출한다.	새롭고 높은 교도소 담장을 만들기 위해 시멘트를 붓는 경사면을 만드는 데 사용한다.	거름을 섞어서 정원을 조성하려는 장소로 가져간다.
재미를 위해 사용	터널이 있는 언덕을 만들어서 아이들의 놀이터로 쓴다.	–	놀이공원에 흙으로 만든 성을 세운다.	물과 흙을 섞어서 트럭 뒤에 싣고 레슬링 경기장을 만든다.
만들기	강으로 옮겨서 댐을 만드는 데 사용한다.	굴을 만들어서 귀신의 집을 만든다.	–	잔디 씨앗을 섞어서 새로운 집의 잔디 지붕으로 사용한다.
융합하기	도로를 만드는 곳으로 옮겨서 다른 장소에서 나온 진흙과 섞어 길을 만드는 데 쓴다.	물을 섞어서 비어 있는 수영장에 넣고 진흙 레슬링을 하는 데 사용한다.	물과 섞어 점토를 만들어서 말린 후, 건물을 짓는 데 사용한다.	–

출처: Swartz & Parks(1994: 310).

- 5단계: '가능성 산출하기'에 대한 학생들의 사고를 평가하기
  - 가능성 산출 능력을 평가하기 위해 광범위한 영역의 아이디어를 산출할 수 있는 예를 선택해보게 한다.
  - 학생들이 좋은 아이디어를 산출하기 위해 세 가지 기본적인 요소인 유창성, 다양성, 독창성에 초점을 두었는지 확인하기 위한 지침으로서 '가능성 산출하기'를 위한 사고 맵(〈표 8-1〉 참조)을 사용하게 한다.

2) 비판적 사고 기르기

스워츠와 파크스(1994)는 비판적 사고의 핵심 기술로 '정보에 대한 평가'와 '추론(연역)'을 제시했는데, 여기에서는 정보에 대한 평가 기술 중의 하나인 '자원의 신뢰성 평가하기'에 대해 구체적으로 살펴보고자 한다. 보통 사람들은 직접 경험하지 않은 일에 대한 정보를 신문이나 잡지, TV, 친구 등을 통해 얻거나, 책을 통해 전문적인 정보를 얻고 이러한 정보에 기초해 중요한 의사 결정이나 문제 해결을 한다. 따라서 수집한 정보가 얼마나 신뢰로운가를 평가하는 것은 매우 중요하다.

정보는 사람들의 의도적인 속임수나 왜곡 때문에 잘못 전달될 수 있고, 의도가 선하다 하더라도 부정확한 정보를 전달하기도 한다. 너무 성급하게 판단했거나 소유하고 있는 정보가 충분하지 않거나, 또는 듣는 사람의 편견 때문에 전달되는 정보의 의미가 변환될 수도 있기 때문이다. 일반적으로 사람들은 정보와 관련해 다음과 같은 실수를 범하는 경향이 있다.

- 정보가 신뢰할 만한 것인지 의문을 갖지 않고 받아들인다.
- 자원의 신뢰성을 판단할 때 몇 가지 사실에 대한 정보만을 사용한다.

정보의 자원(출처)에는 1차적 자원과 2차적 자원이 있다. 1차적 자원은 직접적인 것으로서, 예를 들면 어떤 사건을 직접 목격한 사람을 말한다. 2차적 자원은 간접적인 것으로서 신문, 뉴스, 책 등을 말한다. 이러한 자원의 신뢰성은 자원을 제공하는 제공원에 대한 평판, 그동안 신뢰할 수 있는 자원을 제공했는지에 대한 이력, 정보의 전문성, 정보가 최신의 것인지 여부, 정보와 관련된 자들의 이해관계 등을 통해 평가될 수 있다. 교과 맥락에서 '자원의 신뢰성 평가하기'를 가르치고자 할 때에는 다음과 같은 것에 주의를 기울여야 한다.

- 내용이 서로 불일치하는 정보나 자원: 역사적 사건에 대해 각기 다른 해석을 하는 자료, 어떤 음식이 영양이 많고 의학적인 가치가 있는지에 대해 서로 다른 정보를 전하는 자료, 어떤 화학물이 환경에 위험하거나 위험하지 않은지에 대한 일치하지 않는 자료 등
- 절차가 의심스러운 관찰 보고서와 측정 자료
- 일반적으로 참고할 수 있는 다양한 자료: 많이 인용되는 문헌이나 그렇지 않은 문헌, 그리고 너무 오래 전에 출판된 문헌이나 최근에 출판된 문헌 등
- 의사 결정을 하는 사람이나 책 속 인물(특히 생각 없이 결정·행동하는 인물)

자원의 신뢰성 평가하기를 위해서 '암탉'을 주제로 실시할 수 있는 초등학교 저학년 국어과의 수업 사례는 다음과 같다.

◈ 수업 사례: 자원의 신뢰성 평가하기

① 목표

- 내용: '듣기 능력'을 발달시키고, 이야기에서 나타난 일련의 사건들을 파악하며, 이야기 내용을 통해 교훈을 얻는다.
- 사고 기술: 관련 요소의 유무에 기초하여 정보의 정확성 및 신뢰성을 판단할 수 있는 능력을 기른다.

② 수업 방법 및 자료

- 방법: '암탉의 모험' 이야기를 크게 읽어주고 학생들이 따라 읽게 한다.
- 사고 기술/과정: 자원의 신뢰성을 평가하기 위해 사고 맵, 그래픽 조직자, 구조화된 질문 전략을 사용하며, 협동학습을 통해 사고력을 증가시킨다.

③ 수업 내용과 절차

• 1단계: 내용과 사고 기술/과정 소개하기

 – 교사가 '자원의 개념 및 중요성'에 대해 소개한다.

 – 다음 '암탉의 모험' 이야기를 크게 읽어준다.

암탉의 모험

어느 날 암탉이 공원에서 낮잠을 자고 있을 때 '딱!' 하면서 무언가가 머리를 때렸습니다. "어이쿠! 하늘이 무너지고 있네. 왕께 말씀드려야만 해."

그래서 걸어가다가 길에서 수탉을 만났습니다. "암탉아 어디를 그렇게 서둘러 가니?"라고 수탉이 말했습니다. "하늘이 무너지고 있어서 왕께 알려드리려고 해."라고 암탉이 말했습니다. "그렇구나. 나도 함께 가야겠구나."라고 수탉이 말했습니다. 그래서 암탉과 수탉은 하늘이 무너지고 있다는 사실을 왕에게 말하려고 계속 길을 갔습니다.

가는 길에 오리를 만났습니다. "너희들은 어디를 그렇게 서둘러 가니?"라고 오리가 물었습니다. "우리는 왕께 하늘이 무너지고 있다는 걸 알려드리려고 해."라고 암탉과 수탉이 말했습니다. "나도 함께 가도 괜찮겠니?"라고 오리가 물었습니다. "좋아."라고 암탉과 수탉이 대답했습니다. 암탉, 수탉, 오리는 하늘이 무너지고 있다는 사실을 왕에게 말하려고 계속 길을 갔습니다.

가는 길에 거위를 만났습니다. …… (중략) …… 암탉, 수탉, 오리, 거위는 하늘이 무너지고 있다는 사실을 왕에게 말하려고 계속 길을 갔습니다.

가는 길에 칠면조를 만났습니다. …… (중략) …… 암탉, 수탉, 오리, 거위, 칠면조는 하늘이 무너지고 있다는 사실을 왕에게 말하려고 계속 길을 갔습니다.

가는 길에 여우를 만났습니다. …… (중략) …… 여우는 그들과 함께 하늘이 무너지고 있다는 사실을 왕에게 말씀드리러 길을 계속 갔습니다.

그러나 얼마 지나지 않아 여우는 멈추어 서서 다른 동물들에게 말했습니다. "그런데 암탉, 수탉, 오리, 거위, 칠면조야, 이 길은 왕께로 가는 길이 아니야. 왕께 가는 길은 멀어. 내가 지름길을 알고 있는데 가르쳐줄까?"

"정말?" 하고 암탉, 수탉, 오리, 거위, 칠면조가 말했습니다. 그리고 여우가 알려주는 길로 갔습니다.

계속 길을 가다가 조그맣고 어두운 구멍에 도착했습니다. 사실 그것은 여우의 동굴 입구였습니다. 여우는 암탉, 수탉, 오리, 거위, 칠면조에게 말했습니다. "이곳이 왕궁으로 가는 지름길이란다. 너희는 곧 그곳에 도착할 수 있어. 내가 먼저 갈게. 너희는 내 뒤를 따라와."

"물론 당연히 그래야지."라고 암탉, 수탉, 오리, 거위, 칠면조는 말했습니다.

여우는 자기 동굴로 들어갔고, 다른 동물들이 오기를 기다렸습니다.

첫 번째로 칠면조가 어두운 동굴로 들어갔습니다. 여우는 칠면조를 물어 자기 가족의 먹잇감으로 집어 던졌습니다. 그다음 오리가, 그다음엔 거위가 들어갔는데 여우는 차례로 오리와 거위의 목을 물어 칠면조 옆에 던졌습니다. 여우는 그다음으로 들어온 수탉도 물어뜯으려고 했는데, 수탉은 운 좋게 도망칠 수 있었습니다. 수탉은 도망치면서 암탉에게 달아나라고 큰 소리로 외쳤고, 암탉은 달아났습니다. 결국 아무도 왕에게 하늘이 무너지고 있다고 말하지 못하게 되었습니다.

출처: Swartz & Parks(1994: 357).

- 2단계: 능동적으로 사고하기
  - 학생들에게 '암탉의 모험 이야기'에서 자원은 누구이며, 정보의 내용은 무엇인지 파악하게 하고, 다음과 같은 질문에 대해 토론하게 한다. '어떤 동물이 정보의 자원(출처)인가?', '얼마나 많은 동물이 칠면조에게 하

늘이 무너지고 있다고 말했는가?', '각 동물은 자기가 들은 정보의 신뢰성을 평가했는가?', '수탉은 생각을 잘하는 동물인가?' 등.

- 이야기 속의 수탉이 되어 암탉에게서 하늘이 무너지고 있다는 이야기를 들었을 때, 암탉이 신뢰할 만한 자원인지 판단해보게 한다. '자원의 신뢰성'을 평가할 때는 사고 맵(〈표 8-3〉 참조)을 사용하면 도움이 된다.
- 그래픽 조직자를 활용하여 자원의 신뢰성을 평가하기도 한다.
  (a) 신뢰성을 평가해야 할 '자원'을 적게 한다.
  (b) 자원의 신뢰성을 평가할 수 있는 '질문'을 적게 한다.
  (c) 질문별로 참고했던 '정보'를 적어보고, 정보가 신뢰성이 있을 경우에는 '+'를, 신뢰성이 없을 경우에는 '−'를 적게 한다.

〈표 8-3〉 '자원의 신뢰성 평가하기'를 위한 사고 맵

자원의 신뢰성 평가하기
1. 정보의 자원으로 고려된 것은 무엇인가?
2. 다음의 범주에 따라 자원의 '신뢰성'과 관련된 요인들을 제시하라.
1) 출판된 자료인가?
출판된 날짜는?
출판사의 평판은?
어떤 유형으로 출판되었는가? (예: 보고서, 소설)
2) 저자는 누구인가?
전문성을 갖춘 사람인가?
편견은 없는가?
특별한 흥미는 무엇인가?
1차적 자원인가? 2차적 자원인가?
만약 2차적 자원이라면, 다른 신뢰할 만한 자원이 있는가?
만약 1차적 자원이라면, 다른 관련된 요인들이 있는가?
확증/확신할 수 있는가?
3. 현존하는 요인들에 근거해 자원의 신뢰성을 판단하라.

출처: Swartz & Parks(1994: 349).

(d) 각 정보에 대한 평가에 따라서 '종합적인 판단'을 내리게 한다.

- 그래픽 조직자를 사용해 '암탉의 모험' 이야기 속의 암탉이 신뢰할 만한 자원인지를 판단한 결과의 예는 [그림 8-3]과 같다.

자원: 암탉

질문	정보	
암탉은 하늘을 잘 아는 전문가인가? 암탉은 과학자인가?	암탉은 전문가나 과학자처럼 보이지는 않는다.	-
암탉은 이것을 다른 동물로부터 알아냈는가? 아니면 자기 자신의 경험을 통해 알아냈는가?	이 일은 암탉 자신이 겪은 일이다. 어느 누구도 암탉에게 말해주지 않았다.	+
암탉은 다른 동물들로부터 신뢰를 받고 있는가? 암탉은 신뢰할 만한다고 여겨지는가?	이야기에서는 알 수 없다.	?
암탉은 무엇인가가 자기 머리를 때렸다는 것을 주의 깊은 조사에 의해 알아냈는가?	암탉은 조사하지 않았다. 암탉은 매우 빨리 그리고 공포에 질려 결론을 내렸다.	-
암탉은 다른 동물들이 자신을 믿도록 해야 할 이유가 있는가?	이야기에서는 알 수 없다.	?
이야기 속의 다른 동물들은 하늘이 무너지는 것을 본 적이 있는가? 또는 하늘로부터 떨어진 무언인가를 맞은 적이 있는가?	아무도 하늘이 떨어지는 것을 보았다거나 하늘에서 떨어진 것을 맞은 적이 있다고 말하지 않았다.	-

+ 신뢰성 있음
- 신뢰성 없음
? 불확실함

→ 신뢰성 없음

[그림 8-3] '자원의 신뢰성 평가하기'를 위해 그래픽 조직자를 사용한 결과의 예

출처: Swartz & Parks(1994: 359).

• 3단계: 사고에 대해 사고하기

– '자원의 신뢰성 평가하기' 활동에 대해 여러 가지 질문을 하고 함께 생각해본다.

– 예: '암탉이 신뢰성 있는 자원인지를 어떻게 평가했는가?', '수탉에게 벌어진 일을 통해 우리가 배운 것은 무엇인가?', '잘 생각하지 않으면 어떤 일을 겪을 수 있는가?'

• 4단계: 사고를 적용하기

– 구체적인 문제와 상황을 제시해 비판적인 사고를 하게 한다.

– 예: '건강에 좋은 음식이 무엇인지 알아보고자 할 때, 또는 사고 싶은 물건이 있을 때 가장 신뢰할 만한 정보를 얻을 수 있는 자원은 무엇이며, 그 이유는 무엇인가?'

• 5단계: '자원의 신뢰성'에 대한 학생들의 사고를 평가하기

– '새로운 물건을 사고자 한다'와 같은 상황을 학습 활동 이전과 이후에 제시해 사전/사후 검사 결과를 비교함으로써 학생들의 성취도를 평가할 수 있다.

스워츠와 파크스(1994)의 융합 수업은 교과 내용 지식 목표와 사고 교육 목표를 제시하여 이 두 가지를 모두 성취하는 방향으로 수업을 설계하도록 하고 있다는 점에서 이상적이다. 또한 사고 맵, 그래픽 조직자, 도표 등은 수업에서 학생들의 생각을 효과적으로 정리하게 하는 유용한 도구라고 할 수 있다. 그러나 전반적으로 교과 내용보다는 사고 기술 쪽으로 치우친 경향이 있으므로 수업에 적용하기 위해서는 교과 내용 목표에 초점을 둔 좀 더 구체적인 계획이 보충되어야 할 것이다.

2. 창의성 발견 및 촉진 방법[2]

영국은 2000년부터 창의성을 국가의 중요한 목표로 강조해왔으며, 그에 따라 영국 교육부에서는 국가교육과정을 통해 학생들의 창의성을 촉진할 수 있는 방법을 연구하도록 교육과정평가원QCA에 요청했다. 이에 교육과정평가원에서는 많은 교사들을 참여시켜 3년에 걸친 프로젝트를 수행했는데, 프로젝트의 '1차년도 연구'에서는 다른 국가들은 어떻게 창의성을 증진시키고 있으며 어떠한 정책과 교육과정을 가지고 있는지 다양한 문헌과 연구 결과를 분석하고 검토했다. 그리고 '2차년도 연구'에서는 영국 내의 교사 120명이 참여하여 기존의 '수업 계획안'과 '교육 방식'을 통해 어떻게 학생들의 창의성을 발달시킬 수 있는지를 다음과 같은 질문을 중심으로 탐구했다.

- 학생들의 창의성을 증진시키기 위한 가장 효과적인 방법은 무엇인가?
- 학생들의 창의적 사고와 행동의 예들은 무엇인가?
- 창의적인 과정을 가장 잘 지원할 수 있는 학습 환경은 무엇인가?

이와 같은 문제에 대해 교사들은 다양한 교수 방법과 경험들을 기초로 하여 창의성 증진을 위한 모범 사례 자료를 개발했고, 이를 1,000여 명의 일선 교사와 수석 교사, 교사 교육자들에게 보내서 최종적인 검토와 반응을 받아 자료를 수정했다. '3차년도 연구'에서는 최종적으로 창의적 사고와 행동을 개발하기 위해서는 '학생들의 창의성을 발견하고 촉진시켜야 한다Creativity: Find it! Promote it!'는 결론을 얻고 학교에서 사용할 수 있는 실용적 자료를 개발했다.

여기서는 이러한 연구에 기초하여 학교 교육과정 안에서 학생들의 창의성

---

2 구체적인 내용은 Qualifications and Curriculum Authority(2005) 참조.

을 촉진시키고 있는 영국의 교육 방법과 실제 사례를 간략히 소개하고자 한다. 먼저 영국 교육과정평가원에서 채택한 창의성의 개념과 창의성을 발견하고 촉진하는 방법을 요약하면 〈표 8-4〉와 같다.

〈표 8-4〉 창의성의 개념과 창의성을 발견하고 촉진하는 방법

창의성의 개념	Find it!: 교실에서 창의적으로 생각하고 행동하는 학생들의 특징은 무엇인가?	Promote it!: 학생들의 창의성을 촉진하기 위해 교사들이 할 수 있는 일은 무엇인가?
1. 창의성은 상상력 있는 행동과 사고를 포함한다. (상상력) 2. 그러한 상상력 있는 행동과 사고는 목표 지향적이다. (유목적성) 3. 그 과정에서 무언가 독창적인 것이 산출된다. (독창성) 4. 산출물은 반드시 목표와 관련된 가치를 지닌다. (가치)	1. 질문과 도전하기 2. 연결하고 관련성 찾기 3. 어떠할지 미리 내다보기 4. 아이디어 탐색 및 선택의 여지 남기기 5. 아이디어, 행동, 결과에 대해 비판적으로 심사숙고하기	1. 수업을 계획할 때 - 분명한 목표를 세운다. - 자유와 제한을 분명히 한다. - 학생들의 상상력을 자극한다. - 협동의 기회를 제공한다. 2. 수업을 진행할 때 - 성공의 기준을 설정한다. - 예기치 않았던 학습 기회를 이용한다. - 개방적인 질문을 하고 비판적으로 사고할 수 있도록 격려한다. - 정기적으로 검토한다.

출처: QCA(2005).

표에서 보는 바와 같이, 영국 교육과정평가원의 창의성 교육 증진을 위한 연구는, 첫째, '창의성'이 무엇을 뜻하는지 그 개념을 확실하게 함으로써 학교 교육과 관련된 사람들이 공통된 이해를 갖도록 하고, 둘째, 학교 교실에서 창의적인 사고와 행동을 하는 학생들의 특징은 어떠한지를 면밀히 파악한 후, 셋째, 학생들에게 나타나는 그러한 창의성을 촉진하기 위해 실제로 교사가 할 수 있는 일은 무엇인지 분석하는 세 부분으로 이루어졌다. 여기서 창의성을 정의한 내용은 이 책의 1부에서 살펴본 수많은 학자들의 견해와 다르지 않다. 따라서 나머지 두 부분에 집중할 필요가 있는데, 특히 영국 교육과정평가원은 '학교 교육을 통해 과연 어떻게 창의성을 신장시킬 수 있을까?'라는 질문에 주

목하여 그 해답을 바로 '교사의 역할'에서 찾고 있다. 이제 창의성은 어떻게 발견해야 하고, 발견한 창의성은 어떻게 촉진해야 하는지 그 구체적인 내용을 알아보기로 하겠다.

1) 창의성: 발견 및 촉진

영국 교육과정평가원에서는 교사들의 연구를 통해 교수–학습 과정에서 학생들이 가지고 있는 창의성을 발견하고, 그러한 것들을 촉진하는 방법을 찾아내고자 했는데, 이를 차례로 살펴보면 다음과 같다(QCA, 2005).

(1) 학생들의 창의성 발견Find it!

① 질문하고 도전한다

- '왜', '어떻게', '만약에' 라고 질문하기를 좋아한다.
- 보기 드문 질문을 한다.
- 아이디어나 질문, 과제나 문제에 놀라운 방법으로 대답한다.
- 대회나 자기 자신, 또는 다른 사람의 가정에 도전하는 것을 좋아한다.
- 독립적으로 생각한다.

② 연결하고 관련성을 찾는다

- 자신이 가지고 있는 지식의 중요성과 과거의 경험을 인식한다.
- 유추하고 비유한다.
- 정보와 경험 속에서 경향과 패턴을 찾아 일반화한다.
- 배운 것을 재해석하고 새로운 상황에 적용한다.
- 아이디어에 대해 새롭고 기대하지 않았던 방법으로 의사소통한다.

③ 어떻게 될지 미리 내다본다

- 마음의 눈으로 보고 상상한다.
- 가능성과 문제에 도전한다.
- '만약에'라고 질문한다.
- 대안을 예상한다.
- 사물을 다른 관점에서 바라보고 생각한다.

④ 아이디어를 탐색하고 선택의 여지를 남긴다

- 아이디어와 경험들을 즐긴다.
- 대안과 새로운 접근들을 시도한다.
- 아이디어를 끝까지 따르는 데 수반되는 어려움을 예상하고 극복한다.
- 개방적으로 생각하고, 창의적인 결과를 만들기 위해 자신의 생각을 변경하고 수정한다.

⑤ 아이디어, 행동, 결과에 대해 비판적으로 반성한다

- 과정을 회상한다.
- '이것은 좋은가?', '이것이 정말 필요한가?'를 질문한다.
- 피드백을 받고 필요하면 통합한다.
- 건설적인 해석, 아이디어, 설명, 방법에 대해 제언한다.

창의적인 학생의 이러한 특징은 수업 시간에 쉽게 발견할 수 있는 것들이지만 교사가 학생의 생각과 행동에 관심을 기울여 이러한 특징이 나타날 때를 잘 포착하는 것이 중요하다. 학생의 창의성을 발견하기 위해 교사는 학생이 가진 호기심에 관해 질문하고 도전할 수 있도록 자극하며, 때로는 정해진 규칙이나 방법을 벗어나도록 유도할 수 있다. 또한 학생이 다른 관점에서 생각하고, 보통 연결되지 않을 것 같은 것들을 관련지어보도록 격려하는 것이 좋다.

(2) 학생들의 창의성 촉진 방법Promote it!

학생들이 어떠한 순간에, 어떻게 창의성을 나타내는지 교사가 발견한 후에는 그러한 창의성을 어떻게 촉진할 것인지 생각해야 한다. 영국 교육과정평가원에서 제시한 창의성 촉진 방법을 교수-학습 과정에서 '수업을 계획할 때'와 '수업을 진행할 때' 두 시기로 나누어 정리해보면 〈표 8-5〉, 〈표 8-6〉과 같다.

〈표 8-5〉 수업을 계획할 때

학생들이 해야 할 일에 관한 분명한 목표를 세운다.	- 기존의 '수업 계획안'에서 창의적 반응을 얻어낼 수 있는 기회를 찾아본다. - 명확한 '학습 목표'를 설정하고 구체적인 '창의성 목표'를 세운다. - 학습 목표가 무엇인지 학생들에게도 알리고 공유한다. 그럼으로써 학생들 역시 오랜 기간 창의성 증진을 위해 노력할 수 있다. - '수업의 순서'를 정하고 학생들을 서서히 창의적 과정으로 이끈다. - 한 수업에서 모든 것을 다 이루려 하지 않는다. - 학생들이 하고 있는 것을 서로 나눌 수 있도록 하는 것은 '동기 유발'에 매우 효과적이다.
자유와 제한을 분명히 한다.	- 학생들에게 '명확한 개요'를 제공한다. - 학생들이 어떤 방법을 사용할 것인지, 어떤 순서와 과정을 거칠 것인지 스스로 선택하도록 한다. - 다양한 학습 방법을 사용한다(실제적인 실험과 문제 해결하기, 역할놀이와 춤, 다이어그램과 만화 같은 시각 자료, 조별 토론이나 협동 학습 등). - '시간, 범위, 자원'을 제한한다. 이러한 제약은 새로운 방식을 따르고 즉석에서 무언가를 만들어내도록 학생들을 자극할 수 있다.
여러 학습 활동과 경험을 통해 학생들의 상상력을 자극한다.	- 학습 활동을 학생들의 생활과 관련시킨다. - 학생들이 재미있어 하는 것과 학교 안팎에서 이미 경험했던 것에 기초한다. - 발명품, 문제, 인간적 관심사, 화제의 사건 등과 같은 '흥미로운 출발점'을 이용한다. - 기존에 학습한 것을 창의적으로 적용할 수 있는 기회를 모색한다. - 창의적인 사람들을 찾아가서 만나는 직접 체험의 기회를 제공한다. - 개인적인 경험과 감정을 돌아보고 함께 나눌 수 있는 기회를 준다.
학생들이 협동할 수 있는 기회를 제공한다.	- 협동할 수 있는 활동을 구성한다. - 학급 친구들은 물론 다른 연령대의 학생들과 함께 활동할 수 있는 기회를 준다. - 각 그룹 내 개인들의 요구에도 초점을 맞춘다. - 협동하는 과정을 주의 깊게 관찰하고 감독한다.

출처: QCA(2005).

〈표 8-6〉 수업을 진행할 때

성공의 기준을 설정한다.	- 학생들이 자신이 하고 있는 것을 판단할 수 있는 기준, 특히 독창성과 가치에 있어서의 '기준'을 발달시키도록 돕는다. - 다른 학생들이 하고 있는 것이 매우 다양하고 다른 특성을 가지고 있음을 알고 자신과는 다른 방법이나 방식의 가치를 이해하도록 돕는다.
예기치 않았던 학습 기회를 이용한다.	- 원래 세웠던 학습 목표에서 벗어나지 않으면서 '학생들의 아이디어'를 적극적으로 따른다. - 예기치 않았던 사건을 최대한 활용한다(이는 학생들로 하여금 잘 모르는 것에 대한 두려움을 극복하도록 도와줄 수 있고, 문제 해결 기술을 발달시킬 뿐 아니라 풍부한 상상력을 자극한다). - 학습을 위해 더 효과적이라고 판단되는 순간이 있다면 수업 계획안은 잠시 보류하고 그러한 상황대로 수업을 진행한다.
학생들에게 개방적 질문을 하고 비판적으로 사고할 수 있도록 격려한다.	- '만일 ~한다면?', '왜 ~할까?', '너라면 어떻게 하겠니?' 등의 질문을 통해 학생들이 다른 관점에서 사물을 바라보고 '새로운 아이디어'를 생각해낼 수 있도록 돕는다. - 아이디어에 대한 '개방적 태도'를 격려한다. - 한꺼번에 정답을 주지 않고 대신 유용한 조언을 제공한다. 필요하다면 융통성 있고 독립적인 '사고와 행동의 본보기'를 보여준다.
학생들이 하고 있는 것을 정기적으로 검토한다.	- 수업 도중에 정기적으로 학습 진행 상태를 점검하도록 하며, 학생들이 직면한 문제는 무엇이고 어떻게 해결할 수 있는지 토론하도록 한다. - 학생들이 학급 동료들과 아이디어를 나누고, 스스로 진행 상황에 대해 이야기할 수 있도록 한다. - 학생들이 서로 건설적인 피드백을 주고받을 수 있도록 돕는다(자신감과 의사소통 기술이 반드시 필요하다). - 자기 자신의 아이디어보다 다른 사람들의 아이디어가 더 좋다고 생각한다면 그러한 아이디어를 추진할 수 있도록 한다.

출처: QCA(2005).

2) 창의성: 발견 및 촉진 수업 사례

'창의성의 발견 및 촉진 방법'은 학교의 다양한 교과를 넘나들며 사용할 수 있는 일반적인 방법이다. 이제 이러한 기술과 방법들이 실제 수업 장면에서는 어떻게 나타나는지, 교사들은 어떻게 학생들의 창의성을 발견하고 촉진할 수 있는지, 특정 교과의 교수-학습 사례들을 통해 살펴보자.

◈ 수업 사례 1: 산성 검사

- 대상: 중학교 2학년
- 과목: 과학
- 주제: 산과 염기

⇨ Find it!: 질문하기, 도전하기, 어떠할지 미리 내다보기

⇨ Promote it!: 수업 계획에서 벗어났을 때 이를 다른 학습의 기회로 삼기, 독립적으로 생각하도록 격려하기

- 수업 내용: 산성과 알칼리성 지시약의 반응 색을 가르치는 수업을 할 때 교사는 우선 지시약의 반응으로 나타나는 색의 변화를 관찰하게 했다. 이 수업의 목표는 '지시약의 반응 색을 알고 실험의 과정과 결과를 바르게 해석'하는 것인데, 교사는 학생들에게서 다음과 같이 창의성을 발견하고 촉진했다.

⇨ Find it!: 지시약을 다양한 용액에 넣어보던 중, 탐구심이 많은 샘이 산성과 알칼리성을 혼합한 후 지시약을 넣으면 어떻게 될 것인지에 대해 질문했다. 몇몇 다른 학생들도 샘의 아이디어에 흥미를 가지고 혼합물을 만들고 싶어 했다. (샘의 질문은 호기심과 정해진 규칙에 도전하며 스스로 탐구 방법을 고안해내려는 의지를 잘 보여주고 있다.)

⇨ Promote it!: 산과 염기에 대한 교사의 원래 수업 계획은 지시약을 다양한 용액에 넣어보는 실험을 한 후 중화 반응으로 넘어가는 것이었다. 따라서 샘이 질문한 대로 수업을 한다면 애초의 계획과는 다른 수업이 될 수 있는 상황이었다. 그러나 교사는 학생의 관심사에 맞추어 원래의 수업 계획을 변경하기로 했다. 그는 샘에게 직접 산성과

알칼리성 용액을 혼합해 실험을 해보도록 했으며, 학급 전체가 같은 실험을 하게 되었다(교사는 원래의 수업 계획에서 벗어나더라도 수업을 좀 더 창의적인 방향으로 이끌었다).

⇨ Promote it!: 소피는 실험 결과 '반응한 색이 일정하지 않고 왜 모두 다른지'를 질문했다. 교사는 소피의 질문에 곧바로 대답하지 않고 다른 학생들의 의견을 물어보았다. 대부분의 학생은 매우 흥미로워하면서 가능한 생각들을 서로 이야기한 후, '만약 ~라면?'의 질문을 하기 시작했다(교사는 소피의 질문에 바로 대답하지 않고, 한 걸음 물러서서 학생들이 스스로 생각할 수 있도록 장려했다).

⇨ Find it!: 소피의 질문에 관해 토론을 한 후에, 스테판은 "아마 각기 다른 양의 산성과 염기성 용액을 사용했기 때문일 거야. 우리가 모두 같은 양을 사용한다면 색은 모두 같게 나오겠지."라는 제안을 했다(학생들은 여러 가지 가능성을 생각하고 질문했다. 스테판은 동일한 양의 산성과 알칼리성 용액을 섞는 방법을 생각해냈다).

⇨ Promote it!: 교사는 수업의 흐름을 이어나갔으며 스테판의 제안에 대한 실험을 해보도록 했다. 학생들은 같은 양의 산성 용액과 알칼리성 용액을 섞어 지시약을 넣어보았으며, 결국 모두가 약산성을 나타내는 노란색을 얻게 되었다(교사는 계속해서 융통성 있는 태도로 학생들에게 실험할 수 있는 '시간'과 '자원'을 제공했다).

⇨ Find it!: 스테판은 또 다른 의문을 가졌는데, 그것은 산성과 알칼리성을 같은 양만큼 더했는데 왜 중간색인 초록색이 나오지 않을까 하는 것이었다. 이 질문에 대해 다시 열띤 토의가 벌어졌다. 마침내 앤드류는 아마 산성과 알칼리성의 농도가 서로 다르기 때문일 것이라고 제안했다(스테판의 집요한 질문은 창의적 사고의 한 면을 잘 보여준다).

◈ 수업 사례 2: 태양과 하나님의 대화

- 대상: 초등학교 5학년
- 과목: 국어
- 주제: 문학(소설과 시): 단어와 문구의 선택에 따라 달라지는 시적 느낌
  - ⇨Find it!: 질문하기, 도전하기, 연결하고 관련성 찾기, 어떠할지 미리 내다보기, 아이디어·행동·결과에 대해 비판적으로 숙고하기
  - ⇨Promote it!: 창의적인 사고를 하기 위한 학습 환경 만들기, 개방적이며 건설적인 토의 고무하기, 학생들이 독립적인 생각과 도전에 자신감 갖게 하기

- 수업 내용: 한 해 동안 교사는 시에 관해 읽고 이야기하는 데 많은 시간을 할애해왔으므로 이번 수업에서는 학생들에게 새로운 방법을 이용해 시를 쓰는 기회를 제공하고자 했다. 교사는 학생들에게 마음을 비우도록 하고, 어떤 이미지를 떠올리고 그것을 시각화한 후 써보도록 함으로써 시에 나타나는 이미지의 순서를 탐색해보도록 계획했다.

  교사는 학생들에게 어떤 시들은 상상적인 아이디어의 원천으로서 '꿈'을 사용하기도 한다고 설명함으로써 수업을 시작했다. 그런 다음, 그는 테드 휴스Ted Hughes의 책 『시 쓰기*Poetry in the making*』(1967)의 일부분을 읽어주었는데, 그 내용은 시를 쓸 때 무엇을 쓸지 생각하는 것보다 무엇을 쓸지 느껴야 한다는 제안에 관한 것이었다. 이 수업 동안 교사는 다음과 같이 학생들의 창의성을 발견하고 촉진했다.
  - ⇨Promote it!: 교사는 학생들의 마음을 편안하게 풀어주는 방법을 사용한 후 수업에 집중할 수 있도록 했다. 학생들은 고개를 숙이거나 책상에 기대고 눈을 감은 채 휴식을 취했다. 교사는 학생들에게 마음

을 비우고 떠오르는 이미지에 집중하게 했다. 그리고 학생들에게 머릿속 이미지가 선명해지기 전까지 시를 쓰지 말라고 했으며, 시를 쓰는 동안에도 이미지에 계속 집중할 것을 요구했다(교사는 조용하게 생각하고 집중할 수 있는 수업 분위기를 조성함으로써 학생들이 마음속의 눈으로 이미지를 볼 수 있도록 격려했다).

⇨ Find it!: 처음에는 몇몇 학생이 집중하는 것을 어려워하고 웃기 시작했다. 그러나 교실은 다시 조용해졌으며, 학생들은 집중하기 시작했다. 교사는 학생들이 스스로의 생각에 따라 시를 쓰도록 충분한 시간을 주었으며, 그러한 활동에 개입하지 않았다(학생들은 시를 씀으로써 자신만의 상상적인 아이디어를 발견할 수 있었다).

⇨ Promote it!: 집중해 글을 쓰는 과정을 거친 후, 교사는 학생들에게 초고를 읽게 했다. 각 학생의 시를 들은 후, 교사는 운율이 잘 표현된 행과 선명한 이미지를 보여주는 부분을 골라내도록 장려했다(교사는 개방적인 토론을 하도록 함으로써 학생들이 자신과 다른 학생들의 시를 비판적으로 생각할 수 있도록 도와주었다).

⇨ Find it!: 학생들은 자기가 쓴 시의 진정성을 비판적으로 돌아보고, 여러 피드백에 대해 생각해볼 기회를 가졌다(학생들은 시의 독창성에 대해 서로에게 건설적인 조언을 하고, 피드백을 수용하여 자신의 시를 수정했다).

⇨ Find it!: 몇몇 학생은 훌륭한 상상력을 보여주는 아주 멋진 시를 창작했다. 한 학생의 작품은 매우 독특해서 두드러져 보였다. 대부분의 학생은 시각적인 이미지로 시를 쓰기 시작했는데, 초등학교 5학년인 카트리나는 다음과 같이 '태양과 하나님의 대화'를 시의 형태로 표현하고자 했다. 최근 종교 수업에서 많은 영감을 받은 카트리나는 세상에 대한 어려운 질문들을 시로 표현했다(카트리나의 시 쓰기는 '개인적인 창의성'에 관한 매우 좋은 예라고 할 수 있다. 이 학생은 자신만의 방식대로 자

신감과 독립성을 가지고 시를 썼다. 시를 쓰는 동안 카트리나는 학교에서 읽었던 시와 종교 수업 시간에 가졌던 의문을 연결 지었다. 카트리나는 '하나님'과 '태양'의 이미지를 연결해 이들 사이의 대화를 고안해냈다).

태양과 하나님의 대화

"우리는 정말 완벽한 세상에 살고 있어요. 그렇지 않은가요?" 태양이 말했습니다. "그렇지." 하나님이 말씀하셨습니다.

"그런데 저 아래 세상에서는 무슨 일이 일어나고 있는 건가요?" 태양이 물었습니다. "신경 쓰지 마라." 하나님이 말씀하셨습니다.

"신경이 쓰여요." 태양이 말했습니다. "신경 쓰지 마라. 만일 내가 하루 종일 '불사조가 다음에는 무엇을 공격할지' 걱정하고 있다면 그건 시간 낭비일 뿐이란다." 하나님이 말씀하셨습니다.

"하나님, 제 이야기도 한번 들어보시는 게 어때요? 가뭄이 지구를 덮쳤을 때, 하나님은 체스 놀이에 더 관심이 있으셨어요. 순진무구한 아이가 죽었을 때 저는 간절히 기도했어요. 하지만 하나님은 도와주지 않으셨고 신경 쓸 것 없다고 말씀하셨잖아요." 태양이 말했습니다. "네가 감히 나에게 어떻게 그렇게 말할 수 있느냐?" 하나님이 말씀하셨습니다.

"저는 다만 하나님의 가르침대로 따르겠습니다." 태양이 말했습니다.

하나님은 먼지처럼 사라졌습니다.

태양은 곤혹스러운 얼굴이 되었습니다.

영국 교육과정평가원에서 제시한 '창의성 발견 및 촉진 방법'은 구조화된 기법이나 창의성 발달을 위한 특수 활동들을 새롭게 개발한 것이 아니라, 기존의 교육과정을 이용해서 창의성을 증진시키는 방법에 초점을 두고 있다. 이는 실제 교수–학습 상황에서 흔히 나타나는 학생들의 질문이나 다양한 생각들에서 창의성을 발견하고, 학생들의 창의성을 증진시키기 위해 교사가 어떻게 수업을 계획하며 진행할 수 있는지를 보여주는 좋은 모델이 된다.

3. 지식 기반의 학생 창의성 촉진 수업 모형[3]

학생들의 창의성 발현과 촉진을 위해서는 '교과 지식에 대한 이해'가 선행되어야 한다. 크로플리(2007)는 창의성이란 가지고 있는 지식을 재구성하여 지식의 구조를 바꿈으로써 발현되는 것이라고 했고, 스턴버그(1994)는 지식 없이는 문제를 인식하고 본질을 이해하는 데 어려움이 있다고 했다. 소(Soh, 2000)는 기본 지식과 기술을 잘 학습하고 핵심적인 것을 숙련시키는 것이 학생들의 창의성 발현에 중요하다고 했으며, 엘리스와 로런스(Ellis & Lawrence, 2009)는 학생들이 교과 학습을 이해하고, 언어를 통해 이해의 과정이 나타날 때 창의적 학습이 일어난다고 보았다. 영국 교육과정평가원 또한 교사들이 수업을 계획할 때 창의적인 사고 활동을 가능케 하는 지식과 기술 기반의 중요성을 주지할 것을 권고하고 있다(QCA, 2005).

여기서는 조연순 등(2011)의 연구를 중심으로 일반 교과 수업에서 지식을 기반으로 하여 창의성을 촉진시키는 수업의 과정을 시작, 전개, 마무리의 세 단계로 나누어서 사례를 통해 설명하고자 한다. 각 단계에서는 다음과 같은 측면들을 고려한다.

---

3 구체적인 내용은 조연순·정혜영·백은주·최규리·임현화(2011: 609–634)를 기반으로 구성했음.

- 교사가 어떤 상황과 자료들을 제시하는가?
- 교사는 어떠한 발문을 하는가?
- 학생들의 내부에서는 어떤 일이 일어나는가?

1) 수업의 시작: 경험과 연결된 발견적 창의성

수업의 시작 부분에서는 학습 목표나 주제를 미리 알려주지 않고, 학생들에게 친숙한 자료를 다양한 형태로 제시해서 배울 주제가 무엇인지 흥미를 갖고 유추하게 한다. 친숙한 자료들과 함께 주제와 관련된 학습자의 지식이나 경험을 연결시켜주어서 학습자의 흥미를 유발하고, 배우게 될 지식을 내면화할 수 있는 기초를 마련해준다. 교사는 '발문'을 통해 학생들이 자료를 관찰하도록 하고, 상상, 연상, 추론 등과 같은 확산적 사고를 이끌어내어 학생들의 '발견적 창의성'을 촉진시킨다([그림 8-4] 참조). 이와 같은 과정을 담고 있는 수업 사례를 소개하면 다음과 같다.

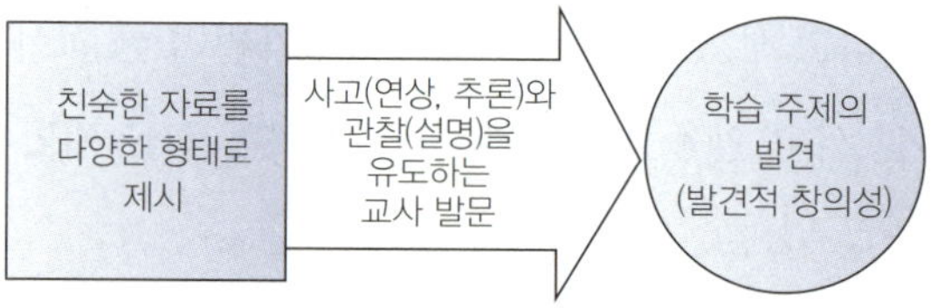

[그림 8-4] 수업 '시작' 단계에서 발현되는 '발견적 창의성'

◈ 수업 사례 1: 친숙한 자료를 통한 학습 주제의 발견

- 대상: 초등학교 1학년
- 과목: 슬기로운 생활

• 주제: 자석의 성질

• 수업 내용: 일반적으로는 수업을 시작할 때 교사가 학생들에게 학습할 주제를 먼저 제시하는데, 박 교사는 학생들의 실생활에서 친숙한 '자석 낚시 장난감'을 사용하여 학습에 대한 학생들의 흥미를 유발하고, 다음과 같이 학생들의 경험과 학습 주제를 연결시켰다.

박 교사: 선생님이 어제 친척집에 갔다가 여러분이 예전에 이런 장난감을 가지고 놀았을 것 같아서 가져와봤어요. (자석 낚시 장난감을 시범 보이며) 이런 장난감 본 적 있어요?

학생들: 네.

박 교사: 뭐하는 거 같아요?

학생들: 낚시.

박 교사: 선생님이 어렸을 때도 가지고 놀았는데 예쁜 색깔의 물고기들이 있더라고요. 이제부터 물고기 낚시를 시작해볼까요? (자석 낚싯대로 물고기를 잡으며) 짜잔, 뭐 잡았어요?

학생들: 오징어.

박 교사: 오징어 한 마리 잡았어요. …… (중략) …… 물고기 잡는 이 낚싯대에 어떻게 물고기가 찰싹 붙을까?

학생들: (웅성웅성) 자석.

이렇게 학습 주제와 관련하여 학생들에게 친숙한 자료들을 제시하고, 연상과 추론을 촉진시키는 발문을 통해 학생들이 스스로 학습 주제를 발견하도록 함으로써 '발견적 창의성'을 촉진시킬 수 있다. 학생들의 경험적 맥락에서 호기심이 충분히 유발된 다음 박 교사는 학생들에게 "앞으로 자석에 대해 공부할 것입니다. 그리고 마지막에는 우리가 공부한 내용을 가지고 여러분이 직접 자석을 이용한 장난감을 만들어볼 거예요."라고 도전 과제 또한 제시했다.

◈ 수업 사례 2: 관찰과 추론을 통한 학습 주제의 발견

- 대상: 초등학교 3학년
- 과목: 과학
- 주제: 물체의 무게
- 수업 내용: '무게'에 관하여 윤 교사는 '마임 활동'을 함으로써 수업을 시작했는데, '가벼운 것을 끄는 모습'과 '무거운 것을 잡아당겨 끄는 것 같은 모습' 두 가지를 보여주고 학생들에게 추론하여 해석해보게 했다.

윤 교사: 무엇을 하는 것 같아요?

학생들: 줄을 잡아당긴 것 같아요.

윤 교사: 줄을 잡아당긴 것 같았다. 그런데 몇 번 잡아당겼죠?

학생들: 두 번.

윤 교사: 두 번 잡아당겼어요. 어떤 것 같았어요?

철 수 : 첫 번째 돌은 가볍고, 두 번째 돌은 무거웠어요.

다 희 : 제 생각에는 (첫 번째는) 마찰력을 줄이려고 아래에 통나무를 깔았던 것 같고 (두 번째는) 안 깔았던 것 같아요.

연 경 : 같긴 같은데, 사용하는 도구가 약간 차이가 있을 거라고 생각해요.

선 우 : 첫 번째 것은 여러 사람이 함께 하는 것 같아요.

윤 교사 역시 수업 시작 시 학습 주제를 직접 제시하기보다는 '마임 방법'을 통해 학생들의 호기심을 불러일으켰고, "무엇을 하는 것 같아요?"라는 개방적 질문으로 수업을 시작했다. 학생들은 게임을 하듯 빠져들면서 교사의 행동을 관찰했고, '무게에 차이가 있었을 것이다', '무게는 같은데 사용하는 도구가 달랐을 것이다', '잡아당기는 사람들의 수가 달랐을 것이다' 등 다양한 의견들을 제시했다. 학생들은 관찰하고 있는 현상에 대한 여러 가지 추론을 통해 결국 '힘'이라는 학습 주제를 발견하게 되었다.

2) 수업의 전개: 지식의 내면화와 해석적 창의성

수업의 전개 과정에서도 교사가 지식을 일방적으로 설명하기보다는 자료 탐색을 통해 특정 개념을 이끌어내거나 다른 개념들과 비교하면서 개념의 특성을 찾아내게 하여 학생들이 '지식의 내면화'를 이루어내도록 한다. 이 과정에서 학생들로 하여금 은유, 추론, 비교, 분석과 같은 사고를 이끌어내게 하는 발문을 함으로써 '해석적 창의성'을 촉진시킬 수 있으며, '발견적 창의성' 또한 발현되도록 할 수 있다.

[그림 8-5]에서 보듯이 교사는 여러 가지 자료들을 자세히 관찰할 수 있도록 발문을 통해 사고를 촉진함으로써 학생들이 지식을 탐색하게 한다. 수업의 전개 과정에서 나타나는 이러한 교수-학습의 특성을 사례들을 통해 살펴보면 다음과 같다.

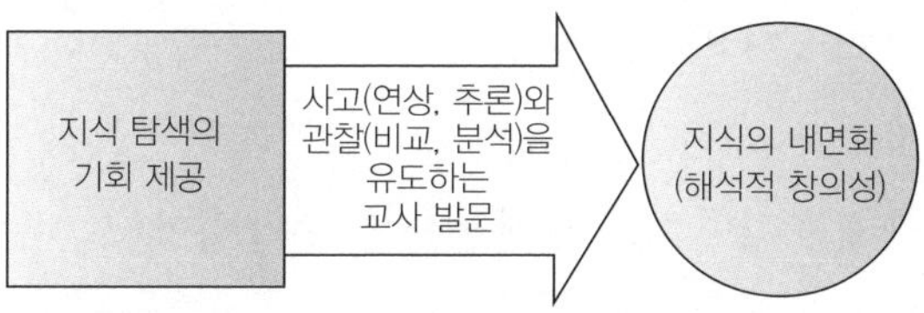

[그림 8-5] 수업의 '전개' 단계에서 발현되는 '해석적 창의성'

◈ 수업 사례 3: 탐색을 통한 지식의 내면화

- 대상: 초등학교 1학년
- 과목: 슬기로운 생활
- 주제: 자석의 성질
- 수업 내용: 앞 사례의 시작 단계에서 '자석'에 관해 학습하게 될 것을 발견하게 한 다음, 교사는 여러 가지 물체와 자석을 학생들에게 나눠주고 자유롭게 실험을 하게 했다. 학생들은 '클립이나 못, 쇠구슬 등은 자석에 붙고, 풍선이나 연필, 유리구슬, 동전 등은 자석에 붙지 않는다'는 사실을 발견했다.

  이어서 교사는 "시간을 더 줄 테니 자석에 붙는 것은 어떤 공통점이 있는지 찾아보세요."라고 제안하여 학생들이 '자석의 성질'을 발견하도록 다음과 같이 이끌어주었다.

박 교사: 그럼, (자석에) 붙는 것들은 어떤 특징이 있는 것 같아요? 누가 이야기해볼까?

미 연 : '쇠'로 된 게 자석에 붙는 것 같아요.

박 교사: 쇠로 된 게 자석에 붙는 것 같아요? 혹시 안 붙는 것 중에서 쇠로 된 거 있나요?

학생들: 네.

박 교사: 안 붙는 거에 쇠로 된 게 있어요? 뭐가 있어요?

학생들: 동전요.

박 교사: 자, 그럼 선생님이 문제를 내볼게요. (자석에) 붙을지 안 붙을지 생각해보세요. 머릿속으로 생각해보세요. (여러 물체를 들어올려 보여주며) 금목걸이, 시계, 금반지. 붙을까? 그러면 가위는 붙을까요? 여러

분이 미술 시간에 많이 쓰는 모루는 붙을까요? 그리고 마지막으로 음료수 캔, 자는 어떨까요? 각자 자기 생각을 이야기해봅시다. 이 중에서 어떤 게 붙을 것 같아요?

학생들: '금목걸이'가 붙을 것 같아요.

…… (중략) ……

박 교사: 오늘 우리가 자석이 뭔지 배웠는데, 자석에 붙는 물건, 붙지 않는 물건 중 붙는 물건의 특징은 뭘까요?

학생들: '철'로 되어 있다.

수업의 전개 과정에서 교사는 금이나 알루미늄과 같은 금속을 제시하여 '금속 중에서도 철이 포함되어 있는 물체만이 자석에 붙는다'는 일반화를 이끌어 내었다. 또한 학생들은 주변의 물체를 이루고 있는 물질들을 분리해서도 생각할 수 있게 되었는데, 가위의 경우 철로 된 가윗날 부분은 자석에 붙지만 플라스틱으로 된 손잡이 부분은 붙지 않으며, 눈에 보이지 않아도 털실 속에 철이 있는 모루는 자석에 붙는다는 사실을 유추해낼 수 있었다. 이후 교사는 두 장으로 된 유리판 사이에 철가루를 뿌리고 판 위에서 자석을 움직이며 철가루의 모양이 어떻게 달라지는지 관찰하게 함으로써 자석의 성질에 관해 충분히 이해하고 '내면화'하도록 이끌었다(4장 4절에서 소개되었음). 또한 철가루의 모양에 대한 관찰을 통해 학생들이 여러 가지 표현을 하게 함으로써 다양한 '해석적 창의성'을 촉진시켰다.

◈ 수업 사례 4: 은유를 통한 지식의 내면화

- 대상: 초등학교 5학년
- 과목: 사회

• 주제: 우리 경제의 성장과 과제[4]

• 수업 내용: 경제 활동에 대한 학습 활동을 한 후 전개 과정에서 학생들에게 경제란 무엇인지 은유적으로 표현해보도록 했는데, 학생들은 경제의 하위 개념들을 나름대로 해석하여 다음과 같이 '은유적 생각'을 표현했다.

조 교사: 오늘 배워본 걸 토대로 "저는 '경제'는 이런 거 같아요."라고 말해볼 사람? 어느 모둠이 가장 톡톡 튀는 아이디어를 내나 한번 들어볼게요. 자, 어느 모둠이 제일 먼저 해보겠습니까?

5모둠 : '경제'는 '뿌리'이다.

조 교사: 뿌리? 자, 왜 뿌리라고 했나요?

5모둠장: 경제라는 나무 아래에 '생산, 소비, 유통'이라는 뿌리가 있고요, '자원'과 같은 잔뿌리들이 있어요.

조 교사: 네, 오늘 배운 모든 걸 합치면 한 그루의 나무가 되기 때문에 경제를 뿌리로 생각했대요. 5모둠 아이디어 좋았어요. 또 다른 모둠?

3모둠 : 경제는 '마을버스'이다.

조 교사: 경제는 마을버스래요. 왜 그렇게 생각했는지 누가 설명해볼까요?

3모둠장: 마을버스는 계속 도는 것이잖아요. 그러니까 우리가 '생산'과 '공급'을 하고요, '유통'을 하고 '소비'하고, 그런 식으로 길게 '코스'가 있으면서 '정거장'이 있고, 계속 돌고 도는 게 경제인 것 같아요.

조 교사: 네, 생산을 해서 소비자에게 오기까지, 오게 되는 과정에 거쳐야 되는 부분들이 있죠? 그 모든 것을 '정거장'이라고 생각하고 경제를 '마을버스'라고 생각했어요. 자, 그다음?

6모둠 : 경제는 '예능'이다.

4 본 사회과 내용은 국가교육과정에서는 6학년에 해당되나 수업을 진행한 E초등학교는 재구조화된 학교 교육과정을 운영하고 있어 5학년 수업에서 진행되었다.

조 교사: 예능? 왜요?

6모둠장: 왜냐면 그 예능 프로그램 같은 거 보면요, 원래 주어진 대본은 있는데 그 상황에 어떤 일이 일어날지 모르는 거잖아요. 그런 거 같이 경제도 한동안 어떤 일이 일어날지 아무도 모르는 거잖아요.

조 교사: '생산과 소비' 과정이 어떻게 굴러갈지 우리가 예측하기가 어려울 거예요. 자, 그래서 그런 표현을 했네요. 좋은 아이디어예요.

이와 같이 학생들 스스로 지식을 발견하고 내면화하는 과정은 학교 교육의 맥락에서 발견되고 촉진될 수 있는 학생 창의성의 중요한 측면으로서(Kaufman & Beghetto, 2009; Runco, 2003), 베게토 등(Beghetto, Kaufman & Baer, 2015)이 그들의 책에서 작은 창의성little-c의 사례로 소개하기도 했다. 이러한 과정에서 교사는 탐색할 자료를 제공해주고, 학생들이 현상을 상세하게 관찰하여 다양한 시각을 가질 수 있도록 하며, 더 발전적인 사고를 할 수 있도록 발문을 통해 이끌어주는 지속적인 안내를 해야 한다.

3) 수업의 마무리: 지식의 외현화와 통합적 창의성

수업의 마무리 부분에서는 새로운 문제 상황을 제시하여 학생들이 내면화된 지식을 실생활 맥락에 다양한 방법으로 적용함으로써 지식을 '외현화'하도록 한다. 또한 실행했던 활동들을 반성을 통해 성찰해보게 한다. 이 과정에서도 교사가 학생들의 상상, 분석, 유추 등의 다양한 사고를 이끌어내어서 '통합적 창의성'을 촉진시킬 수 있다([그림 8-6] 참조).

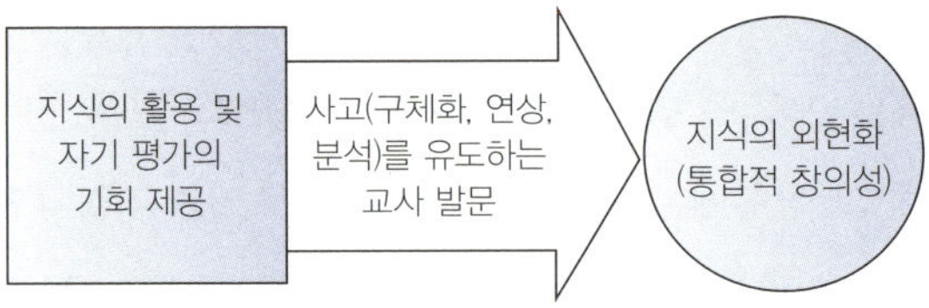

[그림 8-6] 수업 '마무리' 단계에서 발현되는 '통합적 창의성'

◈ 수업 사례 5: 산출물 제작을 통한 지식의 외현화

- 대상: 초등학교 1학년
- 과목: 슬기로운 생활
- 주제: 자석의 활용
- 수업 내용: 앞서 사례로 제시한 '슬기로운 생활' 수업에서 '자석의 성질과 원리'를 학습한 후 마무리 단계에서는 '자석을 이용한 장난감 만들기'라는 과제를 제시하여 학생들이 모둠별로 작품을 만들어내도록 했다.

박 교사: 오늘은 여러분이 그동안 배운 '자석의 성질'을 이용하여 모둠별로 원하는 장난감을 만들려고 합니다. 어떤 장난감을 만들지 모둠별로 의논해보세요. 자석의 어떤 성질을 이용하고 싶어요?

1모 둠 : '밀어내는 성질'이요.

박 교사: 밀어내는 성질, 좋아요.

1모 둠 : 빙글빙글 도는 회전목마.

박 교사: 오, 좋다. 그러면 자석은 어디다 붙일 거야?

1모둠장: 자석은 여기 놀이기구 옆에 붙여서……

박 교사: 오, 그래요? 그럼 해봅시다.

2모 둠 : 우리는 '물 위에 떠 있는 배'를 만들 거예요.

박 교사: 좋아요. 배를 만들려면 자석은 어디에 붙일지, 어떤 재료로 만들지도 생각해보도록 하세요.

학생들은 자석으로 장난감을 만들기 위해 모둠별로 아이디어를 제시하고, 여러 가지 시행착오를 거쳐 드디어 자석의 성질을 활용하여 [그림 8-7]과 같은 창의적인 작품을 모둠별로 제작하게 되었다. 작품의 제작 과정에서 교사는 모둠별 활동을 모니터링하며 '무엇을 어떻게 만들 것인지', '왜 그렇게 만들 것인지' 계속해서 질문하여 학생들이 배운 지식을 적용하게 하고, 사고를 촉진시키는 역할을 했다.

[그림 8-7]의 (a)는 바닷속 기둥과 배를 자석으로 붙인 후에 다른 자석의 척력을 이용하여 배를 움직이도록 고안한 것이고, (b)는 철봉에 매달린 사람의 발에 자석을 붙여 인력을 이용해서 철봉을 넘게 만든 학생들의 작품이다.

(a) 동글동글 물속의 배　　　(b) 철봉 놀이

[그림 8-7] 학생들이 자석을 활용하여 만든 장난감의 예

◈ 수업 사례 6: 반성적 사고를 통한 지식의 외현화

- 대상: 초등학교 5학년
- 과목: 사회
- 주제: 우리 경제의 성장과 과제
- 수업 내용: 앞의 사례에서 제시한 5학년 사회과 수업에서는 경제 활동에 대한 개념들을 학습하고 난 다음 단계로 학생들에게 장터를 직접 운영하는 경제 활동을 체험하게 하여 실제적인 지식 활용의 기회를 주었으며, 마무리 단계에서는 일련의 과정과 결과에 대해 반성하고 토의하는 시간을 다음과 같이 갖게 했다.

조 교사: 여러분이 장터 운영을 해본 과정들을 한번 되돌아보면서 우리가 좀 더 보충할 부분은 없는지, 또는 '이 부분은 너무나 잘했다'라든지 그런 평가 과정을 한번 가져보겠습니다.

성 우 : 저는 '가격 결정'하는 것이 기억에 남는데요. 왜냐하면 너무 비싸면 사람들이 안 사고, 너무 싸면 너무 많이 팔려서 또 다음 번에는 팔 게 없잖아요. 그런 가격 조정하는 회의하는 게 재미있었어요.

다 연 : 저는 '물건 진열'이랑 '서비스 방법'을 알아보는 게 인상 깊었는데요. 왜냐하면 우리 팀이 물건이 별로 없어서 그걸 어떻게 하면 더 튀게 할까, 그리고 어떻게 하면 손님이 더 몰려오게 할까 그거를 생각하면서 그 물건을 진열했는데, 그게 인상 깊었어요.

조 교사: 그렇군요. 여러분이 '진열 방법'을 의논해서 계획서를 썼던 것이 생각나죠? 그런데 그 '계획'이 정말 실제적으로 그 장소에 가서 진열했을 때랑 똑같게 이루어졌어요?

이러한 마무리 단계를 통해 학생들은 계획과 실제에서 일어났던 어려움들에 대해 이야기하고, 왜 그런 일들이 생기게 되었는지 분석했다. 이렇게 학습한 개념의 '활용'과 '반성을 통한 성찰' 활동은 학생들이 내면화된 지식을 외현화할 수 있도록 이끌었다. 이 과정에서도 교사의 발문과 안내는 중요한 역할을 하는데, 학생들이 학습한 개념을 새로운 상황에 다양하고 독창적으로 적용할 수 있도록 함으로써 '통합적 창의성'을 촉진시키며, 다음 수업에 대한 호기심도 지속적으로 유지시킬 수 있다. 이러한 단계들은 새로운 개념이나 일반화, 원리들을 배울 때 활용하는 것이 효과적이며, 또 다른 새로운 지식을 배울 때에는 [그림 8-8]과 같이 다시 연속되는 '순환적 과정'이 된다.

이러한 수업의 전 과정에서 '학생 창의성을 촉진시키는 교사의 역할'[5]을 학생들이 지식을 내면화하는 과정과 외현화하는 과정으로 나누고, 인지적·정의

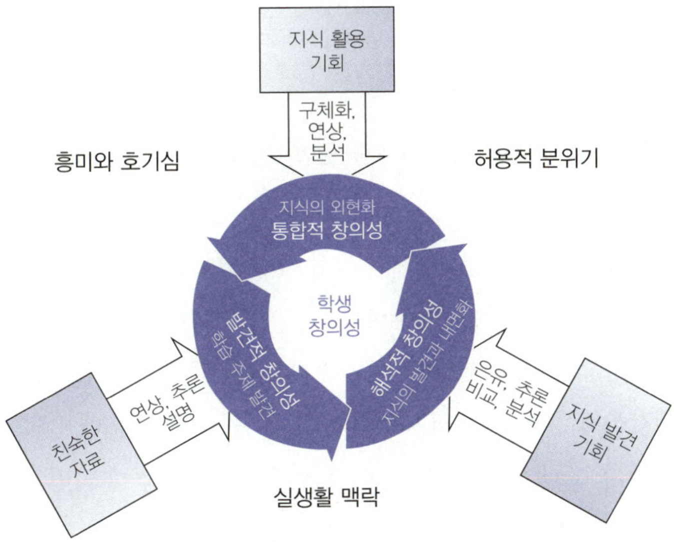

[그림 8-8] 학생 창의성 촉진 교수-학습 모형

5 구체적인 내용은 조연순·최규리·조영은(2012: 137-164) 참조.

〈표 8-7〉 내면화 과정에서 학생 창의성을 촉진하는 교사 역할

범주	교사 역할
인지	• 사고를 촉진하는 개방적 질문과 점진적인 발문하기 • 상상, 비유, 오감 활용의 기회 주기 • 생각이나 느낌을 몸으로 표현해보게 하기 • 자신의 언어로 표현하고 생각에 대한 이유 설명하게 하기 • 비구조화된 문제를 주고 문제 상황을 재구조화하는 기회 주기 • 경험을 활용하여 추론하거나 자료를 보고 상황을 유추하게 하기 • 관계 찾기, 다른 영역과 연관시키기, 마인드 맵 활용하기, 브레인스토밍하게 하기 • 규칙을 발견하고 자신만의 기준으로 분류하거나 비교·탐색하게 하기
정의	• 내적 동기를 유발하고 감정 이입해보게 하기 • 긍정적 피드백 주기, 학생들과 유대감 형성하기 • 정답이 없음을 강조하고 모호함 속에서 시행착오를 겪어보도록 하기 • 개방적 태도로 다양한 의견 수용하기 • 단순 흥미 위주의 엉뚱함에는 엄격한 태도 취하기
환경	• 부분에서 전체로 확장되는 자료 제시하기 • 실물이나 영상 자료 제시하기 • 수업 자료에 제약을 주지 않고 학생들에게 선택의 기회 제공하기 • 충분히 생각하고 모둠 간 의사소통할 기회 주기

적·환경적 측면의 범주로 나누어 살펴보면 〈표 8-7〉, 〈표 8-8〉과 같다.

조연순 등(2011)의 '지식 기반의 창의성 촉진 모형'은 일반적인 수업의 흐름 안에서 지식을 내면화시키도록 하면서 동시에 학생들의 창의성을 촉진시키는 방법을 안내하고 있다. 이러한 방법은 '지식 교육'과 '창의적 사고력 교육'을 분리하여 생각하지 않고, '지식의 내면화와 외현화가 이루어질 때 창의적 사고력 또한 발현될 수 있다'는 기본 전제를 지닌다.[6] 따라서 이러한 방법을 시도하기 위해서는 교사가 학생들이 현재 가지고 있는 지식의 구조 및 범위와 관련된 '경험 및 자료'가 무엇인지 탐색하여 사전에 준비를 하고, 각 과정에 적절한 발

6 구체적인 내용은 1부 4장 참조.

〈표 8-8〉 외현화 과정에서 학생 창의성을 촉진하는 교사 역할

범주	교사 역할
인지	• 새로운 상황이나 문제를 제시하고 주제에 대해 생각할 기회 주기 • 교과 통합 주제를 제시하고 다양한 형태로 통합해볼 수 있는 기회 주기 • 경험과 연계하거나, 다양한 방법으로 시도할 수 있도록 발문하기 • 새로운 전략 구성을 제안하기 • 추론 등을 통해 생각의 재구성 기회 제공하기 • 다양한 방법(시, 그림, 몸동작 등)으로 표현할 기회 주기 • 자신의 아이디어를 구현하거나 작품을 제작할 수 있는 기회 주기 • 학생 스스로 새로운 문제를 만들어볼 수 있는 기회 주기 • 마인드 맵, 브레인스토밍, 브레인라이팅 등 창의적 기법 활용하기
정의	• 교사 스스로 활동에 참여하거나 흥미를 보이기 • 판단을 유보하고 창의성 격려하기 • 흥미와 호기심을 가질 수 있도록 내적 동기 부여하기 • 활동에 대한 제한을 분명히 하고 창의적 노력에 대해서는 격려와 보상하기
환경	• 충분한 계획 시간 부여하기 • 상호 존중과 수용적 분위기 조성하기 • 모둠 간 자유로운 의사소통의 기회와 선택 기회 부여하기

문과 안내를 통해 다양한 종류의 창의적 사고를 이끌어낼 수 있어야 한다. 이 수업 모형은 새로운 개념이나 원리, 일반화 등을 도입하여 새로운 상황에 적용하기까지의 전 과정에 적용할 수 있다.

요약

전문 분야로 갈수록 해당 영역에서의 창의성이 요구된다. 이 장에서는 학교에서 다루는 교과 내용을 기반으로 창의성을 신장시킬 수 있는 교육 방법들과 모형을 소개했다.

- **사고와 교과 내용의 융합 수업**(Swartz & Parks, 1994) 교육과정 맥락 속에서 사고 기술을 직접적으로 가르치기 위한 목적으로 개발된 이 수업 방법은 교과 내용에 융합해야 할 중요한 사고 기술로서 '아이디어 생성 기술(창의적 사고)', '아이디어 명료화 기술(명료화 및 이해)', '아이디어의 합리성을 평가하는 기술(비판적 사고)'을 명시하고, 이러한 사고 기술이 상호 연결되어 복합적으로 나타나는 사고 영역으로 '의사 결정'과 '문제 해결' 방법을 제시한다.
- **창의성 발견 및 촉진 방법**(QCA, 2005) 영국에서 국가 교육과정을 통해 학생들의 창의적 사고와 행동을 신장시킬 목적으로 개발한 지침으로서 학교에서 교사들이 학생들의 창의성을 어떻게 '발견'하고 '촉진'시킬 수 있는지 안내하며, 수업의 실례를 소개한다.
- **지식 기반의 학생 창의성 촉진을 위한 수업 모형**(조연순 외, 2011) 교과 수업을 통해 학생들의 창의성을 촉진시킬 수 있는 교수-학습 과정을 세 단계로 나누어 제시한다. 수업의 '도입 단계'에서는 배울 주제가 무엇인지 학생들이 스스로 발견하도록 하는 과정 속에서 '발견적 창의성'을 유발시키고, '전개 단계'에서는 지식을 탐색하고 '내면화'하는 과정에서 '해석적 창의성'을 촉진시키며, '마무리 단계'에서는 새로운 문제 상황을 제시하여 내면화된 지식을 적용함으로써 '외현화'하는 과정에서 '통합적 창의성'을 촉진시킨다. 이 모형은 '새로운 개념이나 원리, 일반화' 등 교과의 기본 지식을 배우는 상황에서 순환적으로 적용될 수 있다.

토의 과제

1. 이 장에서 소개된 교육 방법들은 모두 '교과 교육' 내에서 창의성 교육을 시도하고자 했다는 점에서 공통점이 있다. 그러면 이들 간의 차이점은 무엇인가?
2. 이 장에서 소개한 교육 방법들을 활용하여 실제 '수업 계획'을 세워서 적용해보자. 실행 과정에서 어떤 문제점이 발견되는가? 또한 실행 결과, 해당 교과에서 요구되는 창의성이 신장되는가? 교과에 따라 혹은 연령에 따라 각 방법의 어떤 측면이 달라져야 하는가? 각 방법의 문제점은 무엇인가?

제9장

창의적 문제 해결력 교육 모형 및 방법

이 장에서는 창의적 문제 해결이 필요한 실제 상황이나 학교에서 창의적 문제 해결력을 기르기 위해서 활용할 수 있는 교육 모형들에 대해 살펴보기로 한다. 문제 해결의 각 단계에서는 7장에서 제시한 일반적인 창의적 사고 기법들을 활용할 수 있다.

1. 창의적 문제 해결 모형(CPS)[1]

오즈번(1952)은 7단계로 이루어진 '창의적 문제 해결을 위한 모형CPS'을 최초로 개발했는데(버전 1.0), 이 모형은 여러 번의 수정 과정을 거치면서 교육과 산업의 다양한 분야에서 가장 많이 활용되고 있다. 현재는 미국 창의성 교육재단Creative Education Foundation: CEF에서 계속하여 수정·보급하고 있다. 'CPS'란 'Creative Problem Solving'의 약자로서 '창의적 문제 해결'이라고도 한다. 일반적으로 사용되는 용어인 창의적 문제 해결과 혼동되어 사용되는 경

1 구체적인 내용은 Creative Education Foundation(2015) 참조.

우가 있으므로 여기에서는 CPS로 지칭하고자 한다. CPS의 목적은 기회와 도전을 인식하게 하고 아이디어를 자극하는 문제를 제시하여, 문제와 관련된 다양한 아이디어를 생성·선택·분석함으로써 가능한 해결책을 행동에 옮길 구체적이고 자세한 계획을 설계하도록 하는 것에 있다.

1) CPS의 특성

CPS는 그동안 여러 버전으로 수정되어왔는데, 최근 미국 창의성 교육 재단에서 수정한 모형은 [그림 9-1]과 같다. 이 CPS는 우선 도전적인 질문을 통해 '문제를 정의'하고, 도전 질문에 대한 '아이디어를 생성'하며, 생성된 아이디어들을 평가하여 '해결책을 개발'하고, 선택한 해결책을 실행하기 위한 '지원과 활동들을 계획'하는 일련의 단계를 거치는 순환적인 과정을 설정하고 있으며, 각 단계에서는 확산적 사고와 수렴적 사고를 활용한다.

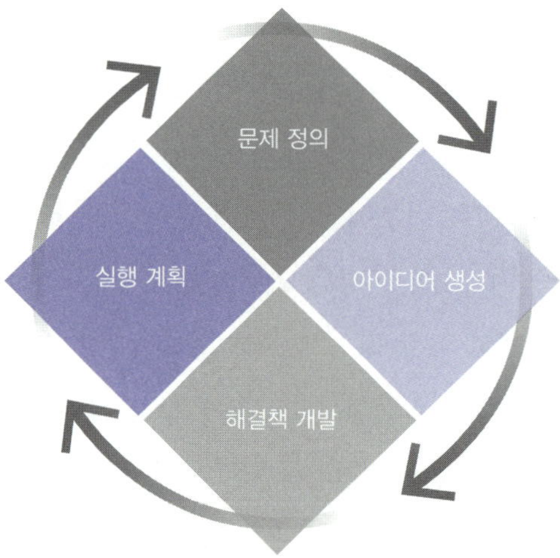

[그림 9-1] 창의적 문제 해결 모형CPS

출처: CEF(2015).

'확산적 사고'를 위해 고려할 사항은 다음과 같다.

- 판단 지연: 판단 지연은 판단을 하지 않는 것이 아니라, 확산적 사고 과정에서 아이디어를 좋거나 나쁘다고 판단하는 것을 피하는 것이다.
- 결합과 구축: 하나의 아이디어를 토대로 다른 아이디어를 만들고 결합을 통해 향상시킨다.
- 엉뚱한 아이디어 탐색: 엉뚱한 아이디어는 비범한 아이디어를 발견하는 데 도움이 된다.
- 수량화: 충분한 시간을 가지고 잠재적 선택 목록을 길게 만드는 것이 필요하다.

또한 '수렴적 사고'를 위해서는 다음과 같은 지침을 적용할 수 있다.

- 심사숙고: 시간을 가지고 의사 결정을 하도록 하고, 섣부른 결정이나 판단을 피하고 모든 선택 사항을 공평하게 고려한다.
- 목표 확인: 각 단계의 목표에 따라 선택 사항을 확인하고, 선택이 제대로 진행되고 있는지 현실적인 점검을 한다.
- 아이디어 개선: 모든 아이디어가 실행 가능한 해결책이 아니므로 전망 있는 아이디어라도 반드시 정교하게 수정하여 강화·향상시킨다.
- 긍정성: 아이디어의 좋은 점을 먼저 고려하고, 아이디어를 제거하기보다는 개선할 목적으로 판단하는 것이 중요하다.
- 새로움 고려: 새로운 생각이나 독창적 생각을 무시하지 말고 재작업 또는 수정·보완할 수 있는 방법을 고려한다.

'확산적 사고'를 위해 새로운 아이디어들을 만들어내는 비결은 수렴적 사고와 확산적 사고를 분리시키는 것이다. 이는 아이디어를 평가하기 전에 많은 선택 사항들을 생성한다는 것을 의미한다. 그다음에는 다양한 아이디어들 중에서 목적에 맞는 준거를 적용하여 선택, 평가, 구체화 과정을 통해 아이디어가 지속적으로 개발되도록 한다.

CPS의 두 가지 가정은 '모든 사람은 어떤 면에서 창의적이다'라는 것과 '창의적 기술은 배우고 강화시킬 수 있다'라는 것이며, 핵심 원칙은 다음과 같다.

- 확산적 사고와 수렴적 사고는 균형을 이루어야 한다.
- 질문을 통해 문제를 물어본다.
- 판단을 지연하거나 보류한다.
- '아니요. 그러나'가 아니라 '예. 그리고'에 초점을 맞춘다.

2) CPS의 과정

CPS는 광범위한 틀이기 때문에 이를 사용하기 위해서는 과정을 구체적으로 계획해야 할 필요가 있으며, '창의적·비판적 사고' 그리고 과정을 모니터하고 운영하는 '상위인지 기술'이 필요하다. 이때 CPS와 관련된 용어나 어휘에 익숙해져야 하고 CPS 적용을 위한 규칙을 잘 알아야 하며, 상황과 요구에 비추어서 CPS의 여러 단계 중 어떤 것이 문제 해결에 적합한지 결정하여 적용하는 것이 좋다. 이 장에서는 가장 최근 CEF에서 제안한 4단계 6순서로 이루어진 CPS 과정을 중심으로 하고 버전 6.1™ CPS[2]의 내용을 고려하여 각 단계를 구체적으로 살펴보고자 한다. 또한 대형 장난감 판매 업체 '토이시티' 사에서 심해지는 경쟁과 매출 급감의 문제를 해결했던 사례[3]를 통해 CPS 적용 과정을

2 Treffinger, Isaksen & Dorval(2000) 참조.

3 Puccio, Mance, Switalski & Reali(2012) 참조.

간단하게 설명한다.

(1) 문제 정의하기

CPS의 첫 단계는 '문제 정의하기clarify' 단계인데, '비전 탐색하기', '자료 수집하기', '도전 형성하기'의 하위 단계들이 있다. 각 하위 단계에서의 목적과 확산적 사고, 수렴적 사고의 활동들을 살펴보면 다음과 같다.

① 비전 탐색하기

'비전 탐색하기'의 목적은 목표와 희망하는 바, 혹은 도전을 명확히 하는 것이다. 확산적 사고 활동으로 목표나 희망하는 문구를 형성하고 '내가 바라는 것은……', '만약 …… 된다면 정말 좋을 것이다'와 같은 형태로 이야기해보도록 하며, 브레인스토밍이나 브레인라이팅을 활용할 수 있다. 수렴적 사고 활동으로는 하이라이팅이나 3Is 기법[4]을 활용하여 목적·희망·도전을 선택할 수 있게 한다. 이는 버전 6.1TM CPS의 '기회 구성하기' 단계의 내용과 유사한 것으로서, 다음과 같이 '생성하기'와 '초점 맞추기' 과정을 적용할 수 있다.

- 생성하기(확산적 사고): 문제 해결을 위해 가능성 있는 시작점을 찾는 활동인데, 유용한 도구로는 기회를 위한 3B가 있다. '3B'란 '폭넓게Broad', '간결하게Brief', '이롭게Beneficial'의 약자로서, 가능성 있는 목적이나 방향을 규명하는 데 도움을 제공한다. 또 다른 도구로는 'WIBAI'와 'WIBNI'가 있다. 'WIBAI'란 'Wouldn't It Be Awful If ……(만약 ……라면 끔찍하지 않을까)'의 약자로 문제를 가끔 이렇게 생각해볼 필요가 있다는 것을 뜻한다. 그리고 'WIBNI'란 'Wouldn't It Be Nice If ……(만약 ……라

---

4 사고 기법은 2부 7장 참조. 3'I's는 ① 'Important(중요한가?)', ② 'Influence(영향력을 가지고 있는가?)', ③ 'Ideas(새로운 아이디어가 필요한가?)'의 측면에서 생각해보는 방법이다.

면 괜찮지 않을까)'의 약자로 자신감과 열정을 얻는 데 도움이 된다. '개선하다, 연장하다, 강화하다, 개발하다, 설립하다, 지원하다, 생산하다, 설계하다, 변화하다, 증가하다, 확장하다' 등의 단어를 계속 머릿속에서 떠올리는 것도 유용한 방법이다.

- 초점 맞추기(수렴적 사고): 초점 맞추기 과정에서는 추구해야 할 가장 유망한 기회를 확인해야 하는데, 이때 '중요성', '우선순위', '안정성' 또는 '변화'에 대해 스스로 질문을 해본다. 또한 '어떤 행동을 취할 수 있는가?', '무엇인가를 할 수 있는 기회가 있는가?' 등의 질문을 통해 '영향'을 점검하고, '이 일을 정말로 하길 원하는가? 좋아하는가?' 등의 질문을 통해 '흥미'를 점검한다. 그리고 '현재 하고 있는 것보다 정말로 좀 더 새로운 방법을 원하는가?', '정말로 창의적 에너지를 투자할 필요가 있는가?' 등의 질문을 통해 '상상력'을 점검한다.

장난감 판매 업체, 토이시티 사에서는 '경쟁 증가와 매출 급감'의 문제에 대한 새로운 해결책을 찾기 위하여 CPS 과정을 적용하기로 결정했다. 이를 위해 구성된 CPS 팀은 회사에서 희망하는 것이 무엇인지를 다음과 같이 확산적 사고 과정을 통해 조사한 다음, 수렴적 사고를 통해 가치를 추구할 수 있는 긍정적 목표를 선택했다.

- 생성하기(확산적 사고): 브레인스토밍을 통해 다음과 같이 구체적인 것부터 추상적인 것까지 다양한 의견들이 생성되었다.
  - 다음 분기까지 매출을 10% 증가시킬 수 있다면 좋겠다.
  - 많은 사람들이 쇼핑을 하려고 토이시티를 방문하면 좋겠다.

    ⋮
- 초점 맞추기(수렴적 사고): 하이라이팅을 통해 미래에 희망하는 바를 가장

잘 나타낼 수 있는 비전을 다음과 같이 설정했다.

- 우리는 매해 7%씩 매출을 증가시키길 희망한다.

② 자료 수집하기

'자료 수집하기'의 목적은 도전을 분명하게 이해할 수 있도록 하는 자료들을 찾고 설명하는 것이다. 가능한 한 많은 자료, 사실, 의견을 찾아내며, 과제에 대한 폭넓은 생각을 통해 필요한 것과 필요 없는 것을 구분할 수 있도록 하고, 중요한 것을 먼저 설정할 수 있도록 한다. 확산적 사고를 위해 다음과 같은 육하원칙에 따라 질문하거나 브레인스토밍, 브레인라이팅 방법을 사용할 수 있다. 이어서 수렴적 사고를 위해서는 하이라이팅 방법을 적용할 수 있다.

- 생성하기(확산적 사고): 생성하기 과정에서는 여러 입장의 많은 자료들을 살펴보아야 한다. 이를 위해 유용한 도구로는 육하원칙 사용 혹은 바람직한 미래의 상황과 현실을 비교하기 등이 있다. '육하원칙'이란 '누가, 무엇을, 언제, 어디서, 왜, 어떻게'를 질문하고 이에 대해 생각해보는 것으로서, 다음과 같다.
  - 누가: 누가 이 상황을 만들었는가? 누가 이것을 해결하는 데 도움을 줄 수 있는가? 과제에 대해 누가 관심을 보일까? 누가 좋아할까?
  - 무엇을: 이전에는 무엇을 해왔는가? 무슨 자료가 필요한가? 어떤 일이 발생하기를 원하는가? 마술 지팡이를 가지고 있다면 무엇을 할 것인가?
  - 언제: 언제부터 이 문제를 의식해왔는가? 언제, 이 문제에 대해 가장 많이 생각했는가? 언제, 행동을 취해야 하는가? 행동을 취할 가장 좋은 시간, 또는 가장 나쁜 시간은 언제인가?
  - 어디서: 어디에서 발생했는가? 유사한 상황이 발생했던 곳은 어디인

가? 가장 좋은 장소 또는 가장 나쁜 장소는 어디인가? 가까운 미래에 어디에서 이러한 과제를 하길 원하는가?

- 왜: 왜 이런 상황이 나타나게 되었는가? 왜 이것을 다루기 원하는가? 이전에는 왜 다루어지지 않았을까?
- 어떻게: 이 상황을 다른 사람들은 어떻게 볼 것인가? 어떻게 달라지기를 원하는가? 우리의 이상과 현실은 어떻게 다른가? 성공하거나 실패했던 또 다른 경우들은 어떤 것이 있는가?

• 초점 맞추기(수렴적 사고): 초점 맞추기를 통해 앞서 찾은 많은 자료들 중에서 가장 핵심적이고 중요한 자료를 확인한다. 초점 맞추기를 위해서는 자료의 목록을 훑어보고 적절한 항목hit item을 표시하는 방법이 유용하다. 그런 다음 자세히 들여다보아서 공통된 주제나 이슈를 다루는 '가장 적절한 것들hot spots'을 찾아낸다. 그것들이 자료 안에서 중요한 '군집 cluster'을 이룰 때 그 항목들이 서로 어떤 관계가 있는지, 공통점은 무엇인지 찾아내어 자기 말로 그 군집에 이름을 붙여본다.

토이시티 사의 CPS 팀은 시장 현황을 파악하기 위해 여러 가지 자료들을 수집하고 분석했으며, 중요한 사항이 무엇인지 다음과 같이 찾아냈다.

• 생성하기(확산적 사고): 관련된 현장은 직접 방문하여 다음과 같은 자료들을 수집했다.
  - 모든 상점과 지역과 생산 라인, 그리고 계절별 매출 수치 조사 및 분석
  - 장난감 가게와 인터넷 판매자, 할인 백화점을 포함한 다른 장난감 판매 업체들의 매출에 관한 상세한 분석
  - 토이시티 체인점과 다른 장난감 판매 업체를 방문하여 현장 조사
  - 소비자 및 공급 업자들의 의견 조사

- 장난감을 팔지 않는 일반 소매점, 여러 가지 물건을 파는 웹사이트, 접속량이 많아 쇼핑이 어려운 웹사이트 등 가능한 한 모든 웹 사이트에서 장난감을 직접 구매

- 초점 맞추기(수렴적 사고): 하이라이팅을 통해 많은 자료들 가운데 가장 핵심적인 자료를 찾아냈고, 그들이 알게 된 사실은 다음과 같이 축약되어졌다.
  - 상점을 내기 위한 부동산은 비싸다.
  - 소매상들은 가장 인기 있는 물건들을 팔려 한다.
  - 가격에 민감한 소비자들은 오직 (저렴한) 가격만으로 살 곳을 선택한다.

시장 상황을 분석한 결과 장난감은 더 이상 장난감 가게에서만 팔리는 것이 아니었고, 장난감을 파는 전문가가 아닌 숙련된 판매자들이 마진을 줄인 채 판매량을 늘리고 있었다. 이제 이러한 이슈들을 확인하여 비전에 도달할 수 있는 도전을 형성해야 한다.

③ 도전 형성하기

'도전 형성하기'는 '문제가 무엇인지 명확히 알 수 있도록 도전 질문을 만드는 것'이 목적이며 버전 6.1™에서는 '문제 구조화하기' 단계에 해당된다. 초점을 맞춰 문제를 구체적으로 진술하게 하기 위해서는 질문 형식으로 하는 것이 좋고, 다음과 같은 조건, 즉 '아이디어를 이끌어줄 수 있어야 한다', '사고를 제한하지 않도록 한계로부터 자유로워야 한다', '쉽게 이해되고 즉시 사용될 수 있도록 간결하게 진술한다'는 조건을 충족시켜야 한다.

- 생성하기(확산적 사고): 이 단계에서는 문제를 진술하기 위해 다양하고 독특한 방법들을 많이 찾아내도록 한다. 생성하기를 위해 유용한 도구로는

'단어와 함께 춤을dancing with words', '왜라고 묻기asking why' 등이 있다. '단어와 함께 춤을' 방법은 문제를 진술하는 초반에 사용하면 효과적인데, 우선 첫 번째 문장을 쓴 후 동사에 동그라미를 치고, 그 밑에 생각나는 다른 동사들을 나열한다. 그리고 목적어에 동그라미를 치고 같은 방법으로 생각나는 목적어를 나열한다. 그러고 나서 동사와 명사를 섞고 조합해본다. 그러면 어떤 경우에는 본래의 생각과 비슷한 질문이 나올 수도 있고, 우연히 새로운 조합으로 새로운 방향이 설정될 수도 있다. 문제 진술을 한 다음 '왜, 또 왜?'라고 되물음으로써 또 다른 가능성 있는 문제 진술을 하게 하는 방법도 유용하며, '어떻게 하면……', '어쩌면……', '무엇을 하면……', 혹은 '어떤 방법을 쓰면……' 등의 문구로 시작하는 것도 도움이 될 수 있다.

- 초점 맞추기(수렴적 사고): 앞에서 찾은 다양하고 독특한 많은 방법들 중에서 특별한 문제 진술을 선택하거나 형성한다. 이때 '머리와 어깨 테스트head and shoulder test'와 '히트 앤드 핫 스팟hits and hot spots'을 사용하는 것이 좋다. '머리와 어깨 테스트'란 문제 진술을 할 때 첫 번째로 사용할 수 있는 것으로서, 진술한 문제 중 하나를 선택한 후 '이것이 다른 문제 진술의 머리와 어깨의 역할을 할 수 있는가?'라고 간단하게 질문하는 것이다. 만약 그렇다면, 그 문제 진술은 선택될 가능성이 높은 것이다. 또한 '히트 앤드 핫 스팟' 방법을 사용하여 히트 가능성이 있는 항목들을 고르고 나서hits, 그중에서도 가장 좋다고 생각되는 항목들 중 같은 범주에 속하는 것hots끼리 묶어보는 것도 도움이 된다.

토이시티 사의 CPS 팀은 도전을 형성하기 위하여 우선 확산적 사고 과정을 실시했으며, 제한되지 않고 자유로운 분위기에서 수많은 도전 과제들이 생성되었다.

- 생성하기(확산적 사고): 확인한 이슈를 바탕으로 문제를 구조화하기 위하여 다음과 같이 다양한 질문들이 생성되었다.
  - 어떻게 하면 고객들이 더 많은 물건을 사게 할 수 있을까?
  - 어떻게 동일한 매장 매출을 증대시킬 수 있을까?
  - 어떻게 하면 사람들이 우리를 사랑하게 할 수 있을까?
  - 어떻게 하면 대형 쇼핑 매장에서 쇼핑하는 것을 막을 수 있을까?

    ⋮
- 초점 맞추기(수렴적 사고): 히트 앤드 핫 스팟 방법을 통해 앞으로 수행할 도전 과제는 다음과 같이 선택되었다.
  - 어떻게 하면 좀 더 많은 소비자들을 우리 매장에 오도록 할 수 있을까?

(2) 아이디어 생성하기

'아이디어 생성하기' 단계는 아이디어 탐색이 이루어지는 단계로 '도전 질문에 대한 해답을 생성하는 것'이 목적이다. 아이디어를 탐색할 때는 아이디어의 흐름에 마음을 열고, 다양하고 특이한 아이디어를 찾도록 노력해야 한다. 다음과 같은 확산적 사고와 수렴적 사고 활동들이 도움이 된다.

- 생성하기(확산적 사고): 많고, 다양하고, 독특한 아이디어를 산출하기 위해 유창성, 융통성, 독창성, 정교성을 고려해야 한다. 또 이를 위해서는 제시된 아이디어의 장단점을 따지거나 토의하려고 하지 말고 아이디어들이 자유롭게 흘러나오도록 해야 한다. 즉각적으로 떠오르는 쉬운 가능성이나 단순히 기억으로부터 산출된 아이디어들을 넘어서는 창의적인 아이디어를 산출하도록 노력해야 한다. 일반적으로 CPS 과정에서는 100개 또는 그 이상의 아이디어 중에서 적어도 30~50개 정도를 산출하게 된다. 생성하기를 위해서는 스캠퍼, 시네틱스[5] 등의 방법을 활용하는 것이

효과적이다.

- 초점 맞추기(수렴적 사고): 아이디어를 산출하고 나면 많은 아이디어들 가운데 문제 해결의 핵심에 해당하는 아이디어를 구분해내고 결정해야 한다. '어떤 아이디어가 가장 흥미로운가?', '어떤 아이디어가 가장 유망한가?', '어떤 아이디어가 해결 방법으로 나아가는 데 최선인가?' 등의 질문을 하면서 각 아이디어에 대해 평가한다. 또한 도전이나 가능성은 실제 행동으로 실천될 수 없는 바람이나 꿈은 피하고 실제적인 것으로 선정해야 한다.

해결책을 위한 이러한 아이디어 생성 단계는 토이시티 사의 CPS 팀에게 매우 재미있는 과정이었고, 확산적 사고를 통해 '광고를 좀 더 한다'와 같은 진부한 것부터 '구석구석에 가게를 둔다'는 엉뚱한 것까지 100개 이상의 아이디어들이 만들어졌다.

- 생성하기(확산적 사고): 여러 아이디어들 중에서 특히 '구석구석에 가게를 둔다.'라는 생각에 대해서 다음과 같이 가능성들이 구체적으로 생성되었다.
  - 작은 토이시티 매장을 만든다.
  - 비어 있는 상점 공간에 임시 팝업 토이시티 매장을 만든다.
  - 다른 장난감 판매 업체 안에 토이시티 매장을 둔다.
  - 병원 안에 토이시티 매장을 둔다.
  - 모든 소매점 안에 토이시티 매장을 둔다.

    ⋮

5 구체적인 내용은 2부 7장 참조.

- 초점 맞추기(수렴적 사고): 수렴적 사고 과정에서는 이렇게 많은 아이디어들 중에서 핵심적 아이디어를 결정하기 위한 평가가 이루어졌고, 가장 좋은 것으로 다음과 같은 아이디어를 선택했다.
  - 저렴한 가격으로 토이시티 매장 수를 늘리자.

이제 토이시티 CPS 팀은 현실성 있고 실행 가능한 해결책을 형성하기 위하여 다음 단계를 추진했다.

(3) 해결책 개발하기

'해결책 개발하기' 단계는 아이디어를 해결책으로 이동시켜 평가하고 강화함으로써 가장 적합한 해결책을 형성하는 단계이다. 이 단계의 목적은 가능한 해결 방법으로 전환하기 위해 도움이 될 모든 가능성을 찾는 것이며, 구체적으로 살펴보면 다음과 같다.

- 생성하기(확산적 사고): 유망한 가능성을 개발해야 하는 이 과정에서는 'CARTS'의 조건들을 고려하는 것이 유용한데, 'CARTS'란 비용cost, 수용가능성acceptance, 자원resources, 시간time, 공간space을 의미한다. 이 외에 'PPCO(이점Pluses, 잠재력Potentials, 우려점Concerns, 극복Overcoming concerns)' 방법이나 브레인스토밍도 활용할 수 있다.
- 초점 맞추기(수렴적 사고): 유망한 해결책을 조합·평가하고 우선순위를 매겨서 선택해야 하는 이 과정에서는 평가행렬표를 이용하거나, 다음과 같은 방법을 활용할 수 있다.
  - 몇 가지 의미 있는 선택 항목을 가지고 작업하기: 아이디어를 강화하거나 개선하는 데는 'ALoU' 도구가 유용하다. 'ALoU'란 장점advantages, 제한점limitations, 극복 방법overcome, 독특한 질unique qualities에 대해

탐색하는 것이다.

- 서열화 또는 우선순위 정하기: 모든 아이디어를 사용하거나 실행할 수 없을 경우에는 몇 개의 핵심적 아이디어를 확인한다. 이 과정에는 7장에서 설명한 쌍비교분석법 도구가 유용하다. 이것은 모든 가능성들의 순열 조합을 생각해보는 것으로서, 가능성의 수가 적거나 비교해야 할 쌍의 수가 크게 증가해 혼란스러울 때 사용할 수 있다.

토이시티 사의 CPS 팀은 우선 '저렴한 가격으로 토이시티 매장 수를 늘리기 위한 방법'을 확산적 사고를 통해 제안했고, 이에 대한 긍정적인 측면과 극복해야 할 문제들을 열거했다.

- 생성하기(확산적 사고) 'CARTS' 조건들을 고려하고 브레인스토밍을 통해 장애물을 극복할 수 있는 다양한 종류의 많은 아이디어들을 생성했다.
- 초점 맞추기(수렴적 사고): 생성된 해결책들을 평가하여 유망한 것을 선택하고 'ALoU' 도구를 활용하여 다음과 같은 실행 가능한 해결책들을 만들었다.
  - 소매상과 동업하여 기존의 상점 안에 토이시티 미니 매장을 둔다.
  - 백화점이나 놀이동산처럼 장난감을 파는 곳에 미니 매장을 둔다.
  - 식료품점, 병원, 박물관, 선물 가게처럼 장난감을 팔지 않는 곳에도 미니 매장을 둔다.
  - 다른 회사의 장난감 판매 매장에도 입점하여 미니 매장을 둔다.

이러한 해결책은 낮은 진입 비용으로 광범위한 접근성을 제공하고, 프로그램의 전부 또는 일부가 성공하지 못할 경우 쉬운 탈출 경로를 제공한다는 기준에 적합했다.

(4) 실행 계획하기

'실행 계획하기' 단계는 선택된 해결책을 실행하기 위한 자원과 활동들을 탐색하는 계획 형성의 단계이다. 이 단계는 버전 6.1™에서는 '수용안 세우기'에 해당되는 단계로 지금까지 제시된 유망한 해결책들을 다른 사람들의 눈을 통해 바라보고, 행동을 유도할 수 있도록 검토하는 단계이다. 이 단계에서는 해결책에 대한 지원을 확대하고 반대나 저항을 최소화하는 노력을 해야 한다.

- 생성하기(확산적 사고): 이 과정에서는 생성된 해결책을 행동으로 옮겼을 때 발생 가능한 지원 요소들과 저항 요소들을 검토해야 한다. '지원 요소'는 사람일 수도 있고 사물이나 상황일 수도 있다. 이러한 요소를 찾을 때에는 '누가, 무엇을, 언제, 어디서, 왜'의 질문을 사용한다. 또한 현실을 인식하여 '예상되는 저항이나 장애 요소'를 미리 예측해 피하거나, 만약 피할 수 없으면 저항 요소들을 다루거나 극복할 수 있는 가능한 방법을 고려해야 한다.
- 초점 맞추기(수렴적 사고): 이 과정에서는 앞의 생성하기 과정을 통해 가능한 지원과 저항 요소들을 목록화한 후 '어느 것이 다룰 만하고 중요한가?'라는 질문을 통해 핵심적인 지원 요소들을 선정하고, 그것들을 어떻게 사용할 것인가를 확인해야 한다. 그러고 나서 '어떤 것이 최악의 영향을 미칠 것인가?'라는 질문을 통해 중요한 저항 요소를 선정해야 한다. 행동 계획을 위해, 기간별로 24시간 이내에 해결할 행동, 단기간 또는 장기간에 걸쳐 이루어질 행동으로 나누어 구체화하는 것이 도움이 된다.

개발된 해결책이 실제적으로 이루어지기 위하여 토이시티 사의 CPS 팀은 이제 다양한 지원 요소와 저항 요소를 생각했다. '가능한 지원 요소'로 가장 중요한 것은 그들 스스로 장난감 제조사와 부동산 중개업자가 되는 것이었고, 가장 큰 '저항 요소'는 외부 파트너를 가질 필요성을 느끼지 못하는 거대 장난감 판매자들이었다.

- 생성하기(확산적 사고): 이러한 저항 요소를 극복하기 위해 다시 아이디어를 생성했고, 여러 가지 다양한 생각들이 도출되었다.
- 초점 맞추기(수렴적 사고): 도출된 생각들 중에서 가장 중요한 것으로 선정된 것은 한 분기 동안만 시험할 수 있는 '임시 매장 설립'과 협력자인 장난감 제조사들을 독려하기 위한 '인센티브 지원 제도'를 마련하는 것이었으며, 이를 행동으로 옮기기 위하여 다음과 같은 계획을 수립했다.
  - 마케팅 그룹 내부에 전략적 제휴를 추구하기 위한 새로운 기능 추가
  - 부동산 임대 계약을 협상하기 위한 임시 팀 구성
  - 토이시티 제품을 판매하게 될 파트너 매장의 직원들을 위한 교육 프로그램 마련

구체적인 실행 계획은 그룹별로 작성되었으며, 각 그룹에는 자체적인 계획과 프로젝트 관리자를 두고 예산과 목표를 수립하여 실행을 위한 준비를 마쳤다. 이제 토이시티 사는 심해지는 경쟁과 급감하는 매출 문제를 해결할 수 있는 방안을 구체적으로 마련한 것이다.

이처럼 CPS는 회사나 일반적인 기업 등에서의 문제 해결이나 체제 개혁 등의 광범위한 분야에 활용 가능한 창의적 문제 해결을 위한 모형이다. 그러나 이 모형을 적용할 때는 그 절차와 방법, 도구 등에 매우 익숙한 리더가 필요하

며, 구성원 또한 방법과 규칙에 익숙해야 원활히 진행될 수 있다. 한편 학교 교육에 적용할 때에는 복잡한 CPS 구조를 모두 활용하기보다는 그중 필요한 것들을 선택해 학생의 수준에 맞게 재구조화할 필요가 있다. 또한 교과 내용을 배운 후 그것을 적용할 수 있는 실제적 문제를 해결할 때 이 과정을 활용하는 것이 바람직할 것이다.

2. 디자인 사고(DT)

'디자인 사고Design Thinking: DT'란 새로움을 찾아 사람들을 만족시키는 디자이너들의 감수성과 사고 과정을 적용한 문제 해결 방법으로서 IDEO 사와 스탠퍼드대학교의 스탠퍼드 디자인 학교Stanford d.school를 중심으로 개발되었다. 'Design Thinking'이라는 용어는 로우(Rowe, 1987)가 건축 디자인 책의 제목으로 사용한 이래 디자이너들의 인지 과정 혹은 전문적 역량으로 인식되어 이제는 IT, 비즈니스, 교육 그리고 의학 분야 등에 이르기까지 여러 분야에서 문제를 다루는 새로운 패러다임으로 인기를 얻고 있다(Dorst, 2011).

세계적 디자인 컨설팅 회사인 IDEO 사의 CEO였던 팀 브라운Tim Brown은 DT에 대해 '직관적 능력, 일정한 패턴을 인식할 수 있는 능력, 감성적 의미 전달뿐 아니라 기능적 아이디어를 생각해낼 수 있는 능력'으로서 문제 해결에 있어서 통합적 접근을 가능하게 하는 방식이라고 설명하고 있으며(Brown, 2009/2010), 곤노(Konno, 2010/2018)는 '산업 디자인industrial design'이 20세기를 대표했다면, 21세기는 '지식 디자인knowledge design'의 시대이므로 DT가 필요하다고 했다.

1) DT의 특성

IDEO 사는 DT가 세상에 긍정적 영향을 주는 새로운 변화를 만들어낼 수 있다는 전제하에 디자인 사고의 특징을 다음과 같이 제시했다(IDEO, 2012/2014).

- 인간 중심적이다: DT는 일상생활을 함께하는 사람들의 요구와 동기를 이해하고 공감하는 것에서부터 시작된다.
- 협동적 과정이다: 혼자서 하는 것보다 여럿이 머리를 맞대면 문제 해결 능력이 훨씬 강해진다. 여러 사람들의 창의적 사고는 개인의 사고를 긍정적으로 자극하며, 사고를 풍부하게 해준다.
- 낙관주의에 기반을 둔다: DT는 참여자 모두가 긍정적 변화를 만들 수 있다고 믿는 데에서 시작한다. 그 문제가 얼마나 크든, 시간이 부족하거나 예산이 적거나 어떤 제약이 존재하든 DT는 즐거운 과정이다.
- 실험을 중요시한다: DT는 항상 무언가 새로운 것을 시도할 것을 강조한다. 또 이러한 시도와 실험, 그리고 실수와 실패를 통해 배우고 피드백을 얻는 이 과정을 마음껏 반복 수행하도록 장려한다. 학생들의 요구를 완벽하게 만족시키는 것은 불가능하므로 교육자는 항상 실험하고 시도해야 하며, DT는 이러한 행동을 촉진시킨다.

디자인 사고를 하는 사람design thinker들은 '태도'와 '방법' 그리고 '경험'적 측면에서 다음과 같은 특성을 지닌다(Martin, 2018).

첫째, 타당성이 결여된 상태, 즉 의미 없이 그저 독특한 것만을 만들어내는 것으로는 지속적인 경쟁력을 가지기 어렵다는 것을 잘 알고 있으며, 동시에 신뢰성의 중요성도 인지하고 있어서, 타당성과 신뢰성의 균형을 추구하려는 '태도'를 가지고 있다. 따라서 의외의 가능성과 복잡함도 편안하게 받아들이며, 타당한 해답을 얻기 위해서라면 일정 수준의 신뢰성을 포기할 줄 안다.

둘째, 관찰observation, 상상imagination, 구성configuration의 '방법'을 활용한다. 그들은 깊이 있고 세심한 관찰을 통해 다른 사람들이 볼 수 없는 것들을 보며, 단순한 분석으로는 얻을 수 없는 통찰을 얻기 위해 소비자 혹은 고객들과 실제로 함께 시간을 보내기도 한다. 또한 귀추적 추론과 상상을 통해 시제품을 만들고 기대하는 결과를 얻을 수 있을 때까지 지속적으로 테스트해봐서 결국 마음을 끄는 디자인을 '구성'한다.

셋째, '경험'을 통해 깊이 있는 숙련과 독창성을 배양하며 통합적 사고를 한다. 통합적 사고는 여러 가지 아이디어나 모형 중 하나를 선택하는 것이 아니라 이러한 것들 사이의 긴장을 창의적으로 해결하고 더 나은 모형의 형태로 창조하는 것이다.

2) DT의 과정[6]

디자이너는 먼저 대상을 직관적으로 살피고 몇 가지 가정을 세워 시각적으로 표현한 다음, 관련된 주변 사물과 정보를 파악하여 이해를 형성하고 최종 형태를 결정한다. 그러나 전체 과정이 원활하지 않다면 몇 번이든 원점으로 돌아가 다시 과정을 반복하며, 최종적으로 해결에 도달하게 된다(Konno, 2010/2018).

이러한 디자이너의 사고 과정에서 출발하여 이제는 인간과 조직, 기업의 혁신을 위한 문제 해결 방법으로 광범위한 분야에서 사용되고 있는 DT는 '문제 인식'과 '잠정적 해결안의 형성', '해결안 실행을 통한 점검과 수정'의 과정을 거친다. 이러한 과정을 기반으로 여러 가지 교육 모형들이 개발되었는데, 여

6 구체적인 내용은 Institute of Design at Stanford(2018) 참조.

기서는 IDEO 사와 직접적으로 연결된 기관인 스탠퍼드 디자인 학교의 모형을 중심으로 설명하고자 한다. 이 모형은 [그림 9-2]와 같이 다섯 단계로 이루어진다.

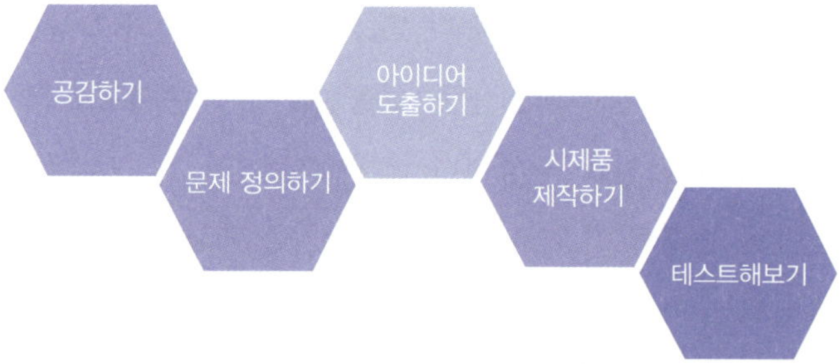

[그림 9-2] 스탠퍼드 디자인 학교의 DT 과정

출처: http://dschool.stanford.edu/resources/design-thinking-bootleg

첫 번째로 '공감'은 고객들과 사용자들을 이해하는 단계이고, 두 번째 '문제 정의'는 프로젝트 또는 비즈니스의 목표를 정의하는 단계이다. 세 번째 '아이디어 도출' 단계에서는 아이디어나 해결책을 모색하고, 네 번째 '시제품 제작'은 아이디어 또는 해결책을 가시화하는 단계이다. 마지막의 '테스트'는 검토 및 의사 결정을 위한 단계로 각 단계는 한 번만 순차적으로 이루어지는 것이 아니라 궁극적으로 원하는 결과 또는 의사 결정을 얻을 때까지 되돌아감으로써 여러 차례 반복될 수 있다. 각 단계에는 '확산적 사고'와 '수렴적 사고'의 과정이 모두 포함되며, 협업을 통해 각 단계에서 산출물들이 만들어진다.

이러한 DT 과정의 단계별 특징을 '삼성 투모로우 솔루션'[7] 대회에 참여하여 2014년 최우수 수상작으로 선정되었던 Y중학교 학생들의 '무지개 식판 프로

7 '삼성 투모로우 솔루션'은 사회 발전에 도움이 되는 창의적인 아이디어와 솔루션을 발굴·실현하는 과정을 통해 사회 현안을 해결하고자 하는 삼성전자의 사회공헌 사업이다. 중학교 1학년부터 일반인까지 연령과 경력에 상관없이 참여 가능하다.

젝트'의 사례를 통해 좀 더 자세히 살펴보고자 한다.

(1) 1단계: 공감하기

'공감하기' 단계는 상황을 관찰하고 문제점을 발견하는 첫 번째 단계인데, 다른 사람들, 최종 사용자들, 해결해야 하는 문제 자체 등으로부터 배운다는 마음가짐으로 시작할 필요가 있다. 해당 분야의 전문가들이나 다른 주요 이해관계자들과의 대화 혹은 조사 활동, 인터뷰 등을 통해 고객 및 문제 당사자들과 공감하기를 시도한다. 이때 DT를 통한 문제 해결을 위해서는 다양한 능력과 관점을 가진 2~5명의 사람들로 소수의 '팀 구성'을 하는 것이 좋다. 대부분의 일은 팀이 함께 하지만 혼자서 일할 수 있는 시간도 허용하고, 각각의 역할을 부여하도록 하는 것이 좋다.

'무지개 식판 프로젝트'는 중학교 진로수업의 일환으로 6명의 학생들과 지도교사가 학교에서 발생하는 음식물쓰레기 문제를 해결하기 위한 자율 동아리 활동의 형태로 시작되었다. '학교 급식 시간에 버려지는 많은 음식물을 어떻게 줄일 수 있을까'를 고민하던 중에 그 이유를 알기 위해 점심시간에 친구들을 따라다니며 관찰하여 사진을 찍어 기록했고, 인터뷰도 실시했다. 이러한 과정을 통해 친구들이 집에서 먹을 때는 그렇지 않은데 학교에서는 음식물을 많이 남긴다는 것을 알게 되었고, 이는 음식을 일부러 남기는 것이 아니라 받을 때 너무 많은 양을 받기 때문이라는 인식과 공감으로 연결되었다.

(2) 2단계: 문제 정의하기

'문제 정의하기' 단계는 이전 단계에서 획득한 통찰로부터 의사결정을 수행하는 수렴적 사고 단계로, 문제를 인식하고 공유하여 '문제의 시작점'을 도출한다. 팀원들은 프로젝트와 관계된 이해관계자들에게 중요한 질문들을 함으로써 문제를 명확하게 하며, 호기심을 가지고 관련 사항들을 밝혀내도록 한다. ‘해결해야 할 문제가 무엇인가?’, ‘지향하는 곳이 어디인가?’, ‘도움을 줄 대상자가 누구인가?’, ‘어떤 가치를 가지고 있는가?’, ‘어떤 상황에 놓여 있는가?’, ‘어떻게 그 일이 발생했는가?’ 등과 같은 질문은 문제를 정의하는 데 있어 ‘통찰’을 줄 수 있다. 통찰은 문제를 새로운 관점으로 바라보게 하며, 새로운 아이디어들을 만들어내는 원천으로도 활용될 수 있는데, 이를 위해서는 본격적으로 아이디어 전개를 할 수 있도록 ‘우리가 어떻게 하면 ……할 수 있을까?’와 같이 가정을 활용한 생성적 질문을 만들어보도록 한다.

‘무지개 식판 프로젝트’ 팀은 급식을 받을 때 학생들이 스스로의 양을 정확히 모르고, 배식하는 친구에게 조금만 달라고 해도 저마다 ‘조금’의 의미를 다르게 해석해 원하는 양보다 더 많이 받는 경우가 생기는 것이 진짜 문제임을 발견했다. 일반적으로 식판을 사용하여 식사하는 사람은 자신이 생각하는 음식량보다 30% 이상 많이 담는 경향이 있음을 발견한 것이다(이정훈·박민규, 2017). 그래서 이 문제를 해결하기 위해 학생들이 스스로 원하는 양을 정확히 알고, 상대방에게 정확한 양에 대한 정보를 전달하려면 무엇을 바꿔야 할지 지속적으로 고민하기 시작했다. ‘어떻게 하면 음식물쓰레기를 줄일 수 있을까?’라는 문제가 ‘어떻게 하면 음식물을 담을 때 정확한 양만큼 담을 수 있을까?’로 다시 정의된 것이다.

(3) 3단계: 아이디어 도출하기

‘아이디어 도출하기’ 단계는 아이디어를 자유롭게 발산하는 과정으로, 독창적인 생각을 하며 질보다는 양을 중시하여 수많은 아이디어들을 브레인스토밍하고, 어떤 아이디어도 거부되지 않도록 생각들에 대한 판단을 유보함으로써 불가능성에 도전하고 상상력을 발휘할 수 있게 한다.

이 단계에서는 비현실적인 아이디어도 낼 수 있는 편안하고 긍정적인 분위기가 필요하다. 참가자들은 브레인스토밍을 한 후 마음에 드는 아이디어를 선정하는데, 단순하더라도 세부 사항을 생각할 수 있게 스케치하여 아이디어가 더 발전해나갈 수 있는 방향을 잡아주는 것이 좋다. 그다음은 아이디어의 핵심을 파악하여 실현 가능성을 확인하고, 보다 체계적인 방식으로 아이디어를 다듬어 설명문으로 정리해본다. 이때 팀원들이 영감을 불러일으킬 수 있는 이미지나 메모 등을 붙일 수 있도록 특별한 '공간'을 마련하여 제시함으로써 문제 해결 과정을 되돌아보고 좀 더 집중할 수 있게 한다. 새로운 아이디어가 필요할 때 공간을 바꾸는 것도 좋은 방법이 될 수 있다. 또한 프로젝트 개요를 보여주거나 아이디어를 설명하기 위한 보조적 도구로서 점착 메모지 혹은 노트, 마커, 보드, 카메라 등 간단한 재료들을 사용하면 시각적이고 경험적인 과정을 제공하는 데에도 도움이 된다.

'무지개 식판 프로젝트' 팀에서는 식판에 음식물을 담을 때 정확한 양을 담을 수 있도록 기준을 만들어주자는 아이디어를 도출했다. 실험을 통해 사용자가 담은 음식량이 주걱이나 국자와 같이 음식을 더는 도구의 크기에 따라서 달라지는 것은 아니라는 사실을 확인하고, 식판 용기에 직접 기준선을 그어 전체 음식량을 시각적으로 볼 수 있도록 하는 디자인을 생각하게 되었다([그림 9-3] 참조).

(4) 4단계: 시제품 제작하기

'시제품prototype'은 아이디어를 구현하는 과정을 통해 도출된 여러 아이디어를 재빠르게 가시화하여 최적의 해결책을 찾아내도록 종이, 스토리보드, 와이어 프레임, 골판지 등 주변의 도구를 활용하여 만들 수 있다. 여기서는 아이디어를 신속하게 전달하는 것이 제일 중요하므로 정교함은 문제 삼지 않는다. 오히려 실패를 통해 더 큰 배움을 얻을 수 있다. 여기서 아이디어를 발전시키는 데 가장 가치 있는 방법 중 하나가 '피드백'이다. 시제품을 공유하고 피드백을 주고받음으로써 진정으로 중요한 것이 무엇이며, 어떤 측면에서 개선이 필

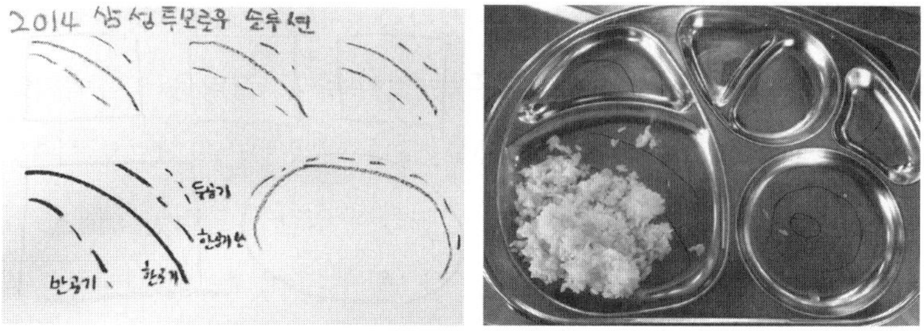

[그림 9-3] 아이디어 도출 과정 및 첫 시제품

출처: 삼성 투모로우 솔루션_무지개식판프로젝트(www.youtube.com/watch?v=fvP0izeXJS4)

요한지 파악할 수 있다. 이때 피드백 내용을 정리하여 어떤 것들을 반영할지 결정하고 이를 수정·발전시킨다. 대부분의 개념은 하나의 시제품으로 실현되기 어렵기 때문에 지속적으로 수정하고 아이디어를 현실화하는 데 필요한 것이 무엇인지 구체적으로 살펴보는 것이 필요하다.

'무지개 식판 프로젝트' 팀 역시 [그림 9-3]과 같은 시제품 제작을 시작으로 수십 번의 시행착오를 거쳐 [그림 9-4]와 같은 '무지개 식판'을 완성했다. 가장 먼저 밥을 담은 후 그 양에 따라 반찬과 국의 양을 정하는 행동 특성을 반영하여 무지개 식판의 기준은 밥의 양을 중심으로 고안하게 되었고, 문자나 수, 단

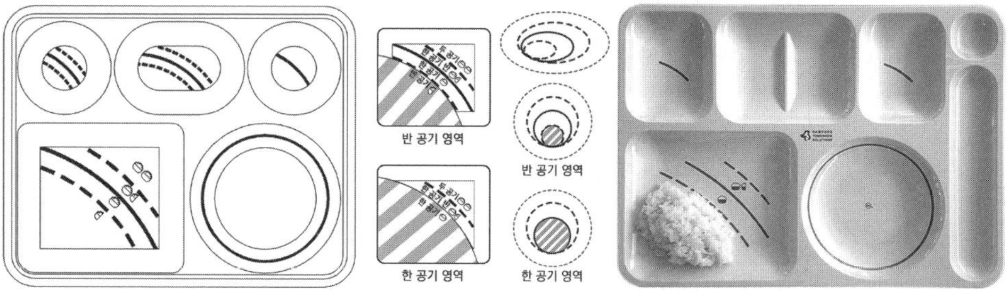

[그림 9-4] 무지개 식판의 정교화된 도안 및 실제 완성품

출처: 뉴트리앤(2015: 44).

위를 표시하는 것이 아닌 시각적 아이콘 형태로 표기하여 사용자가 편하고 빠르게 음식량을 인식할 수 있도록 했다(이정훈·박민규, 2017).

(5) 5단계: 테스트해보기

'테스트해보기'는 아이디어의 실행 단계로서 피드백을 통해 아이디어를 개선하고 회고하는 과정이다. 테스트의 목적은 시제품이 의도한 대로 작동하는지, 작동하지 않는 부분은 무엇인지 파악하여 반복할 수 있도록 하는 것이다. 시제품에 대한 엄격한 테스트를 바탕으로 피드백을 제공해주어서, 사용자에 대한 공감과 요구 사항에 대한 디자인 작업으로 되돌아갈 수 있게 한다. 한편 테스트를 통해 도출된 아이디어를 지속적으로 발전시키기 위해서는 아이디어 실천을 위한 다음 단계를 계획하고, 함께 아이디어를 실천할 사람들과 의사소통하며, 전체 과정을 문서화하는 것이 필요하다. 아이디어를 제안하고 이를 실현시켜줄 수 있는 사람들과 파트너십을 체결하거나 경험을 공유할 수 있는 커뮤니티를 형성하는 것도 도움이 된다.

'무지개 식판 프로젝트' 팀은 우선 시제품 50개를 만들어 반 학생들에게 테스트해보았고, 실제로 음식물쓰레기가 70%가량이나 줄어들었음을 확인할 수 있었다. 이렇게 시작된 프로젝트의 산출물은 전국적으로 확산·도입되어 지자체와 군부대, 학교 등에서 실제 사용되고 있다. 프로젝트 팀은 영양사, 식기 제작자, 디자인 컨설턴트, 실험 참여 학생 등 여러 전문가와 사용자의 의견을 취합하여 라인의 굵기, 마크의 위치와 방향 등을 개선했고, 국그릇의 내부에도 기준선을 설정하게 되었다. 사용자가 잔반 없이 식사를 하고 나면 OK 마크가 보일 수 있도록 디자인이 점차 고도화되었으며([그림 9-5] 참조), 무지개 식판의 기준선은 기존 식판을 폐기하거나 식판의 금형을 변화시키지 않고 레이저 작업을 통해 표시됨으로써 경제적 효과도 거두게 되었다.

[그림 9-5] 무지개 식판의 디자인(왼쪽)과 OK마크(가운데) 및 기준선이 설정된 국그릇(오른쪽)
출처: 이정훈 · 박민규(2017).

이처럼 선 하나로 이루어낸 작은 디자인 변화가 전국 규모의 '음식물쓰레기 감소'라는 큰 변화를 이끌어낼 수 있었으며, 시간이 지날수록 그 사회적 의미는 더 잘 드러나고 있다. 이 프로젝트에 참가한 Y 중학교 학생들은 문제에 논리적으로 차근차근 접근하여 해결책을 명확하게 찾아내는 방법이 새로웠고, 이 과정에서 팀워크를 배울 수 있었다고 이야기했다. 또한 지도교사는 학생들의 이러한 경험이 향후 진로·진학을 위한 과제 설계에 있어서도 스스로 문제를 해결하려는 노력으로 이어지는 효과가 있었다고 회고했다(이정훈·박민규, 2017). 이와 같이 DT는 수요자의 입장에서 해결되어야 할 문제에 관한 공감을 기초로 문제를 정확히 찾아내고, 아이디어를 도출하여 실험해본 후 수정·보완함으로써 최종 해결안을 제시한다는 것이 가장 큰 특징이다.

DT 과정은 새로운 제품을 개발해야 하는 일선 회사에서 활용해오던 방법이다. 그러나 학교에서도 미술이나 과학, 기술, 가정 등의 교과 교육에서 실생활과 관련된 도구들을 개발하여 실제로 해결하도록 할 때 적용한다면 학생들의 창의적 문제 해결력을 길러줄 수 있을 것이다. 이때 제시된 모든 단계를 순차적으로 따를 필요는 없으며 교과와 교실의 맥락에 맞게 단순화시켜 적용할 수 있다. 이때 확산적 사고 과정과 수렴적 사고 과정이 연속적으로 이어져 실현 가능한 아이디어를 구성하도록 지도하는 것이 중요하다.

3. 문제 중심 학습(PBL)[8]

1960년대 캐나다의 맥마스터대학교 의과대학에서 시작된 '문제 중심 학습 Problem-Based Learning: PBL'은 동기 유발이 되지 않는 학생들에게 환자의 증상을 먼저 제시하고, 그 문제 해결을 위해서 필요한 지식들을 배워가도록 하는 과정으로 시도되었던 학습 방법이다(Barrows & Tamblyn, 1980). 이 방법은 비구조화된 실생활 관련 문제를 제시하고 학생들이 이를 다양한 방법으로 해결하게 함으로써 창의적 문제 해결력을 기르게 할 수 있는 교육적 접근이며, 문제가 학생들이 다루고 학습하게 될 내용과 지식, 기술을 배우도록 하는 견인차 역할을 한다는 점에서 '교육과정적 측면'과 '교수 전략적 측면'이 상보적으로 결합되어 있는 포괄적인 개념으로 이해될 수 있다.

1) PBL의 특성

'학교에서 배우는 지식들이 학습자와는 거리가 있는 외부의 어떤 존재로 인식되어 받아들여지고 있다'는 문제의식에서 출발한 PBL은 학습자가 자기 주도적으로 지식을 구성해간다는 '구성주의적 관점'을 지닌다. 지식을 고정된 형태로 제시하는 것이 아니라 학습자가 능동적으로 발견하고 그것을 활용하도록 함으로써 학습자 내부에서 재구성이 이루어지도록 하는 것이다. 여기에는 듀이의 실용주의 교육 이론 또한 반영되어 있다. 문제 중심 학습은 실제 문제 상황을 제시하여 문제를 이해하고, 자기 주도적으로 문제를 해결해가는 과정을 통해 문제 해결 능력, 정보 처리 능력, 비판적·창의적 사고력, 지식에 대한 깊은 이해, 변화에 대처하는 능력, 자기 주도적 학습 능력, 타인과의 협동 기술

---

8 구체적인 내용은 조연순·이명자(2017) 참조.

등을 기르는 것을 목표로 한다. PBL의 특성은 문제, 학생, 교사의 측면에서 볼 때 다음과 같다.

- PBL은 '문제로 시작'한다. 이때 문제는 너무 쉽게 해결되거나 일정한 틀에 매여 하나의 정확한 답을 구할 수 있는 것이 아닌 다양한 해결책을 요구하는 실제적인 것으로서 학생들의 삶과 연결된 것이어야 한다. 또한 문제 상황에는 학습의 핵심 내용과 맥락이 포함되어 있어야 한다.
- PBL은 '학생 중심적'이다. 학생은 문제 해결자로서 학습에 참여하여 해결책을 얻기 위해 필요한 많은 정보와 지식들을 직접 다루면서 의미와 이해를 추구하고 학습에 대한 상당한 책임을 맡게 된다.
- PBL은 '교사의 역할'을 '지식 전달자'에서 '학습 진행자'로 전환한다. 교사는 '교육과정 설계자'로서 문제를 설계하고, 학습 계획을 세우며, 학습자 집단을 조직하고, 평가를 준비한다. 또한 '촉진자'로서 학생들에게 적당한 긴장감과 일반적인 관점을 제공하며, '평가자'로서 형성평가를 통해 피드백을 제공한다. 그리고 '전문가'로서 지식의 중요성을 밝혀 학생들이 균형을 유지할 수 있도록 하고, 명제적 지식과 과정적 지식, 개인적 지식이 상호 연관성을 갖도록 지원한다(조연순·이명자, 2017).

따라서 PBL에서는 우선 적절하게 비구조화된 '문제 개발'이 중요하며, 교사는 문제와 문제 해결에 대한 학생들의 흥미 및 참여를 이끌어낼 수 있도록 '교육과정 설계자'이면서 '수업의 촉진자'가 되어야 한다.

2) PBL의 과정

PBL의 전체 과정은 [그림 9-6]과 같이 크게 '문제 개발' 과정과 학습 활동을 계획·실행·평가하는 '교수-학습' 과정으로 나눌 수 있다. 문제를 개발하여 교수-학습을 설계하는 과정에서 실행 가능성에 문제가 발생할 때는 문제를 수정할 수 있고, 실행 과정 중에도 단계별 학생들의 반응에 따라 계획안을 수정할 수 있다. 그뿐 아니라 교수-학습 실행 이후에도 실행 과정 중의 문제점들을 고려하여 다음 학습을 위해 문제를 다시 수정해놓는 것이 바람직하다. 따라서 PBL은 상호 보완적이면서 순환적인 특징을 갖는다.

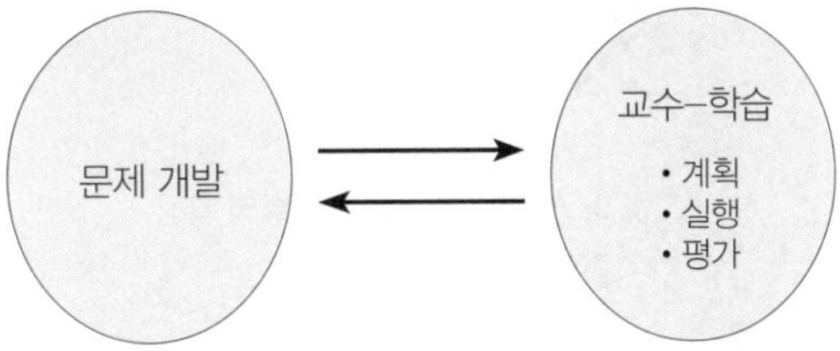

[그림 9-6] PBL의 과정

(1) 문제 개발 과정

PBL을 위해서는 학생들이 흥미와 주인의식을 가질 수 있게 하는 실생활적 문제를 개발하는 것이 중요하다. 이러한 문제를 개발하기 위해서는 '교육과정'과 '학습자 특성', '사회적 맥락' 등의 여러 가지 요소들을 고려하여 [그림 9-7]과 같은 절차를 진행해야 하는데, 이 단계들은 순차적으로 진행되기보다는 사회적 맥락을 고려하면서 전 단계로 되돌아갈 수도 있는 상호작용적 과정이다. 각 단계를 설명하면 다음과 같다.

① 교육과정 고려하기

PBL에서의 문제는 학생들이 달성해야 할 '교육 목표' 및 '학습 내용'과 관련지을 수 있는 것이어야 하기 때문에 문제를 개발하기 위해서는 교육과정에 대한 내용과 목표 파악이 가장 먼저 이루어져야 한다. 지금부터는 조연순과 이

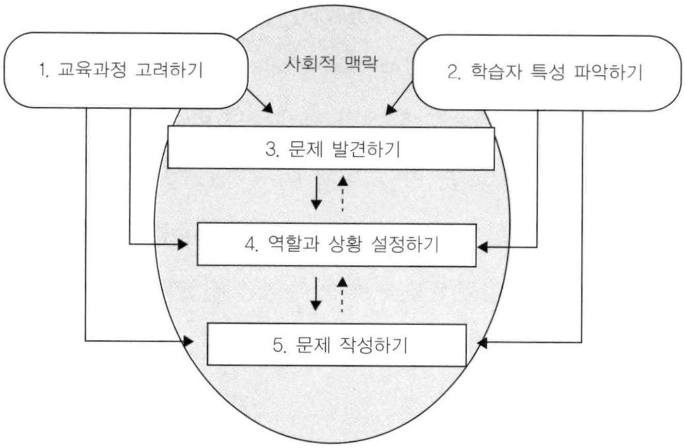

[그림 9-7] PBL에서 문제 개발의 과정

출처: 조연순 · 이명자(2017).

명자(2017)가 소개한, '지진'을 주제로 한 수업을 중심으로 교육과정을 어떻게 고려해야 하는지 설명한다.

2015 개정 초등학교 과학과 교육과정 3~4학년군의 '화산과 지진' 단원의 총괄 목표는 "화산 활동과 지진이 인명과 재산에 피해를 주는 등 사람들에게 많은 영향을 미친다는 것을 이해함으로써 화산과 지진에 대해 관심을 가지고 탐구하려는 태도를 갖도록 한다."로 설정되어 있으며, 이에 대한 '핵심 개념', '일반화된 지식', '내용 요소'는 다음과 같다(교육부, 2015).

- 영역: 고체 지구
- 핵심 개념: 판구조론
- 일반화된 지식: 지구는 여러 개의 지판으로 구성되어 있고, 판의 경계에서 주로 화산과 지진 등 다양한 지각변동이 발생한다.
- 내용 요소: 화산 활동, 지진, 지진 대처 방법

한편 PBL의 목적은 단편적인 지식이나 기술의 습득에 있기보다는 핵심적인 지식이나 사고력을 기반으로 학생들의 창의적 문제 해결력을 기르는 것에 있기 때문에 현행 교육과정 목표를 고려하되, 단원의 핵심 개념을 중심으로 목표를 재구성할 필요가 있다. 따라서 지진과 관련하여 다음과 같은 총괄 목표를 세울 수 있다.[9]

- 총괄 목표: 지진 관련 지식을 바탕으로 실제 지진 발생 시 상황에 적절히 대처할 수 있는 능력과 태도를 기른다.

이에 따르는 구체적인 목표는 '내용 지식'과 '과정 지식(기능)', '태도' 영역으로 나누어 다음과 같이 세울 수 있다.

- 내용 지식 영역의 구체적 목표
  - 지진의 개념, 지진의 발생 원인을 이해한다.
  - 지진의 규모에 따른 피해 정도를 파악할 수 있다.
  - 지진에 대비하는 방법과 대처하는 방법을 설명할 수 있다.

- 과정 지식 영역의 구체적 목표
  - 지진 발생의기록을 분석할 수 있다.
  - 지진과 관련된 정보를 다양한 방법을 통해 찾을 수 있다.
  - 지진 발생 현황을 파악하고 미래를 예측하고 대처할 수 있다.

9 우리나라에서는 화산보다 지진이 자주 발생하여 학생들에게 더 익숙한 주제이므로 실제성이 있는 '지진'을 주제로 수업하고, '화산'은 지진 발생과 관련된 현상으로 다룰 수 있다.

• 태도 영역의 구체적 목표

 - 지진에 대해 관심을 가지고 안전하게 대피하려는 적극적인 태도를 지닌다.

② 학습자 특성 파악하기

교육과정을 기반으로 목표가 설정되고 나면 교육과정 내용과 관련하여 학습자의 수준이나 흥미는 무엇인지, 즉 '학습자의 특성'을 파악해야 한다. 교사의 관찰 및 면접, 혹은 학생들 간의 자유 토론을 통해서도 학습자 특성을 알아볼 수 있지만, 학습할 주제에 대해 생각나는대로 마인드 맵 그리기를 하게 함으로써 핵심 주제에 관한 학생들의 관심사를 파악하고 개발할 문제에 관한 힌트를 얻을 수도 있다. 또한 학생들이 주제와 관련하여 이미 '알고 있는 것'과 '알고 싶은 것'이 무엇인지를 좀 더 구체적으로 파악하기 위해서는 설문을 해볼 수 있다. 초등학교 4학년 학생들에게 설문지를 통해 구체적으로 조사한 사례는 다음과 같다.

• 지진에 대해 이미 알고 있는 것

 - 지진이 발생하면 땅이 흔들리거나 갈라진다.
 - 지진으로 인해 많은 사람들이 다치거나 죽는다.
 - 건물이나 물건들이 흔들리거나 쓰러진다.
 - 지진은 주로 일본에서 많이 일어난다.
 - 우리나라(경주)에서도 지진이 발생했다.

• '지진' 문제 해결을 위해 더 알아야 할 것/더 알고 싶은 것

 - 지진이 발생하는 이유는 무엇인가?
 - 지진은 어느 지역에서 주로 발생하나?
 - 지진이 발생하는 장소와 시기를 미리 예측할 수 있을까?

- 지진이 일어나지 않도록 하는 방법이 있을까?
- 지진의 피해를 줄일 수 있는 과학적 방법은 무엇이 있을까?

③ 잠정적 문제 선정과 문제 지도 그리기

본격적인 문제 개발을 위한 아이디어는 지역사회의 최근 이슈나 학생들의 관심사로부터 이끌어낼 수 있다. 그러나 모든 아이디어가 문제가 될 수 있는 것은 아니다. 생각해낸 아이디어가 개념적으로 어떤 내용과 관련될 수 있는지 그 가능성을 살펴본 후, 이를 다시 '국가교육과정' 그리고 '지역 및 학교 교육과정'과 관련시키는 과정이 필요하다. 가령 4학년 과학과 '지진' 단원을 2016년 경주에서 발생한 우리나라 역사상 가장 큰 규모의 지진 사건과 연결 지어 살펴보자. 다음은 한 일간신문에 게재되었던 사설에서 발췌한 내용이다(조선일보, 2016).

> 1일 낮 경주에서 또 규모 3.5 여진餘震이 발생했다. 12일 이후 열흘 동안 경주 일대 여진은 400차례를 넘어섰다. 작년 한 해 지진 횟수 44회의 10배 수준이다. 21일 여진 때문에 경주 지역에선 점심 급식을 운동장에서 한 학교가 많았다. 노약자나 임산부 가운데 다른 도시의 친인척 집으로 피신하는 경우까지 있다고 한다. 경주 월성원전 6기 가운데 4기는 12일 이후 가동 중단 상태다. 고리원전은 B급 경계 상태를 유지하고 있다. 정부는 이날 경주 일대를 특별재난지역으로 선포하기로 했다. 내년부터는 2층 이상 신축 건축물은 내진耐震 설계를 의무화하도록 건축법을 바꾸기로 했다.

이러한 상황을 고려하여 '학교에서의 지진 대응 교육 프로그램'을 '잠정적인 문제'로 선정해볼 수 있다. 그리고 잠정적인 문제를 선정한 후에는 그 문제와 관련하여 어떤 내용들을 학습하게 될 것인지에 대한 '문제 지도 그리기'를 해보는 것이 좋다. 문제 지도 그리기를 통해 학습 내용과 활동들을 시각적으로 표현해보면 주제를 중심으로 하위 개념들이 어떤 관계를 맺고 있는지, 그것이 학습자에게 어떻게 적용될 수 있는지를 미리 파악할 수 있게 된다.

우선 선정한 문제를 중심에 놓고, 문제 해결을 위해 학습하게 될 가능성이 있는 내용들을 ◯ 안에 하나씩 덧붙여나간다. 그런 다음 학습 내용과 관련하여 가능성 있는 학습 활동을 □ 안에 적어봄으로써 교육과정 목표를 달성할 수 있는지 확인한다. [그림 9-8]을 보면, 지진 문제를 통해 현행 국가교육과정의 4학년 과학과 '지진' 단원의 목표를 달성할 수 있음을 확인할 수 있다. 이러한 문제 지도 그리기에는 단지 한 단원 안에 있는 개념들뿐 아니라 관련된 다른 단원, 혹은 다른 교과의 개념들까지 다양하게 포함시킬 수 있다.

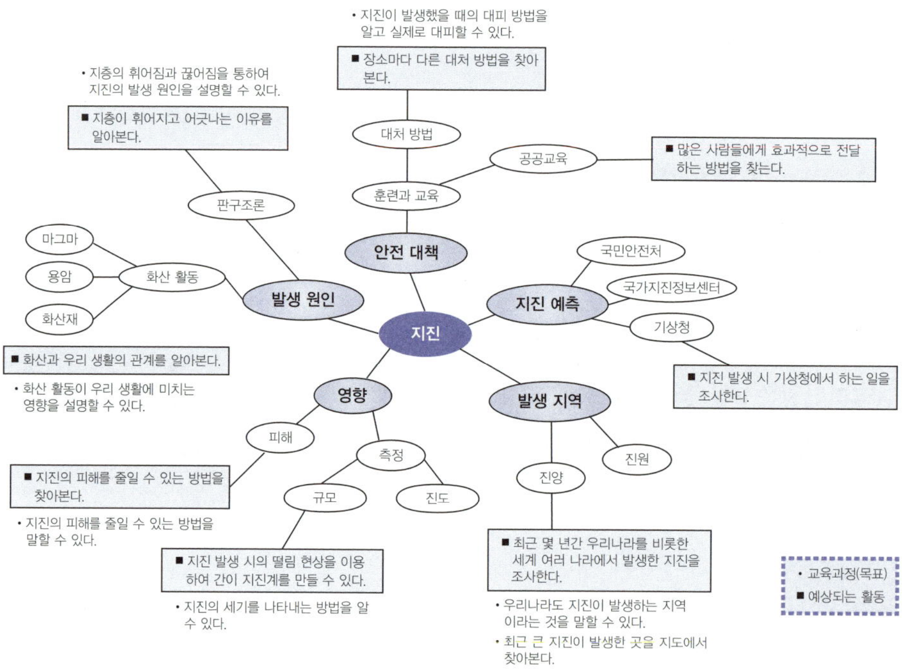

[그림 9-8] '지진' 문제 지도

④ 역할과 상황 설정하기

학습자가 학습에 대한 주인의식을 가지고 적극적인 문제 해결자가 되도록 하기 위해서는 역할과 상황을 다양하게 설정할 수 있는데, 학습자에게 적절한 '역할'과 상황을 선정하는 것이 중요하다. 다음은 지진 문제와 관련하여 고려할 수 있는 역할과 상황이다. 문제 안에는 문제를 경험할 당사자와 당사자가 처할 상황이 포함되어 있어야 한다.

- 역할: 지진 대응 교육 프로그램 담당자
- 상황: 2016년 9월에 발생한 경주 지진 기사를 통해 우리나라가 더 이상 지진 안전지대가 아니라는 분석이 나오고 있다. 그래서 이에 대한 대비로 국민안전처에서 민방위 날에 전국적으로 지진·해일 동시 대피 훈련을 실시한다고 한다. 이날 대피 훈련이 시작되면 우리 학교에서도 적극적으로 참여하기로 했다. 학생들의 안전을 위해서는 어떤 내용과 어떤 방법으로 지진 교육을 실시하면 좋을까?

⑤ 문제 시나리오 작성하기

적절한 역할과 상황이 설정된 다음에는 학생들에게 이것을 어떤 방법으로 제시할 것인지, 즉 '문제 제시 형태'를 결정해야 한다. 구두로 설명할 것인지, 학생들에게 메일로 보낼 것인지, 동영상으로 보여줄 것인지 등의 다양한 방법을 고려해야 하며, 문제를 어떤 내용으로 구성할 것인지도 생각해야 한다. 〈표 9-1〉은 '지진'을 주제로 개발한 문제의 사례이다. 문제가 작성되고 나서 동료 교사들에게 문제의 '적절성'과 '현실 가능성'에 대한 피드백을 받아 수정한다면 실패를 줄일 수 있을 것이다.

〈표 9-1〉 '지진'을 주제로 개발한 PBL 문제의 예

'지진 대응 방송 프로그램' 시나리오
우리 학교에서는 지진 발생 시 학생들이 안전하게 대피하고 대응하는 데 도움을 주는 '지진 대응 교육 프로그램'을 공모하고자 합니다. 우수 작품으로 선발된 팀원들은 명예 방송반원이 되어 우리 학교의 지진 대응 교육 프로그램 담당자로 한 달 동안 활동할 수 있습니다. '지진 대응 교육 프로그램'은 6월부터 특별 진행됩니다. 방송 내용에는 지진 발생 원인이나, 강도에 따른 피해 정도, 우리 학교에서의 대처 방법 등이 포함되어야 합니다. 마침 4학년에서 '지진'에 관해 공부하고 있다고 하니 4학년 학생들의 많은 참여를 부탁합니다. '지진 대응 방송 프로그램'의 모집은 아래와 같이 이루어집니다. • 대상: 4학년(4~5명을 한 팀으로 구성) • 활동 기간: 매일 아침 방송 5분씩 6월 한 달 • 공모 기간: 20○○. 5. 22(월) ~ 20○○. 5. 26(금) • 제출 장소: 방송반 • 발표: 20○○. 5. 30(화) 자세한 사항은 방송반 학생이나 선생님께 문의 바랍니다.

(2) 교수-학습 과정

문제가 준비되고 나면 수업의 절차와 방법을 계획하고(자세한 수업 계획 절차는 조연순·이명자, 2017 참조), 필요한 자료들을 미리 준비한 다음 수업을 진행한다. [그림 9-9]는 학생들에게 문제를 소개하는 단계부터 문제 해결책을 발표하는 단계까지를 포함하는 PBL의 교수-학습 과정으로, 다섯 단계로 나누어서 수업 진행 과정을 자세히 설명하면 다음과 같다.

① 문제 만나기

PBL은 학생들이 자기 자신의 문제로 인식할 수 있는 실제적인 문제에 당면하는 것으로부터 수업이 시작된다. 그러나 학생들이 문제를 어떻게 이해하는가에 따라 문제 해결은 여러 방향으로 분산될 수 있고, 문제를 잘못 이해하게 되면 해결의 실마리를 찾는 것도 불가능하다. 따라서 문제 만나기 단계는 학

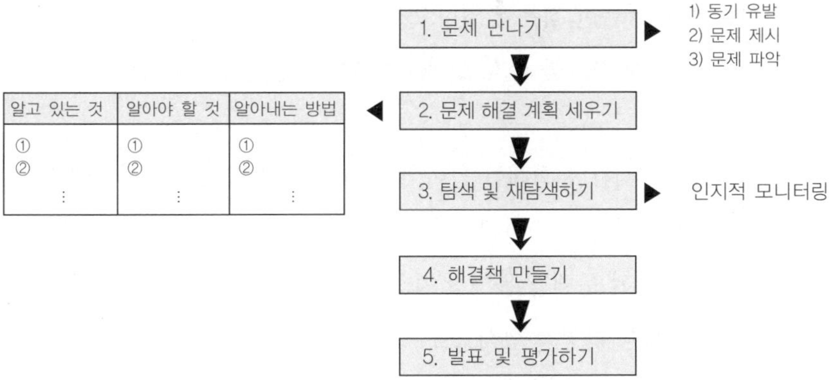

[그림 9-9] PBL의 교수-학습 과정

생들이 문제를 만나 문제를 이해하기까지의 과정으로서, '동기 유발', '문제 제시', '문제 파악'의 세 하위 단계로 나뉜다.

- 동기 유발: 학습자가 내적 추진력을 갖도록 처음에 도와주는 것을 의미한다. PBL은 학생들에게 제시하는 문제 자체가 학생들의 본질적인 흥미를 유발하게 한다는 장점이 있으나, 학생들의 수준에 따라서 너무 갑작스러울 수도 있다. 이런 경우 동기 유발을 위해서는 문제와 관련된 학생들의 경험을 이끌어내는 것이 필요한데, 문제로서 가능성이 있다고 생각했던 아이디어의 출처를 활용할 수 있다. '아이디어의 출처'란 신문이나 방송매체, 이야기책 등에 나와 있는 사진이나 그림, 각종 동영상 등 문제를 찾아낼 때 기초가 되었던 자료를 말한다. 학생들의 동기 유발을 돕기 위해 교사는 사진, 그림, 신문, 이야기책, 비디오 등을 제시하며 다음과 같은 발문을 사용할 수 있다.
  - 이와 같은 것을 보고 빨리 떠오르는 생각은 무엇인가요?
  - 이와 비슷한 경험을 한 적은 없었나요?

- 이를 보고 궁금한 점은 없었나요?

그리고 다른 예시 자료를 추가로 제시하면서 동일한 질문을 한다.

- 문제 제시: 실제감을 최대한 높이기 위해 어떤 방법으로 학생들에게 문제를 소개할 것인가와 관련해서도 교사의 독창적인 아이디어를 생각해내야 한다. 개발된 문제는 동영상 자료, 역할극, 글, 전문가 초빙 강연, 교사의 구두 설명 등 다양한 형식으로 제시될 수 있다. 예를 들어 4학년 과학과 '지진' 문제는 공고문 형태로 제작하여 학교 복도에 게시하거나 아침 방송 시간을 이용하여 교장 선생님이 광고 방송을 할 수 있다(〈표 9-6〉 참조). 학생들의 주의를 끌기 위해 교사는 다음과 같은 발문을 할 수 있다.
  - 아침 방송에 나온 광고를 다시 한번 들어봅시다. (방송으로 제시된 경우)
  - 광고문을 다시 한번 살펴봅시다. (광고문으로 제시된 경우)

- 문제 파악: 문제가 제시되었을 때 학습자가 문제를 어떻게 이해하고 있는지 다음과 같은 발문을 통해 확인할 시간을 갖는 것이 필요하다.
  - 해결할 문제가 무엇입니까? 이해가 안 되는 부분이 있나요?
  - 문제를 다른 사람에게 자신의 말로 다시 말해줄 수 있나요?
  - 해결해야 할 문제가 무엇인지 적어보세요.

② 문제 해결 계획 세우기

문제 해결을 위해서는 한 단원 수준의 긴 탐색 과정을 거쳐야 하므로, 즉각적으로 해결책을 찾기보다는 칠판이나 전지 등에 문제 해결을 위해 이미 '알고 있는 것'은 무엇이고, '더 알아야 할 것'은 무엇이며, '어떤 방법으로 알아낼 것인지'를 〈표 9-2〉와 같이 표를 그려 정리·기록하도록 한다. 〈표 9-3〉은 학생들이 지진 문제를 해결하기 위해 작성한 문제 해결 계획표의 예이다.

〈표 9-2〉 문제 해결 계획표

알고 있는 것	알아야 할 것	알아내는 방법
문제와 관련하여 우리가 알고 있는 것은 무엇인가요?	무엇을 더 알아야 문제를 해결할 수 있을까요?	알아야 할 내용은 각각 어떤 방법으로 알 수 있을까요?
① ② ③ ⋮	① ② ③ ⋮	① ② ③ ⋮

(학생들이 제시한 내용들 중에서 동의를 얻어 교사가 기록해나간다.)

〈표 9-3〉 '지진' 문제 해결 계획표의 예

알고 있는 것	알아야 할 것	알아내는 방법
• 지진이 발생하면 땅이 흔들리거나 갈라진다. • 지진이 일어나면 많은 피해를 입는다. • 우리나라(경주)에서 지진이 발생했다.	• 지진 발생 원인 • 지진의 피해 규모 • 지진 규모의 측정 방법 및 도구 • 지진 대비를 위한 방법	• 지진 발생 실험 • 국민안전처 및 기상청 홈페이지 검색 • 지진센터 등 지진 연구기관 홈페이지 검색 • 인터넷 포털 검색 • 교과서와 신문기사 검색 • 지진과 관련된 도서 조사 • 효과적인 방송 기법 토의

③ 탐색 및 재탐색하기

탐색의 과정은 '문제 해결 계획' 단계에서 결정했던 '알아야 할 것들'을 단계적으로 수행하는 여러 차시의 학습 활동으로 이루어진다. 바로 이 과정에서 교육과정 내용을 학습하게 되는데, 탐색 활동별로 학습 집단을 구성하고 시간을 배분하며, 세부적인 교수–학습 방법을 계획한다. 문제 해결을 위한 탐색은 '실험 활동'이나 교사 주도의 '전체 수업'이 될 수도 있고, 직소jigsaw나 집단 연구와 같은 '모둠별 협동 학습'이 될 수도 있다. 즉 다양한 교수–학습 방법과 전략이 활용되는 단계이다. 가령 문제 해결에 중요한 개념적인 내용일 때는 전체 학습이 효과적이며, 많은 개별 사실의 조사가 이루어져야 하는 내용일 때는 모둠 활동을 통해 정보를 수집하는 것이 효과적이다. 〈표 9-4〉는 지진 문제 해결을 위한 탐색 과정 및 방법의 예이다.

〈표 9-4〉 '지진' 문제 해결을 위한 탐색 과정 및 방법의 예

탐색 과정	탐색 방법
[탐색 1] 지진이란 무엇인가? 지진은 왜 발생하는가? [탐색 2] 국내외의 지진으로 인한 피해 정도 알아보기 [탐색 3] 지진 규모 측정 요소와 도구 알아보기 [탐색 4] 지진에 대비하고 대처하기 위한 방법	• 지진 발생 실험 • 교과서와 신문 기사 검색 • 기상청, 지진센터, 국민안전처 방문 혹은 홈페이지 검색

탐색 단계는 여러 차시에 걸쳐 이루어지므로 탐색 자체에 집중하다보면 자칫 무엇을 위한 활동인지 학생들이 인식하지 못할 수 있다. 따라서 다음과 같은 발문을 통해 학습에 대한 '인지적 모니터링'을 실시하는 것이 필요하다.

- 이 시간에는 무엇을 할 계획인가요?
- 왜 이 내용을 알아야 하나요? 이러한 활동은 왜 하나요?
- 이 시간의 탐색 활동은 전체 문제 해결에 어떤 도움을 주나요?
- 문제 해결을 위해 좀 더 알아야 할 것은 없나요?

탐색이 진행된 후 탐색 과정을 반성해보기 위해서는 앞서 작성한 문제 해결 계획표로 돌아가서 탐색이 잘 이루어지고 있는지 확인해보는 과정 또한 필요하다. '알아야 할 것' 항목에서 탐색 결과 알게 된 정보를 하나씩 표시하고, 그것만으로 부족하다고 판단되면 부가적으로 더 알아야 할 것들을 추가로 결정한다. 이때 교사는 칠판 혹은 전지에 직접 기록하는데, 새롭게 '알아야 할 것'이 결정되면 '알아내는 방법'에 대해서도 역시 의논하여 기록한다. 그리고 다

시 추가된 해결 계획에 따라 추가 탐색 활동을 수행한다. 재탐색 활동을 할 때 교사는 다음과 같은 발문을 사용할 수 있다.

- (문제 해결 계획표를 칠판에 붙여놓고 함께 보면서) 그동안 ○○○ 문제를 해결하기 위해 계획대로 다음과 같은 내용들을 알아보았습니다. 그 과정에서 이해가 잘 안 되었거나 더 알아보아야 할 것이 있었나요?
- 이 내용은 어떤 방법으로 알 수 있나요?

〈표 9-5〉는 지진 문제 해결 과정 중 추가될 수 있는 재탐색 활동의 예이다.

〈표 9-5〉 '지진' 문제 해결을 위한 재탐색 활동의 예

탐색 과정	탐색 방법
[탐색 5] 간이 지진계 만들어보기 [탐색 6] 지진 경험하기	인터넷 검색 포털에서 지진 자료 검색 지진 체험 시설 또는 지진 연구 시설 견학

④ 해결책 만들기

이 단계에서는 그동안 탐색한 다양한 지식과 정보를 가지고 해결책을 만들게 된다. '해결책'이란 학생들의 가시적인 '수행 결과'나 '성과물'을 의미한다. 프레젠테이션, 편지, 발명품, 설계도, 광고, 연극, 실험 등 다양한 형태가 가능하다. 이러한 수행을 하기 전에 해결책을 평가하는 기준을 학생들에게 제시하면 해결책을 제안하는 데 도움이 되며, 해결책을 만들 때는 다음과 같은 발문을 사용할 수 있다.

- 지금부터 여러분은 그동안의 탐색 과정에서 배운 것을 잘 활용하여 가장 최선의 해결책을 제안해보세요.

- 왜 그 해결책이 최선의 결과인지 설명해보세요.

학생들은 모둠별로 〈표 9-6〉과 같이 문제 해결책을 제안할 수 있다.

〈표 9-6〉 모둠별 문제 해결책의 예

학교의 지진 대응 교육 프로그램 방송 대본
전교 어린이 여러분, 안녕하세요. 저는 우리 학교의 지진 대응 교육 프로그램 담당자 ○○○입니다. 지난 9월 12일 저녁 경주에서 진도 5.8의 강한 지진이 일어났는데요, 역사상 가장 큰 규모의 지진이었다고 합니다. 따라서 이제 우리나라도 더 이상 지진 안전지대라고 할 수 없을 것 같아요. 그래서 제가 오늘부터 한 달 동안 지진 발생 시 어떻게 대비해야 하는지, 대피는 어떻게 하는 게 좋은지 등 여러분을 위한 지진 대응 안전 교육을 소개하려고 해요. …… (중략) …… 이상 지진 대응 안전 교육을 마칩니다.

⑤ 발표 및 평가하기

마지막으로 학생들이 발표한 해결책에 대한 '자기평가'와 '상호평가', '과정평가'와 '결과평가'를 하게 되는 이 단계에서는 학생들 스스로 문제 해결의 전 과정에 대해 반성하고, 결과는 기준에 비추어 어느 정도 잘 수행되었는지(자기평가), 어떤 모둠의 수행 결과가 가장 바람직한 결론이라고 볼 수 있으며, 왜 그렇게 생각하는지(상호평가) 등을 검토한다. 이러한 평가들은 학생들이 비판적인 사고를 기르는 데 도움이 되며, 학생들뿐만 아니라 교사에게도 수업 활동에 대한 피드백을 제공한다. 평가의 내용으로는 '해결책의 내용'은 물론이고, '프레젠테이션 기술'이나 '협동 기술' 등도 포함시킬 수 있다. 교사는 다음과 같은 발문을 사용할 수 있다.

- 이제 여러 모둠의 해결 결과를 보았습니다. 평가 기준에 따라 자기 모둠과 다른 모둠을 평가해보고, 어느 모둠이 가장 좋은 해결책을 세웠는지, 왜 그렇게 생각하는지 이야기해봅시다.
- 지금까지 이 문제를 해결하는 과정에서 가장 어려웠던 점은 무엇입니까? 또 가장 만족스러웠던 점은 무엇입니까?
- 우리 모둠은 문제 해결에 적극적으로 참여했습니까? 또한 동료들과 협력을 잘 했나요?
- 이 문제를 해결하며 알게 된 것은 무엇인가요? 더 궁금해진 것은 없나요?

PBL에서는 문제를 중심으로 하여 학습 활동이 이루어져야 하므로 교육과정 내용을 큰 덩어리로 묶는 '교육과정 재구성'이 필요하고, 교과 내용과 연관된 적절한 문제 상황을 만들어내는 것이 중요하다. 따라서 교사들은 평소에 학생들의 관심사가 무엇인지 잘 파악해야 하고, 사전에 교과 내용에 대한 충분한 지식을 가지고 있어서 실생활 문제들을 접할 때 그것을 교과의 내용과 어떻게 연결할 수 있을지에 관심을 갖는 노력을 해야 할 것이다.

요약

이 장에서는 창의적 문제 해결을 위한 체계적 접근 방법으로서 '창의적 문제 해결 모형CPS', '디자인 사고DT' 그리고 '문제 중심 학습PBL'을 소개했다.

- **창의적 문제 해결 모형**Creative Problem Solving: CPS: CPS는 1952년 개발되어 계속해서 수정·발전되어온 모형으로, 창의적 문제 해결을 위한 4단계와 6개의 하위 단계로 이루어진다. ① **문제 정의하기**는 광범위한 목표·기회·도전을 조사하며 자료를 탐색하여 문제를 구조화하는 '비전 탐색하기', '자료 수집하기', '도전 형성하기'의 하위 단계로 구성된다. ② **아이디어 생성하기** 단계에서는 새로운 가능성들을 다양하게 찾아낸다. ③ **해결책 개발하기** 단계에서는 다양한 해결책을 형성하여 가장 적합한 해결책을 선택한다. ④ **계획 시행하기** 단계에서는 선택된 해결책의 실행을 지원하는 자원과 활동들을 확인하여 시행 계획을 형성한다. 각 단계에서는 '생성하기'의 확산적 사고와 '초점 맞추기'의 수렴적 사고 간 상호작용을 중시한다.
- **디자인 사고**Design Thinking: DT: DT는 IDEO 사와 스탠퍼드 디자인 학교Stanford d.school를 중심으로 개발된 문제 해결 방법으로, 다음의 5단계로 구성되어 있다. ① 고객들과 사용자들을 이해하는 **공감** 단계, ② 프로젝트 또는 사업의 목표를 정의하는 **문제 정의** 단계, ③ 아이디어나 해결책을 모색하는 **아이디어 도출** 단계, ④ 아이디어 또는 해결책을 가시화하는 **시제품 개발** 단계, ⑤ 검토 및 의사 결정을 위한 **테스트** 단계이다. 각 단계는 한 번만 순차적으로 이루어지는 것이 아니라 궁극적으로 원하는 결과 또는 의사 결정을 얻을 때까지 되돌아가거나 여러 차례 반복할 수 있다. 또한 각 단계에서는 협업으로 확산적 사고와 수렴적 사고 과정을 통해 문제를 해결한다.
- **문제 중심 학습**Problem-Based Learning: PBL: PBL은 실제 문제 상황으로부터

문제를 이해하고 자기 주도적으로 문제를 해결해가는 과정을 통해 창의적 문제 해결력, 정보 처리 능력, 지식에 대한 깊은 이해, 변화에 대처하는 능력, 자기 주도적 학습 능력, 타인과의 협동 기술을 신장시킬 수 있도록 하는 교육적 접근이다. PBL 체제는 '문제 개발' 과정과 '교수-학습' 과정으로 이루어지는데, 이 두 영역은 상호 보완적이며 순환적인 특징을 갖는다. 문제 개발 과정은 ① **교육과정 고려하기**, ② **학습자 특성 파악하기**, ③ **잠정적 문제 선정 및 문제 지도 그리기**, ④ **역할과 상황 설정하기**, ⑤ **문제 시나리오 작성하기**의 순서로 이루어지며, 사회적 맥락을 고려하며 상호작용적으로 이루어진다. 또한 교수-학습 과정은 ① **문제 만나기**, ② **문제 해결 계획 세우기**, ③ **탐색 및 재탐색하기**, ④ **해결책 만들기**, ⑤ **발표 및 평가하기**의 순서로 이루어지며, 이 역시 필요하면 다시 이전 단계로 되돌아갈 수 있는 순환적 특성을 갖는다.

토의 과제

1. 문제 상황을 선택하여 'CPS 접근 방법'을 실제로 적용해 창의적으로 해결해보자. 일반 회사에서 CPS 접근을 적용해 문제를 해결할 때 겪을 수 있는 어려운 점은 무엇인가? 또 학교에서 CPS 접근을 적용해 문제를 해결할 때 겪을 수 있는 어려운 점은 무엇인가?
2. 어떤 회사에서 책상과 의자를 인체공학적이고 환경 친화적으로 만들어달라는 주문을 받았다. 'DT 방법'을 활용하여 도전해보자.
3. 과학 교과에서 '기후 변화에 따른 지구촌의 여러 가지 문제들'을 해결하도록 하는 수업을 PBL로 접근해보고자 한다. 'PBL의 문제 개발 과정과 교수-학습 과정'을 적용하여 수업을 설계해보고 실제로 수행해보자.

제10장 창의적 문제 해결력 증진 대회 및 프로그램

앞 장에서는 학교나 기관에서 활용 가능한 창의적 문제 해결 교육 방법들을 소개했다. 이 장에서는 창의적 문제 해결 능력 증진을 위한 국제적인 대회 및 프로그램을 소개한다.

1. 오디세이 오브 더 마인드(OM)[1]

오디세이 오브 더 마인드Odyssey of the Mind: OM의 시작은 새뮤얼 미클러스C. Samuel Micklus의 교수 모형에서 비롯되었다. 그는 미국 뉴저지 주의 로완대학교에서 교수로 재직할 당시 학생들에게 '바퀴 없는 탈것'과 '수륙 양용차'와 같은 독특한 것들을 만들도록 했는데, 성공 여부보다 '창의성'과 '도전성'에 기준을 두고 과제를 평가했다. 학생들은 이러한 활동을 매우 재미있어 했고, 대중적인 흥미를 끌게 되면서 수만 명이 참여하는 국제 대회로 성장했다. 지금은 미클러스의 아들이 회장으로 있는 '창의적 경쟁 주식회사Creative

1 구체적인 내용은 OM 홈페이지 참조.

Competitions, Inc.: CCI'에서 대회를 개최하고 있으며, 유치원생부터 대학생까지를 대상으로 '기계 구조물', '고전 문학의 해석' 등 광범위한 문제들을 해결하게 한 후, 지방·주·세계 수준의 대회에 참여하도록 하고 있다. OM 홈페이지는 [그림 10-1]과 같다.

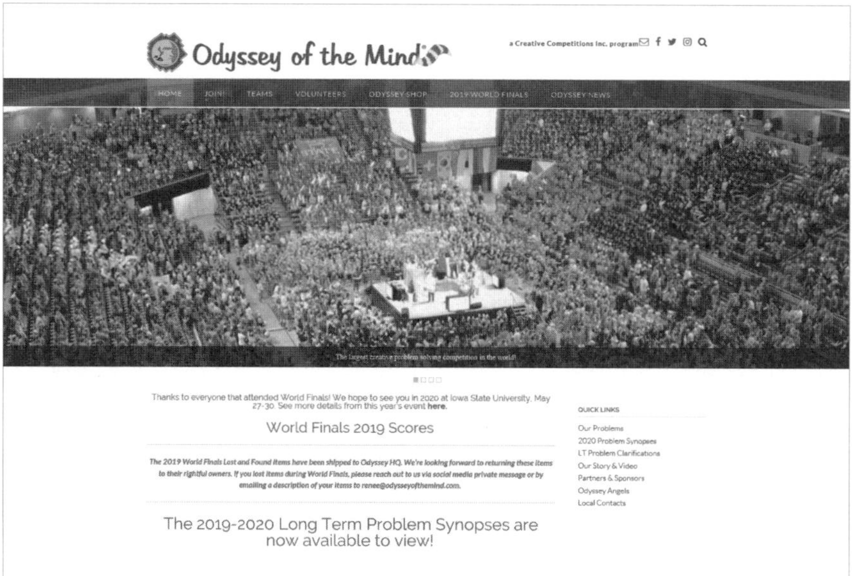

[그림 10-1] OM 홈페이지www.odysseyofthemind.com

1) OM의 목적 및 운영

OM은 창의성을 위한 대회이기 때문에 정답을 통해 상을 받는 것이 아니라 학생들이 지니고 있는 지식·재능·기술을 어떻게 적용시켰는가에 따라 상을 받는다. 실제로 OM에서 제시한 문제들 중 하나의 정답만 있는 경우는 없었다. 또한 OM 프로그램은 팀 활동을 통해 협동을 배우고, 타인의 아이디어를 존중하는 태도를 배우도록 할 뿐만 아니라, 아이디어를 평가하고 나름의 좋은 아이디어를 결정하는 과정을 통해 자신감과 자아 존중감을 신장시키도록 한다. 문제를 해결하는 데 필요한 예산 또한 주어지는데, 예산 안에서 문제를 해결함으로써 돈을 효율적으로 사용하는 법도 배우게 된다. 아울러 문제 해결 방법은 한 가지만 있는 것이 아님을 알게 하고, 과정이 결과보다 중요함을 알도록 한다. OM의 교육적 효과는 다음과 같다.

- 협동 능력과 팀구성 기술을 배울 수 있다.
- 문제를 조사하고 자신의 잠재성을 실천해볼 수 있다.
- 창의적 사고 과정이 신장되며 이를 문제 해결에 사용할 수 있다.
- 참여의 즐거움을 통해 정규 교육과정에 대한 흥미도 상승시킬 수 있다.

미국 뉴저지 주에 있는 운영 본부인 CCI에서는 OM의 문제를 각 학교로 배부하고 세계 결승 대회를 조직하는데, 결승 대회는 주로 미국의 대학에서 개최된다. OM에 참여하기를 원하는 학교나 단체는 회원 자격을 먼저 구매해야 한다. 그러고 나서 최대 7명으로 하나의 팀을 구성해 5개의 도전 과제 중 하나를 골라서 해결한다. 출제되는 문제는 광범위한 관심사를 포괄하고 있어서 어떤 문제는 기술적인 성질을 띠는가 하면, 어떤 문제는 예술적이기도 하고, 또 어떤 문제는 발표 지향적이다. 각 팀은 성인 코치의 안내를 받으면서 학기 중에 문제 해결을 하고, 매년 봄에 열리는 대회에서 발표를 한다.

미국의 경우 첫 번째 수준의 경쟁은 주 단위로 이루어지며, 주 대회에서 이긴 팀들은 매년 열리는 'OM 세계 대회'에 참가할 수 있다. OM 세계 대회에는 우리나라를 비롯해 아르헨티나, 호주, 벨라루스, 캐나다, 중국, 체코, 독일, 그리스, 홍콩, 헝가리, 일본, 카자흐스탄, 리투아니아, 멕시코, 몰도바, 러시아, 필리핀, 폴란드, 싱가포르, 슬로바키아, 영국, 우즈베키스탄 등의 여러 국가가 참가하고 있다. 세계 각국에서 온 수천 명의 자원봉사자들이 대회에서 평가자의 역할을 하며 대회가 성공적으로 개최되도록 돕는다.

OM 대회에서는 매년 5개의 새로운 장기적 문제(도전 과제)가 제공된다. 장기적 문제는 몇 주 내지 몇 개월에 걸쳐 해결해야 되는 것으로서 '문제 해결'과 '스타일'이라는 범주에 대해 점수를 받는다. 문제를 해결해 제출하고 나면 각 팀은 대회에 참여할 수 있도록 초청을 받으며, 대회에서 팀별로 자신들의 해결 결과를 발표한다. 또한 대회 당일에 '즉석 문제(자발성 과제)'를 제공받아 해결해야 한다. 각 팀은 학년 및 나이에 따라서 네 수준으로 구분되며, 같은 수준에 속하는 팀들끼리 경쟁을 하게 되는데, 네 수준은 다음과 같다.

- 수준 I: 유치원 ~ 초등학생(12세 이하)
- 수준 II: 중학생(12세 ~ 15세 이하)
- 수준 III: 고등학생(15세 ~ 대학생 이하)
- 수준 IV: 대학생(고교 졸업생 이상)

우리나라에서는 한국창의인재육성협회Odyssey of the Mind Korea Committee가 OM 대회를 주관하고 있으며, 협회의 홈페이지는 [그림 10-2]와 같다.

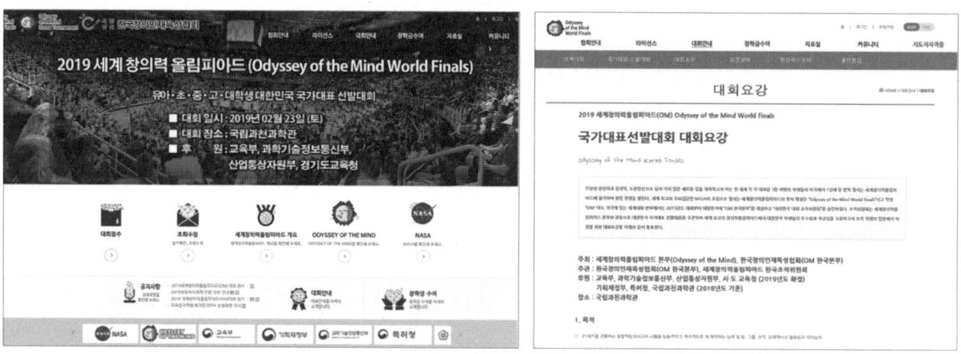

[그림 10-2] 한국창의인재육성협회 홈페이지www.odysseyofthemind.co.kr

2) OM 문제의 유형

OM 문제는 '장기적 문제'와 '즉석 문제'로 나뉘는데, 장기적 문제의 해결책에서는 문제 해결의 내용뿐만 아니라 문제 해결이 '얼마나 창의적이고 정교하게 이루어졌는가'를 판단하는 '스타일'을 따로 평가하여 그 총점으로 대회의 우승자를 가리게 된다.

(1) 장기적 문제

'장기적 문제long-term problem'(도전 과제)는 적어도 한 달 이상 다루어야 하는 재미있는 활동들로서, 학생들에게 독특한 아이디어들을 표현하게 하고, 문제 해결에 대한 깊이 있는 접근을 하게 한다. 팀 구성원이 함께 작업하면서 '협동 기술'이 개발될 수 있다.

장기적 문제는 5개 범주로 나뉘고 범주별로 매년 다른 문제가 제시되는데, 각 범주에 대한 설명은 다음과 같다.

- 기구/탈것mechanical/vehicle: '다양한 크기와 힘의 원동력을 가지는 탈것'을 설계하고 만들며 작동시키는 범주로서 각 팀은 탈것을 고안하는 것으로 그칠 수도 있고, 작동시킬 수 있어야 하는 경우도 있다.
- 기술적 수행technical performance: 이 범주에서는 '예술적 요소들'을 통합해 혁신적인 기계를 만든다. 예를 들어 다양한 크기와 동력을 이용하여 운송 수단을 설계·조립·작동한다든가, 운송 수단을 직접 운전하여 장애물을 통과하거나 물건을 회수하는 등의 과제를 수행한다.
- 고전classics: 이 범주에서는 문학이나 미술 또는 건축 등 '고전적인 주제'를 다룬다. 예를 들면 허먼 멜빌의 장편 소설 『모비딕*Moby-Dick*』의 '새 장'을 다시 쓴다거나, 그림을 살아 있게 한다거나 하는 등의 문제가 제시된다.

- 구조structure: 이 범주에서는 목재와 접착제만을 이용해 '구조물'을 설계하고 제작해야 한다. 지탱할 수 있는 무게의 최대치를 측정하는데, 450kg 이상을 견딘 사례도 있다.
- 공연performance: 이 범주에서는 특정한 주제를 해결하거나 요소들을 통합하는 '공연'을 해야 한다. 예를 들어 '인간의 감정을 표현하는 동물', '민간 설화 만들기' 등이 있다.

2019년 5월 22일부터 미국 미시간주립대학교에서 4일간 진행된 '2019년 OM 세계 대회'에서 제시된 경쟁 과제(장기적 문제)의 예[2]는 다음과 같다.

- OMER의 구조 작전OMER to the rescue, again: OMER와 그의 조수는 차량을 만들 수 있는 모든 부품들을 가방에 넣고 길을 떠난다. 가다가 곤경에 처한 사람들을 만나면 차량을 조립하여 그들을 도와주고, 마지막에는 OMER에게 도움을 받은 사람들이 가두행진을 하며 OMER를 환영하는 공연을 한다.
- 시야에서 사라지다Hide in plain sight: 독창적인 기계 생명체를 창조하여 사람들이 찾지 못하도록 세 번 모양을 바꾸며, 마지막에 모습을 드러내는 공연을 한다.
- 레오나르도의 공작실Classic…Leonardo's workshop: 공작실에 다빈치의 그림 중 하나를 재현한 것, 작품 중 하나를 입체적으로 표현한 것, 또 다른 작품 중 하나를 팀이 원하는 형태로 표현한 것, 그리고 현대에는 사용되지만 당시에는 조롱을 받으며 폐기되었던 창조물을 만들어 공연을 한다.

---

2 구체적인 내용은 OM 홈페이지 참조.

- 구조물 던지기Structure toss: 발사목과 접착제만을 이용하여 만든 구조물을 던져서 테스트 장치에 넣도록 하고, 추가 게임을 만들어서 축제의 호객꾼 역할을 맡은 사람이 주변 사람들을 모아 게임에 참여할 수 있도록 설명하는 공연을 한다.
- 적군의 방해 공작Opposites distract: 두 그룹과 악역을 설정하고, 악역은 그룹 사이를 이간질하여 두 번의 논쟁을 일으킨다. 결국 갈등 관계에 있던 두 그룹이 서로 의견을 나누면서 적이 아니라는 것을 깨닫고 진짜 악역을 찾아내는 공연을 한다.

장기적 문제의 채점 범주는 다음과 같이 객관적인 부분과 주관적인 부분의 두 가지로 이루어진다.

- 객관적 채점 범주: 팀이 문제의 특정 요건을 충족하는지의 여부에 따라 0점이나 5점 등 절대적인 점수를 받게 된다. 객관적 채점의 예로는, '기구/탈것'의 문제에서 '차량이 결승선을 통과한다'는 것을 기준으로 함으로써 선을 못 넘으면 0점을 받고, 선을 넘으면 5점을 받는다.
- 주관적 채점 범주: 일반적으로 창의성, 품질, 효과성, 유머 및 기타 질적 영역과 심판의 의견에 기초하여 1~15점 등의 점수가 차등제로 매겨진다. 주관적 채점 범주의 예로는, '기구/탈것'의 경우 '차량 외관의 창의성'을 채점할 수 있으며, 심사위원은 차량의 외관을 얼마나 창의적으로 느끼는가에 따라 지정된 범위에서 등급을 매긴다.

이러한 장기적 문제들의 최고점은 각각 200점이다. 또한 공연의 전반적 효과에 어떻게 기여하는지 등을 매우 구체적으로 평가받고 싶은 '스타일 양식'을 제출하여 추가로 50점을 받을 수 있다. '스타일'은 문제 해결의 표현에 덧붙여지는 것으로서 창의적 표현과 기술의 정교화를 말한다. 산업 세계에서는 상품의 모습을 고려하고, 그것이 어떻게 사용자들에게 적용되고 유지될 것인지, 기술을 마케팅하기 위해서는 강력한 정교화가 요구된다.

때때로 상품을 포장하고 광고하는 비용은 상품 자체의 비용을 훨씬 능가하기도 하는데, 예를 들어 어떤 향수들은 별 가치가 없는데도 스프레이가 달려 있는 아주 정교한 병에 담겨서 비싸게 판매된다. 따라서 만약 로봇을 만드는 문제에서 로봇을 멋지게 색칠했다면 이에 대해 스타일 점수를 받을 수 있다. 그러나 방을 가로지르는 로봇을 만들기 위해 바퀴를 사용하는 것은 스타일 점수에 포함되지 않는다.

(2) 즉석 문제

'즉석 문제spontaneous problem'(자발성 과제)는 학생들이 혼자서 생각 하는 능력을 길러주기 위한 것으로서 외부의 도움은 통제한다. 장기적 문제 해결을 위해서는 다른 사람에게 도움을 받는 것이 가능했지만, 즉석 문제의 경우에는 외부의 도움을 받으면 벌점이 주어지며, 다른 사람의 도움을 구할 수 없는 밀폐된 장소에서 문제가 제시된다. 또한 과제 해결 후 다른 사람에게 해당 과제에 대해 발설할 경우에는 실격 등의 엄중한 불이익을 받게 된다.

각 팀의 구성원은 팀을 위해 효율적으로 역할을 수행해야 한다. 팀 구성원의 대답은 종류별로 점수를 받는데, 일반적인 대답에 1점, 창의적인 대답에 3~5점을 주는 경우가 있고, 일반적인 대답에 0점, 창의적인 대답에 1점을 주는 경우도 있다. 즉석 문제는 최고 100점까지 받을 수 있으며 다음과 같은 몇 가지 유형으로 제시된다.

- 언어적verbal 유형: 심사위원들이 제시하는 과제에 대해 팀별로 토론을 하여 신속하게 아이디어를 도출하고 발표하는 과제 유형이다. 예를 들어

심사위원이 팀들에게 '다른 종류의 나무 이름을 말하라'고 문제를 내면 생각할 시간을 팀별로 몇 분 가진 뒤 해결책을 제시하게 된다.

- 조작적hands-on 유형: 과제와 관련한 도구를 주고 도구를 활용하여 주어진 조건에 맞게 미션을 수행하도록 하는 유형이다. 예를 들어 '다양한 품목을 이용하여 다리를 놓기'부터 '다른 장소로 공을 옮기는 장치 만들기', '다양한 물체를 사용하여 통신 시스템 고안하기'까지 다양하다. 각 팀은 주어지는 몇 분 동안에 해결책을 고안하고 테스트하여 과제를 완성한다. '협동심'과 '창의력'에 따라 점수를 매기는 것 외에 '과제 완료' 여부에 따라서도 부가 점수를 얻는다.
- 결합combination 유형: 조건에 맞게 즉석에서 '신체 활동'과 '언어적 표현'을 결합하여 아이디어를 발표하는 과제 유형이다. 예를 들어 각 팀원이 알루미늄 호일로 캐릭터를 만들고, 이 캐릭터들을 활용한 이야기를 구성하며, 이러한 소품과 의상을 사용한 그들의 모습이 무엇을 나타내는지 설명하거나 물건의 새로운 용도를 말한다. 각 팀에게는 무슨 재료로 만들 것인지, 무엇을 만들 것인지 탐색할 수 있도록 시간이 주어진다.

(3) OM 교육과정 활동들

OM에서는 미항공우주국NASA의 후원을 받아 교실에서 할 수 있는 활동들도 개발해 정규 교육과정에 적용 가능한 활동집과 함께 간단한 안내를 제공하고 있다. 미항공우주국에서는 학급에서 통합할 수 있는 활동과 자료들을 추가로 제공하고 있는데, 〈표 10-1〉은 OM에서 제공하는 미항공우주국 관련 즉석 연습 과제NASA-Related Spontaneous Practice Examples 중 하나인 '허리케인을 견디는 탑 건설'의 내용이다.

〈표 10-1〉 미항공우주국NASA과 연계한 OM 교육과정 활동의 예

<table>
<tr><th colspan="2">허리케인을 견디는 탑 건설</th></tr>
<tr><td>교사 준비 시간
• 30분~1시간

집단 구분
• 전체
• 소집단

자료
• 인덱스카드(4~8개)
• 빨대(10개 내외)
• 공예 스틱(4~8개)
• 실(약 1미터)
• 파이프 클리너(4~8개)
• 테이프
• 가위
• 자
• 테니스공
• 종이와 연필
• 테스트용 분무기
• 도전 지침서
• 탑 예시</td><td>목표
주어진 설계 기준을 사용하여 간단한 재료로 탑을 만들고, 이를 실험하며, 성능을 개선하기 위해 잠재적으로 재설계 및 재구축을 할 수 있다(엔지니어링 설계, 시스템적 과정, 데이터 분석).

국가 표준
• 핵심 개념 ETS 1: 엔지니어링 설계
• MS-ETS1-2: 문제 기준과 제약 조건을 얼마나 잘 충족하는지 판단할 수 있는 시스템적 과정을 사용하여 설계 해결책을 평가한다.
• MS-ETS1-3: 성공 기준에 적합한 가장 좋은 특성을 알아내기 위해 다양한 설계 해결책 사이의 유사성과 차이점을 판단하기 위한 실험 데이터 분석을 한다.

활동
• 이 활동은 개별 학생 또는 소규모 팀이 실행할 수 있는 간단한 공학적 설계에 도전하는 것이다. 초등학교 이상 학생들에게 적합하지만 모든 연령대의 학생이 할 수 있다. 아이디어는 허리케인이 발생하기 쉬운 지역을 위한 건물을 설계하는 실제적인 문제인데, 교실에서, 방과 후 학교 또는 비형식적인 교육 환경에서 시뮬레이션 방식으로 실행하도록 한다.
• 학생들에게는 간단한 재료와 설계 요구 사항을 주고 탑을 만들도록 하는데, 선풍기 바람을 견디면서 테니스공을 지탱할 수 있는 최대한 높은 탑을 설계하고 제작하도록 한다. 추가적인 도전으로는 분무기를 이용하여 비가 오는 상황을 만들 수도 있다.
• 탑이 완성되면 모둠은 함께 장치를 실험해보는데, 이는 문제의 또 다른 해결책이 있을지 토의할 수 있는 기회가 된다. 실험 실시 후에 시간이 있다면 모둠 간에 경연 형식으로 진행하여 서로의 작품을 관찰하게 할 수도 있다. 학생들은 자기 모둠의 탑을 다시 설계하여 성과를 향상시키거나, 단순히 그들의 설계에서 무엇이 잘 작동하고 무엇이 실패했는지에 대해 토론할 수도 있다.</td></tr>
</table>

OM은 학생들에게 문제를 창의적으로 해결하도록 도전을 하게 한다는 장점이 있다. 그러나 이러한 대회 형식의 부정적인 측면도 함께 고려해야 할 것이다. 즉 대회 참여의 목적이 창의적 문제 해결력을 신장시키려는 것임을 잊고, 학생들이 다른 팀들을 이겨야 한다는 경쟁의식에 사로잡히게 될 수도 있으므

로 경쟁보다는 협력을 강조해야 한다. 또한 교사는 학교 교육과정 내용 및 활동과 적절히 연계하려는 노력을 해야 할 것이다.

2. 미래 문제 해결 프로그램(FPSP)[3]

학생들에게 '미래에 대해 창의적으로 사고하는 방법'을 가르치기 위해 1974년 토런스가 개발한 '미래 문제 해결 프로그램Future Problem Solving Program: FPSP'은 대표적인 영재 교육 및 창의성 교육 프로그램으로서 미국의 거의 모든 주와 호주, 뉴질랜드, 캐나다 등지에서 여러 지부가 운영되고 있으며, 매년 약 25만 명의 학생들이 참가하고 있다. FPSP의 홈페이지는 [그림 10-3]과 같다.

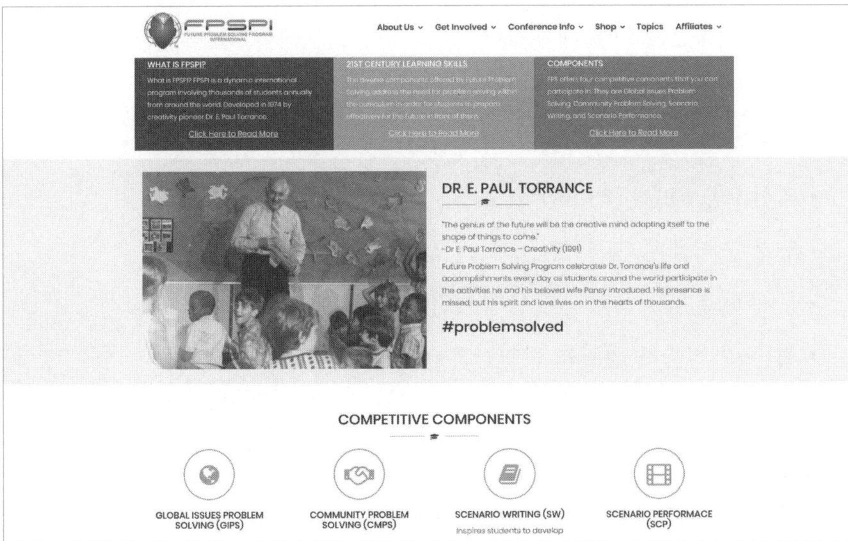

[그림 10-3] FPSP 홈페이지www.fpsp.org

---

3 구체적인 내용은 FPSP 홈페이지와 MacDonald & Hume(2003) 참조.

1) FPSP의 목적 및 운영

FPSP는 학생들이 변화하는 미래 사회에 적응하고 전문적인 문제 해결자가 되기 위해 필요한 '창의적 및 논리적 사고 기능', '문제 해결력' 및 '의사소통 능력'을 습득하는 것을 목적으로 한다. 처음에는 영재 아동들의 요구에 의한, 그리고 국제적인 학문적 경쟁을 위한 목적으로 설계되었는데(Stewart, 1984) 점차 영재 아동뿐만 아니라 일반 학생들의 학습 요구에도 부응하는 프로그램으로 확장되어 모든 학생들에게 동등한 교육 기회를 제공하게 되었다. FPSP의 목적을 구체적으로 제시하면 다음과 같다.

- 창의적 사고 능력을 증진시킨다.
- 분석적 사고 기술을 향상시킨다.
- 미래에 대한 흥미를 자극한다.
- 실제 세계에 대한 인식을 확장시킨다.
- 복합적인 사회적 이슈들을 탐색한다.
- 의사소통 기술을 연마한다.
- 연구 능력을 증진시킨다.
- 문제 해결을 교육과정에 통합시킨다.
- 협동 및 집단 구성원의 책임감을 권장한다.
- 진정한 평가를 제시한다.

다른 창의적 문제 해결의 유형과 구별되는 FPSP의 가장 큰 특징은 문제가 '모호한 상황' 또는 '미래 장면'이라는 데 있다. 대부분의 사람들은 해결해야 하거나 해결하고 싶어 하는 문제를 가지고 있다. 어떤 사람은 수학 문제를 잘 풀고 싶어 하며, 어떤 사람은 시끄러운 이웃 때문에 잠을 잘 자지 못한다. 해결하고자 하는 문제가 크건 작건 실생활의 문제는 제대로 정의되지 않거나 명확하지 않은 경우가 대부분이라서 해결하기가 어렵다. 따라서 FPSP에서는 가까운 미래 관련 문제를 다룸으로써 학생들로 하여금 빠르게 발생하는 변화에 적절하게 대처하도록 하고, 오늘날의 선택이 미래에 영향을 줄 수 있다는 것을 깨닫도록 이끌어준다.

우리나라에서는 2002년 3월에 '토런스 창의력 FPSP 한국 본부'가 설립되어 프로그램이 시행되다가(김영채, 2006), 현재는 '창의력 한국 FPSP'로 이름이 바뀌어 프로그램 개발·보급뿐 아니라 창의력 검사와 워크숍을 통한 교육 전문가 양성 등을 실시하고 있다. 자세한 정보는 창의력 한국 FPSP의 홈페이지를 통해 얻을 수 있다([그림 10-4] 참조).

[그림 10-4] 창의력 한국 FPSP 홈페이지www.fpsp.or.kr

2) FPSP의 문제 유형

FPSP는 경쟁 부문과 비경쟁 부문으로 나뉘는데, 경쟁 부문에서는 '글로벌 이슈 문제 해결', '지역사회 문제 해결', '시나리오 쓰기', '시나리오 공연'의 네 분야에서 대회의 형태로 운영되고 있으며, 비경쟁 부문인 '행위 중심 문제 해결'은 교실에서 교육용으로 사용할 수 있다. 초등학교부터 고등학교 학생들까지 연령에 따라 각 분야에 참여할 수 있으며, 학생들은 개인 또는 소집단으로 구성되어 CPS(Osborn & Parnes)의 6단계 과정을 활용한 가상적 또는 현실적인 문제를 해결하게 된다. FPSP의 각 분야를 구체적으로 설명하면 다음과 같다.

(1) 글로벌 이슈 문제 해결

'글로벌 이슈 문제 해결Global Issues Problem Solving: GIPS'은 FPSP에서 가장 핵심적이고 기본적인 과정으로서, 팀 또는 개인이 참여할 수 있는 경쟁 프로그램이다. 네 명으로 구성된 소집단이 코치의 안내를 받으며 미래 문제 해결의 6단계를 사용해 도전을 탐색하고, 복합적인 사회적·과학적·정치적·경제적·기술적 문제에 대한 실행 계획을 제시한다. 각 팀은 초등학교 4~6학년, 중학교 1~3학년, 고등학교 1~3학년으로 나뉘어 대회에 참가하게 된다.

(2) 지역사회 문제 해결

'지역사회 문제 해결Community Problem Solving: CmPS'은 학생들이 미래 문제 해결 기술을 지역사회의 실제적 문제에 적용하는 것을 말한다. 지역사회 문제는 학교, 지역사회, 종교, 시 또는 도, 국가에 존재하는 어떤 것이든 해당될 수 있다. 팀의 크기는 제한이 없으며, 초등학교 4~6학년, 중학교 1~3학년, 고등학교 1~3학년으로 나뉘어 참가할 수 있고, 시민, 교육, 문화, 환경, 보건 사회 복지 중 지역사회에서 관심 있는 분야를 선택할 수 있다. 지역사회 문제 해결 팀 프로젝트들 중 상위로 평가된 팀은 매해 개최되는 FPSP 국제 대회에 초대된다.

(3) 시나리오 쓰기

'시나리오 쓰기Scenario Writing: SW'의 과정에서는 그해에 제시된 5개의 FPSP 주제와 관련된 미래 지향적인 단편 소설을 쓰게 한다. 이를 통해 학생들은 스스로 창의적인 작문 능력을 다듬고 개발한다. SW는 1,500 단어 이내로 제한하며 소설에서 설정한 미래는 적어도 20년 이후여야 한다. 초등학교 4~6학년, 중학교 1~3학년, 고등학교 1~3학년으로 나누어 주제가 제공되며, 각 지부 FPSP 대회에서 우승한 참가자는 FPSP 국제 대회에 초대된다. 또한 각 지부 감독은 상위 3개의 시나리오를 국제 시나리오 쓰기 경쟁에 출품할 수 있다. SW는 GIPS와 AbPS를 상당 수준 학습한 후에 적용할 수 있다.

(4) 시나리오 공연

'시나리오 공연Scenario Performance: ScP'은 호주 FPSP에서 스토리텔링의 전통을 개발하고 유지하기 위해 고안한 것으로, 이야기하는 것을 즐기는 학생들을 위한 것이다. 이것은 SW와 마찬가지로 초등학교 4~6학년, 중학교 1~3학년, 고등학교 1~3학년 부문으로 나뉘어 있으며, 다른 방식으로 사고 능력을 보여주는 학생들, 특히 문화유산이나 언어적인 것을 선호하는 학습 양식을 가진 학생들에게 적합하다. 참가자들은 SW와 마찬가지로 창의적이고 재미있는 방식으로 발표할 미래 이야기를 개발한다. 이때 꼭 이야기를 쓸 필요는 없지만 공연은 해야 한다.

(5) 행위 중심 문제 해결

'행위 중심 문제 해결Action-based Problem Solving: AbPS'은 장기간에 걸쳐

일반 학교 교육과정과 통합하여 교실에서 사용할 수 있도록 설계된 비경쟁적인 프로그램으로서 미래 문제를 교실 환경에서 학생들에게 직접적으로 소개한다. 한 학기 동안 4～6명 정도로 구성된 팀에게 2개의 주제를 제시하는데, 유아 및 초등 저학년primary(유치원～초등학교 3학년), 초등 고학년junior(초등학교 3～6학년), 중학생middle(초등학교 6학년～중학교 3학년)의 세 수준으로 구분된다. AbPS는 GIPS를 아동들의 발달 수준에 맞게 수정한 간편한 모형으로 창의적 문제 해결의 5단계를 적용한다.

'미래 문제 해결 프로그램 국제 대회Future Problem Solving Program International: FPSPI'에서는 매해 5개의 일반적인 주제를 제시하는데, 대회 1년 전에 제시된 5개의 주제 중에서 3개의 주제를 한 학기 동안 완성하며, 두 번째 주제까지는 '연습 문제practice problems'이고 세 번째 주제는 '본선 문제qualifying problem'이다. AbPS 분야는 세 번째 주제까지 각 학교의 교육과정에서 다룬다. 세 번째 주제인 본선 문제에서 상위 25% 내에 들면 매년 봄에 개최되는 각 지부 대회에 초대되어 네 번째 주제를 해결하게 되며, 여기에서 선발된 팀은 매년 6월 미국에서 열리는 국제 'FPSP 창의력 올림피아드'에 참가하여 다섯 번째 주제를 다룰 수 있다.

국제 대회에서는 각 지부를 대표하여 참가한 팀들이 다섯 번째 주제로 GIPS 분야에서 2시간 동안 6단계의 창의적 문제 해결 과정을 거쳐 경쟁을 하게 되는데, 마지막 실행 계획 단계에서는 5분 동안 ScP 형태로 발표하게 된다. CmPS 분야는 GIPS를 경험한 학생들이 관심 있는 관련 주제를 지역사회에 실제적으로 적용한 결과를 발표하는 것으로 개인 또는 팀으로 참여 가능하며, SW 분야 역시 미리 제출된 시나리오를 발표하고 평가하여 시상한다. 2018～2019년에 제시된 FPSP의 다섯 가지 미래 문제[4]를 소개하면 다음과 같다.

① 달, 화성, 그 너머의 미션Mission to Moon, Mars & Beyond

궤도에 있는 우주선? 외계의 생물권? 민간과 정부 기관들은 달과 화성에 이미 연구소나 심지어 식민지를 설치하기 위한 임무를 계획하고 있다. 많은 사람들이 태양계와 지구에 대해 많은 계획을 가지고 있지만, 이러한 계획들이 실현 가능한지에 대해서는 의문이다. 한 민간 기관은 벌써부터 화성 탐사 임무를 위한 자원봉사자들을 찾고 있다. 우주에 대한 도전은 우리의 지식과 기술을 발전시키도록 자극을 주며, 탐구와 개발에 있어서도 모험적이고 과학적인 기회들을 많이 제공한다. 그러나 개척자들은 지속 가능한 '장기 체류'를 계획할 필요가 있을 것이며, 이것은 엄청난 수의 사람들, 엄청난 액수의 돈, 그리고 다른 자원들을 필요로 할 것이다.

② 드론Drones

드론은 최근 몇 년 동안 항공 애호가들에게 가장 많이 보급된 상품들 중 하나이다. 원래 군사용으로 개발되었지만, 드론이나 무인항공기UAV는 레크레이션에 사용할 수 있는 멋진 장치이다. 또한 상업, 과학 연구, 농업, 오락, 사진, 교통, 재난 구호, 수색과 구조, 감시, 치안 유지에도 강력한 도구가 될 수 있다. 무인항공기는 사람이나 컴퓨터가 원격으로 조종할 수 있으며, 드론은 이제 기술이나 훈련을 거의 받지 않고도 작동할 수 있다. 그러나 이러한 무인항공기 사용이 기하급수적으로 증가하고 있는 가운데, 우려도 높아지고 있다. 사생활 침해, 영공 침해, 범죄 사용, 은닉적인 군사 작전, 우발적인 충돌, 테러 위협, 그 밖에도 여러 문제들이 발생할 수 있다. 무인항공기 기술 발전과 부품 개선은 미래에 어떤 방향으로 나아갈 것인가? 무인항공기에 대한 접근은 누구에게나 공평하게 이루어질까? 우리의 일상생활에서 이미 널리 퍼진 드론의 보

4 구체적인 내용은 FPSP 홈페이지 참조.

급은 사회 전반에, 특히 개인의 권리와 안전 분야에 어떤 영향을 미칠까?

③ 식품 손실과 낭비Food loss & waste

개발도상국에서는 기아 문제가 여전히 존재하는데, 식량 생산에 필요한 자원은 제한되어 있다. 전 세계적으로 생산된 식품의 약 3분의 1이 손실되거나 낭비되는 상황에서 수백만 명의 사람들은 굶주리고 있다. '식량 손실'은 생산 및 수확 후 가공 단계에서의 감소를 말한다. 그 원인으로는 부족한 수확 기술, 취약한 인프라(시장, 운송, 저장), 냉각, 포장, 오염(박테리아, 곰팡이, 곤충), 부패 등이 있다. 식량 손실은 가용성을 감소시키는 것 외에도 비용을 높임으로써 농부들과 식량을 살 여유가 없는 사람들에게 피해를 준다. 또한 소매 및 소비 단계에서 발생하는 음식물쓰레기는 유통기한을 잘못 사용한 품질 기준, 부주의한 소비자로 인한 낭비, 먹을 수 있는 식품 폐기 등이 원인이다. 이처럼 선진국에서는 음식물쓰레기가 문제이지만 개발도상국에서는 식량 손실이 더 큰 걱정거리이다. 개발도상국의 기아 문제를 해결하고 수입을 증가시키기 위해 어떻게 하면 식량 손실을 예방할 수 있을까? 품질이나 안전을 유지하면서 음식물쓰레기를 줄일 수 있을까? 기술이나 규정이 어떤 역할을 할 수 있을까? 경제적·환경적·심리적·사회적 의미는 무엇인가? 다양한 소비자의 요구를 충족시키면서 세계 식량 안보를 개선할 수 있을까?

④ 스트레스 대처Coping with stress

빠르게 변화하는 사회의 추세로 인해 인간의 스트레스는 증가한다. 스트레스는 인간에게 육체적·정신적·감정적으로 영향을 줄 뿐만 아니라 스트레스와 관련된 호르몬의 수치를 높일 수 있다. 일부 지역에서는 사회의 기대에 부응하려고 노력하는 사람들이 긴 근무 시간으로 힘들어하고 있다. 소셜미디어 또한 스트레스를 지속적으로 가한다. 사람들은 대부분 스트레스를 경험하는

데, 그에 대한 반응은 사람에 따라 다르다. 스트레스는 유용한 동기 부여가 되기도 하지만 부정적인 영향을 줄 수도 있다. 가령 과도한 스트레스로 인해 의학적·심리적 문제가 나타나거나 악화될 수 있다. 과학 자료에 따르면 신체 활동과 이완 기술은 이러한 부정적인 영향을 줄이기 위한 대표적 방법이다. 스트레스의 개인적·사회적 영향은 무엇인가? 다른 국가나 문화권에서도 같은 방식으로 스트레스를 다루는가? 어떻게 하면 사람들이 스트레스에 대처할 수 있도록 건강한 생활 방식을 촉진할 수 있을까?

⑤ 복원De-extinction

매머드부터 수많은 곤충과 무척추동물까지, 많은 종들이 시간이 흐르면서 멸종되었다. 최근 새로운 과학의 발전으로 인해 화석화된 물질의 복원 가능성이 제기되고 있다. 이러한 고고학적 발견과 과학적 발견의 결합이 멸종의 복원으로 이어질 수 있었을까? '부활 생물학'이라고도 불리는 복원은 멸종했거나 멸종해가는 종들을 부활시키는 과정이다. 그러나 멸종한 종을 되살리기 위한 복제와 같은 기술들은 과학자들에게도 논란의 여지가 있다. 멸종한 종들을 되살리는 기술은 거의 완성 단계에 이르렀지만, 실제로 사용될 수 있을까? 부활된 종들은 어디에 수용될 것이며 이미 변화된 서식지에 어떤 영향을 미칠 것인가? 멸종한 종들을 부활시킬 때의 윤리적 장단점은 무엇인가? 그러한 기술의 사용에 어떤 제한을 두어야 하는가? 과학자들은 환경적 피해 복구를 위해 복원을 해야 하는가? 복원된 종들은 현재의 생태계에 어떤 영향을 미칠까? 멸종된 종들 사이에서 산다는 것이 인류에게는 어떤 영향을 미칠까?

FPSP에 참여한 학생들은 코치(교사나 부모)의 안내로 4~6명이 팀을 이루어 협동 작업을 하게 된다. 코치는 먼저 학생들에게 신문 자료, 이야기, 비디오, 역할놀이 등의 흥미로운 방식으로 문제를 제시하고, 각 팀은 문제를 연구하고 주어진 상황을 이해한 후 '도전 확인', '핵심 문제 선정', '해결 아이디어 생성', '판단 준거 생성', '판단 준거 적용', '실행 계획 개발' 등 6단계의 문제 해결 과정을 적용해 문제를 해결해나간다. 이러한 문제 해결 과정은 오즈번과 파네스의 CPS 단계를 수정한 것이다(Torrance, 1978). 이를 구체적으로 살펴보면 〈표 10-2〉와 같다.

〈표 10-2〉 미래 문제 해결의 6단계

단계	활동
1. 도전 확인	• 미래 장면에서의 도전을 확인한다. • 학생들은 소집단으로 브레인스토밍을 통해 제시된 상황의 원인과 그로 인한 결과에 대해서 가능한 한 많은 아이디어를 생각해내고, 그중에서 가장 중요한 것 10개를 정한다.
2. 핵심 문제 선정	• 내재하고 있는 핵심 문제를 확인한다. • 보다 구조화된 단계로서 산출된 10개 아이디어들을 조사하여 좀 더 조사해보고 싶은 근본적인 문제를 하나 결정한다.
3. 해결 아이디어 생성	• 내재하고 있는 문제에 대한 해결 아이디어를 산출한다. • 선택한 문제에 대해서 브레인스토밍을 통해 가능한 한 많은 대안적인 해결책을 생각해낸다. 그중에서 가장 유망한 해결책 10개를 선택하고, 각 해결책에 대해서 "누가 어떤 행동을 취해야 하는가?", "어떻게 실천할 것인가?", "왜 이것이 문제 해결책이 될까?"를 고려해보도록 한다.
4. 판단 준거 생성	• 해결 아이디어를 평가하기 위한 범주를 생성하고 선택한다. • 해결책을 판단할 수 있는 범주를 개발한다. "이 해결책이 많은 수의 사람들에게 공평한 것인가?" 등과 같은 문제 특수적 범주의 성격을 고려한다.
5. 판단 준거 적용	• 해결 아이디어에 범주를 적용한다. • 4단계에서 개발한 범주를 사용하여 모든 해결책을 평가해서 가장 좋은 해결책을 결정한다.
6. 실행 계획 개발	• 해결책의 실천 계획을 개발한다. • 가장 좋은 해결책을 자세히 설명한 후, 그 해결책 실행에 필요한 행동의 단계를 결정한다. 이때 각 단계 실행 시 나타날 수 있는 가능한 결과도 함께 고려하도록 하며, 다섯 단계 이상을 정하지 않는 것이 좋다.

〈표 10-2〉의 6단계를 9장에서 소개한 CPS의 최근 모형과 비교해보면, 1, 2단계는 '문제를 정의하는 단계'이고, 3단계는 '아이디어 생성', 4, 5단계는 '해결책 개발', 6단계는 '실행 계획 단계'에 해당된다.

3) FPSP 문제 개발 과정

FPSP의 미래 장면은 실제나 사실에 기초할 수도 있고, 판타지에 기초할 수도 있으며, 과거·현재·미래의 어느 장면이든 다룰 수 있다. 그리고 사회적 이슈 또는 기술적·과학적 이슈를 다룰 수도 있으며, 많은 사실적 자료, 통계치나 정보를 사용할 수도 있고, 반대로 그런 자료를 거의 사용하지 않아도 된다. 다양한 미래 장면을 제시하는 궁극적인 목적은 미래에 우리가 만날 수 있는 일들에 대한 준비를 시키는 데 있으며, 이는 일반 학교에서도 개발·활용할 수 있다. 미래 문제 개발을 돕기 위해 맥도널드와 흄(MacDonald & Hume, 2003)은 다음과 같이 미래 문제 개발 단계를 제시했다.

(1) 1단계: 주제 영역 선택하기

이 단계에서는 특별한 요구에 부합하는 주제 영역을 확인한다. 만약 학습자가 FPSP를 통해 경쟁하기를 원한다면, FPSP 홈페이지에 제시된 문제를 선택해 미래 문제 해결 과정을 따라서 해결하면 된다. 그러나 경쟁과는 상관없이 사고력 신장을 위해 미래 장면을 개발하고자 한다면 교사가 개발할 수 있는 주제는 굉장히 많다. 역사 시간에 사용한다면 수업에서 다룬 역사적 시기 중 하나에서 주제를 선택하고, 수학 시간에 활용하고자 한다면 그 학기 동안 배운 수학 내용에서 주제를 선택하면 된다. 다른 영역에서도 마찬가지이다.

만약 이미 해결해야 할 문제를 가지고 있다면 그것이 실제 문제인지, 개인적 문제인지, 도시의 문제인지, 가설적 문제인지, 지금 당장 이루고자 하는 문제인지, 과거로부터 온 문제인지, 미래로부터 온 문제인지 등을 파악해야 한다. 미래 장면의 개발을 위해 선택 가능한 주제의 예로는 '우주 쓰레기', '행성간의 여행', '남북통일', '기하학', '투표할 권리', '가족 구성원', '버려지고 있는 반려동물', '인공지능', '가상현실' 등과 같은 것들이 있다. 문제의 범위는 광범위할 수도 있고, 제한적일 수도 있다. 어린 아동에게는 이해하기 쉬운 제한적 범위의 주제가 적합하다. 예를 들어 '음식점에서의 싸움' 같은 문제는 제한적 범위의 주제이며, '인간의 존엄사'와 같은 문제는 아주 광범위한 주제에 해당된다.

(2) 2단계: 정보 수집하기

미래 장면을 개발하기 위해서는 많은 정보를 수집해야 하는데, 이 단계에서는 미래 장면을 개발하기 위한 아이디어 탐색을 시작한다. 자료를 찾는 것이 쉽지 않지만 너무 많은 정보를 수집할 필요는 없다. 너무 많은 자료는 방해가 될 수도 있다. 정보를 수집할 때는 주제와 관련된 가능한 자원들의 목록을 작성하는 것이 도움이 된다.

(3) 3단계: 정보 조직하기

이 단계의 목적은 주제에 대한 시각적·조직적 이미지를 만드는 데 있다. 수집한 자료나 정보를 특정 장면으로 만드는 가장 좋은 방법은 분리된 아이디어들을 연결하여 구조화된 개관을 만드는 것이다. '구조화된 개관structured overview'이란 주제에 관해 수집한 정보들을 시각적 그림, 즉 다이어그램으로 그려 보는 것으로서 가능한 한 간단하게 만들어야 한다. [그림 10-5]는 '오염'

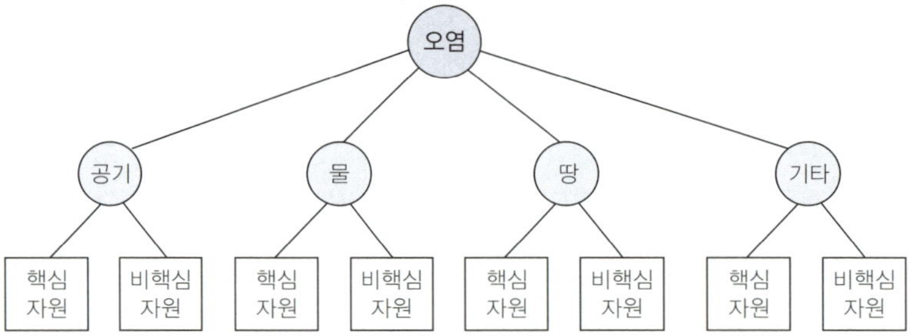

[그림 10-5] '오염'에 대한 구조화된 개관

에 대한 구조화된 개관의 예이다.

(4) 4단계: 정보 분석하기

정보를 분석할 때는 중요한 하위 범주와 눈에 띄는 개념을 생각해야 한다. 시나리오가 너무 광범위하면 문제를 작성하기도 어렵지만 문제를 해결하는 것도 어렵다. 따라서 몇 가지 하위 영역으로 구분해서 주제를 좁혀야 한다.

(5) 5단계: 미래 장면 스케치하기

이 단계에서는 미래 장면의 초벌 그림을 그리는 데 필요한 개념, 내용, 세부 사항을 수집하고 조직한다. 미래 장면을 상상할 때는 다음과 같이 시간, 장소, 주제를 생각해야 한다.

- 시간: '몇 년 후'에 벌어지는 미래 장면인가? 가까운 미래에 일어날 수 있는 일이어서 그로 인해 세계가 조금 변하게 되는가? 아니면 먼 미래에 발생할 일이어서 그로 인해 세계는 많이 변하게 되는가? 자세한 시나리오를 위해 연, 월, 일을 포함할 수도 있다.
- 장소: '어디에서' 발생하는 미래 장면인가? 가능한 한 구체적인 것이 좋다.
- 주제: 미래 장면 안에서 '주제'에 대해 두 번 정도 일깨워주어 문제 해결자가 초점을 두는 데 도움이 되도록 구성한다.

둘째, 미래적 요소들을 시나리오에 포함시킬 때는 미래적 내용과 미래적 세부 사항을 고려한다. '감옥'이라는 주제에 대한 미래 장면의 예는 다음과 같다.

> '미래의 감옥'은 독특한 지역에 있다. 많은 범죄자가 우주에 있는 감옥인 맥싱턴으로 보내지는데, 맥싱턴은 지구 궤도를 선회하는 우주섬이다.

이 예에서 학생들은 현재의 감옥과 우주에 세워진 감옥 사이에서 실질적인 변화를 고려할 수 있으며, 여전히 현재의 감옥에 대해 조사해야 하지만 우주에 세워진 감옥이라는 특수한 아이디어로 좀 더 창의적이게 될 수 있다.

(6) 6단계: 미래 장면에 대한 초안 쓰기

미래 장면에 대한 스케치를 한 다음에는 첫 번째 초안을 쓰도록 한다. 미래 장면의 조직은 개발자 스스로 정한 순서에 따를 수도 있고, 다음에 제시하는 논리적이고 조직적인 공식을 따를 수도 있다.

① 개시 문단

일단 개시 문단에서 독자의 주의를 끌어야 한다. 그러기 위해서는 독자들과 문제를 관련시킬 수 있는 미래적 세부 사항을 포함시켜야 한다. 다음은 '우주법'에 대한 개시 문단의 예이다.

> 다가오는 2080년 여름, 첫 번째 달 식민지인 '클라크 식민지'의 20주년 기념식이 있다. 이것은 "달은 모든 인류에게 속한다."고 공표한 1979년 협정의 결과로서, 화성에 가는 미션을 위한 기지이며, 극미중력 훈련 센터를 위한 곳이다. 클라크에서는 제조업과 광업이 중요 산업이다. …… (중략) …… 클라크에는 많은 국가와 문화권에서 온 11,000명의 사람들의 집이 있으며, 클라크 밖의 '외곽' 지역도 매년 확장되고 있다.

② 중간 문단의 전반

짧고 간단하게 한두 개의 중간 문단만 써도 좋고, 세부적이고 자세한 시나리오를 써도 좋다. 중간 문단에서는 문제에서 야기되는 사건, 상황, 활동에 대해 독자들이 시각화할 수 있도록 주제와 관련 지어 설명하여야 한다. 구조화된 개관을 통해 문제 해결의 초점이 되는 하위 범주들을 포함시키는 것이 좋은 방법이다.

③ 중간 문단의 후반

중간 문단의 후반에서는 문제 해결에 힌트를 주는 '길잡이 세우기'를 한다. 이러한 힌트에서 도움을 받아 문제 해결자들이 시나리오와 관련된 탐색을 시작할 수 있으므로, 문제 해결자가 이해하기에 복잡하거나 어렵다고 생각될 때 길잡이를 사용한다.

④ 마지막 문단

미래 장면의 마지막 문단은 책임을 지게 하는 문단으로서 주제를 환기시키고 문제 해결자가 무엇을 해야 하는지를 제시한다.

미래 장면의 초안을 쓸 때는 전체적으로 다음과 같은 사항들을 고려한다. 즉 미래 장면은 현재인 것처럼, 또는 미래 장면이 발생하는 것처럼 써야 한다. 또한 모든 세부 사항을 포함시키는 것은 불가능하더라도 가급적 미래 장면을 개발하는 데 필요한 모든 요소들과 단서를 제공하도록 한다. 그러나 시나리오가 한 페이지를 넘지 않는 것이 좋다. 너무 긴 것은 분석하거나 이해하는 데 어려움을 줄 수 있기 때문이다.

(7) 7단계: 미래 장면 편집하기

미래 장면의 초안을 수정하기 위해서는 미래 장면의 구성 요인(시간, 장소, 주제)이 포함되었는지, 미래 장면에 대한 언어가 분명하고 간결한지, 문제 해결자들의 연령에 적절한 어휘가 사용되었는지 등의 질문에 토대를 두고 수정을 진행해야 한다. 다음과 같은 질문에 대한 답을 토대로 수정할 수 있다.

- 미래 장면에 대한 상상력을 자극하는 요소들을 가지고 있는가?
- 상황에 대한 좋은 그림을 제공할 수 있도록 충분히 설명되었는가?
- 미래 장면에서 불분명한 정보가 있는가?
- 미래 장면의 목적을 전달하는 데 불필요한 정보가 포함되어 있는가?
- 정보는 잘 조직되었는가?
- 문제 해결자의 의무는 분명한가?
- 개발자가 원하는 전체 주제 중 하위 범주에 초점을 두고 있는가?
- 미래 장면으로부터 가능한 도전을 생성할 수 있는가?
- 미래 장면은 문제 해결자들이 주제에 대한 연구를 하도록 하는가?
- 미래 장면의 세부 사항은 일관적인가?
- 미래 장면은 그럴듯한가?

〈표 10-3〉은 이러한 과정을 통해 개발할 수 있는 미래 문제 장면 시나리오의 예이다.

미래 문제 해결 프로그램은 학생들에게 미래에 발생할 여러 가지 사건들을 간접적으로 경험하고 해결해보게 함으로써 실제로 발생하는 문제를 창의적으로 해결할 수 있는 능력을 신장시키게 한다. 또한 제시되는 미래 장면은 미래에 발생 가능한 상황 등을 다루기 때문에 학생들의 흥미를 유발하고 상상력을 키우게 할 수 있다. 이처럼 학생들의 호기심을 자극하는 그럴듯한 미래 장면을 개발하기 위해서는 교사 자신이 미래 상황에 대한 풍부한 상상력과 추리력을 지녀야 한다. 따라서 여기서 제시한 미래 장면 개발 단계를 충분히 활용한다면 도움이 될 것이다.

〈표 10-3〉 미래 문제 장면 시나리오의 예

트랜스휴먼 시대
2035년 과학기술계는 인간 수명을 획기적으로 연장시킬 수 있는 '트랜스휴먼 기술'을 이미 발전시켰으나 우리나라는 5년이 지난 오늘이 되어서야 기술 적용 기준을 겨우 정립했다. 그동안 의료계와 경제계뿐 아니라 정치권과 인간의 존엄성을 찾고자 노력하는 여러 단체들의 의견 대립으로 기준 정립에 어려움을 겪어왔으나 극적으로 기준이 타결된 것이다. 이제는 합법적으로 뇌와 인공지능을 연결해 '초지능'을 구현할 수 있게 되었으며, 본인이 원할 경우 개인의 기억은 컴퓨터에 복사하여 저장할 수 있게 되었다. 많은 기업들은 이러한 트랜스휴먼 기술로 최적화된 육체와 정신을 갖춘 인재를 원하고 있으며, 기술 활용 능력에 따라 취업뿐 아니라 임금과 승진 등의 기회도 달라지고 있다. 이에 따라 많은 사람들이 뇌에 컴퓨터 칩을 시술하려고 앞다퉈 의료 기관을 찾고 있으며, 인공장기를 구매하는 쇼핑몰이 성황을 누리고 있다. 우리는 곳곳에서 육체적 · 정신적으로 강화된 사람들과 일반 사람들 간의 능력 격차를 쉽게 찾아볼 수 있게 되었다. 부유한 계층의 사람들은 트랜스휴먼 기술로 연령과 성별의 구애 없이 언제 어디서나 일할 수 있는 기회를 얻게 되었으며, 그렇지 않은 사람들을 다스리게 되었다. 그들은 유전자 조작을 통한 맞춤 아기로 부의 대물림을 이어가고 있으며, 장기 교체 및 항노화 기술로 수명 500세 시대를 맞이하고 있다. 인공지능 컴퓨터와 로봇에게 일자리를 빼앗긴 사람들은 보다 나은 일자리를 찾기 위해 위험을 감수하고 트랜스휴먼이 되기 위해 노력하고 있다. 한편 인증 받지 못한 기관에서 저렴한 가격으로 장기 이식을 받은 사람들은 부작용에 시달리기도 하며, 컴퓨터 칩의 잘못된 이식으로 기억상실의 사태가 벌어지기도 한다. 과학기술의 발달과 진화로부터 초래될 가능성이 있는 이러한 문제를 어떻게 해결하고 어떻게 대비해야 할 것인가? 과학 및 의료계뿐만 아니라 사회적 · 정치적 측면에서는 어떻게 해결해야 할 것인가? 인간의 '정의'와 '평등', '존엄성' 등의 가치는 어떻게 유지되어야 할 것인가? • 트랜스휴먼: 첨단 과학기술을 이용하여 노화를 막고 신체의 변형 · 확대 · 증강을 도모해 지적 · 신체적 · 심리적 능력을 대폭 향상시킨 인간 • 트랜스휴먼 사회: 인간적 기계와 기계적 인간이 공존하는 사회

요약

이 장에서는 '창의적 문제 해결력 신장을 위한 세계 대회 프로그램'을 소개했다.

- **오디세이 오브 더 마인드**Odyssey of the Mind: OM: OM은 유치원생부터 대학생들에게까지 창의적 문제 해결의 기회를 제공하기 위해 개발된 국제 대회 프로그램으로, **문제의 유형**에는 장기적 문제와 즉석 문제가 있다. '장기적 문제 해결'을 위해서는 최대 7명으로 팀을 구성하여 5개의 문제 중 하나를 골라 해결하게 한다. 그리고 운영 본부에 제출하면 예심을 거쳐서 대회에 참여해 '즉석 문제'를 해결하게 된다. OM에서는 교실에서 할 수 있는 교육과정 활동들도 개발해 제공하고 있으며, 창의적으로 문제 해결을 하도록 적절한 동기를 부여한다는 점, 그리고 팀으로 문제 해결을 함으로써 협동심을 기를 수 있다는 점 등의 큰 장점이 있지만 지나친 경쟁의식이 유발되지 않도록 적절한 안내가 요구된다.
- **미래 문제 해결 프로그램**Future Problem Solving Program: FPSP: FPSP는 미래에 대해 창의적으로 사고하는 방법을 가르치기 위해 개발된, 초등학생부터 고등학생까지를 대상으로 하는 국제 대회 프로그램이다. 미래 문제의 가장 큰 특징은 문제가 '모호한 상황'이거나 '미래 장면'이라는 데 있다. **FPSP의 유형**에는 '글로벌 문제 해결', '지역사회 문제 해결', '시나리오 쓰기', '시나리오 공연', '행위 중심 문제 해결'의 다섯 가지가 있으며, 이러한 문제들은 CPS의 6단계를 거쳐서 해결하도록 한다. **미래 문제를 개발**하기 위해서는 다음의 7단계를 거칠 수 있다. 즉 ① 주제 영역 선택하기, ② 정보 수집하기, ③ 정보 조직하기, ④ 정보 분석하기, ⑤ 미래 장면 스케치하기, ⑥ 미래 장면에 대한 초안 쓰기, ⑦ 미래 장면 편집하기이다. 학생들을 이러한 국제 대회에 직접 참여하게 할 수도 있고 미래 문제를 개발하여 교실 수업에 적용할 수도 있다.

토의 과제

1. 지금까지 제시되어온 'OM과 FPSP의 문제들'(홈페이지 참조)을 팀을 이루어 해결해본 후, 다른 팀의 해결책과 비교해보자. 이러한 과정을 통해 어떤 능력들이 신장될 수 있다고 생각하는가?
2. 'OM과 FPSP 대회'에 동료들 혹은 학생들과 함께 직접 참여해보고 그 효과에 대해 토의해보자.
3. 우리나라 '교육과정 내용'과 관련지어서 미래 문제를 개발해보자. 각 개발 단계에서 고려해야 할 점은 무엇인가? 가장 '핵심적인 단계'는 무엇이며 그것은 왜 중요한가?
4. FPSP와 PBL은 어떤 공통점이 있는가? 차이점은 무엇인가? 문제를 개발하고 적용할 때 어떤 점을 고려할지 토의해보자.

제11장 지혜 촉진을 위한 교육 방법

앞 장에서는 창의성과 창의적 문제 해결력을 신장시키기 위한 방법들을 살펴보았다. 이 장에서는 선한 창의성 교육의 일환으로 '지혜를 신장시키기 위한 교육 방법'들을 살펴보기로 한다.

1. 지혜, 지능, 창의성 그리고 통합(WICS)

지혜, 지능, 창의성 그리고 통합Wisdom, Intelligence, and Creativity Synthesized: WICS은 스턴버그(2009)가 그의 삼원지능 이론과 성공지능 이론에 내포되어 있는 모든 요소들을 종합하여 개발한 '지혜 균형 모형'으로서, 이 모형을 이해하기 위해서는 선행된 그의 이론들에 대한 이해가 우선 필요하다.

과거의 지능 관련 연구들이 학업과 관련된 인간 내적 요소들만을 고려해왔다는 점을 문제점으로 인식한 스턴버그(1985b)는 현실적으로 살아가는 데 필요한 외부 요소들을 고려하여 삼원지능 이론을 제시했다. '삼원지능 이론triarchic theory of intelligence'은 문제를 인식하고, 정의하고, 표상하며, 해결해 가는 인간 내적 부분인 '구성적 하위 이론componential subtheory'뿐만 아니라

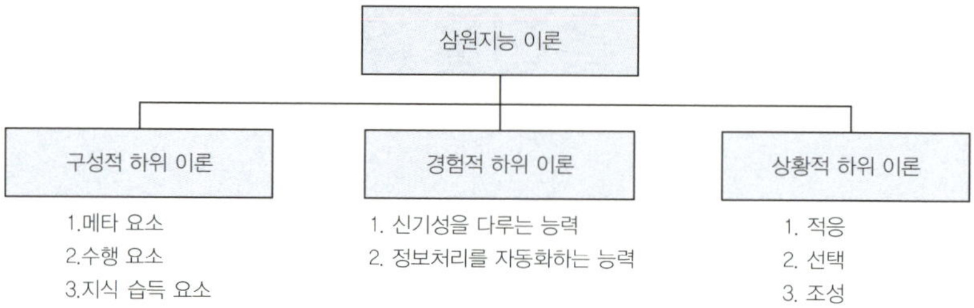

[그림 11-1] 삼원지능 이론의 구조

출처: Sternberg(1985b: 320).

환경에서 실질적으로 작용하는 인간 외적 부분인 '상황적 하위 이론contextual subtheory', 그리고 내적 요소와 외적 요소를 조합하고 통찰하여 표현하는 '경험적 하위 이론experiential subtheory'으로 이루어져 있으며, 이 하위 이론들의 구성 요소는 [그림 11-1]과 같고, 이들의 관계는 [그림 11-2]와 같다.

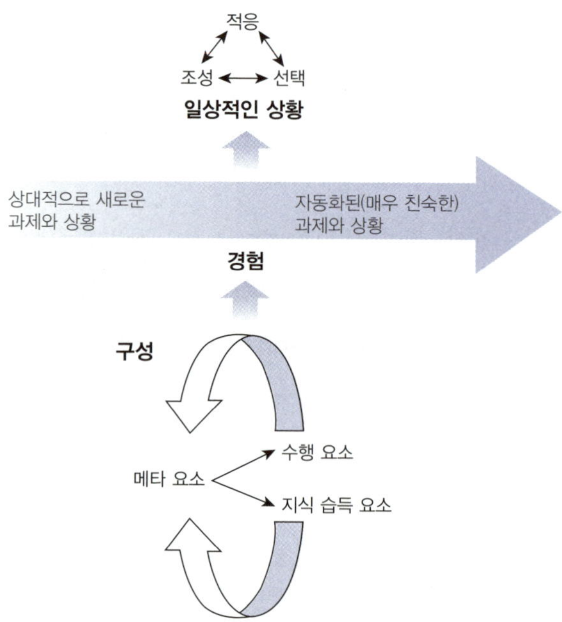

[그림 11-2] 인간 지능 이론의 메타 요소, 수행 요소, 지식 획득 요소 간 상호 관계

출처: Sternberg(2003: 45).

[그림 11-2]를 보면 메타 요소가 수행 요소와 지식 습득 요소에 관여하고, 이들은 다시 메타 요소에 피드백을 제공한다. 이러한 요소들이 비교적 추상적이고 익숙한 문제에 작용할 때는 분석적 능력이 필요하고, 새로운 과제나 새로운 상황에 적용될 때는 창의적 능력이 필요하며, 환경에 적응·조성·선택할 때는 실용적 능력이 필요하다고 보았다. 그리고 이러한 분석적·창의적·실용적 능력이 연결되고 균형을 이루어 현실 세계에서 잘 활용되어야 성공적인 삶을 살아갈 수 있다는 '성공지능 이론successful intelligence theory'으로 확장되었다. 성공지능 이론에서 포함하고 있는 '분석적 능력'은 지식을 습득하고 과제를 수행하며 계획 및 전략을 선택할 수 있게 하고, '창의적 능력'은 새로운 문제에 당면했을 때 통찰력을 발휘하여 관련 없는 것들을 연관시킬 수 있도록 하며, '실용적 능력'은 현실 상황에 적응하고 필요에 따라 환경을 변화시킬 수 있도록 한다.

그러나 스턴버그(2003)는 성공지능 이론만으로는 사회에 좋은 영향을 미치는 삶을 기대하기 어렵다는 또 다른 문제의식에서 공공선을 이루게 하는 '지혜wisdom'의 필요성을 깨닫게 된다. 이러한 관점에서 그는, 지혜란 사람이 자기 자신 또는 타인의 이익을 최대화하는 것이 아니라 자신의 이익(개인 내)과 타인의 이익(개인 간), 그리고 국가나 환경 같은 개인이 살고 있는 상황 간 이익(초개인 간)의 균형을 이루고, 기존 환경에 적응하거나 조성하며, 새로운 환경을 선택함으로써 공공선을 이루어가는 것인데, 이 과정에서 가치가 개입된다고 하면서 성공지능 이론에 창의성과 지혜를 통합하여 '지혜 균형 이론ballance theory of wisdom'을 [그림 11-3]과 같이 제시했다.

갈등과 혼돈의 현대 사회에서 우리가 올바르고 적합한 판단을 하며 공동체의 일원으로 살아가기 위해서는 성공지능에서 중요시한 '사고 기술'뿐만 아니라 '지혜'가 필요하다. 즉 윤리적 가치를 통해 공공선을 이루기 위해 지혜의 필요성이 점점 대두되고 있는 실정이다(Sternberg, Jarvin & Grigorenko, 2009/2013).

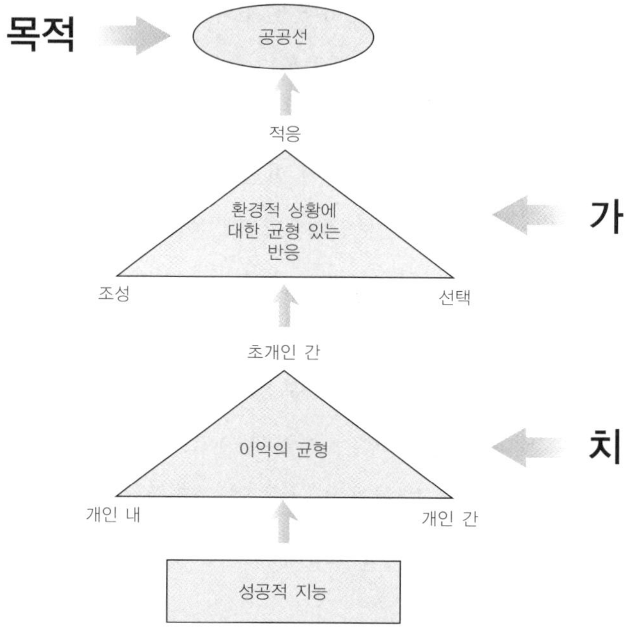

[그림 11-3] 지혜 균형 이론

출처: Sternberg(2003: 153).

이 절에서는 이러한 이론적 발달 과정에서 개발된 사고 기술의 종류와 훈련 방법, 그리고 WICS 이론에서 제시한 지혜 교육 방법에 대해 소개한다.

1) 사고 기술의 유형별 특성

'성공지능'을 향상시키기 위해서는 창의적이고 분석적이며 실용적인 세 가지 지적 능력을 계발하고 이들 간의 균형을 이루는 데에 초점을 맞추어야 한다. 스턴버그 등(Sternberg et al., 2009/2013)은 이를 위한 방법으로 기억력, 분석적 사고, 창의적 사고, 실용적 사고 등과 같은 사고 기술 교육을 통해 학생들이 자기 자신의 강점과 약점을 파악하여 강점은 극대화시키고 약점은 보완할 수 있도록 제안했다. 학생들의 사고를 효과적으로 증진시키기 위해서는 먼저 교사들이 사고 유형의 특성과 유형별 학생들의 특징 등을 이해해야 하는데 (Sternberg & Spear-Swerling, 1996), 이러한 사고의 특성은 다음과 같다.

- 기억력: 정보를 저장하고 꺼내 쓰는 기술로서, 정보의 부호화, 정보의 저장, 필요시 효율적으로 꺼내올 수 있는 정보의 검색이 핵심 요소이다. 기억해놓은 것이 없으면 무언가를 생각해낼 것도 없기 때문에 다음에 나오는 비판·분석 능력, 창의력, 실용력과 같은 사고 기술 교육이 무의미해진다(Sternberg et al., 2009/2013). 따라서 기본적으로 학생들이 잘 기억할 수 있도록 다양한 기억 저장 방법들을 활용해보게 한다.
- 비판적·분석적 사고: 지식의 습득, 과제 수행, 계획 및 전략을 선택하고 비판적으로 사고할 수 있는 능력이며, 이를 촉진하는 방법은 분석하기, 판단하기, 평가하기, 비교·대조하기, 해석하기, 종합하기 등이 있다. 비판적 사고를 선호하는 학생은 다른 사람들의 아이디어를 기억하고 분석하는 데 뛰어나므로 학교에서 좋은 성적을 받고 교사들로 하여금 똑똑한 학생이라고 인정을 받을 수는 있다. 그러나 자기 스스로의 아이디어를 제안하는 것은 잘 하지 못한다. 그렇기 때문에 결과적으로 학교에서는 앞서지만 자기 자신의 아이디어가 제안되어야 하는 사회에서는 그렇지 못할 수 있다.
- 창의적 사고: 새로운 아이디어를 제시하고, 새로운 상황이나 문제를 다룰 수 있는 사고 능력으로서 '브레인스토밍'과 '마인드 맵' 등을 통해 촉진할 수 있다(2부 7장의 예시 참조). 창의적 사고를 선호하는 학생은 자기 자신의 아이디어를 제안할 수 있으며, 뛰어난 수행 능력을 보이지만 시험 성적이 별로 좋지 않기 때문에 제대로 평가받지 못할 수 있다. 창의적·종합적 사고를 선호하는 학생들은 다방면으로 재능을 보이며 스스로 자신이 좋아하

는 활동을 추구하기도 하는데, 교사들은 대체로 이러한 학생들을 부정적으로 보는 경향이 있다.

- 실용적 사고: 지식을 실생활에 적용할 수 있는 실천적 능력으로서, 촉진 방법으로는 주관적인 관점에서 '작품을 다시 탐색해보기', '일상생활에 적용되는 방법 생각해보기', '개념과 실생활 경험의 연계성 생각하기' 등이 있다. 실용적 사고를 선호하는 학생들은 성적이 그리 뛰어나지는 않지만 실용적 지식이나 많은 상식을 가지고 있기 때문에 어떠한 환경에서든 자신이 해야 할 것이 무엇인지 파악하고 그것을 해내며, 다른 학생들과 어떻게 하면 상호작용을 잘할 수 있는지, 어떤 일을 해야 하며 하지 말아야 하는지 등을 잘 알고 있다. 학교에서는 제대로 인정받지 못하는 경향을 보이지만, 사회에 적응하기 위해 실제로 어떻게 해야 하는지 등에 대해서는 잘 알고 있다.

일반적으로 사람들은 분석적·창의적·실용적 사고 능력을 조금씩은 가지고 있기 때문에 이들 세 사고를 모두 균형적으로 육성할 필요가 있다.

2) 사고 기술 훈련 방법[1]

스턴버그와 스피어-스월링(Sternberg & Spear-Swerling, 1996)은 사고 기술을 훈련시킬 수 있는 방법을 제시한 바 있는데, 이 방법은 분석적·창의적·실용적 사고를 발달시키는 데 도움을 줄 수 있다. 이 사고 기술 훈련 방법은 친숙화, 모둠 내 문제 해결, 모둠 간 문제 해결, 개인적 문제 해결의 네 단계로 이루어지며, 각 단계의 구체적인 내용은 다음과 같다.

1 구체적인 내용은 Sternberg & Spear-Swerling(1996) 참조.

(1) 1단계: 친숙화

'친숙화familiarization'는 사고 기술을 익히게 하기 위한 단계로서 다음과 같은 절차를 거친다.

- 실세계 문제의 제시와 해결하기: 처음에는 전체 학급에서 두세 가지 실생활 문제를 제시하여 학생들이 해결책을 제안하거나, 문제와 관련하여 과거에 해결했던 경험을 이야기하게 한다. 이 단계의 목적은 학생들로 하여금 배우는 지식과 기술이 삶과 관련이 있다는 것을 알도록 동기화하고 매일의 삶에 적용하도록 이끄는 것이다. 이때 교사는 학생들이 문제를 정의하고 해결책을 평가하기 위해 필요로 하는 최소한의 문제 구조만을 제시해야 한다.
- 문제 해결 절차에 대한 집단 분석하기: 문제들을 해결하고 나면, 교사는 학생들에게 각 문제를 해결하는 데 어떤 전략들을 사용했는지 생각하게 하는 데, 이 활동의 목적은 사고 기술들에 대해 학생들이 생각하도록 하는 데 있다. 학생들은 '두 가지를 비교하기', '과거 경험을 사용하기', '예측하기' 등과 같은 사고 전략들을 생각해낼 수 있다. 교사는 이에 대해 평가하지 않으며, 학생들이 가능한 한 '반성적인 사고'를 하도록 이끈다.
- 정신적 과정과 전략을 라벨링하기: 학생들이 사용한 정신적 과정과 전략의 목록을 만든 후에 교사는 학급 구성원 간의 의사소통을 촉진하기 위하여 과정과 전략에 이름(라벨)을 붙여볼 것을 권한다. 그리고 실세계 문제에서 이러한 사고와 전략들이 활용된 사례를 보여준다. 여기서 중요한 것은 라벨 자체가 아니라 이러한 전략과 과정이 인간 사고의 이해를 위해 필요하다는 것을 알게 해주는 것이다.
- 라벨화된 과정을 초기 문제에 적용하기: 라벨화된 각 과정이 이전에 언급된 문제의 해결을 위해 어떻게 사용되었는지 학생들에게 보여준다. 이것

을 통하여 학생들은 각 과정을 매일의 수업에서 수행한 초기의 문제 해결과 연결할 수 있다.

- 라벨화된 과정을 새로운 문제에 적용하기: 교사는 두세 가지 새로운 문제를 학생들에게 제시하고 그 문제들을 해결하도록 한다. 새로운 문제 해결 과정에서 학생들이 정신적 과정과 전략을 라벨링하고 설명하게 하여, 자신이 하는 것을 이해하고 상호 의사소통을 할 수 있게 한다.
- 새로운 문제 생성하기: 마지막으로 학생들에게 흥미롭고 중요한 문제를 생성하게 한다. 그러고 나서 사용했던 정신적 과정과 전략을 사용해 문제를 해결하도록 한다. 이 단계에서는 학생들로 하여금 다른 사람이 제기한 문제뿐만 아니라 자기 자신이 당면하는 문제의 해결을 위해서도 사고 기술을 새롭게 개발하고 적용하도록 한다.

(2) 2단계: 모둠 내 문제 해결

'모둠 내 문제 해결intragroup problem solving'이란 교사의 중재 없이 새로운 문제를 모둠별로 해결하는 것을 말한다. 교사는 단지 토론의 중재자 역할을 하며, 이전에 배운 사고 과정과 전략을 사용하여 모둠별로 문제를 해결하게 한다. 학생들이 문제 해결을 완성한 이후에 교사는 각 모둠의 문제 해결 과정에 대해 평가나 피드백을 줄 수 있다.

(3) 3단계: 모둠 간 문제 해결

'모둠 간 문제 해결intergroup problem solving'은 두세 모둠이 해결책을 찾기 위해 함께 작업하는 것을 말한다. 두 모둠이 독립적으로 작업한 다음에 서로의 해결책을 비교할 수도 있다. 이 활동의 목적은 학생들의 모둠 간 경쟁을 조장하기 위함이 아니라 해결책에 대해 주의 깊은 모니터링과 평가를 하게 하는 데 있다. 모둠 간 문제 해결은 브레인스토밍 방법을 활용하여 협동 기술을 발달시키는 뛰어난 방법이다. 그러나 때때로 모둠이 너무 단합되어 있어서 자신들이 제시한 해결책의 질을 모니터링하지 못할 수도 있다(Janis, 1972). 그러므로 모둠 간 문제 해결에서는 모니터링과 평가, 계획 등의 '메타 요소'를 사용할 것을 권장하며, 모둠 간 문제 해결을 게임의 형식으로 진행할 수도 있다.

(4) 4단계: 개인적 문제 해결

마지막 단계인 '개인적 문제 해결individual problem solving'에서는 학생들에게 개인적인 문제를 제시해서 이를 독자적으로 해결하게 하는데, 일반적으로 모둠별 문제 해결 이전보다 이후에 하게 된다.

이러한 4단계 모형은 분석적·창의적·실용적 사고 기술을 직접적으로 교육하려는 목적을 가지고 있다. 첫 단계인 '친숙화' 단계에서는 학생들에게 학습해야 할 사고 기술을 먼저 제시해주기보다 토론을 통해 학생들 각자가 경험한 문제 해결의 예를 제시하게 한 후 사고의 과정 및 전략에 대해 반성적 사고를 하도록 이끈다. 그리고 다음 단계인 '모둠 내, 모둠 간, 개인적 문제 해결'을 통해서는 학생들이 사고의 과정 및 전략을 새로운 상황에 적용해봄으로써 스스로 사고 기술을 확인하게 할 수 있고, 세 가지 유형의 사고 기술을 통해 문제를 해결하는 능력을 신장시키도록 할 수도 있다.

3) 지혜 교육 방법

스턴버그(2003)는 우리의 삶에서 지혜가 꼭 필요한 이유에 대해 다음과 같이 설명하고 있다.

- 지식만으로는 행복을 보장할 수 없고, 행복을 위해서는 지혜라는 도구가 필요하다.
- 지혜는 중요한 판단을 할 때 사려 깊고 신중하게 가치를 반영시키고, 충동적인 결정을 내리지 않게 한다.
- 지혜는 더 나은 조화로운 세계로 나아가게 한다.
- 올바르고 적합하게 판단하는 방법을 알아야 공동체의 일원이 되었을 때 큰 힘을 발휘할 수 있다.

창의적 인물들이 보이는 서로 상반된 특성들은 종종 극단적인 것을 추구하거나 경솔함으로 가는 경향이 있다. 그러나 지혜로운 판단은 이해관계의 균형을 통해 공공선을 추구한다는 점에서 이해·판단·감정을 조정하는 '정서 지능' 뿐 아니라 현명한 '의사결정'이 요구된다. 이를 위해서는 다음과 같은 '지혜기반 사고 기술' 교육이 이루어져야 한다(Sternberg, 2003).

- 반성적 사고: 메타인지(자신의 생각과 믿음에 대한 자각) 기능을 증진시키는 전략을 구사하고, 선택한 전략의 성공 여부를 판단하여 상황에 더 적합한 전략을 탐색하도록 한다(자기질문 및 자기관찰 활동 등).
- 대화적 사고: 직관적 사고에 기초하여 다양한 관점에서 생각해봄으로써 전혀 새로운 틀을 구사하도록 한다(당면한 이슈를 다양한 시각에서 고려하는 활동).
- 변증적 사고: 서로 반대의 관점을 통합해서 새로운 관점을 제시하도록 한다(한 가지 이슈에 대해 다양한 자료를 조사하고, 정·반·합을 구해보는 활동).

이러한 지혜 기반 사고 기술 교육의 예는 〈표 11-1〉과 같다. 스턴버그(2003)는 지혜를 개발하기 위한 '교수 원리'로 다음과 같은 것들을 제시했다.

〈표 11-1〉 지혜 교육 적용의 예

문제: 핵 물리학의 지식은 원자폭탄을 만들 수도 있고 에너지 자원으로 활용될 수도 있다. 지식을 어떻게 사용하는가에 따라 결과는 큰 차이가 난다!
이와 같은 딜레마 문제를 제시하고 학생들이 문제를 해결하기 전에 다양한 방면에서 문제를 고려해본 후 해결할 수 있도록 다음과 같은 질문을 제시한다. 1. 이 딜레마에 관련된 사람은? • 중심인물 • 그 밖의 인물 2. 중심인물의 어떤 '지식'과 과거의 '경험'이 이 딜레마를 해결하는 데 도움을 줄 수 있는가? 3. 이 상황에 처한 인물의 흥미, 관점, 숨은 목적과 관심사는 무엇인가? • 질문 1에서 중심인물의 관심사는? • 질문 1에서 그 밖의 인물의 관심사는? 4. 이 딜레마의 당사자인 인물의 '핵심 가치'와 '기준'은 무엇인가? 5. 모든 사람이 공유할 수 있는 바람직한 결과가 무엇인지 확인한다. 앞으로 지향해야 할 모든 것을 고려할 때 가장 '최선'의 방법이 무엇인가? 6. 이 딜레마에 대처할 수 있는 현실적이고 가능한 해결책을 한두 개 나열한다. 7. 이 가운데 어느 것이 더 좋은가? 그 이유는 무엇인가?

출처: Sternberg et al.(2009/2013: 132-133).

- 만족스러운 삶을 위해서는 전통적인 능력과 성취만으로는 충분하지 않다는 생각을 학생들과 탐색한다.
- 만족스러운 삶을 위해서 지혜가 어떻게 중요한지 보여준다.
- 상호 의존의 필요성을 학생들에게 가르친다.
- 행하는 것이 말하는 것보다 더 중요하므로 역할 모델을 보여준다.
- 학생들에게 지혜로운 판단과 의사 결정에 대한 글을 읽도록 해서, 그렇게 판단하고 의사 결정하는 방법이 있다는 것을 이해하도록 한다.
- 학생들이 자기 자신, 다른 사람들, 단체의 이익을 인식하고 균형을 이루도록 도와준다.

- 학생들에게 목적만이 아니라 목적을 이루는 방법도 중요하다는 것을 깨닫게 한다.
- 학생들이 적응, 조성, 선택의 역할과 그것들 간의 균형을 이루는 방법을 배우도록 돕는다.
- 학생들이 자신의 가치관을 형성하고, 비판하고, 통합하도록 장려한다.
- 학생들에게 변증법적으로 생각하도록 장려하여 질문과 답변은 모두 시간이 흐름에 따라 점진적으로 발전되며, 중요한 인생 문제는 생의 어떤 지점에 있느냐에 따라 다르다는 것을 깨닫도록 한다.
- 학생들에게 문답식 사고의 중요성을 보여주고, 다양한 관점에서 이해관계와 아이디어를 이해할 수 있도록 한다.
- 학생들이 공공선을 찾고 그것에 도달하기 위해 노력하도록 돕는다.
- 학생들에게 지혜를 장려하고 지혜로운 생각과 행동에 대해 보상해준다.
- 학생들이 자기 자신의 삶에서의 사건과, 사건에 대한 스스로의 사고 과정을 탐지하도록 한다.
- 학생들이 자기 자신의 이익과 작은 집단의 이익 사이의 불균형에서 오는 압박에 대처하는 것이 중요함을 깨닫도록 한다.

스턴버그(2003)는 또한 학교에서의 '지혜 교육을 위한 학급 활동'으로 다음과 같은 것들을 제안했다.

- 학생들이 '진리'만 공부하는 것이 아니라 '가치'도 공부하며, 자기 자신의 '가치관'을 개발하도록 장려해야 한다.
- 학생들에게 그들이 공부한 것들이 더 좋거나 더 나쁜 목적을 위해 사용된다면 어떻게 사용될 수 있을지 생각해보게 하여 '지식 활용 목적'의 중요성을 깨닫도록 한다.

- 학생들에게 '현인들의 지혜'를 배우고 반성하게 하기 위해 고전 문학 작품과 철학 서적을 읽게 한다.
- 학생들이 고전 작품에서 배운 교훈을 자기 자신의 삶과 다른 사람들의 삶에 적용할 수 있는 방법을 이야기해보도록 토론이나 프로젝트, 논문 작성 같은 활동을 하게 하며, 특히 문답식 사고와 변증법적 사고 개발에 중점을 둔다.

스턴버그의 WICS 모형에는 비판적·분석적·실제적 사고, 그리고 지혜를 어떻게 이끌어내야 하는지와 관련하여 각각의 촉진 방법에 대한 언급은 있으나, 사고와 지혜를 어떻게 통합하는지에 대한 구체적인 안내는 제공되지 않는다. '사고 기술 교육'과 '지혜'를 어떻게 통합적으로 교육할 수 있는지 저자들의 관점에서 안내하면 다음과 같다.

- 사고 기술을 친숙화하는 단계에서 윤리적이며 도덕적인 딜레마를 다룰 수 있는 실제적 문제를 제시하여 학생들이 여러 관점을 생각해보도록 한다. 사례에 대한 문제 분석을 할 때는 사고력뿐만 아니라 어떤 가치가 개입되어 있는지도 라벨링하게 한다. 또한 새로운 문제의 적용과 문제의 생성 과정에서도 여러 관점에서 생각하고 가치와 의미를 생각해본 후 문제를 해결하도록 한다.
- 모둠 내 또는 모둠 간 문제 해결 단계에서는 '공공선'과 관련된 문제를 생각하도록 한다.
- 모둠 간 문제 해결 단계에서는 모둠의 관점에 따라 '문제 해결 방법'이 달라질 수 있다는 것을 실제 경험해보게 한다.
- 개인적 문제 해결 단계에서는 개인과 집단, 기관, 사회의 이익을 고려하여 문제 해결을 위한 계획을 세워보게 한다.

2. 좋은 일 프로젝트(GoodWork Project)[2]

1990년대 중반부터 칙센트미하이와 데이먼, 가드너를 중심으로 한 몇몇 학자는 창의적인 개인이 인도적인 특성도 가질 수 있는지를 탐색하는 연구를 수행했다. 즉 도덕적이며 책임감 있고 인도적인 일과 혁신적인 일이 함께 이루어질 수 있는지에 관한 조사 연구였다. 이 연구를 통해 고도의 전문 분야에서 의미 있는 일을 하는 사람들은 어떤 '도덕적 성향'을 가지고 있는지를 탐색하게 되었는데, 이를 '좋은 일 프로젝트GoodWork Project'라 지칭했다(Gardner, 2008). 이들의 연구를 통해 발견한 좋은 일을 하는 '개인과 조직 그리고 지역사회의 특징'은 다음과 같다(Fischman & Barendsen, 2010).

- 좋은 일을 하는 사람들은 '성공'과 '책임감'이 의미하는 바가 무엇인지 파악하고, 하는 일에 최선을 다하기 위한 '가치'와 '목표'를 세운다.
- 좋은 일은 개인과 조직이 도덕적이고 우수하며, 적극적으로 참여할 수 있는 일을 하려는 '의지'를 갖고, 좋은 일을 지지하는 '자원'들을 개발할 때 이루어질 수 있다.
- 좋은 일을 하는 사람들은 '우수성', '도덕성', '적극적인 참여'를 고려하여 복합적인 문제에 대해 신중하게 결정한다.
- 좋은 일을 하는 사람들은 우수하고 도덕적인 좋은 일을 판단하는 기준으로서 '개인적·사회적 의미'를 정기적으로 점검한다.

이러한 시사점들을 중심으로 좋은 일 프로젝트 연구진은 학생들이 좋은 일의 중요성을 이해하고, 사회적 책임감을 지닌 전문가로 성장할 수 있도록 '좋

---

2 더 자세한 것은 GoodWork Guide book(Fischman & Barendsen, 2010) 참조. 좋은 일 프로젝트에 관한 정보와 교육용 자료들은 GoodWork Project 홈페이지에서 다운받을 수 있다.

은 일 지침서GoodWork toolkit'를 개발하여 보급하고 있다. 이 장에서는 이 지침서를 중심으로 '좋은 일GoodWork 교육 방법'에 대해 살펴보고자 한다.

1) GoodWork의 특징 및 구성

학생들이 좋은 일에 관심을 가지고 참여할 수 있도록 돕는 좋은 일 지침서는 학생들에게 좋은 일의 중요성에 대한 질문들을 하고, '우수성', '도덕성', '참여'를 위한 많은 이야기와 반성적 활동들을 하게 한다. 또한 그들이 최선을 다할 수 있도록 자료를 제시하여 좋은 일을 하게 만드는 요소들을 알아보게 하고, 반성적 사고를 통해 도덕적 의사 결정을 하는 '추론 기술'을 개발하도록 한다.

이 지침서는 사용자들의 사용 목적에 맞게 내용을 재구성하거나 교과 교육과정과 연계하여 여러 가지 조합으로 활용 가능한데(Fischman & Barendsen, 2010), 다음과 같은 네 가지 원칙을 염두에 두는 것이 좋다.

- 다른 사람들의 상황을 먼저 생각하고 내면으로 들어가봄으로써 얼마나 복잡하고 모호한 생각들이 관련되어 있는지 이해할 수 있다.
- 반성 활동에 참여하여 자신의 일에서 '우수함', '도덕성', '개인적 의미'에 대한 이해를 확립할 수 있다.
- 도덕적 딜레마에 대해 보다 분명한 선택을 하기 위해서는 '책임감의 고리'를 생각해본다([그림 11-4] 참조).
- 문제 상황에서 느낄 수 있는 것이 무엇인지를 경험하고 미래를 위한 전략과 접근을 계획할 수 있다.

[그림 11-4] 책임감의 고리

출처: Fischman & Barendsen(2010: 10).

또한 다음과 같은 질문들을 통해 학생들이 '좋은 일'의 중요성에 대해 이해하도록 이끌어줄 수 있다.

- 나는 '좋은 일'을 어떻게 정의하는가? 다른 사람들은 어떻게 정의하는가?
- 좋은 일을 수행하기 위해 필요한 것은 무엇인가?
- 개인적으로 나에게는 좋은 일이 왜 중요한가?
- 나의 일은 나에게 어떤 의미가 있는가? 나의 목표는 무엇인가? 내가 나의 일에서 얻고자 하는 것은 무엇인가?
- 나 자신의 개인적 기준은 무엇인가? '우수성'과 '윤리'에 관한 전문적인 기준은 무엇인가? 나는 다양한 이해관계자의 서로 다른 요구 사항들을 어떻게 조정할 수 있는가?
- 나의 일에 최선을 다하는 것을 어렵게 만드는 요소는 무엇인가? 이러한 도전에 대비하기 위해 나는 무엇을 할 수 있는가?
- 나의 지역사회나 조직은 우수하고 도덕적이며, 적극적으로 참여할 수 있

는 좋은 일을 하도록 어떻게 지원하는가?

• 우리의 조직과 전문 분야 그리고 사회에서 좋은 일은 왜 중요한가?

좋은 일 지침서는 윤리적 추론이 반영된 대화와 의사 결정을 경험하도록 하는 여러 활동 및 자료들을 포함하며, 총 4개의 장으로 구성되어 있다. 첫 번째 장은 '좋은 일의 의미'를 깨닫게 하는 장으로서 개인, 사회, 특정 전문 분야에 있어서 좋은 일이 왜 중요하고 어떤 준거를 가지고 있는지 깊이 있게 생각해보도록 하는 반성적 활동들로 구성되어 있다. 또한 나머지 세 장은 좋은 일의 세 가지 주요 속성인 '우수성Excellence', '도덕성Ethics', '참여Engagement'의 중요성을 깨닫고 이해하게 하도록 구성되어 있다([그림 11-5] 참조).

이 3개의 'E' 장은 학생들이 다른 사람의 상황과 문제들을 먼저 생각해본 후 자기 자신의 삶에 대해 생각해보도록 한다. 각 장의 활동들은 쓰기, 그리기, 역할 놀이, 연구 활동, 상호작용 등으로 구성되어 있으며, 가치 카드Value Sort Cards를 통해 사람에 따라 상대적인 중요성이 다르다는 것도 생각해보게 한다.

[그림 11-5] 좋은 일의 삼중 나선 구조ENA: 우수성, 도덕성, 참여

출처: Gardner(2010: 6).

2) GoodWork의 내용 및 방법

좋은 일의 주제는 여러 전문 분야와 관련되어 있기 때문에 이를 어디에 어떻게 사용할 수 있을지에 대해서는 교육자들이 창의적으로 생각해야 한다. 여기서는 지침서에서 제시하는 각 장의 내용을 중심으로 '초등학생들을 위해 개발된 안내서Elementary GoodWork Toolkit'(Maturin, 2013)의 활동 사례를 소개하는데, 학생들의 수준과 생활, 흥미에 따라서 다른 자료를 선택할 수도 있다. 초등학교 저학년용으로 개발된 이 활동은 3E(우수성, 도덕성, 참여)를 먼저 진행하고 좋은 일에 대해 토의해보는 순서로 이루어진다.

(1) 우수성

우리는 대부분 우수한 성취를 이루고 싶어 하지만 우수성이 의미하는 바를 명확히 설명하기는 어렵다. 시험에서 좋은 성적을 받는 것이 우수한 것인지, 장애나 어려움을 이겨내는 것이 우수한 것인지, 아니면 더 넓게 영향력을 미칠 수 있는 일을 우수하다고 할 것인지 판단하기 어렵다. 따라서 이 장에서는 우수성의 의미를 심도 있게 다룬다. 학생들은 개인적·사회적 기준에서 우수성을 고려하고, 이러한 기준들이 서로 일치하는지에 관해 토론하게 되는데, 이 토론의 목표는 다음과 같다.

- 우수성에 대한 실용적 정의를 형성한다.
- 여러 분야에서의 전문성에 대한 표준을 고려하고 명확하게 표현한다.
- '우수성'과 '윤리성' 사이의 관계를 고려하여 명확하게 한다.
- 서로 다른 업무 영역에서 '우수한 역할 모델'과 그 '요소들'을 구분해본다.
- 뉴스와 같은 '외부 자료'에서는 우수성이 어떻게 묘사되는지 조사한다.
- 우수성의 '개인적 기준'과 '전문적 기준' 간의 조화를 모색한다.

• 우수성에 대한 개인적 기준(그리고 그 출발점)에 부합하는 것과 그렇지 않은 것을 파악하여 '장애물 극복 전략'을 개발한다.

〈표 11-2〉는 미국 뉴저지 주에서 국가교육과정과 지역교육과정을 연계하여 초등학교 저학년을 대상으로 개발한 '지역사회에서의 시민의식Citizenship in our Community' 단원의 내용으로서, 우수성이란 '스스로 만족감을 느끼고, 자랑스러우며, 행복하게 만들어준다는 것임'을 알게 하기 위한 활동 자료이다. 교사는 학생들에게 〈표 11-2〉와 같은 읽기 자료나 관련된 책을 읽고 그룹 토론을 하게 하며, 성취 기준이나 준거에 따라 관찰 평가를 한다. 이 단원에서의

〈표 11-2〉 '우수성'에 대한 읽기 자료의 예

3학년인 알렉스는 나이에 비해 축구를 아주 잘합니다. 축구 코치 선생님과 학교 체육 선생님은 알렉스에게 타고난 운동선수라고 항상 말씀하시죠. 알렉스는 그 의미가 정확히 무엇인지는 모르지만 그런 말을 듣는 것이 좋습니다. 운동을 할 때, 특히 축구를 하면서 골을 많이 넣으면 행복하죠. 학교 축구팀은 주 챔피언십에서 우승을 했고, 알렉스는 우수 선수상도 받았습니다. 알렉스는 축구를 좋아하지만 특별히 열심히 하지는 않습니다. 학교를 좋아하고 과학에도 흥미를 가지고 있으며, 특히 지금 배우는 '동물 서식지'에 관심이 많습니다. 지금은 두 달 동안의 축구 시즌이 끝나서 친구들과 놀 수 있는 것이 너무 좋지요. 알렉스가 좋아하는 것 중 하나는 집 근처 개울에 내려가 바위를 뒤집어서 어떤 생물이 살고 있는지 확인하는 것입니다. 그래서 학교에서 '삼림 지대 탐구'를 시작했을 때는 매우 기뻤습니다. 그런데 문제는 서식지에 대해 탐구한 것을 수업 시간에 발표하는 것이었습니다. 알렉스는 손으로 무언가를 만드는 것은 정말 잘하지 못했기 때문이었죠. 마침 친구 크리스도 삼림 지대를 탐구 중이어서 둘은 함께 작업하기로 결정했습니다. 크리스는 알렉스에게 스마트보드용 소프트웨어 사용법을 보여주었고, 웹사이트 검색을 통해 얻은 자료와 사진을 활용해 발표 자료를 함께 만들었습니다. 알렉스는 숲에서 발견한 동물 사진을 찾아 알게 된 것을 정리했고, 크리스는 나무와 꽃의 종류에 대해 조사했습니다. 알렉스는 주변의 숲에서 발견할 수 있는 가장 흔한 다섯 종의 동물에 대해 발표 자료를 5페이지나 작성했습니다. 알렉스와 크리스는 처음으로 '주변의 서식지'를 소개한 팀이었습니다. 교실 앞에 나와 발표를 했을 때 모든 친구들은 박수를 치며 환호했습니다. 선생님은 다른 학생들도 와서 프레젠테이션을 보게 했고, 매우 훌륭한 발표였다고 칭찬해주셨습니다. 정말 열심히 하여 '우수한 작업'을 했기 때문에 자랑스럽다고 선생님은 말씀하셨고, 알렉스도 정말 행복했습니다.

출처: Elementary GoodWork Toolkit(2013: 8).

핵심 발문은 '무엇이 좋은 지역사회를 만드는가?'이며, 학생들이 우수성에 대해 생각해볼 수 있도록 교사는 다음과 같은 발문을 한다.

- 내가 정말로 잘하는 일은 무엇입니까? 어떻게 알았나요?
- 내가 괜찮게 하는 일은 무엇입니까? 어떻게 알았나요?
- 내가 잘하지 못하는 것은 무엇입니까? 어떻게 알았나요?
- 정말 우수하다고 알고 있는 사람은 누구입니까? 어떻게 알았나요?
- 우수함을 보여줄 수 있는 행동은 무엇인가요?
- 좋은 일이란 내게 어떤 의미가 있나요?
- 좋은 일이라고 할 수 있는 사례를 생각할 수 있나요?
- 좋은 일이 왜 중요한가요?

우리나라 초등학교 1~2학년군 통합 교과에서도 '나에 대한 탐색'을 통해 자신이 잘하는 것, 흥미, 관심을 생각해보도록 하고 있다. 자신에 대한 이해는 타인과의 관계를 통해 지역사회에 기여하고 그것이 좋은 일로 이어지게 하는 첫 번째 단계라 할 수 있으며, 도덕성과 참여로 이어지는 좋은 일에 대한 동기 부여를 가능하게 할 수 있다. 5~6학년 실과 교과의 '인간과 발달' 단원에서는 자신의 발달과 삶을 다루는 과정에서 우수성에 관한 토의 활동을 진행할 수 있다. 또한 2015 개정 중학교 진로와 직업 교과에서도 '자아 이해와 사회적 역량 개발' 영역에서 자신의 능력이나 특성, 강·약점 등을 기초로 진로 설계를 하도록 하는 과정 중에 우수성의 개념을 다룰 수 있을 것이다.

(2) 도덕성

도덕성은 '일, 행동, 결정 또는 산물이 다른 사람들에게 미치는 영향에 대한 사회적 책임감'이라고 정의할 수 있다. 이 절에서 학생들은 여러 종류의 도덕적 딜레마를 탐색하게 되는데, 어떤 것은 명확하지만 어떤 것은 쉽게 판단하기 어려운 윤리적 문제 혹은 주제일 수도 있다. 이 활동을 통해 개인적인 일들이 가족, 학교, 나아가 사회에까지 영향을 줄 수 있음을 탐색하도록 하는데, 구체적인 목표는 다음과 같다.

- 개인의 정체성, 일의 과정과 결과가 사회의 다른 사람들에게 어떤 영향을 주는지 고려하여 '일에 대한 가치'를 개발하고 명확히 한다.
- 다른 분야에서의 '책임감'과 '가치'를 이해한다.
- 자신과 일에 대한 '책임감'을 정의하고 명확히 설명하며, 그것이 여러 사람들과 집단에 어떤 영향을 미치는지 조사한다.
- 어려운 도덕적 상황에 직면했을 때 '개인적 책임감'과 '전문적 책임감'의 균형을 어떻게 맞출 수 있는지 고려한다.

〈표 11-3〉은 '지역사회에서의 시민의식' 단원을 통해 학생들이 도덕성과 우정에 관해 탐색해볼 수 있도록 안내하는 읽기 자료이다. 이 절에서는 학생들에게 〈표 11-3〉과 같은 이야기나 관련된 책을 읽고 도덕성이 의미하는 것이 무엇인지 함께 토론해보게 한다. 학생들은 도덕성이 '좋은 친구나 형제자매 혹은 학급 친구들 사이에 필요한 것'이라고 정의했고, '다른 사람들과 함께하는 것이며, 모든 사람이 함께 행복하게 일하고 어울리면서 존중하는 것'이라고 종합했다. 도덕성도 '우수성'에서와 마찬가지로 교사의 관찰 평가가 가능하며, 다음과 같은 발문으로 학생들의 사고를 이끌어낼 수 있다.

-도덕성의 의미는 무엇인가요?
- '적'이라는 단어가 당신에게는 어떤 의미인가요?
- 왜 적을 갖는다고 생각하나요?

〈표 11-3〉 '도덕성'에 대한 읽기 자료의 예

3학년인 마리아와 어릴 때부터 친구였던 벨린다는, 학교에서 다른 친구들과 함께 프로젝트를 진행할 때 마리아를 '말괄량이 마리아'라고 불렀습니다. 프로젝트는 교실 수도꼭지에서 나오는 물은 어디로부터 오는 것인지에 관한 연구를 하는 것이었습니다. 하지만 마리아의 정리 파일은 다 찢어지고 파일 안의 종이는 구겨져 있었죠. 마리아는 친구인 벨린다처럼 깔끔하게 잘 정돈하고 싶었지만 정리하는 것이 항상 늦었습니다. 마리아는 항상 모든 사람이 자기에게 "빨리 좀 해."라고 말하는 것처럼 느꼈습니다. 유치원 때는 마리아가 빨리 정리할 수 있도록 벨린다가 도와주었기에, 마리아는 벨린다가 자기에게 관심이 많다고 생각했죠. 그러나 3학년이 되자 벨린다가 '말괄량이 마리아'라고 부르면서 친구들도 그렇게 부르기 시작했습니다. 이제 마리아는 벨린다가 우두머리 노릇을 하는 것 같아 기분이 상해 다른 친구들 앞에서 '잘난 척하는 벨린다'라고 부르고 싶어졌습니다. 그러면 다른 친구들도 그렇게 따라 부르게 될 것이고, 그렇게 불리면 기분이 어떤지 벨린다도 알게 될 테니까요. 어느 날 마리아의 어머니가 "가족과 해변에 갈 때 벨린다를 함께 데리고 갈까?" 하고 물었습니다. 마리아는 잠시 생각하고 "아니, 더 이상 벨린다와 친구가 되고 싶지 않아."라고 말했습니다. 어머니는 왜 그런지 이유를 물었죠. 마리아는 벨린다가 잘난 척한다고 이야기했고, 마리아의 어머니는 깜짝 놀라게 되었어요. 마리아의 어머니는 마리아에게 예전에 책을 읽고 함께 나누었던 대화를 상기시켜주면서 '더 큰 사람이 되기' 위해서는 친구에게 예의를 갖추는 것이 얼마나 좋은 일인지 이야기하셨지요. 다음 주에 학교에서 마리아와 벨린다는 함께 프로젝트를 진행해야 했고, 벨린다는 또 우두머리 노릇을 하기 시작했습니다. 마리아는 어떻게 해야 할까요? 당신이라면 어떻게 하겠습니까? 마리아와 같은 느낌을 가진 적이 있나요? 벨린다처럼 우두머리 노릇을 하고 싶었던 적이 있나요?

출처: Elementary GoodWork Toolkit(2013: 14).

- 우리는 어떻게 지역사회를 도울 수 있을까요?

우리나라에서는 도덕성에 관한 내용을 도덕과 교육과정에서 다룰 수 있다. 3~4학년군의 경우 '타인과의 관계' 단원에서 '친구의 소중함을 알고 서로의 입장을 이해하고 인정하는 것'과 '예절의 중요성을 이해하고 습관화할 수 있는 것'을 성취 기준으로 제시하고 있다. 5~6학년군 역시 '다양한 갈등을 해결하는 것의 중요성과 방법을 알고 실천 의지를 기르는 것'을 성취 기준으로 제시하고 있어서 인간관계에서 필요한 덕목으로 도덕성의 의미를 다룰 수 있다.

그러나 이러한 도덕성 관련 내용은 도덕 교과뿐 아니라 국어, 사회, 과학과를 포함한 전 교과에서 학생의 발달 수준을 고려하여 다룰 필요가 있다.

(3) 참여

우수하고 윤리적인 일을 수행하기 위해서는 '적극적인 참여'가 꼭 필요하다. 대개 사람들은 개인적으로 의미 있는 일에만 시간과 에너지를 투입하려 하기 때문에, 학생들이 다른 사람들에게 긍정적인 영향을 줄 수 있는 좋은 일을 하는 데 관심을 기울이게 할 필요가 있다. 따라서 이 장에서는 좋은 일에 많은 관심을 갖는 사람들, 성공을 이루기 위해 어려움을 즐길 수 있는 사람들의 이야기를 탐색하게 되며, 목표는 다음과 같다.

- '일에서 의미를 찾는다'는 말이 무엇을 뜻하는지, 이와 관련한 여러 사람들의 방식들을 발견한다.
- '참여'가 어떻게 좋은 일을 쉽게 할 수 있도록 만드는지 탐색한다.
- 의미 있는 일을 하는 것을 어렵게 만드는 요소를 분석한다.
- 보람 있는 일을 추구하는 사람들의 방법에 대해 탐구한다.
- 의미 있는 일을 발견하기 위한 전략을 세워본다.

참여는 〈표 11-4〉의 사례에서처럼 하고 있는 일과 학습하는 것에 관심이 있고, 그것에 정말로 흥미를 가지고 있을 때 생긴다. 학생들은 행복감을 느끼게 하거나 즐거움을 주는 학습을 참여라고 생각할 수 있다. 〈표 11-4〉의 예와 같은 참여에 관한 이야기를 읽고 무언가 배우는 것을 좋아하는 것이 왜 중요한지 함께 이야기해보며, 교실에서 좋아하는 것과 좋아하지 않는 것을 찾아보게 한다. [그림 11-6]과 같이 벤다이어그램을 활용하여 '나와 우리'를 표현해보게 할 수도 있고, 좋아하는 것과 싫어하는 것을 연결하도록 하여 학생들이 잘

〈표 11-4〉 '참여'에 대한 읽기 자료의 예

카일은 학교를 좋아하지 않았습니다. 그는 자기가 학교에서 잘하고 있다고 생각하지 않았죠. 유치원과 1학년 때 선생님은 카일의 이름을 많이 불러주셨습니다. 그러나 그 이후로는 선생님이 자기를 별로 좋아하지 않는다고 느꼈죠. 선생님은 그가 읽고 쓸 수 있기를 원하셨지만, 정작 그가 원하는 것에 관해서는 쓰도록 하지 않는다고 생각했습니다. 카일은 야구에 관해 읽고 쓰고 싶었습니다. 그는 학교 밖에서 많은 야구 게임을 보고 경기를 했습니다. 심지어 컴퓨터로도 야구 게임을 했죠. 카일은 가장 좋아하는 팀의 모든 선수 이름과 타율을 알고 있었습니다. 주말에는 아빠와 야구를 했고, 마을 팀의 코치였던 아빠의 경기에도 갔습니다. 아빠와 배팅 연습장도 갔고, 경기를 보러 가기 위한 여행도 계획했습니다. 카일은 2학년 때 새로운 학교로 전학을 하게 되었습니다. 카일이 야구를 얼마나 좋아하는지 알게 된 담임 선생님은 카일에게 야구에 관한 책을 읽게 했고, 야구 단어를 읽고 쓰는 법도 가르쳐주셨습니다. 선생님은 카일에게 조회 시간에 야구에 관한 이야기를 하게 했고, 카일은 반에 야구를 좋아하는 친구들이 많다는 것을 알게 되었습니다. 연구 프로젝트를 하게 되었을 때 선생님은 모두 함께하도록 했는데, 학생들은 프로 야구 경기장의 크기를 연구하여 하나의 '척도' 모형을 만들었습니다. 카일은 친구들과 함께 만든 척도 모형으로 내야를 측정했고, 학습하는 것이 너무나 재미있고 행복했습니다.

출처: Elementary GoodWork Toolkit(2013: 21).

하는 것을 이용해 친구들을 도울 수 있는 방안에 대해서 토의해보게 할 수도 있다. 다음과 같은 발문들이 도움이 된다.

- 무언가 배우는 것을 좋아하는 것이 왜 중요하다고 생각하나요?
- 우리는 어떻게 다른 사람들을 학습에 참여하도록 도울 수 있을까요?
- 반 친구들을 가르칠 수 있을 정도로 내가 잘하는 것은 무엇인가요?
- 좋아하는 것과 싫어하는 것을 이해하는 것이 왜 중요한가요?
- 만약 당신이 참여하지 않는다면 어떤 느낌이 들까요?

이와 같은 '참여'는 우리나라 사회 교과와 도덕 교과에서 다룰 수 있다. 2015 개정 사회과 교육과정 3~4학년군 '지역의 공공기관과 주민 참여' 단원

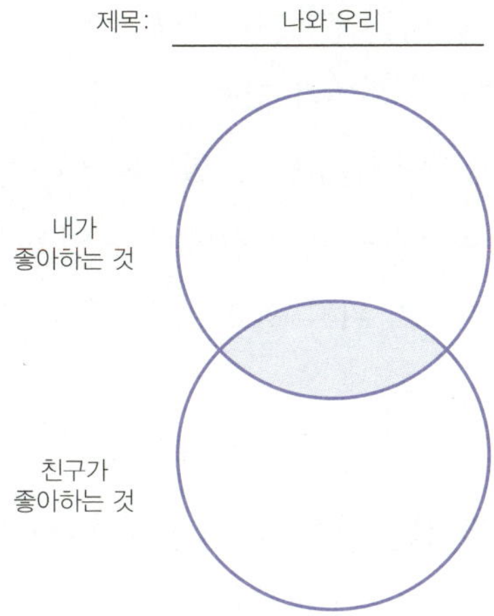

[그림 11-6] '참여' 활동에서 활용할 수 있는 벤다이어그램

출처: Elementary GoodWork Toolkit(2013: 23).

에서는 '주민이 지역사회 문제에 적극적으로 참여하여 해결하도록 함'을 목적으로 설정하고 있어서 이 단원을 학습하게 함으로써 참여를 심층적으로 다룰 수 있다. 또한 2015 개정 도덕과 교육과정 3~4학년군 '자신과의 관계' 단원의 '최선을 다하는 삶의 모습'과 5~6학년군의 자주적 삶을 위한 '자신의 이해와 존중' 단원에서도 학생들이 경험했던 이야기를 중심으로 토론을 통해 '자신이 좋아하는 것'과 '싫어하는 것'을 이해함으로써 적극적인 삶을 이끌어가게 할 수 있다. 이외에도 모든 교과에서 주제에 따라 자신이 좋아하는 것과 싫어하는 것을 탐색하게 하여 능동적 학습 참여를 이끌어낼 수 있다면 학습의 효율성을 높일 수 있을 것이다.

(4) 좋은 일

사람들은 대부분 '잘함' 혹은 '선함'이 무엇인지, '좋지 못함'부터 '우수함'까지의 사이 어디에 좋은 일이 위치하는지에 대해 각각 다른 생각을 가지고 있다. 좋은 일이란 '질적으로 우수하며, 다른 사람들에게 영향을 줄 수 있는 도덕적인 것으로서 개인적으로도 의미가 있는 일'이다. 이 장에서는 학생들이 좋은 일의 개념을 분명하게 정의하게 할 수 있도록 하는 활동들을 한다. 학생들이 다른 사람들에 대한 이야기를 읽기 전에 좋은 일이 무엇인지 자기 자신만의 견해를 갖고 이를 성취하기 위해 '필요한 요소들'을 우선 발견하도록 하며, 교육 목표는 다음과 같다.

- 우수성, 도덕성, 적극적인 참여를 위해 좋은 일을 정의한다.
- 다양한 분야에서 좋은 일이 무엇인지 탐구한다.
- 개인과 사회를 위한 일의 목적과 의미에 대해 생각한다.

초등학교 저학년 학생들을 대상으로 개발된 '좋은 일' 단원은, '학생들이 생각하는 좋은 일'과 '3E(우수성, 도덕성, 참여)의 요소들'을 기준으로 부탄의 어린이들과 비교해보도록 하고 있다. 부탄의 어린이들이 진행한 '음식을 포장해달라고 하지 마세요!' 캠페인 영상을 보여주고, 무엇을 이루기 위해 이 어린이들이 '참여'하고 있는지, '우수성'의 특성은 무엇이고 '도덕적 시민의식'은 어떠한지 찾아보도록 하며, 다양한 매체를 통해 토론을 진행할 수 있다. 이에 대한 핵심적 발문은 '(부탄의) 학생들은 어떻게 좋은 일을 하고 있는가?'이다. 영상을 보기 전에 우리가 가지고 있는 문화와 행동 등을 돌이켜보고, 부탄이 어디에 있는 국가인지도 살펴본 후, 영상을 보고 그 학생들이 우리와 어떻게 다른지, 그들과 우리의 학습 프로젝트의 공통점은 무엇인지 등의 발문을 통해 '좋은 일'에 대해, 그리고 '우수성'과 '윤리성', '참여'의 차원에서도 종합적으로 탐색해보게 한다.

우리나라 2015 개정 사회과 교육과정 5~6학년 군의 '지구촌의 평화와 발전' 또는 '지속 가능한 지구촌' 단원에서는 '세계 여러 국가의 다양한 갈등 사례나 환경 문제를 조사하여 해결 방안을 탐색'하도록 하고 있다. 또한 도덕과 교육과정 3~4학년군의 '자연·초월과의 관계' 단원에서도 '인간의 생명과 환경 문제에 관심을 가지고 보호하려는 태도'를 다루고 있고, 5~6학년군 '사회 및 공동체와의 관계' 단원에서는 '세계화 시대에 인류가 겪고 있는 문제와 원인'을 다루고 있어, 이 단원들을 통해 좋은 일이 무엇인지에 대한 수업이 가능하다.

학생들에게 지혜에 관해 교육하고, 그것이 실천으로 이어지게 하기 위해서는 자기 자신에 대한 이해를 바탕으로 '도덕적 우수성'을 판단하게 하고, 사회에 공헌할 수 있는 '참여 의식'을 고취시킬 필요가 있다. 지혜는 아는 것에서 끝나지 않고 그것을 실천으로 이어지게 하는 것이 중요하다. 이러한 실천은 개인과 집단, 그리고 사회적 이익 사이의 균형을 맞춰 사회에 긍정적 영향을 미칠 수 있기 때문이다. 따라서 학교 교육에서 어느 한 쪽의 이익으로 치우치지 않고 올바른 의사 결정을 하게 할 수 있도록 이해 당사자들의 문제와 상황을 파악하고, 딜레마를 해결할 수 있는 다양한 토론의 기회를 제공하는 것이 필요하다.

이와 같이 좋은 일에 관한 교육은 교과와 분리하여 활용할 수도 있지만 '도덕', '사회', '진로와 교육' 등 다양한 교과 교육 목표와 연결하여 활용할 수도 있다. 또한 지침서에서 제시한 좋은 일의 구성 요소인 우수성, 도덕성, 참여의 개념을 순차적으로 다룰 수도 있지만 필요에 따라 선택적으로 다룰 수도 있다. 한편 주요한 학습 활동들이 주로 '읽기'와 '토론'으로 이루어지는데, 관련 자료들로 신문기사나 일기, 교재, 도서 등도 다양하게 활용할 수 있다. 무엇보다도 학생들의 사고를 이끌어내고 올바른 의사 결정을 하도록 돕기 위해서는 '교사의 발문'을 통한 촉진자 역할이 매우 중요하다. '창의성 교육'이 그런 것처럼 '지혜 교육' 역시 교과 교육과정과 연계하여 다루어질 때 학교에서 배운 지식들을 전문 분야에서도 실천될 수 있을 것이다.

요약

이 장에서는 '지혜'를 신장시키기 위한 교육 방법으로서 '지혜, 지능, 창의성 그리고 통합WICS'과 '좋은 일 프로젝트GoodWork Project'를 소개했다.

- **지혜, 지능, 창의성 그리고 통합**Wisdom, Intelligence, and Creativity Synthesized: WICS: 스턴버그는 '삼원지능'을 바탕으로 '성공지능 이론'을 제안했는데, 여기서 더 나아가 공공선을 달성하기 위해 지혜를 포함한 'WICS' 이론을 제시했다. 여기서는 사고 기술의 유형별 특성과, 이들을 훈련시킬 수 있는 방법으로 ① 친숙화, ② 모둠 내 문제 해결, ③ 모둠 간 문제 해결, ④ 개인적 문제 해결의 단계들을 설명한다. 또한 지혜와의 균형을 위해서 '대화적·반성적·변증적 사고'가 필요함을 강조하고, 이러한 사고를 증진시키기 위한 '교수 원리'와 '학습 활동'을 안내하며, 저자의 입장에서 사고력 훈련 과정에 지혜의 요소를 융합시킬 수 있는 적용 방안을 제시했다.
- **좋은 일 프로젝트**GoodWork Project: 가드너와 칙센트미하이 등은 좋은 일을 했던 사람들에 대한 연구를 중심으로 교육을 위한 '좋은 일 지침서'를 만들었다. 이 지침서는 학생들에게 좋은 일의 세 가지 속성이 ① 최선을 다해 열심히 잘할 수 있는 '우수성', ② 타인과 함께 일하고 어울리면서 존중하는 '도덕성', ③ 행복감과 즐거움을 느끼는 적극적인 '참여'라는 것을 깨닫게 하는 활동을 제시한다. 또한 개인과 사회, 특정 전문 분야에서 '좋은 일'이 왜 중요한지 그 의미와 기준을 깊이 있게 생각해볼 수 있도록 하는 반성적 활동 및 읽기 자료들을 예로서 제시하고, 우리나라에서는 이러한 요소들을 어떤 교과에서 어떻게 다룰 수 있는지에 대해서도 안내했다.

토의 과제

1. 하나의 교과를 선택하여 그 교과 내용을 기반으로 '사고 기술 교육'과 '지혜 교육'을 연계 또는 통합 적용할 수 있는 교수-학습 과정을 설계하고 실행해보자.
2. 최근 가장 이슈가 되는 사회적 문제를 하나 골라, 학생들에게 '좋은 일'을 격려할 수 있도록 우수성, 도덕성, 참여를 이끌어내기 위한 읽기 자료를 구성해보자.
3. 윤리적 판단이 개입되는 사건을 중심으로 개인별로 서로 어떻게 다르게 판단하는지, 왜 그러한지, 그렇다면 어떠한 판단이 옳은 것인지를 토의해보자.

제12장 창의성과 창의적 문제 해결력 평가 방법

앞의 창의성 이론에서와 같이 평가 방법도 '창의성'과 '창의적 문제 해결력'으로 나누어 소개하고자 한다.

1. 창의성 평가

창의성을 과연 평가할 수 있을까? 만약 평가할 수 있다면 어떤 도구를 이용해서 어떠한 방법으로 가능할까? 창의성의 '개념'이 다양한 만큼 그에 대한 '평가' 또한 다양하며, 창의성을 어떻게 정의하느냐에 따라 평가 방법도 달라진다. 최근 사회적으로 창의성에 대한 관심이 증가함에 따라 창의성 평가도 큰 관심의 대상이 되고 있다. 이 절에서는 '인지적 특성 검사'인 확산적 사고 검사와, 개인의 태도·성격·환경 등을 대상으로 하는 '정의적·환경적 특성 검사', 그리고 '창의적 산출물 검사'로 나누어서 창의성 평가 방법을 소개한다.

1) 인지적 특성 검사

창의성을 '사고 능력'으로 보는 심리 측정적 접근에서는 지능검사와 비슷한 기법으로 창의성 검사를 개발하여 오늘날까지도 널리 사용하고 있다. 이러한 입장의 대표적인 학자로 길퍼드(1959/1988)를 들 수 있는데, 그는 '지능구조 모형Structure-of-Intellect model: SI model'에서 '지적 기능'을 정신 작용, 내용, 결과의 삼차원으로 분류했다. 여기서 '내용' 차원은 시각, 청각, 상징, 의미, 행동으로, '작용' 차원은 평가, 확산적 산출, 수렴적 산출, 기억 보유, 기억 기록, 인지로, 그리고 '결과' 차원은 단위, 유목, 관계, 체제, 변환, 함축으로 나누어서 이 세 차원의 조합을 통해 모두 180개의 부분으로 구분했다. 이 모형에서 창의적 사고에 해당하는 영역은 '확산적 산출'로서, 다섯 가지 내용 및 여섯 가지 결과와 결합하면 총 30개의 부분이 해당된다(1부 2장 [그림 2-1] 참조).

창의성은 확산적 사고를 기반으로 이루어진다는 이러한 지능 이론에 근거하여 길퍼드와 호프너(Guilford & Hoepfner, 1966)는 '서던캘리포니아대학교 검사University of Southern California Tests'를 개발했는데, 이 검사 내용은 〈표 12-1〉과 같이 주로 '확산적 사고력'을 측정한다. 또한 토런스의 창의적 사고력 검사Torrance Test of Creative Thinking: TTCT, 그리고 월러치와 코건의 창의성 검사Wallach Kogan Creativity Tests도 있는데, 이 검사들은 길퍼드가 제작한 검사의 확장으로 볼 수 있다.

TTCT는 1966년에 처음으로 출시되어 여러 번의 개정 과정을 거쳐 현재에도 많은 연구에서 창의성 측정 도구로 사용되고 있으며, 언어 검사와 비언어적 도형 검사로 구성되어 있다. '언어 검사'는 질문하기, 원인 추측하기, 결과 추측하기, 산출물 향상시키기, 특이한 용도 대기, 가정하기 등의 여섯 가지 활동으로 구성되어 있으며, 유창성, 융통성, 독창성의 세 가지 차원에서 채점이 이루어진다. 예를 들어 '질문하기asking', '원인 추측하기guessing causes', '결과

〈표 12-1〉 서던캘리포니아대학교 검사

내용	예
주어진 유목에 속하는 사물의 이름 대기	불에 타는 것은? "휘발유, 등유 등"
주어진 문자로 시작하는 4개의 단어로 된 문장 쓰기	K-u-y-i "Kill useless yellow insects"
주어진 사물의 용도를 가능한 한 많이 대기	깡통의 용도는? "꽃병, 쓰레기통 등"
짧은 이야기에 제목 붙이기	–
똑같은 형태의 그림으로 가득 찬 종이 위에 그것들을 이용해서 가능한 한 많이 여러 가지 다른 사물들을 그리기	–

출처: Guilford & Hoepfner(1966).

추측하기guessing consequences'에서는 그림을 보고 그것에 대해 생각나는 질문이나 행동의 원인들, 그리고 그림을 보고 앞으로 일어날 것으로 예상되는 결과들을 가능한 한 많이 적어보도록 하고, '산출물 향상시키기product improvement'에서는 주어진 장난감을 아이들이 더 즐겁고 재미있게 가지고 놀 수 있는 것으로 변화시켜 보도록 하는 것이다. 또한 '특이한 용도 대기unusual uses'에서는 우리가 흔히 접할 수 있는 대상(예: 인형, 깡통)을 재미있고 특이하게 사용할 수 있는 방법을 가능한 한 많이 생각해서 나열해보도록 하고, '가정하기just suppose'에서는 있을 것 같지 않은 장면을 제시한 후 그런 경우에 일어날 수 있는 일들을 상상해보도록 한다.

TTCT의 '비언어적 도형 검사'는 그림 구성하기, 그림 완성하기, 선/원으로 된 반복적인 닫힌 그림 검사 등으로 구성되어 있으며, 유창성, 독창성, 정교성, 제목의 추상성, 성급한 종결에 대한 저항과 같은 다섯 가지 차원에서 채점이 이루어진다. 예를 들어 '그림 구성하기picture construction'에서는 주어진 모양을 이용해서 생각나는 그림을 구성한 후 제목을 적게 한다. 또 '그림 완성하기figure completion'에서는 불완전한 도형을 이용해서 그림을 완성해보도록 하며, '선/원으로 된 반복적인 닫힌 그림 검사repeated closed figures test'에서는 선이나

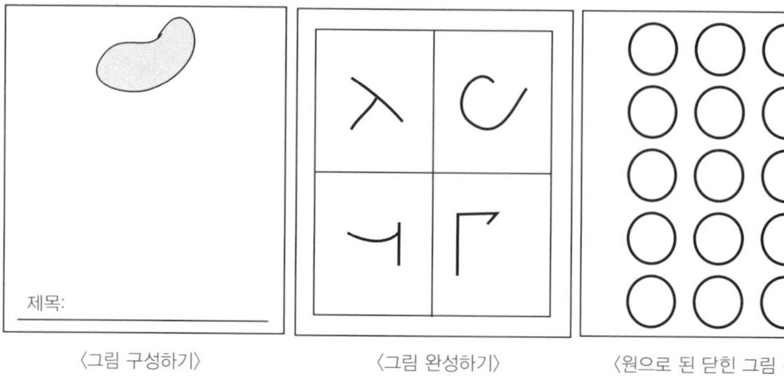

[그림 12-1] TTCT 비언어적 도형 검사의 예

출처: Torrance(1966).

원을 이용해서 물건이나 그림을 그리게 한다. 이러한 세 가지 도형 검사의 예는 [그림 12-1]과 같다.

'월러치와 코건의 창의성 검사Wallach-Kogan Creativity Tests'(Wallach & Kogan, 1965) 또한 연상, 다른 용도, 공통점 등을 질문하는 '언어 검사', 그리고 패턴과 선이 모호한 도형을 보고 그것이 무엇인지 질문하는 '도형 검사'로 이루어져 있으며, 유창성, 융통성, 독창성, 유용성을 기준으로 채점한다. 그 대표적인 예는 〈표 12-2〉와 같다.

이러한 검사들에서 좀 더 발전된 라이저(Ryser, 2007)의 '창의적 능력 프로필Profile of Creative Abilities: PCA'은 그리기 검사, 카테고리 검사와 학생이 창의적 행동을 보이는 정도에 따라 4점 리커트Likert 척도를 사용하는 '체크리스트'로 구성되어 있다. '그리기 검사'는 주어진 도형을 이용하여 그림을 완성하도록 하며, '카테고리 검사'는 2개의 4×5 행렬로 배열된 동물들의 그림을 보고 그것을 유목화한 후 그 기준을 제시하도록 한다. 그리고 '체크리스트'는 교육자 또는 학부모/보호자가 학생들의 '창의적 능력', '영역 관련 기능', '창의력 관련 프로세스' 및 '내재적 업무 동기'를 측정할 수 있다.

〈표 12-2〉 윌러치와 코건의 창의성 검사의 예

검사 항목		일반적인 답	창의적인 답
다음 것들의 공통점은 무엇인가?	우유와 고기	둘 다 동물로부터 얻을 수 있다.	둘 다 정부 검사를 받은 것이다.
다음 것들은 어떤 방법으로 활용될 수 있나?	신문지	종이 모자를 만든다.	화가 날 때면 찢는다.
이 그림은 무엇인가?	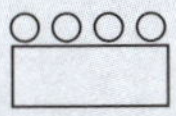	탁자 위에 무엇이 놓여 있는 것	발과 발가락들
	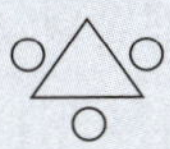	탁자 둘레에 세 사람이 앉아 있는 모습	치즈 조각을 먹고 있는 세 마리의 생쥐
		꽃	조각조각 부서지는 사탕(막대사탕)
		에스키모 집 2개	나르는 카페트 위의 건초 더미 2개

출처: Wallach & Kogan(1965).

전경원과 전경남(2008)이 개발한 '초등 도형 창의성 검사Korean Figural Creativity Test for Elementary school Students: K-FCTES'는 도형 검사로 이루어져 있으며, 이 검사를 통해 언어적인 요소까지 평가받을 수 있다. 검사는 두 가지 유형으로 구성되어 있다. 검사 1에서는 주어진 한 가지 도형을 이용하여 여러 가지 가능한 그림을 완성한 후 이에 대한 제목을 붙여주도록 하고, 검사 2에서는 주어진 여러 가지 도형들을 이용해서 하나의 그림을 완성하도록 한다. 전경원·김누리·화윤영(2016)이 개발한 '탱그램 창의성 검사'는 탱그램을 이용하여 자유롭게 그림을 구성하고 제목을 붙이는 활동으로 구성되어 있다.

이와 같이 인지적 특성 검사는 '확산적 사고력 측정'을 위해 '언어 검사'나 '도형 검사'를 주로 사용하며, 이를 통해 창의성 요소 중 '유창성, 융통성, 독창성, 정교성, 추상성' 등에 대한 채점이 이루어진다. 그러나 확산적 사고력 검사만으로는 창의성을 충분히 반영할 수 없는 제한점들이 나타나면서 창의적 인물들이 지닌 공통의 정의적·환경적 특성에 대한 관심이 증가하게 되었다.

2) 정의적 · 환경적 특성 검사

창의적 사고를 측정하는 검사 도구의 제한점을 해결하기 위한 다른 방안으로 확산적 사고력 이외에도 '창의적인 태도', '성격', '관심', '전기적 특성' 및 '창의적 환경'을 측정하는 검사 도구들이 상당수 개발되었다. 이러한 정의적·환경적 특성 검사 도구로는 타인평가와 자기평가가 있는데, '타인평가' 방법은 주로 검사 대상자의 창의적 행동을 꾸준히 관찰할 수 있는 교사나 부모 또는 동료 등이 체크리스트를 통해 점수화하는 것이며, '자기평가' 방법은 본인(학생)이 자기 자신에 대해 평가하는 것이다.

(1) 타인평가

렌줄리 등(Renzulli, Smith, White, Callahan & Hartman, 1997)은 〈표 12-3〉과 같이 교사들이 학생들의 창의성을 평가하기 위한 '평가 체크리스트'를 개발했다.

또한 한국교육개발원(2011)에서 개발한 '창의적 인성 평정 체크리스트'는

〈표 12-3〉 렌줄리와 하트먼의 학생들의 창의성에 대한 교사평정척도

번호	항목	아니다	매우 드물다	드물다	때로 그렇다	자주 그렇다	항상 그렇다
1	상상력이 풍부하다.						
2	유머 감각이 있다.						
3	기발하고 독특하며 재치 있는 반응을 보인다.						
4	아름답고 미학적인 사물의 특징에 민감하다.						
5	모험심이 있어 위험도 무릅쓴다.						
⋮	⋮						

출처: Renzulli, Smith, White, Callahan & Hartman(1997).

'호기심, 과제 집착력, 판단의 독자성, 위험 감수, 사고의 개방성, 심미성'의 6개 요인에 관련된 문항들로 이루어져 있고, 학생들의 창의적 인성을 측정하기 위해서 교사가 13개의 문항에 응답하도록 되어 있다(〈표 12-4〉 참조).

〈표 12-4〉 **창의적 인성 평정 체크리스트**(교사용)

번호	항목	매우 그렇다	그렇다	아니다	매우 아니다
1	자신의 잘못을 알게 되면 솔직히 인정한다.				
2	새로운 일을 경험하는 데 적극적이다.				
3	남이 생각하지 못한 질문을 많이 한다.				
4	예술 활동(예: 이야기 쓰기, 시 짓기, 미술 작품 만들기, 연극하기, 음악 활동)에 참여하기를 좋아한다.				
5	과제나 만들기 할 때에는 마음에 들 때까지 계속 다시 한다.				
6	누구나 당연하게 생각하는 것도 왜 그런지 질문을 한다.				
⋮	⋮				

출처: 한국교육개발원(2011: 98).

(2) 자기평가

데이비스와 림(Davis & Rimm, 1982)은 '창의성과 관련된 성향'을 발전시키기 위한 '자기평가 체크리스트Group Inventory for finding Interests: GIFFI'를 〈표 12-5〉, 〈표 12-6〉과 같이 개발했다. 또한 애머빌(1989)은 〈표 12-7〉과 같이 '내적/외적 동기 검사'를 개발했는데, 이 검사는 '내적 동기 유발 항목' 16개와 '외적 동기 유발 항목' 16개로 이루어져 있다. 여기서 내적 동기 유발 항목에 '예'가 더 많이 표시되어 있다면 활동에 대해 내적으로 더 동기 유발된 것으로 보고, 외적 동기 유발 항목에 '예' 반응이 많다면 외적으로 더 동기 유발된 것으로 평가한다.

또한 애머빌은 가정 환경이 내적 동기와 창의성을 위해 얼마나 잘 조성되어

〈표 12-5〉 창의적 성향 발견을 위한 검사GIFFI(중학생용)

번호	항목	성향
1	나는 유머 감각이 좋다.	유머 감각
2	나는 많은 취미를 갖고 있다.	폭넓은 관심
3	나는 글쓰기를 좋아한다.	창의적 활동
4	나는 물건을 발명하는 것을 좋아한다.	창의적 활동
5	*내가 하고 싶은 어떤 일이 힘들어질 때, 나는 포기하고 다른 일을 한다.	에너지, 과제 수행
⋮	⋮	⋮

* 창의성과 부정적으로 관련된 것임
출처: Davis & Rimm(1982).

〈표 12-6〉 창의적 성향 발견을 위한 검사GIFFI(고등학생용)

번호	항목	성향
1	나는 매우 호기심이 강하다.	호기심
2	나는 아주 독창적이고 상상력이 풍부하다.	독창성, 상상력
3	나는 문제에 새롭게 접근하려고 노력하는 것을 좋아한다.	새로운 아이디어에 대한 관심
4	나는 모험가이다.	모험을 즐김
⋮	⋮	⋮

출처: Davis & Rimm(1982).

〈표 12-7〉 애머빌의 내적/외적 동기 검사

다음은 여러분이 집, 학교 및 학원에서 하는 공부나 활동에 관한 설명입니다.
각 문제를 잘 읽고, 자신에게 해당되면 '예'에, 해당되지 않으면 '아니요'에 ∨표 하세요.
한 문제도 빠뜨리지 말고 솔직하게 답해주세요.

번호	항목	예	아니요
1	나는 어떤 공부나 특별활동(예: 만들기, 그림 그리기, 글짓기, 피아노 치기, 과학 활동)을 하게 해달라고 부모님을 조른다.		
2	나는 공부나 특별활동을 할 때 부모님이나 선생님께서 해주실 칭찬을 많이 생각한다.		
3	내가 어떤 공부나 특별활동을 하는 이유는 그것을 통해 정말로 내가 알고 싶었던 것을 배울 수 있기 때문이다.		
⋮	⋮		

출처: Amabile(1989).

있는지를 알아보는 '창의적인 환경 검사'를 〈표 12-8〉과 같이 개발했다.

〈표 12-8〉 애머빌의 가정 환경 검사

다음은 여러분 가정의 분위기와 특징을 알아보기 위한 질문입니다.
정답이 있는 것이 아니므로 평소에 생각했던대로 솔직하게 답하세요.
각 문제에 '예', '아니요' 중 하나에 ∨표 하세요.

번호	항목	예	아니요
1	우리 집에서는 조용히 해야 한다.		
2	우리 집에는 지켜야 할 규칙이 많다.		
3	우리 집에서는 다른 사람보다 더 잘하거나 이기는 것을 좋아한다.		
⋮	⋮		

출처: Amabile(1989).

한편 한국교육개발원(2011)에서는 초·중·고등학생용 '창의적 인성 평정 체크리스트'를 개발했는데, '호기심, 과제 집착, 독립성, 위험 감수, 사고의 개방성, 심미성'의 6개 요인에 관련된 27개의 문항으로 구성되어 있다. 〈표 12-9〉와 〈표 12-10〉은 각각 초등학생용, 중·고등학생용 체크리스트의 내용이다.

〈표 12-9〉 초등학생용 창의적 인성 평정 체크리스트

번호	내용	매우 그렇다	그렇다	아니다	매우 아니다
1	주변에서 일어나는 일이나 어떤 사물에 대해 궁금한 것이 많다.				
2	비록 실패가 예상될지라도 정말 하고 싶은 일이면 하는 편이다.				
3	춤이나 노래를 새로운 방식으로 표현하려고 시도한다.				
⋮	⋮				

출처: 한국교육개발원(2011: 86-87).

〈표 12-10〉 중·고등학생용 창의적 인성 평정 체크리스트

번호	내용	매우 그렇다	그렇다	아니다	매우 아니다
1	학교에서 배우는 것뿐만 아니라 알고 싶은 것이 많다.				
2	모르는 문제가 생기면 그것을 알 때까지 파고든다.				
3	비록 길을 잃게 될지라도 혼자서 새로운 곳으로 여행을 떠나고 싶다.				
⋮	⋮				

출처: 한국교육개발원(2011: 96-97).

한국교육개발원(2017)에서는 또한 초등학교 6학년, 중학교 3학년, 고등학교 2학년 학생들을 대상으로 '학생 역량 조사 연구'를 지속적으로 실시하고 있다. 학생 역량은 '자기관리 역량', '창의적 사고 역량', '심미적 감성 역량', '의사소통 역량', '공동체 역량'의 5개 하위 역량으로 이루어져 있는데, 이 중에서 창의적 사고 역량은 총 20개 하위 문항으로 〈표 12-11〉과 같이 구성되어 있다.

〈표 12-11〉 창의적 사고 역량 체크리스트

번호	내용	전혀 그렇지 않다	그렇지 않다	보통이다	그렇다	매우 그렇다
1	다른 친구들이 생각하지 못하는 새로운 생각을 잘 한다.					
2	새로운 문제들을 풀 때 도움이 될 만한 내용을 잘 떠올린다.					
3	부분적인 내용만 듣고도 전체 내용을 상상할 수 있다.					
4	서로 관계없어 보이는 내용들도 연결 지어 생각한다.					
5	짧은 시간 안에 여러 가지 생각을 할 수 있다.					
⋮	⋮					

출처: 한국교육개발원(2017: 274).

정의적·환경적 검사는 사고력 검사의 제한점을 보완해줄 수 있기는 하지만 검사자에 따라 다른 결과가 나올 수 있다는 단점으로 인해 평가의 결과를 전

적으로 신뢰할 수는 없다.

3) 창의적 산출물 검사

앞서 개인의 인지적 또는 비인지적 특성에 의해 창의성을 평가하는 방법들을 살펴보았는데, 창의성의 결과인 산출물을 통해서도 창의성을 평가할 필요가 있다. 여기서는 산출물의 평가와 관련하여 개발된 여러 가지 방법들 중 대표적이라고 할 수 있는 수전 베서머Susan P. Besemer와 동료들의 창의적 산출물 평가 준거, 그리고 애머빌의 합의사정기법을 중심으로 살펴본다.

(1) 창의적 산출물 평가 준거

베서머와 트레핑거(Besemer & Treffinger, 1981)는 산출물에 대한 창의성을 분석하기 위해 네 차원, 즉 '새로움', '해결성', '정교성', '종합성'을 제안하고, 창의적 산출물의 준거(특성)를 열네 가지로 체계화하여 '창의적 산출물 분석 매트릭스Creative Product Analysis Matrix'를 제안했다. 〈표 12-12〉는 이 모형의 '평가 준거'이다. 그리고 이를 기초로 베서머와 오퀸(Besemer & O'Quin, 1986)은 '창의적 산출물 의미 척도Creative Product Semantic Scale'를 개발했는데, 이 척도는 세 가지 차원과 열한 가지 하위 준거, 즉 '새로움'(산출물의 독창성, 놀라움, 발전 가능성), '해결성'(산출물의 가치로움, 논리성, 유용성), '정교성과 종합성'(산출물의 유기적 조직성, 우아함, 복잡성, 이해 가능성, 완성도)의 항목으로 구성되어 있다.

(2) 합의사정기법

애머빌(1996)은 산출물을 통해 개인의 창의성을 평가하기 위해 '창의성'에 대한 다음과 같은 세 가지 전제를 제시했다. 첫째, 어떤 특성을 창의적이라고 미리 정해놓을 수 없다. 둘째, 창의성을 정확히 무엇이라고 정의하기는 어렵

〈표 12-12〉 창의적 산출물 평가 준거

새로움novelty

1. 발전 가능성germinal: 이 산출물은 앞으로 또 다른 창의적 산출물들을 만들어낼 수 있는 새로운 아이디어들을 많이 시사해주고 있다.
2. 독창성original: 이 산출물은 독특하고, 비슷한 경험과 훈련을 받은 다른 사람들의 작품들에서는 흔히 발견할 수 없는 새로운 것이다.
3. 변형 가능성transformational: 이 산출물은 혁신적이어서 사람들로 하여금 이 분야를 전혀 다른 방식으로 보거나 생각하게 만든다.

해결성resolution

4. 적합성adequate: 이 산출물은 문제 상황이 요구하는 바에 대해 충분히 답하고 있다.
5. 적절성appropriate: 이 해결책은 문제 상황에 맞거나 적용될 수 있다.
6. 논리성logical: 이 산출물은 이 분야에서 인정하고 이해하고 있는 규칙에 맞게 만들어진 것이다.
7. 유용성useful: 이 산출물은 실제에 적용하여 사용할 수 있다.
8. 가치로움valuable: 이 산출물은 장래의 사용자들이 가치 있고 중요한 것이라고 생각할 것이다.

정교성과 종합성elaboration & synthesis

9. 매력도attractive: 이 산출물은 사람들의 주목을 받을 것이며, 사용자에게 인기가 있을 것이다.
10. 복합성complex: 이 산출물은 몇 가지의 상이한 요소, 부분 또는 사용 수준들을 포함하고 있다.
11. 우아함elegant: 이 해결책은 세련되고, 정련된 방식으로 표현되어 있다.
12. 표현력expressive: 이 산출물은 사람들이 쉽게 이해할 수 있으며, 그것이 가지고 있는 목적과 강점을 효과적으로 전달하고 있다.
13. 유기적 조직성organic: 이 산출물은 총체성, 즉 완전하다는 느낌을 가지게 해주고 있다.
14. 완성도well-crafted: 이 산출물에는 정성, 열성적인 노력, 그리고 세련된 솜씨들이 표현되어 높은 수준의 성취이다.

지만 보면 알 수 있고, 합의가 가능하다. 셋째, 창의성은 유·무가 아닌 연속성(정규 분포를 나타내지는 않을지라도)을 갖는다. 다시 말해 특정 기준이나 특성에 의해 창의성을 미리 정의하기는 힘들지만 해당 분야의 전문가들이 보면 어떤 것이 창의적인지 아닌지를 알아볼 수 있으므로, 전문가들이 공통적으로 창의적이라고 한 것이 창의적인 산출물이라는 것이다. 이러한 전제를 기초로 애머빌(1996)은 전문가들이 창의적이라고 합의한 정도에 따라서 창의성을 평가하는 '합의사정기법Consensual Assessment Technique: CAT'을 제안했다.

따라서 합의사정기법에서는 특정 평가 기준을 제시하지 않는다. 예를 들어 테일러(Taylor, 1975)는 생성력, 재구성성, 독창성, 적절성, 쾌락, 복잡성, 응집성 등의 항목이 포함된 '창의적 산출물 검사Creative Product Inventory: CPI'를 제작했고, 앞서 살펴본 바와 같이 베서머와 트레핑거(1981)는 새로움, 해결성, 정교성과 종합성 등의 항목별 준거를 제시했는데 합의사정기법에서는 그러한 기준을 사용하지 않는다. 평가자들이 동일한 견해를 갖도록 훈련도 하지 않으며, 평가자들의 '주관적인 정의와 판단'에 따라 창의성을 평가하게 한다. 원래 해당 영역의 전문가들이 창의성의 정도를 평가하도록 되어 있으나, 초등학생의 미술 작품을 평가하기 위해서는 초등학교 미술 전담 교사 정도면 적절한 평가자가 될 수 있다는 것이다.

애머빌(1996)은 '예술적 창의성'을 평가하기 위해 '콜라주 만들기' 과제에서 합의사정기법을 활용했는데, 학생들에게 두꺼운 종이, 다양한 크기와 모양의 색지, 풀을 주고 콜라주를 만들되 우스꽝스러운 디자인을 만들게 했다. 또한 '언어적 창의성'을 평가하기 위해서는 학생들에게 '하이쿠 쓰기' 과제를 제시했는데, '기쁨'이라는 단어를 주고 이 단어로 시작하는 미국식 하이쿠를 쓰게 하는 것이었다. 미국식 하이쿠는 간단한 5행시를 말하는데, 1행에서는 명사 하나(예: 기쁨)가, 2행에서는 해당 명사를 묘사하는 2개의 형용사가, 3행에서는 그 명사와 관련된 3개의 동사가, 4행에서는 그 명사에 대한 구句나 문장(단어 수의 제한 없이)이 들어가야 하고, 5행에서는 다시 그 명사가 반복된다. 이러한 예술 및 언어 과제의 수행 결과로 나온 각 산출물에 대해 가장 낮은 1점부터 가장 높은 5점(또는 7점)까지의 점수를 부여할 수 있다.

이러한 애머빌의 합의사정기법은 여러 학자들에 의해 활용되었는데, 루바트와 스턴버그(Lubart & Sternberg, 1995)도 이 기법을 응용해 다양한 영역에서의 창의적 산출물을 평가했다. 이들은 글쓰기, 그림 그리기, 광고 만들기 및 과학 연구 등의 영역에서 학생들에게 특정한 제제를 제시해 나름대로의 작품을 만들게 한 다음, 애머빌과는 달리 전문가가 아닌 '또래 평가자들'(또래가 곧 아마추어 작품의 청중이므로)이 7점 척도로 창의성의 정도를 평가하게 했다. 이들이 제시한 예를 들면 '글쓰기' 영역의 경우 '모서리를 넘어', '다섯 번째의 기회', '구원', '책상 밑', '선 사이', '충분하지 않은 시간', '열쇠 구멍', '2983', '뒤로 움직이고 있다' 등의 여러 가지 제목이 적힌 목록을 학생들에게 제시해 그중 두 가지를 선택해서 짧은 글을 써보게 한다. '그림 그리기' 영역에서도 글쓰기 영역에서와 마찬가지로 여러 가지 제목을 학생들에게 제시하고 이들 중에서 두 가지를 선택해 그림을 그려보게 한다. 이때 제시되는 제목들은 일반적으로 그림의 소재가 되지 않는 것들로서, 예를 들어 '꿈', '희망', '분노', '쾌락', '곤충의 관점에서 본 지구', '대조', '긴장', '움직임' 및 '시간의 시작' 등이다.

'광고' 영역에서는 가능한 한 재미없는 여러 가지 제목들, 예를 들어 '이중창문', '걸레', '쇠', '나비넥타이', '손잡이' 및 '설탕 대용품' 등의 제목을 학생들에게 제시한 후 이들 중에서 두 가지 제품에 대해 TV 광고를 만들어보게 한다. '과학' 영역에서는 이전에 접했을 가능성이 거의 없는 과학 문제를 제시한 후 그중에서 두 가지를 해결해보도록 한다. 이때 제시되는 과학 문제에는 '외계인이 우리 가운데 살고 있다면 이들을 어떻게 찾아낼 수 있을까?', '어떤 사람이 지난 달, 달에 다녀왔는지를 어떻게 하면 알 수 있을까?', '스타워즈 방위 체제에서 교란의 문제를 어떻게 해결할 수 있을까?' 등이 있다.

'그림 그리기' 영역에서 '곤충의 관점에서 본 지구'를 그린 그림을 보면 [그림 12-2]는 '더 창의적인' 그림과 '덜 창의적인' 그림의 예이다. (a)에는 곤충들이 다면적인 눈을 가지고 있다는 아이디어가 나타나 있다. 곤충에게 위험한 것들(곤충 박멸 스프레이, 이태리제 신발, 새, 파리채, 전자파 벌레 퇴치기, 다가오고 있는 트럭 등)을 각각 표현함으로써 곤충들이 세상에 대해 불안한 생각을 가질 수도 있음을 암시하고 있다. 한편 (b)는 곤충에게 세상에 있는 모든 것들이 아주 크게 보인다는 것을 보여주는 전형적인 예이다.

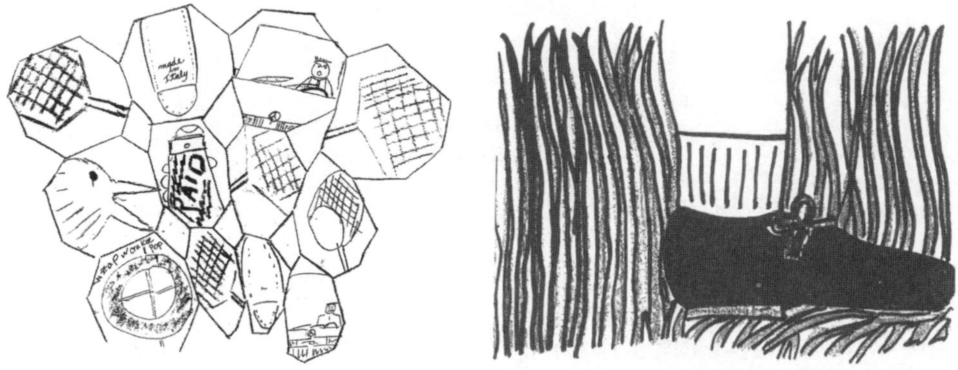

(a) 더 창의적인 그림의 예 (b) 덜 창의적인 그림의 예

[그림 12-2] 곤충의 관점에서 본 지구(그림 그리기 영역)

출처: Sternberg & Lubart(1995).

4) 창의성 측정 도구의 활용

지금까지 창의성을 평가하기 위한 다양한 방법들에 대해 살펴보았는데, 피시킨과 존슨(Fishkin & Johnson, 1998)은 창의성의 다양한 평가 방법들을 유형화하고, 그 용도 및 강점과 약점을 분석하여 〈표 12-13〉과 같이 정리했다. 또한 미국의 국립영재교육센터National Research Center on the Gifted and Talented: NRC/GT(Treffinger, Young, Selby & Shepardson, 2002)에서는 시험, 평가척도표, 체크리스트, 자기 보고 조사 등에 대한 정보를 데이터베이스로 만들고, 이를 압축하여 창의성 평가의 자료 출처별 특성을 〈표 12-14〉와 같이 정리하여 제시했다. 이러한 안내를 참고로 하여, 창의성을 평가할 때는 어떠한 목적으로 어떠한 대상을 평가할 것인가에 따라 적절한 방법과 도구를 선택 혹은 개발해 사용해야 할 것이다.

〈표 12-13〉 창의성 평가 방법의 유형별 특성

유형	용도	강점	약점
과정: 확산적 사고	• 인정된 구성 요소(유창성, 독창성, 융통성, 정교성)를 사용 • 창의성 훈련의 효과를 측정하는 데 사용	• 수량화가 가능한 자료 산출 • 광범위한 점수 유형을 사용하고, 표준점수가 있음 • 상당한 타당성의 증거	• 계획된 상황에서 측정 • 개인적 수행은 반영되지 않을 수 있음 • 점수가 서로 의존적일 수 있음
성격: 자아 인식/태도 <자기 보고>	• 다른 출처의 보충 자료 • 여러 가지 도구를 이용해 성향이나 감정적 상태를 평가	• 자아 인식과 자신의 창의성에 대한 느낌과 관련된 증거	• 주관적 • 타당성의 증거가 제한적임
성격: 전기적 성취/흥미 <자기 보고>	• 창의적 성취와 수행을 평가 • 창의적 성향 측정	• 성인에게 있어서는 더욱 높은 예언 타당도를 지님 • 관찰 가능한 산출물이나 행동을 나타내는 자료에 근거함	• 청소년과 성인에게 더욱 유용함
성격: 성격, 태도, 전기적 <타인에 의한 보고>	• 창의성 훈련의 효과를 측정하는 데 이용 • 다른 출처의 보충 자료	• 표준화되거나 집단을 대상으로 실시 • 선택형이나 리커트식 척도를 주로 사용	• 구성 요소에 친숙하지 않은 사람들의 의견이 반영될 수 있음 • 타당성의 증거가 제한적임
산출물	• 스스로 창안했거나, 복잡한 산출물에 대한 질을 평가	• 여러 영역에서의 산출물을 평가	• 합의된 준거와 평가자 간의 훈련 및 신뢰도가 부족함
환경/상황	• 창의적 환경에 대해 평가	• 교실에서의 창의성을 연구하기 위한 조사 도구	• 잘 연구된 도구와 절차가 부족함
조합 측정	• 확산적 사고, 자기 보고, 다른 사람에 의한 평가를 통합한 하나의 도구	• 창의성을 나타낼 수 있을 만한 다양한 출처에서 모음	• 유용한 조합이 불확실함 • 불충분한 신뢰도
대안 측정	• 관찰에 근거한 수행, 산출물 측정/척도, 복잡하고 개방적인 행동 평가	• 실생활 과제에 반응하는 비공식적 관찰, 포트폴리오, 교사의 일화 등에서 모음	• 창의적 행동을 위한 교실에서의 기회 부여가 필요조건 • 창의성 수행 측정에 대한 타당성 연구가 부족함
재능: 시각 예술과 행위 예술	• 특수 영역에서의 영재성을 판별	• 영역 특수적 • 추천, 관찰, 포트폴리오 등과 같은 다양한 절차	• 판단자들의 전문성과 판단의 일관성이 부족함

출처: Fishkin & Johnson(1998: 40-46).

〈표 12-14〉 창의성 평가의 자료 출처별 특성

자료 출처	특성
행동 혹은 수행 자료	• 창의적 산출물, 수행, 업적 등의 실제적인 행동을 평가 • 자료를 얻는 방법: - 실생활에서의 보고서나 직접적인 관찰 - 가상적인 상황에서 표현되는 개인의 수행
자기 보고 자료	• 자신의 기능, 능력, 활동, 환경 등에 대한 질문을 통해 평가 • 태도 조사, 개인 점검표, 전기적 조사 등
평가척도표	• 타인(학생)의 창의적 자질이나 행동에 대한 평가 • 교사, 부모, 멘토 혹은 동료에 의해 평가됨
검사	• 창의적 능력을 표준화된 과제 혹은 질문을 통해 평가 • 검사 자료는 객관적이고 쉽게 수량화될 수 있으므로 신뢰도는 높지만, 창의성의 객관적인 점수화의 문제가 있음.

출처: Treffinger, Young, Selby & Shepardson(2002).

2. 창의적 문제 해결력 평가

창의적 문제 해결은 대체로 문제의 발견 및 정의, 자료 탐색 및 해결안 발견, 실행 및 평가의 단계로 이루어지며, 각 단계에서는 지식, 확산적 사고 및 수렴적 사고, 동기 등의 여러 가지 요소들이 작용하게 된다.[1] 이처럼 다양한 요소들을 포함하고 있는 창의적 문제 해결력을 평가하기 위해서는 관련된 '요소들' 뿐만 아니라 '문제를 해결하는 과정' 및 그 결과로 나타난 '산출물'까지도 고려해야 한다.

지금까지 창의적 문제 해결력을 평가하기 위해 사용해온 방법으로는 '표준화된 검사'와 문제 해결의 각 단계에서 내포하고 있는 여러 가지 측면의 내용 요소를 측정하는 '수행평가적 접근 방법'이 있다.

1 구체적인 내용은 1부 3장 참조.

1) 표준화된 창의적 문제 해결력 검사

한국교육개발원Korea Educational Development Institute: KEDI에서는 '과학 및 수학 창의적 문제 해결력 검사'와 '간편 창의적 문제 해결력 검사' 등을 개발해 표준화했다. 자세한 내용은 다음과 같다.

(1) KEDI 과학 창의적 문제 해결력 검사

KEDI 과학 창의적 문제 해결력 검사는 과학 영재 판별 도구로서 개발되었다(조석희·시기자·지은림, 1997). 창의적 문제 해결력이란 '확산적 사고와 논리적 사고, 일반 영역에서의 지식과 기능 기반, 특정 영역에서의 지식과 기능 기반, 과제 집착력 등이 활발한 상호작용을 하여 나타나는 것'이라는 가정 하에 이 요소들을 종합적으로 측정할 수 있도록 검사를 구성하여 표준화한 것으로, 검사 대상은 초등학교 2학년부터 고등학교 2학년까지의 학생이며, 영역별 분류표는 〈표 12-15〉와 같다. 이 표의 사고 영역에서 제시한 논리적 사고, 확산적 사고 그리고 두 사고를 모두 요하는 검사의 예는 다음과 같다. 각각의 검사 문항들은 학년에 상관없이 적용 가능하며, 여기서 제시되는 답에 따라 창의성의 수준을 확인할 수 있다. 한국교육개발원에서는 당시 고등학교 1~2학년을 대상으로 검사를 실시했다.

〈표 12-15〉 과학 창의적 문제 해결력 검사의 영역별 분류표

사고 영역	탐구 단계(과학 탐구 단계)	내용 영역
논리적 사고 확산적 사고 논리적 · 확산적 사고	문제의 정의 · 인식 가설의 설정 실험 계획 실험 방법(도구)의 개선 생활상의 문제 해결	물리 화학 생물 지구과학 공통

출처: 한국교육개발원(1997).

① '논리적 사고' 문항의 예

물을 수증기로 만드는 방법에는 여러 가지가 있다. 압력 변화를 이용해 수증기를 만드는 방법을 고안하고, 그 실험 과정을 설명하시오.

이 문항은 논리적 사고를 요하는 문항의 예이다. 물론 이 문제를 해결하기 위해서는 확산적 사고도 필요하지만, 압력의 변화를 이용해 수증기를 만드는 방법 이외의 방법들은 고려하지 않아도 되기 때문에 사고의 폭이 확장될 여지는 줄어든다.

② '확산적 사고' 문항의 예

확산적 사고를 주로 요구하는 문항은 구조화되지 않아서 문제가 무엇을 요구하는지 자기 나름대로 정확히 인식한 후에야 문제의 해결이 시작될 수 있다. 즉 문제를 접한 사람의 해석에 따라 다양한 해결책이 나올 수 있도록 고안되어 있다.

운동 시간을 정확히 측정할 수 있는 방안을 제시하시오.

이 문항은 문제의 목표가 분명하지 않다. 즉 '운동을 하는 주체'와 '정확성'에 대한 인식의 정도에 따라서 측정 방안은 매우 달라질 수 있다. 물론 이 문제를 해결하는 과정에서도 논리적 사고는 요구되지만 확산적 사고가 더 큰 영향을 미친다.

③ '논리적·확산적 사고' 문항의 예

논리적 사고와 확산적 사고를 모두 요구하는 문항은 목표는 분명하지만, 목표 달성 방법이나 과정, 절차, 도구 등을 다양하게 조합해야 해결할 수 있다.

> 수레에 일정한 힘을 가해 가속도를 측정하는 실험을 할 때는 일정한 힘을 가하기 위해 고무줄을 수레에 연결하고, 자를 이용해 일정한 길이만큼 늘어나도록 당긴다. 이때 고무줄이 일정한 길이만큼 늘어나면 작용한 힘이 일정하다고 가정한다. 그런데 물체가 운동하는 경우에는 고무줄이 일정하게 유지되도록 하는 것이 매우 어렵다. 수레에 일정한 힘을 가할 수 있는 다른 방법을 제시하시오.

이 문항이 요구하는 목표는 '수레에 일정한 힘을 가할 수 있는 방법'을 제시하는 것으로 매우 명확하다. 그런데 해결 방법으로 고무줄 이외의 다른 도구를 통해 일정하게 힘을 가할 수 있는 방안을 찾아야 하기 때문에 확산적 사고가 필요하다.

한국교육개발원에서 개발된 이러한 문항들은 '확산적 사고'와 '논리적 사고' 능력 및 '과학 영역의 지식과 기능 기반'을 활용해야 해결될 수 있으므로 속도 검사가 아니라 '역량 검사'의 성격을 지니며, 채점 기준표를 사용해 타당성, 과학성, 정교성, 독창성이 채점된다. '타당성'에서는 과학적인 방법이 아니더라도 타당하게 문제를 해결했는가에 따라서 점수를 받고, '과학성'에서는 문제를 해결하기 위해 과학적 개념, 원리, 방법 등을 적용했는가에 따라서 점수를 받는다. 또한 '정교성'에서는 문제 해결 방안을 얼마나 구체적이고 정교하게 제시했는가에 따라서 점수를 받고, '독창성'에서는 문제 해결 방안을 얼마나 새롭고 독특하고 다양하게 제시했는가에 따라서 점수를 받는다.

(2) KEDI 수학 창의적 문제 해결력 검사

KEDI 수학 창의적 문제 해결력 검사는 수학 영재 판별 도구로서, 초등학교 2학년부터 고등학교 2학년까지의 학생들을 대상으로 '수학적 사고 능력'과 '수학적 창의성'을 측정하기 위해 개발되었다(김홍원·김명숙·방승진·황동주, 1997). 이 검사에서는 수학적 지식도 필요하나, 지식이 미치는 영향은 가급적 줄이고 '지식을 활용하는 능력'을 측정하고자 했다. 초등학교 2~3학년용, 4~6학년용, 중학교 1~3학년용, 고등학교 1~2학년용으로 구분되어 있고, 1부와 2부의 두 가지 유형으로 구성된다.

- 1부 검사(초등학교 4~6학년용): 1부 검사로는 개방되고 다양한 답 또는 반응을 요구하는 문제들이 제시되며, 그 예는 다음과 같다.

아래와 같이 한 칸에 1cm 간격으로 점이 찍혀 있다. 여기에 넓이가 $2cm^2$인 도형을 가급적 많이 그려보라(단 회전 혹은 이동하여서 겹쳐지거나 모양이 같은 도형은 하나로 본다).

1부 검사는 공간화·시각화 능력을 평가하는 항목으로서 융통성, 유창성, 독창성으로 채점된다. '융통성 점수'는 반응에 나타난 상위 범주의 개수를 점수화하며, '유창성 점수'는 맞는 답의 개수를 측정한다. 그리고 '독창성 점수'는 빈도가 5% 미만으로 수학적 의미가 있으며 그 수준이 높다고 판단되는 반응에 점수를 부여한다.

- 2부 검사(중학교 1～3학년용): 2부 검사로는 폐쇄되고 정확한 답을 요구하는 문제들이 제시되며, 그 예는 다음과 같다.

> 다음 표를 보고 물음에 답하라.
>
> | n | a | b | c |
> |---|---|---|---|
> | 1 | 3 | 4 | 5 |
> | 2 | 5 | 12 | 13 |
> | 3 | 7 | 4 | 25 |
> | 4 | 9 | 40 | 41 |
> | 5 | 11 | ? | ? |
>
> (a) n = 5일 때의 b와 c는 얼마인가?
> (b) 위의 세 수 a, b, c와 n 사이에는 어떤 관계가 있는지 조사해보라.

2부 검사는 일곱 가지 '수학적 사고 능력'(직관적 통찰 능력, 정보의 조직화 능력, 공간화·시각화 능력, 수학적 추상화 능력, 수학적 추론 능력, 일반화 및 적용 능력, 반성적 사고 능력) 및 '수학의 내용 영역'을 포괄적으로 평가한다.

(3) 간편 창의적 문제 해결력 검사

또한 한국교육개발원에서는 초등학생을 대상으로 간편 창의적 문제 해결력 검사를 개발했는데, 가드너의 '다중 지능 이론' 중 인지적 사고의 기초가 되는 '언어 영역, 수-논리 영역, 공간 영역'에 대한 문항들로 구성된다(조석희, 장영숙,

정태의, 임희준, 박인영, 2001). 각 영역에는 비판적 사고와 확산적 사고를 동시에 요구하는 문항도 있고, 비판적 사고나 확산적 사고 중 한 가지만을 요구하는 문항도 있다. 간편 창의적 문제 해결력 검사의 '언어·수-논리·공간 영역별 검사' 문항의 문제 유형은 〈표 12-16〉과 같다.

'언어 영역 검사'는 '확산적 사고 측면'에서는 유창성, 융통성, 독창성을, '비판적 사고 측면'에서는 정교성과 적절성을 기준으로 평가한다. '수-논리 영역 검사'의 채점은 '수학적·논리적'으로 의미 있는 답에 대해서만 실시하며, 각 문항의 내용과 성격에 따라 유창성, 융통성, 독창성, 정교성, 적절성의 다섯 가지 기준에 의해 평가가 이루어진다. '공간 영역 검사'의 채점 역시 이 다섯 가지 기준에 따라 이루어진다.

2) 창의적 문제 해결의 수행평가

창의적 문제 해결은 문제를 이해하고, 필요한 정보와 지식을 찾아내어 새로운 해결책을 찾아내는 다단계의 수행 과정을 거친다. 따라서 단계마다 달성해야 하는 여러 요소들을 추출해서 기준을 통해 평가하는 수행평가 방식이 적합한데, 이때 학습 내용과 관련된 다양한 내용 요소들을 고려해야 하므로 해당 학교나 기관에서 직접 개발하여 사용하는 것이 바람직하다. 따라서 여기서는 창의적 문제 해결 관련 연구에서 개발한 수행평가 사례들을 소개하고자 한다.

(1) 창의적 문제 해결력 수행평가 모형

수행평가는 학습자들의 수행 과정이나 결과를 유도하는 '과제'와, 과제에 대한 학습자의 반응을 판단하는 '채점 기준'으로 구성된다. 따라서 실제 수행평가는 '학습 과정과 산출물을 평가'하는 것이라고 할 때, 학습 활동을 위한 과제가 바로 수행평가 과제가 되도록 개발함으로써 수업 과정에서 창의적 사

〈표 12-16〉 언어·수-논리·공간 영역별 검사 문항의 문제 유형

<table>
<tr><th rowspan="2">영역</th><th rowspan="2">문항 번호</th><th colspan="3">학년 수준별 문항 유형</th></tr>
<tr><th>저학년</th><th>중학년</th><th>고학년</th></tr>
<tr><td rowspan="5">언어 영역</td><td>1번</td><td>단어 연상하기</td><td>외래어 바꾸기</td><td>단어 조합하기</td></tr>
<tr><td>2번</td><td>동시 짓기</td><td>미완성 '문장 완성'하기</td><td>주어진 단어를 이용하여 '문장 완성'하기</td></tr>
<tr><td>3번</td><td>주어진 그림을 보고 '이야기 꾸미기'</td><td>주어진 두 단어를 이용하여 '이야기 꾸미기'</td><td>'패러독스' 만들기</td></tr>
<tr><td>4번</td><td>원인 및 결과 추측하기</td><td>창의적인 문제 해결 (쓰레기 문제를 해결하는 방법 찾기)</td><td>창의적인 문제 해결 (담장을 넘어오는 닭을 막는 방법)</td></tr>
<tr><td>5번</td><td>창의적인 문제 해결 (웅덩이에 빠진 오리 구하기)</td><td>창의적인 문제 해결 (물에 빠진 친구 구하기)</td><td>창의적인 문제 해결 (세탁소의 도난 방지)</td></tr>
<tr><td rowspan="3">수-논리 영역</td><td>1번</td><td>주어진 그림에서 '다양한 수' 찾기</td><td>디지털 숫자판에 사용된 막대와 그 개수를 파악하여 주어진 조건을 충족시키는 '경우의 수' 구하기</td><td>바둑돌을 이용하여 '여러 종류의 사각형' 만들기</td></tr>
<tr><td>2번</td><td>체계적인 방법으로 '경우의 수' 찾기</td><td>기준을 세워 다양한 캐릭터를 체계적으로 '분류'하기</td><td>'약수와 배수'의 개념을 활용하여 주어진 직사각형 모양의 바닥을 채울 수 있는 기본 타일 만들기</td></tr>
<tr><td>3번</td><td>여러 가지 '특성을 조합'하여 캐릭터 만들기</td><td>새로운 달력에서 '수학적인 규칙' 찾아내기</td><td>일정한 규칙에 따라 피라미드 모양으로 배열된 수들 속에서 '다양한 규칙'을 찾아내기</td></tr>
<tr><td rowspan="6">공간 영역</td><td>1번</td><td colspan="3">넓이를 똑같은 모양과 크기로 다양하게 '이등분'하기</td></tr>
<tr><td>2번</td><td colspan="3">'입체 도형과 전개도' 그리기</td></tr>
<tr><td>3번</td><td colspan="3">주어진 그림을 '선 대칭'하여 그리기</td></tr>
<tr><td>4번</td><td colspan="3">주어진 도형을 최대한 활용하여 '의미 있는 그림' 그리기</td></tr>
<tr><td>5번</td><td colspan="3">정해진 개수만큼 '도형을 활용'하여 그림 그리기</td></tr>
<tr><td>6번</td><td colspan="3">주어진 환경을 고려하여 '설계'하고 적절한 이유 제시하기</td></tr>
<tr><td colspan="2">계</td><td>14문항</td><td>14문항</td><td>14문항</td></tr>
</table>

출처: 조석희 · 장영숙 · 정태희 · 임희준 · 박인영(2001: 55).

고 과정과 산출물을 지속적으로 평가하고 수시로 교수-학습 과정을 개선할 수 있다. 김경자(2000)는 평가 과제를 개발하기 이전에 우선 '평가 영역'과 그에 따르는 '영역별 수행 요소'를 〈표 12-17〉과 같이 제안했다. 그리고 수행 요소별로 '평가할 수 있는 내용'과 '채점 영역'을 〈표 12-18〉과 같이 구분할 수 있음을 안내했다.

〈표 12-17〉 수행평가 영역별 수행 요소

평가 영역		
명제적 지식의 이해 (개념, 원리, 핵심적 아이디어)	명제적 지식의 이해 + 절차적 지식의 적용(탐구 기능)	명제적 지식의 이해 + 절차적 지식의 적용 + 문제 해결력
평가 영역별 수행 요소		
기본적 지식 / 개념 지도	조사 / 설명	창의적 문제 해결

출처: 김경자(2000: 142).

〈표 12-18〉 수행 요소별 평가 내용 및 채점 영역

수행 요소	평가 내용	채점 영역
기본적인 지식	기본 개념, 어휘, 계산, 오개념, 실험 절차	사실적 · 개념적 · 원리적 지식과 연산 혹은 실험의 정확성
개념 지도	중요한 개념, 원리, 핵심적 아이디어의 관계 / 내용 영역 간 개념 연결	연결의 수 / 연결의 질 혹은 정교성
조사	실험, 관찰, 읽기를 통해 정보 얻기, 새로운 정보를 종합 / 해석하고 예측하는 등의 복잡한 사고 기능 적용	조별 학습에의 참여와 상호작용 기술 / 사실적 지식, 새로운 개념의 적절한 적용이나 종합
설명	중요한 개념, 원리, 핵심적 아이디어에 대한 깊은 이해 / 서술의 형태로 설명하기	내용의 질 / 개념, 원리, 핵심적 아이디어의 사용, 사실적 지식, 논쟁, 간학문적 아이디어의 체계적 조직
창의적 문제 해결	창의적 문제 해결 과정 / 해법 설명하기	문제 확인 및 정의, 가설 설정, 정보의 수집 및 선택, 적절한 지식의 활용 / 문제 해결 방안 구안, 해결 방안의 정교화, 문제 해결의 실행 가능성

출처: 김경자(2000: 143).

(2) 과학에서의 창의적 문제 해결력 수행평가 사례

조연순·성진숙 등(2000)은 '창의적 문제 해결력 신장을 위한 초등학교 과학과 교육과정의 적용 효과 연구'를 위해 수행평가 문제를 개발했다. 이들의 연구에서는 문제 해결 과정의 특성을 고려해 '문제의 발견 및 정의', '가설 설정 및 변인 조절', '문제 해결 방안 구안'의 세 수행 단계별로 활용 가능한 문제를 개발 및 사용했는데, 이들은 각각 과학의 특정 '내용 지식 및 과정 지식' 그리고 '창의적 사고 활용'을 요구한다. 그중에서 '문제 해결 방안 찾기'를 평가하는 문제를 예로 들면 〈표 12-19〉와 같다.

〈표 12-19〉 과학 창의적 문제 해결 수행평가 문제의 예(문제 해결 방안 찾기)

지금은 2050년입니다. 과학의 발달로 이제는 우주를 여행하는 것이 자유롭게 되었을 뿐 아니라, 우주에서 정착하여 살아가기 위한 방법들을 계획하고 있습니다. 여러분은 우주에서 살아가기 위한 방법을 계획하는 연구 팀의 한 사람으로서, 특히 우주 생활에서의 식량 문제를 해결해야 하는 임무를 맡았습니다. 우리 몸에 필요한 영양소와 음식은 어떤 것들이 있으며, 그러한 음식물의 근원은 무엇인지 깊이 고려해야 합니다. 이제부터 여러분은 아래 주어진 자료와 그 이외의 자료들을 보고, 여러 행성들 중에서 ① 우주의 식량 문제를 해결하기에 적절한 행성을 선택하고, ② 그 행성에서의 식량 생산 방법을 자세하게 계획하고 설명해야 합니다. 우주 개발의 임무를 맡은 연구원으로서 책임감을 가지고 우주 개발을 위한 식량 문제를 해결해주시기 바랍니다.

행성	태양과의 거리 (km)	공전 주기	자전 주기	반지름 (km)	표면의 물질 조성	표면 온도 (℃)	대기 주성분
A	150,000,000	224.70일	약 5,800시간	6,053	화성암 (현무암질)	470	이산화탄소
B	1,400,000,000	29.46년	약 10시간	60,000	수소+헬륨	-180	수소+헬륨
C	3,000,000,000	84.01년	약 17시간	26,145	수소+헬륨	-210	수소+헬륨
D	4,500,000,000	164.79년	약 16시간	24,750	수소+헬륨	-220	수소+헬륨
E	750,000,000	11.86년	약 10시간	71,400	수소+헬륨	-150	수소+헬륨
F	60,000,000	87.97년	약 1,350시간	2,439	수소+헬륨	430(열극)~ -160(밤쪽)	없음
G	6,000,000,000	247.70년	약 150시간	1,150	암석과 메탄의 얼음	-230	희박한 메탄
H	230,000,000	686.98일	약 25시간	3,398	현무암질 암석	25(적도 여름)~ -136(극점 여름)	이산화탄소

※ 문제의 길잡이

- 가능한 방법들을 다양하게 생각해보세요.
- 새롭고 창의적인 방법을 생각해보세요.
- 자료를 자세히 검토하고, 해결 방안을 생각하게 된 이유를 명확히 밝히세요.
- 다른 자료들을 다양하게 참고하세요.

1) 식량 문제를 해결하기에 적절하다고 생각하는 행성은 무엇인가요?
왜 그 행성을 선택했나요?

2) 위에서 선택한 행성에서의 식량 생산 방법을 자세하게 계획해보세요. 필요하면 그림을 이용해도 좋습니다.

출처: 조연순 · 성진숙 · 채제숙 · 구성혜(2000: 327-328).

〈표 12-19〉는 우주의 여러 행성들에 관해 배우고, 동식물의 성장에 대해 학습한 다음, 그러한 내용 지식을 기반으로 하고 '추론, 예측, 의사소통' 등을 포함하는 과정 지식을 활용해 '논리적이며 창의적으로 문제를 해결' 할 수 있는 방안을 구안하는 능력을 평가하기 위해 개발된 문제이다. 채점은 앞의 각 요소가 어느 정도 만족되었는지에 따라 0 수준부터 6 수준까지로 등급화하여 매겨졌는데, 그 구체적인 기준은 〈표 12-20〉과 같다.

(3) 수학에서의 창의적 문제 해결력 수행평가 사례

김정효와 권오남(2000)은 '창의적 문제 해결력 중심 수학과 교육과정의 적용 및 효과'를 분석하기 위해 수학 창의적 문제 해결력 수행평가 문제를 개발했는데, 〈표 12-21〉과 같이 개방형 문제로 구성되었다. 이 과제의 평가를 위한 채점 기준은 〈표 12-22〉와 같다. 이러한 채점 기준은 정·오답과 관련한 '비판적 사고 요소'보다는 '확산적 사고 요소'에 중점을 두고 있다.

〈표 12-20〉 과학 창의적 문제 해결 수행평가 채점 기준의 예(문제 해결 방안 찾기)

단계	수준
수준6 (6점)	• 신뢰할 만한 과학적 지식과 정보를 근거로 논리적으로 추론 · 예상한다. 대부분의 학생들이 제시하는 해결 방안에 비해 독창적인 문제 해결 방안을 제시한다. • 관련된 요소들을 폭넓게 고려한다. 논리적으로 추론 · 예상하여 적절한 방안들을 구안한다. 효과적인 의사소통 방법을 활용하여 구체적으로 설명한다.
수준5 (5점)	• 신뢰할 만한 지식과 정보를 근거로 추론 · 예상하고, 효과적인 의사소통 방법을 선택하여 활용하지만 독창적이지 않다. • 대부분의 학생들이 제시하는 해결 방안에 비해 독창적이지만 구체적이지는 않다.
수준4 (4점)	• 과학적 지식과 정보를 근거로 추론 · 예상하여 해결 방안을 제시한다. 그러나 한두 가지 관련 요소만을 고려하여 제시하고, 그 수준도 매우 일반적이며, 과학적인 논리성이 부족하다.
수준3 (3점)	• 과학적 지식과 정보를 근거로 추론·예상하여 해결 방안을 제시하나 구체적이지는 않다. • 한두 가지 관련 요소만을 고려한 일반적 수준의 해결 방안을 제시한다. 해결 방안에 대한 설명 및 추론과 예상의 증거가 거의 제시되어 있지 않다.
수준2 (2점)	• 해결 방안에 대한 근거나 설명, 추론과 예상의 증거를 제시했으나 구체성 · 신뢰성이 매우 부족하다. • 단 한 가지 관련 요소만을 고려하여 해결 방안을 제시하나, 과학적 논리성이 매우 부족하다.
수준1 (1점)	• 해결 방안에 대한 근거나 설명, 추론, 예상의 증거가 없다.
수준0 (0점)	• 문항에 대한 응답을 전혀 제시하지 않는다.

출처: 조연순 · 성진숙 · 채제숙 · 구성혜(2000: 314).

〈표 12-21〉 수학 창의적 문제 해결력 수행평가 문제의 예

1. 수와 연산

다음에서 주어진 수들과 여러분이 알고 있는 모든 수학 기호를 이용하여 답이 12가 되는 식을 여러 가지 만들어보세요. 단, 한 식에서 같은 수는 한 번밖에 쓸 수 없습니다.

3/2　60　0.8　6
0.60　8/4　0.5　10　72

2. 수와 연산

다음은 동그라미 안에 있는 단어들을 화살표로 연결 지어 그 관계를 설명한 개념 지도입니다. 아래의 주어진 <사용할 단어>를 이용하여 그들 간의 관계를 개념 지도로 나타내보세요.

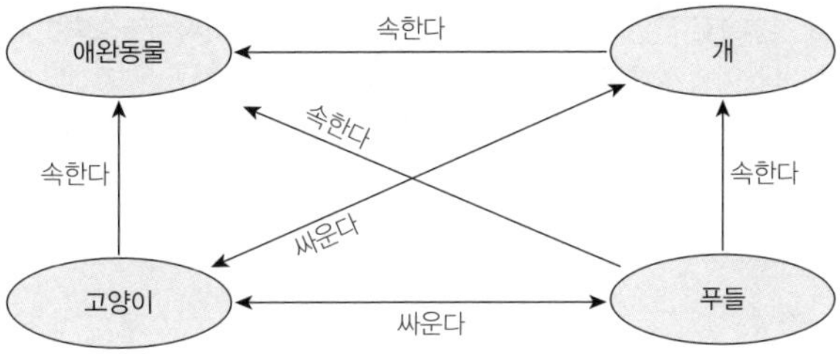

<사용할 단어>

분수	퍼센트	소수	나눗셈	비율	자연수

3. 도형

동현이는 친구들과 함께 블록 쌓기 놀이를 하고 있습니다. 그런데 블록을 쌓다보니 다음과 같은 삼각기둥 모양의 블록이 모자라서 도화지로 이와 똑같은 모양을 만들려고 합니다. 동현이가 블록을 만들기 위해서는 도화지에 삼각기둥 모양의 전개도를 그려야 하는데, 이때 동현이가 그릴 수 있는 전개도는 어떤 모양일까요? 생각할 수 있는 여러 가지의 모양을 최대한 많이 그려보세요(크기에 상관없이 생각해보십시오).

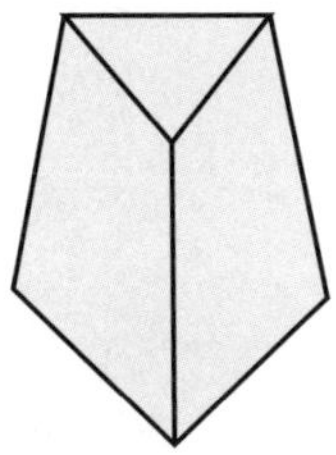

4. 확률과 통계

다음 표는 미국 몬테나 주의 로키 산맥에 살고 있는 '회색 곰'과 '검은색 곰' 몇 마리의 무게를 나타낸 것입니다.

회색 곰	검은색 곰
	갑순이 암컷 105kg
곰돌이 수컷 100kg	곰순이 암컷 68kg
춘삼이 수컷 77kg	산돌이 수컷 64kg
곰두리 암컷 96kg	삼룡이 수컷 105kg
삼순이 암컷 150kg	방자 수컷 77kg
향단이 암컷 86kg	곰딴지 수컷 100kg
갑돌이 수컷 82kg	점순이 암컷 68kg
말순이 암컷 132kg	복돌이 수컷 91kg
봉삼이 수컷 105kg	곰탱이 수컷 73kg
	봉순이 암컷 77kg

회색 곰과 검은색 곰 중 어떤 색 곰이 더 무거운지 여러분이 알기 쉽게 위의 자료를 정리해보세요. 회색 곰과 검은색 곰 중 한 쪽이 다른 쪽에 비해 얼마나 더 무겁다고 말할 수 있을까요?

5. 규칙성과 함수

'자전거 만들기'를 전문으로 하는 기술자 아저씨가 있습니다. 이 아저씨는 두발자전거와 세발자전거만을 만든다고 합니다. 어제 하루 동안 아저씨는 자전거를 만들기 위해 모두 21개의 바퀴를 사용했습니다. 아저씨가 어제 만든 두발자전거와 세발자전거는 각각 몇 개일까요? 여러분이 생각한 답과 그 풀이 과정을 적어주세요.

출처: 김정효 · 권오남(2000: 102-103).

〈표 12-22〉 수학 창의적 문제 해결력 수행평가의 채점 기준

<문제 2>에 관한 참고 가능한 답

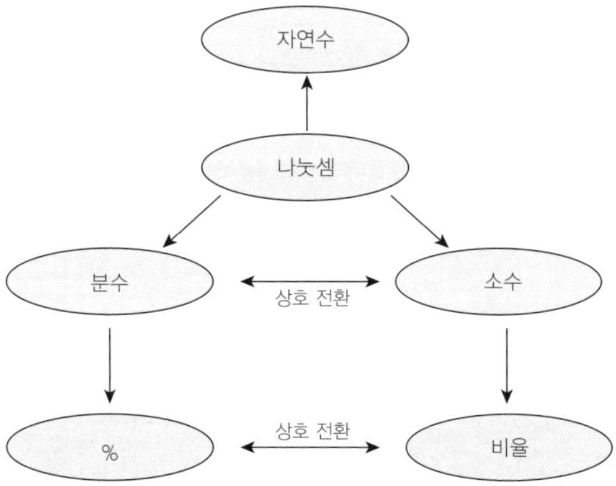

0	전혀 이해를 못하고 개념 지도를 그리지 못하는 경우
1	2~3개 단어의 타당한 관계를 파악하여 개념 지도를 작성한 경우
2	4~5개 단어의 타당한 관계를 파악하여 개념 지도를 작성한 경우
3	6개 단어의 관계를 모두 파악하여 개념 지도를 작성한 경우

출처: 김정효 · 권오남(2000: 96).

한편, 베게토 등(2015)은 교과의 학문적 발달 수준과 창의적 능력 발달 수준을 두 영역으로 나누어 동시에 평가할 수 있는 기준rubric을 제시했다. 이 기준은 교과 지식과 창의성의 점진적인 발달 과정을 평가하기 위한 과정 중심의 평가라고 볼 수 있으며, 두 영역의 점수를 각각 산출하므로 각 영역별로 학생의 발달 정도를 정확히 파악하여 부족한 영역을 보완하게 할 수 있다는 장점을 가지고 있다. 〈표 12-23〉은 수학 교과에서 지식과 창의성을 포함한 문제 해결 평가를 위한 예이다.

〈표 12-23〉 수학적 문제 해결 평가 기준의 예

능력의 수준	지식	창의성
4. 전문적	• 수준 높고 전문적인 수학적 지식을 사용하여 매우 복합적인 문제를 풀 수 있음	• 고등 수학자들이 사용하는 특별하고 새로운 방법으로 복합적인 문제를 풀 수 있음
3. 완성적	• 적절한 방법을 사용함 • 실수가 없음 • 생각에 대한 근거 있는 설명을 함	• 매우 독특하면서 적합한 방법으로 문제에 접근함
2. 발전적	• 적절한 방법을 사용함 • 실수가 있음 • 생각에 대한 설명을 함	• 새롭고 정확한 방법으로 문제 해결을 함
1. 생성적	• 부적절한 방법을 사용함 • 실수가 있음 • 생각에 대한 설명이 없음	• (자신에게는 새롭지만 다른 사람들에게는 새롭지 않은) 이미 모델화된 방법을 사용하거나 새롭지만 수학적으로는 부적절한 접근을 사용함
0. 시도 없음	• 응답이나 시도가 없음	• 시도하지 않음

출처: Beghetto, Kaufman & Baer(2015: 105).

요약

창의성 평가는 무엇을 창의성으로 보느냐에 따라 달라지는데, 일반적인 창의성 평가와 창의적 문제 해결력 평가로 구분할 수 있다.

- 일반적인 **창의성 평가**는 창의성의 어떤 측면을 평가하려고 하는지에 따라서 인지적 특성 검사, 정의적·환경적 특성 검사, 창의적 산출물 검사로 나눌 수 있다.
  - **인지적 특성 검사**는 창의성의 요소 중에서 주로 '유창성, 융통성, 독창성, 정교성, 추상성, 성급한 종결에 대한 저항' 등을 기준으로 평가한다.
  - **정의적·환경적 특성 검사**는 창의적 태도·성격·관심, 전기적 특성 및 창의적 환경을 '자기평가'나 '타인평가'를 통해 평가한다.
  - **창의적인 작품이나 산출물 검사**에서는 '평가 준거'를 미리 정해놓는 방법이 있고, 전문가들의 판단에 의존하는 '합의사정기법' 등이 있다.

  창의성 평가의 신뢰성과 타당성을 높이기 위해서는 특정 검사 하나에만 의존하기보다는 여러 유형의 검사를 함께 사용하는 것이 바람직하다.
- **창의적 문제 해결력 평가**는 창의적으로 문제를 해결하는 과정뿐만 아니라 지식 및 관련되어 있는 인지적·정의적·환경적 요소들, 그 결과로 나타난 산출물까지 고려해야 하므로 여러 요소들을 포함하는 다측면적인 과정이라고 할 수 있다. 창의적 문제 해결력 평가를 위해서는 '표준화된 검사 도구'와 '수행평가적 접근 방법'을 활용할 수 있다.
  - **표준화된 창의적 문제 해결력 검사**로서 한국교육개발원에서 개발한 초등학교 2학년~고등학교 2학년 학생을 대상으로 하는 'KEDI 과학 창의적 문제 해결력 검사'와 'KEDI 수학 창의적 문제 해결력 검사', 그리고 초등학생을 대상으로 개발된 '간편 창의적 문제 해결력 검사' 등이 있다.

- **창의적 문제 해결의 다측면을 고려한 수행평가**도 실시할 수 있으며, 이 장에서도 몇 가지 예를 소개했다. 하지만 무엇보다 해당 학교나 기관에서 학습할 내용과 요소를 고려하여 직접 개발하는 것이 가장 바람직하다.

토의 과제

1. 학교 현장에서 '창의성' 또는 '창의적 문제 해결력'에 대한 평가는 어떻게 이루어지고 있는가? 학교 수업 현장을 관찰해보고, 창의성과 창의적 문제 해결력이 어떻게 평가되고 있는지 알아보고 토의해보자.
2. '창의성 평가'를 위한 여러 가지 방법들을 비교해보자. 이 중 학교 현장에서 활용 가능성이 가장 높다고 생각되는 방법은 무엇인가? 그 이유는 무엇인가? 실제 학교 현장에서 적용해보고 그 타당성과 신뢰성을 검토해보자.
3. '창의적 문제 해결력'을 평가할 때 고려해야 할 요소들은 무엇인지 토의하고, 이러한 요소들을 포함하는 다양한 방법들을 개발하여 적용해보자.

참고문헌

교육부(2015). 초·중등학교 교육과정 총론. 교육부 고시 제2015-74호 [별책1].

교육부(2017). 초 · 중등학교교육과정총론.교육부 고시 제2017-108호 [별책1. 부칙개정포함].

교육인적자원부(2007). 초·중등학교 교육과정. 고시 제2007-79호 [별책 1].

김경자(2000). 창의적 문제 해결력 신장을 위한 교육과정평가 모형. **초등교육연구**, 13(2), 135-152.

김경자·김아영·조석희(1997). 창의적 문제 해결 능력 신장을 위한 교육과정 개발의 기초. **교육과정연구**, 15(2), 129-153.

김명숙(2001). 통합적 창의성 모형의 구성. 교육심리연구, 15(3), 5-27.

김병찬·유경훈·조민지(2015). 일본과 한국의 창의성 교육정책 비교 분석 연구. **교육문제연구**, 56, 105-141.

김순남·이병환·황향숙(2003). 창의성 교육 실태 분석과 교육 정책적 과제. **중등교육연구**, 51(2), 41-68.

김영채(1997). **학습과 사고의 전략: 효과적인 학습과 창의적 사고**. 서울: 교육과학사.

김영채(2010). 창의, 인성, 봉사 그리고 창의적 체험활동. **사고개발**, 6(2), 1-24.

김왕준(2010). 홍콩, 싱가포르, 핀란드, 아일랜드의 교육개혁의 비전과 주요 정책. **초등교육연구**, 23(3), 321-340.

김인(2017). 창의성 교육 재음미. **도덕교육연구**, 29(4), 179-198.

김재은(1994). **창의성을 키우는 자녀교육**. 서울: 한국지역사회교육중앙협의회.

김정효·권오남(2000). 창의적 문제 해결력 중심의 수학 교육과정 개발 및 적용: 초등학교 수준을 중심으로. **초등수학교육**, 4(2), 83-103.

김진숙·이경언·서민철·박태준·김승보(2010). **창의성 교육 국제비교 연구**. 서울: 교육과정평가원.

김천홍·홍수진(2017). 영국 2013 국가교육과정에 나타난 창의성 교육요소 분석. **학습자중심교과교육연구**, 17(18). 205-233.

김춘일(2006). 창의성 교육의 국제 동향·영, 미, 독, 일의 경우를 중심으로. **학생교육**, 15(3).

225-244.
김홍원·김명숙·방승진·황동주(1997). 수학 창의적 문제 해결력 검사 실시 요강. 서울: 한국교육개발원.
남순현(2006). 청소년의 창의성 교육: 사고의 전환인가? 잠재가능성의 실현인가? 학생교육, 15(2), 179-195.
뉴트리앤(2015). 식생활교육 포커스: 무지개 식판으로 '삼성 투모로우솔루션'에서 최우수상 수상한 '목동 잔반 프로젝트팀'. "식판에 선 하나만 그었을 뿐인데, 잔반이 확 줄었어요." 뉴트리앤, 2015(3월호), 44.
박숙희(2007). 교사 창의성의 관련 변인 탐색. 영재와 영재교육, 6(2), 149-164.
박종석·김민정(2003). 과학 창의성 프로그램 분석을 통한 과학 창의성 요소 추출. 중등교육연구, 51(2), 269-286
신재한(2007). 초등학생의 가정환경, 정서지능, 창의성, 학업성적 간의 구조적 관계 분석. 교육과학연구, 38(2), 81-102.
안동근(2015). 창의성의 다측면적 구인에 대한 이론적 탐색: 확산적 사고와 창의적 전문성 수행을 중심으로. 영재와 영재교육, 14(4), 199-224.
양은주·조경원·임현식(2001). 지식 기반사회 학교 교육과정의 인식론적 대안 탐색. 교육과정연구, 19(1), 363-386.
우종옥·이신동·이경화·전경원(2003). 초등 1-2학년용 창의성 검사. 서울: 세종영재교육연구원, 교육과학사.
유연옥(2003). 그림 창의성 검사(TCT-DP)에 의한 학생의 창의성 발달. 한국심리학회지: 발달. 16(2), 53-70.
유용현·강유진·김지나(2013). 고등학생의 과학 영역 창의성과 일반 창의성, 메타인지, 과학 정의적 특성과의 관계. 교과교육학연구, 17(1), 109-128.
윤장우·허재두(2018) 뇌과학과 인공지능 융합미래 기술 발전 방향 예측. 전자통신동향분석, 33(1), 1-10.
이신동(2003). 대학생의 창의적 성격 비교. 교육방법연구, 15(2), 103-118.
이용환(2007). 권력/계약으로서의 지식과 교육과정. 교육과정연구, 25(1). 1-23.
이은봉(1990). 폴라니의 생애와 사상. 과학, 신념, 사회. 서울: 범양사.
이정훈·박민규(2017). 문제 해결 프로세스를 활용한 무지개식판 개발에 관한 연구. 한국창의응용학회 2017년도 학술대회 미간행 발표 자료.
이지원(2004). 현대일본의 교육개혁: "유토리교육"의 논리와 동요. 현대일본학회, 20, 127-161.
이혜주(2004). 초등학교 학생의 과학적 문제 발견 능력에 영향을 미치는 관련변수 분석, 이화여자대학교 대학원 박사학위논문.
이혜주(2005). 구조화 정도가 다른 문제 상황에서 문제 발견에 대한 제 변인의 상대적 기여도 분석. **초등교육연구**, 18(2), 123-148.
이화여자대학교사범대학부속초등학교(2005). **창의적 문제 해결력 신장을 위한 학교 교육과정 1학년-6학년**. 서울: 학지사.
임선하(2007). 창의성 교육: 반성적 접근. **창조교육논총**, 9, 55-86.
임성만·양일호·임재근(2009). 영역 특수적인 입장에서의 과학적 창의성에 대한 정의, 구성요인에 대한 탐색. **과학교육연구지**, 33(1), 31-43.
전경원·김누리·화윤영(2016). **탱그램 창의성 검사**. 서울: 학지사심리검사연구소.
전경원·전경남(2008). 초등 도형 창의성 검사. 서울: 학지사심리검사연구소.
정순곤(2000). 초등학생의 창의적 가정환경, 동기화 양식과 창의성과의 관계. 진주교육대학교 교육대학원 석사학위논문.
정지은·조연순(2012). 국내 창의성 교육 연구동향 분석: 창의성 교육의 유형을 중심으로. **교육방법연구**, 24(4). 659-682.
조경자(2015). 주제 중심의 통합교육과정 운영을 통한 유아 창의성 교육 방안 탐색. **영재와 영재교육**, 14(4), 225-247.
조석희·시기자·지은림(1997). **과학영재 판별도구 개발연구**. 서울: 한국교육개발원.
조석희·장영숙·정태희·임희준·박인영(2001). **간편 창의적 문제 해결력 검사 개발 연구(I)**. 서울: 한국교육개발원.
조연순(1995). **한국초등교육의 기원**. 서울: 학지사
조연순(2012). '학생 창의성'의 개념탐색. **초등교육연구**, 25(3), 1-26.
조연순·성진숙·채제숙·구성혜(2000). 창의적 문제 해결력 신장을 위한 초등과학교육과정 개발 및 적용. **한국과학교육학회지**, 20(2), 307-328.
조연순·이명자(2017). **문제 중심 학습의 이론과 실제(2판)**. 서울: 학지사.
조연순·정혜영·백경미(2010). 창의성 증진요소와 교수-학습 과정 특성 탐색: 영국 초등학교 창의성 교육 사례연구. **초등교육연구**, 23(2). 95-120.
조연순·정혜영·백은주·최규리·임현화(2011). 교실수업 상황에서 학생 창의성을 촉진하는 교수·학습 특성 탐색, **교육방법학회**, 23(3), 609-634.
조연순·최경희·채제숙·성진숙·서예원(2000). 창의적 문제 해결력 신장을 위한 초등과학교육과정 개발연구: 과학의 내용 지식, 과정 지식, 창의적 사고기능의 융합. **초등교육연구**, 13(2), 5-28.
조연순·최규리·조영은(2012). 예비 초등교사가 발견한 학생 창의성의 특성 및 교사의 역할. **교육과학연구**, 43(4), 137-164.

최석민(2003). 통합적 사고 교육을 위한 토대로서 사고간의 유기적 관계성 탐색: 사고의 비판성과 창의성을 중심으로. **초등교육연구**, 16(2), 109-129.

최석민(2006). 초등학교 창의성 교육 접근 방식에 대한 비판적 검토. **초등교육연구**, 19(2), 1-21.

최인수(1998). 창의적 성취와 관련된 제 요인들: 창의성 연구의 최근 모델인 체계모델(Systems Model)을 중심으로. **미래유아교육학회지**, 5(2), 133-166.

하주현(2000). 창의적 인성 검사 개발. **교육심리연구**, 14(2), 187-210.

한국교육개발원(1997). **과학 창의적 문제 해결력 검사 요강**. 서울: 한국교육개발원.

한국교육개발원(2001). **창의성 계발교육 실태분석 및 전략 구안**. 서울: 한국교육개발원.

한국교육개발원(2011). KEDI 창의적 인성검사 3종 개발 보고서. 충북: 한국교육개발원.

한국교육개발원(2017). **2017 KEDI 학생역량 조사 연구 보고서**. 충북: 한국교육개발원.

한순미·김선·박숙희·이경화·성은현(2005). **사람, 환경, 전략: 창의성**. 서울: 학지사.

홍후조·임유나·민부자·임혜진(2014). 교과내 단원 내용과 통합된 창의성 지도의 효과 연구: 초등학생용 교과내 창의적 사고기법 프로그램 적용 효과. **학습자중심교과교육연구**, 14(3), 93-114.

Abra, J. (1994). Collaboration in creative work: an initiative for investigation, *Creativity Research Journal*, *7*, 1-20.

Albert, R. S. (1971). Cognitive development and parental loss among the gifted, the exceptionally gifted, and the creative. *Psychological Reports*, *29*, 14-26.

Alexander, P. A. (2003). The development of expertise: The journey from acclimation to proficiency. *Educational Researcher*, *32*(8), 10-14.

Amabile, T. M. & Gitomer, J. (1984). Children's artistic creativity: Effects of choice in task materials. *Personality and Social Psychology Bulletin*, *10*, 209-215.

Amabile, T. M. (1979). Effects of external evaluation on artistic creativity. *Journal of Personality and Social Psychology*, *37*, 221-233.

Amabile, T. M. (1982). Social psychology of creativity: A consensual assessment technique. *Journal of Personality and Social Psychology*, *43*(5), 997-1013.

Amabile, T. M. (1983). *The social psychology of creativity*. New York: Springer-Verlag.

Amabile, T. M. (1989). *Growing up creative: Nurturing a lifetime of creativity*. Buffalo, NY: CEF Press.

Amabile, T. M. (1996). *Creativity in Context*. Boulder, CO: Westview Press.

Amabile, T. M., Goldfarb, P. & Brackfield, L. (1982). *Effects of social facilitation and* evaluation on cretivity. *Unpublished manuscript*. Waltham, MA: Brandeis University.

Amabile, T. M., Hennessey, B. A. & Grossman, B. S. (1986). Social influences on creativity: The effects of contracted-for reward. *Journal of Personality and Social Psychology*, *50*, 14-23.

Amabile, T. M., Hill, K. G., Hennessey, B. A. & Tighe, E. (1994). The work preference inventory: Assessing intrinsic and extrinsic motivational orientations. *Journal of Personality and Social Psychology*, *66*, 950-967.

Ardelt, M. (2004). Wisdom as expert knowledge system: A critical review of a contemporary operationalization of an ancient concept. *Human Development*, *47*, 257-285.

Arieti, S. (1976). *Creativity: The magic synthesis*. New York: Basic Books.

Arlin, P. K. (1975). Cognitive development in adulthood: A fifth stage? *Developmental Psychology*, *11*, 602-606.

Baer, J. & Garrett, T. (2010). Teaching for creativity in an era of content standards and accountability. In R. A. Beghetto & J. C. Kaufman (Eds.), *Nurturing creativity in the classroom* (pp. 6-23). New York: Cambridge University Press.

Baer, J. & Kaufman, J. C. (2005). Whence creativity? Overlapping and dual-aspect skills and traits. In J. C. Kaufman & J. Baer (Eds.), *Creativity across domains* (pp. 313-320). Mahwah, NJ: Lawrence Erlbaum Associates.

Baer, J. (1991). Generality of creativity across performance domains. *Creativity Research Journal*, *4*, 23-39.

Baer, J. (1993). *Divergent thinking and creativity: A task-specificity approach*. Hillsdale, NJ: Erlbaum.

Baer, J. (1994). Divergent thinking is not a general trait: A multi-domain training experiment. *Creativity Research Journal*, *7*, 35-46.

Baer, J. (1997/2001). *Creative teachers, creative students*(우종옥·전경원 옮김, 창의적인 교사. 서울: 창지사).

Baer, J. (1999). Domains of creativity. In M. A. Runco & S. R. Pritzker (Eds.), *Encyclopedia of creativity: Vol. 1* (pp. 591-596). San Diego, CA: Academic Press.

Baltes, P. B. & Smith, J. (1990). Toward a psychology of wisdom and its ontogenesis. In R. J. Sternberg (Ed.), *Wisdom: Its nature, origins, and development* (pp. 87-120). New York: Cambridge University Press.

Baltes, P. B. & Stange, A. (2005). Research project 6. Wisdom: The integration of mind and virtue. Center for Lifespan Psychology. http://www.mpib-berlin.mpg.de/en/forschung/lip/pdfs/research_project_6.pdf

Baltes, P. B. & Staudinger, U. M. (1993). The search for a psychology of wisdom. Current directions in psychological science, 2(3), 75-81.

Barendsen, L., Csikszentmihalyi, M., Damon, W., Davis, K., Fischman, W., Gardner, H., James, C, Rnoop, H. H., Nakamura, J. & Verducci, S. (2011). The GoodWork Project: An overview. Good Work Project Trustees. http://thegoodproject.org/pdf/GW_Overview-08_11.pdf

Barron, F. & Harrington, D. M. (1981). Creativity, intelligence, and personality. *Annual Review of Psychology*, *32*, 349-376.

Barron, F. (1969). *Creative person and creative process*. Oxford: Holt, Rinehart & Winston.

Barrows, H. S. & Tamblyn, R. M. (1980). *Problem-based learning: An approach to medical education*. New York: Springer Publishing.

Basadur, M. (1994). Managing the creative process in organizations. In M. A. Runco (Ed.), *Problem finding, problem solving, and creativity* (pp.237-268). Norwood, NJ: Ablex.

Basseches, J. (1984). *Dialectical thinking and adult development.* Norwood, NJ: Ablex.

Bassett, C. (2005). Emergent wisdom: Living a life in widening circles. *ReVision*, *27*(4), 6-12.

Beghetto R. A. & Kaufman, J. C. (2010). *Nurturing creativity in the classroom*. New York: Cambridge University Press.

Beghetto, R. A. & Kaufman, J. C. (2007). Toward a broader conception of creativity: A case for mini-c creativity. *Psychology of Aesthetics, Creativity, and the Arts*, *1*, 73-79.

Beghetto, R. A. & Kaufman, J. C. (2009). Intellectual estuaries: Connecting learning and creativity in programs of advanced academics. *Journal of Advanced Academics*, *20*(2), 296-324.

Beghetto, R. A. & Kaufman, J. C. (2010). Broadening conceptions of creativity in the classroom. In R. A. Beghetto & J. C. Kaufman (Eds.), *Nurturing creativity in the classroom* (pp. 191-205). New York: Cambridge University Press.

Beghetto R. A., Kaufman J. C. & Baer J. (2015). *Teaching for creativity in the common core classroom*. New York: TCPRESS.

Beghetto, R. A. & Plucker, J. A. (2016). Revisiting the relationship among schooling, learning, and creativity. In J. C. Kaufman & J. Baer (Eds.), *Creativity and reason in cognitive development* (2nd ed., pp.72-91). New York: Cambridge University Press.

Beghetto, R. A. (2007). Does creativity have a place in classroom discussions? Prospective teacher's response preferences. *Thinking Skills and Creativity*, *2*, 1-9.

Beghetto, R. A. (2016). Creative learning: A fresh look. *Journal of Cognitive Education and Psychology*. *15*(1), 1-17.

Besemer, S. P. & O'Quin, K. (1986). Analyzing creative products: Refinement and test of a judging instrument. *Journal of Creative Behavior*, *20*, 115-126.

Besemer, S. P. & Treffinger, D. J. (1981). Analysis of creative products: Review and synthesis. *Journal of creative behavior*, *15*, 158-178.

Bloom, B. S. & Sosniak, L. A. (1981). Talent development vs. schooling. *Educational Leadership*, *39*(2), 86-94.

Bransford, G. D. & Stein, B. S. (1984). *The ideal problem solver*. New York: Freeman.

Brown, R. T. (1989). Creativity: What are we to measure? In J. A. Glover, R. R. Ronning & C. R. Reynolds (Eds.), *Handbook of creativity* (pp. 3-32). New York: Plenum.

Brown, T. (2009/2010). *Change by design: How design thinking can transform organizations and inspire innovation*(고성연 옮김, **디자인에 집중하라**. 파주: 김영사).

Carson, D. K. & Runco, M. A. (1999). Creative problem solving and problem finding in young adults: Interconnections with stress, hassles, and coping abilities. *Journal of Creative Behavior*, *33*(3), 167-190.

Chambers, J. A. (1973). College teachers: Their effects on creativity of students. *Journal of Educational Psychology*, *65*, 325-334.

Cho, Y., Chung, H., Choi, K., Suh, Y. & Seo, C. (2011). The creativity of Korean leaders and its implications for creativity education. *Journal of Creative Behavior*, *45*(4), 235-257.

Choi, I. (2006). Creativity: A sudden rising star in Korea. In J. C. Kaufman & R. J. Sternberg (Eds.), *The international handbook of creativity* (pp. 395-420). New York: Cambridge University press.

Claxton, G. (2005). Wising up: Can we accelerate the growth of wisdom? Keynote lecture given at ESRC Seminar 'Creativity: Using it Wisely?' University of Cambridge, April 2005.

Claxton, G. (2008) Wisdom: Advanced creativity? In A. Craft, H. Gardner & G. Claxton (Eds.), *Creativity, wisdom, and trusteeship: Exploring the role of education* (pp.

35-48), Thousand Oaks, CA: Corwin Press.

Colby, A., Kohlberg, L., Gibbs, J., Lieberman, M., Fischer, K. & Saltzstein, H. D. (1983). A longitudinal study of moral judgment. *Monographs of The Society for Research in Child Development*, *48*(1/2), 1-124.

Colligan, J. (1983). Musical creativity and social rules in four cultures. *Creative Child and Adult Quarterly*, *8*(1), 39-47.

Collins, M. A. & Amabile, T. M. (1999). Motivation and creativity. In R. J. Sternberg (Ed.), *Handbook of creativity* (pp. 297-312). New York: Cambridge University Press.

Colvin, G. (2015/2016). *Humans are underrated*(신동숙 옮김, **인간은 과소평가되었다**. 서울: 한스미디어).

Conti, R., Coon, H. & Amabile, T. M. (1996). Evidence to support the componential model of creativity: Secondary analyses of three studies. *Creativity Research Journal*, *9*, 385-389.

Craft, A. (2008). Tensions in creativity and education: Enter wisdom and trusteeship, In A. Craft, H. Gardner & G. Claxton (Eds.), *Creativity, wisdom, and trusteeship: Exploring the role of education* (pp. 16-34), Thousand Oaks, CA: Corwin Press.

Craft, A., Gardner, H. & Claxton, G. (2008). *Creativity, wisdom, and trusteeship: Exploring the role of education*. Thousand Oaks, CA: Corwin Press.

Creative Education Foundation. (2015). *Educating for creativity level 1 resource guide*. Scituate, MA: CreativeEducationFoundation.

Cropley, A. J. (1992). *More ways than one: Fostering creativity*. Norwood, NJ: Ablex.

Cropley, A. J. (1999). Education. In M. A. Runco & S. R. Pritzker (Eds.), *Encyclopedia of creativity: Vol. 1* (pp. 629-642). San Diego, CA: Academic Press.

Cropley, A. J. (2001/2004). *Creativity in education and learning*(이경화·최병연·박숙희 옮김, **창의성 계발과 교육**. 서울: 학지사).

Csikszentmihalyi, M. & Getzels, J. W. (1971). Discovery-oriented behavior and the originality of creative products: A study with artists. *Journal of Personality and Social Psychology*, *19*, 47-52.

Csikszentmihalyi, M. (1988). Society, culture, and person: A systems view of creativity. In R. J. Sternberg (Ed.), *The nature of creativity* (pp. 325-339). New York: Cambridge University Press.

Csikszentmihalyi, M. (1990). *Flow: The psychology of optimal experience*. New York: Harper & Row.

Csikszentmihalyi, M. (1996). *Creativity: Flow and the psychology of discovery and invention*. New York: Harper Collins.

Csikszentmihalyi, M. (1999). Implications of a systems perspective for the study of creativity. In R. J. Sternberg (Ed.), *Handbook of creativity* (pp. 313-335). New York: Cambridge University Press.

Curriculum Development Council. (2001). Learning to learn: The way forward in curriculum development. Curriculum Development Council. https://www.edb.gov.hk/en/curriculum-development/cs-curriculum-doc-report/wf-in-cur/

Davis, G. A. (1981). *Creativity is forever*. Cross Plains, WI: Badger Press,

Davis, G. A. (2004). Objectives and activities for teaching creative thinking. In D. J. Treffinger (Ed.), *Creativity and giftedness* (pp. 97-103). Thousand Oaks, CA: Corwin Press.

Davis, G. A. & Rimm, S. B. (1982). Group Inventory for Finding Interests (GIFFI) I and II: Instruments for identifying creative potential in junior and senior high school. *Journal of Creative Behavior*, *16*, 50-57.

Dawson, V. L. (1997). In search of the wild Bohemian: Challenges in the identification of the creatively gifted. *Roeper Review*, *19*, 148-152.

Deci, E. L. & Riyan, R. M. (1985). *Intrinsic motivation and self-determination in human behavior*. New York: Plenum.

Dennis, W. (1958). The age decrement in outstanding scientific contributions: Fact or artifact? *American Psychologist*, *13*, 457-460.

Dennis, W. (1966). Creative productivity between the ages of 20 and 80 years. *Journal of Gerontology*, *21*, 1-8.

Department for Education. (2011). *A framework of personal, learning and thinking skills*. London: Department for Education.

Dewey, J. (1910). *How we think*. Boston, MA: Health.

Dewey, J. (1938/1963) *Experience and education*. New York: Collier Books.

Dewey, J. (1902/1990). *The school and society and the child and the curriculum* (expanded ed.). Chicago, IL: The University of Chicago Press.

Dewey, J. (1916/1980). Democracy and education. In J. A. Boydston (Ed.), *John Dewey: The middle works, 1899-1924: Vol. 9* (pp. 1-370). Carbondale, IL: Southern Illinois University Press.

Dillon, J. T. (1982). Problem finding and solving. *Journal of Creative Behavior*, *16*(2),

97–111.

Dirac, P. A. M. (1978). *Directions in physics.* New York: Wiley.

Dittmann-Kohli, F. & Baltes. P. B. (1990). Toward a neofunctionalist conception of adult intellectual development: Wisdom as a prototypical case of intellectual growth. In C. Alexander & E. Langer (Eds.), *Higher stages o'human development: Perspectives on adult growth* (pp. 54–78). New York: Oxford University Press.

Dorst, K. (2011). The core of 'design thinking' and its application. *Design Studies*, *32*(6), 521–532.

Drevdahl, J. E. & Cattell, R. B. (1958). Personality and creativity in artists and writers. *Journal of Clinical Psychology*, *14*, 107–111.

Dudek, S. Z. & Cote, R. (1994). Problem finding revisited. In M. A. Runco (Ed.), *Problem finding, problem solving, and creativity* (pp. 130–150). Norwood, NJ: Ablex.

Education Commission. (2000). *Learning for life, learning through life: Reform proposals for the education system in Hong Kong*. Tamar: Education Commission.

Einstein, A. & Infeld, L. (1938). *The evolution of physics.* New York: Simon & Schuster.

Eisenman, R. & Schussel, N. R. (1970). Creativity, birth order, and preference for symmetry. *Journal of Consulting and Clinical Psychology*, *34*(2), 275–280.

Ernst, G. W. & Newell, A. (1969). *GPS: A case study in generality and problem solving*. New York: Academic Press.

Fairweather, E. & Cramond, B. (2010). Infusing creative and critical thinking into the curriculum together. In R. A. Beghetto & J. C. Kaufman (Eds.), *Nurturing creativity in the classroom* (pp. 113–141). New York: Cambridge University Press.

Feldhusen, J. F. & Treffinger, D. J. (1977). The role of instructional material in teaching creative thinking. *Gifted Child Quarterly*, *21*(4), 450–459.

Feldhusen, J. F. & Treffinger, D. J. (1986). *Creative thinking and problem solving in gifted education*. Dubuque, IO: Kendall/Hunt.

Feldman, D. H. (1974). Universal to unique. In S. Rosner & L. E. Abt (Eds.), *Essays in creativity* (pp. 45–85). Croton-on Hudson, NY: North River Press.

Feldman, D. H. (1993). Creativity: Dreams, insights, and transformations. In R. J. Sternberg (Ed.), *The nature of creativity: Contemporary psychological perspectives* (pp. 271–297). New York: Cambridge University Press.

Finke, R. A., Ward, T. B. & Smith, S. M. (1992). *Creative cognition: Theory, research, and applications.* Cambridge, MA: MIT Press.

Fischman, W. & Barendsen, L. (2010). *GoodWork Toolkit Guide Book*. Cambridge, MA: Harvard Graduate School of Education (Project Zero). http://thegoodproject.org/pdf/GoodWork-Toolkit-guide.pdf

Fishkin, A. S. & Johnson, A. S. (1998). Who is creative? Identifying children's creative abilities. *Roeper Review*, *21*, 40-46.

Flavell, J. H. (1979). Metacognition and Cognitive Monitoring: A new area of cognitive developmental inquiry. *American Psychologist*, *34*(10), 906-911.

Forge, A. (1967). The Abelam artist. In M. Freedman (Ed.), *Social organization: Essays presented to Raymond Firth* (pp. 65-84). London: Frank Cass.

Frederiksen, N. (1984). Implications of cognitive theory for instruction in problem solving. *Review of Educational Research*, *54*(3), 363-407.

Frensch, P. A. & Sternberg, R. J. (1989). Expertise and intelligent thinking: When is it worse to know better? In R. J. Sternberg (Ed.), *Advances in the psychology of human intelligence: Vol. 5* (pp. 157-188). Hillsdale, NJ: Erlbaum.

Freud, S. (1908/1959). Creative writers and day-dreaming. In J. Strachey (Ed. & Trans.), *The standard edition of the complete psychological works of Sigmund Freud: Vol. 9* (pp. 143-158). London: Hogarth Press.

Freud, S. (1917/1966). *Introductory lectures on psycho-analysis*. (J. Strachey, trans.). New York: Norton.

Freud, S. (1908/1973). Creative writers and day-dreaming. In J. Strachey (Ed. & trans.), *The standard edition of the complete psychological works of Sigmund Freud: Vol. 9* (p. 143). London: Hogarth Press.

Gagné, F. (1985). Giftedness and talent: Reexaming a reexamination of the definitions. *Gifted Child Quarterly*, *29*(3), 103-112.

Galenson, D. W. (2001). *Painting outside the lines: Patterns of creativity in modern art*. Cambridge, MA: Harvard University Press.

Gardner, H. (1982). *Art, Mind and Brain*. New York: Basic Books.

Gardner, H. (1983). *Frames of mind: The theory of multiple intelligences*. New York: Basic Books.

Gardner, H. (1993). *Creating minds*. New York: Basic Books.

Gardner, H. (2007). *Five minds for the future*. Boston, MA: Harvard Business School Press.

Gardner, H. (2008). Creativity, wisdom, and trusteeship. In A. Craft, H. Gardner & G.

Claxton (Eds). *Creativity, wisdom, and trusteeship exploring the role of education* (pp. 49-65). Thousand Oaks, CA: Corwin Press.

Gardner, H. (2010). GoodWork: Theory and practice. Howard Gardner for the GoodWork Project. http://thegoodproject.org/pdf/GoodWork-Theory_and_Practice-with_covers.pdf

Getzels, J. W. & Csikszentmihalyi, M. (1967). Scientific creativity. *Science Journal*, *3*(9), 80-84.

Getzels, J. W. & Csikszentmihalyi, M. (1976). *The creative vision: A longitudinal study of problem finding in art*. New York: John Wiley & Sons.

Getzels, J. W. (1975). Problem finding and the inventiveness of solutions. *Journal of Creative Behavior*, *9*, 12-18.

Getzels, J. W. (1979). Problem finding: A theoretical note. *Cognitive Science*, *3*, 167-172.

Giaconia, R. M. & Hedges, L. V. (1982). Identifying features of effective open education. *Review of Educational Research*, *52*(4), 579-602.

Glück, J., Ernst, R. & Unger, F. (2002). How creatives define creativity: Definitions reflect different types of creativity. *Creativity Research Journal*, *14*(1), 55-67.

Goertzel, M. G., Goertzel, V. & Goertzel, T. G. (1978). *Three hundred eminent personalities*. San Francisco, CA: Jossey-Bass.

Goh, C. T. (1997). Shaping the future: Thinking schools and a learning nation. *Speeches*, *21*(3), 12-20.

Gough, H. G. (1979). A creative personality scale for the adjective check list. *Journal of Personality and Social Psychology*, *37*(8), 1398-1405.

Gruber, H. E. & Davis, S. N. (1988). Inching our way up Mount Olympus: The evolving systems approach to creative thinking. In R. J. Sternberg (Ed.), *The nature of creativity* (pp. 243-270). New York: Cambridge University Press.

Gruber, H. E. (1974). *Darwin on man: A psychological study of scientific creativity*. Chicago, IL: University of Chicago Press.

Gruber, H. E. (1993). Creativity in the moral domain: Ought implies can implies create. *Creativity Research Journal*, *6*(1-2), 3-15.

Guastello, S. J. & Shissler, J. (1994). A two-factor taxonomy of creative behavior. *Journal of Creative Behavior*, *28*(3), 211-221.

Guilford, J. P. & Hoepfner, R. (1966). Structure of intellect factors and their tests. Reports form the Psychological Laboratory, University of Southern California.

Guilford, J. P. (1950). Creativity. *American Psychologist*, *5*(9), 444–454.

Guilford, J. P. (1959). Three faces of intellect. *American Psychologist*, *14*, 469–479.

Guilford, J. P. (1967). *The nature of human intelligence*. New York: McGraw Hill.

Guilford, J. P. (1988). Some changes in the Structure-of-Intellect Model. *Educational and Psychological Measurement*, *48*(1), 1–4.

Guilford, J. P., Christensen, P. R., Merrifield, P. R. & Wilson, R. C. (1978). *Alternate uses: Manual of instructions and interpretations*. Orange, CA: Sheridan Psychological Services.

Han, K. S. (2000). Varieties of creativity: Investigating the domain-specificity of creativity in young children. *Dissertation Abstracts International Section A: Humanities and Social Sciences*, *61*, 1796.

Harrington, D. M., Block, J. H. & Block, J. (1987). Testing aspects of Carl Rogers's theory of creative environment child-rearing antecedents of creative potential in young adolescents. *Journal of Personality and Social Psychology*, *52*(4), 851–856.

Hatch, J. A. (1988). Peer evaluation and competence motivation in a kindergarten classroom. *Early Child Development and Care*, *34*, 15–26.

Hayes, J. R. (1989). Cognitive process in creativity. In J. A. Glover, R. R. Ronning & C. R. Reynolds (Eds.), *Handbook of creativity* (pp. 135–146). New York: Plenum.

Heinzen, T. E., Mills, C. & Cameron, P. (1993). Scientific innovation potential. *Creativity Research Journal*, *6*, 261–269.

Helson, R. (1999). Personality. In M. A. Runco & S. R. Pritzker (Eds.), *Encyclopedia of creativity: Vol. 2* (pp. 361–371). San Diego, CA: Academic Press.

Hocevar, D. (1976). Dimensionality of creativity. *Psychological Reports*, *39*, 869–870.

Hoffman, B. (1972). *Albert Einstein: Creator and rebel*. New York: Plenum.

Hu, W. & Adey, P. (2002). A scientific creativity test for secondary school students. *International Journal of Science Education*, *24*(4), 389–403.

Hui, M. F. (2003a). Problems and issues of teaching and learning of creativity in Hong Kong schools. *Asia-Pacific Journal of Teacher Education Development*, *6*, 103–124.

Hui, M. F. (2003b). Creating the future: The development of school-based creativity induction programs for primary teachers. In M. I. Stein (Ed.), *Creativity's global correspondents-2003* (pp. 27–34). New York: New York University.

IDEO. (2012/2014). *Design thinking for Educators*(정의철·김은정 옮김, **교육자를 위한 디자인사고 툴킷**. 서울: 에딧더월드).

Institute of Design at Stanford. (2018). Design thinking bootleg. Retrieved from dschool.stanford.edu/resources/design-thinking-bootleg

Isaksen, S. G. & Puccio, G. J. (1988). Adaption-innovation and the Torrance tests of creative thinking: The level-style issue revisited. *Psychological Reports*, *63*(2), 659-670.

Isaksen, S. G., Dorval, K. B. & Treffinger, D. J. (2000). *Creative approaches to problem solving* (2nd ed.), Dubuque, IA: Kendall/Hunt.

Isaksen, S. G. & Treffinger, D. J. (1985). Curriculum planning for creative thinking and problem solving. *Journal of Creative Behavior*, *19*(1), 1-29.

Isaksen, S. G., Dorval, K. B. & Treffinger, D. J. (2000). *Creative approaches to problem solving* (2nd ed.), Dubuque, IA: Kendall/Hunt.

Janis, I. (1972). *Victims of groupthink*. Boston, MA: Houghton Mifflin.

Jung, C. (1933). *Psychological types*. New York: Harcourt, Brace.

Kahney, H. (1986). *Problem solving: A cognitive approach*. Milton Keynes & Philadelphia: Open University Press.

Kaufman, J. C. & Baer, J. (2002). Could Steven Spielberg manage the Yankees? Creative thinking in different domains. *Korean Journal of Thinking & Problem solving*, *12*(2), 5-14.

Kaufman, J. C. & Beghetto, R. A. (2009). Beyond big and little: The four C model of creativity. *Review of General Psychology*, *13*(1), 1-12.

Kim, K. H. (2007). Exploring the interactions between Asian culture (Confucianism) and creativity. *Journal of Creative Behavior*, *41*(1), 28-53.

Kirton, M. J. (1976). Adaptors and innovators: a description and measure. *Journal of Applied Psychology*, *61*, 622-629.

Knoop, H. (2008). Wise creativity and creative wisdom. In A. Craft, H. Gardner & G. Claxton (Eds.), *Creativity, wisdom, and trusteeship: Exploring the role of education* (pp. 119-132), Thousand Oaks, CA: Corwin Press.

Koestler, A. (1964). *The act of creation*. London: Hutchinson

Köhler, W. (1976). *The mentality of apes*. New York: Liveright.

Konno, N. (2010/2018). *Business no tameno design shikou*(노경아 옮김, 디자인 씽킹[개정판]. 서울: 생각정리연구소).

Kris, E. (1952). *Psychoanalytic explorations in art*. New York: International Universities Press.

Kris, E. (1976). On preconscious mental processes. In A. Rothenberg & C. Hausman (Eds.), *The creativity question* (pp.135-142). Durham, NC: Duke University Press.

Kubie, L. S. (1958). *Neurotic distortion of the creative process*. Lawrence, WI: University of Kansas Press.

Kuhn, T. (1962). *The structure of scientific revolutions*. Chicago, IL: University of Chicago Press.

Kuhn, T. S. (1970). *The structure of scientific revolutions*. Chicago, IL: University of Chicago Press.

Kurtines, W. M. & J. L. Gewirtz (1995/2004). *Moral development: An introduction*(문용린 옮김, **도덕성의 발달과 심리**. 서울: 학지사.

Lai, L. M. (1991). *Selective attention in problem finding*. Sandvika: Handelshoskolen BI.

Langley, P., Simon, H. A., Bradshaw, G. L. & Zytkow, J. M. (1987). *Scientific discovery: Computational explorations of the creative process*. Cambridge, MA: MIT Press.

Larkin, J. H. (1980). Teaching problem solving in physics: The psychological laboratory and the practical classroom. In D. T. Tuma & F. Reif (Eds.), *Problem solving and education: Issues in teaching and research*. Hillsdale, NJ: Erlbaum.

Larkin, J. H. (1983). Problem representation in physics. In D. Gentner & A. L. Stevens (Eds.), *Mental models*. Hillsdale, NJ: Erlbaum.

Lawrence, J. A. & Valsiner, J. (1993). Conceptual roots of internalization: From transmission to transformation. *Human Development*, *36*, 150-167.

Lee, H. & Cho, Y. (2007). Factors affecting problem finding depending on degree of structure of problem situation. *Journal of Educational Research*, *101*(2), 113-124.

Lehman, H. C. (1953). *Age and achievement*. Princeton, NJ: Princeton University Press.

Lenat, D. B. (1977). The ubiquity of discovery. *Artificial Intelligence*, *9*, 257-286.

Lindauer, M. S. (1993). The span of creativity among long-lived historical artists. *Creativity Research Journal*, *6*, 221-240.

Lubart, T. (2010). Cross-cultural perspectives on creativity. In J. C. Kaufman & R. J. Sternberg (Eds), *The Cambridge handbook of creativity* (pp. 265-278). New York: Cambridge University Press.

Lubart, T. I. & Guignard, J. (2004). The generality-specificity of creativity: A multivariate approach. In R. J. Sternberg, E. L. Grigorenko & J. L. Singer (Eds.), *Creativity: From potential to realization* (pp. 43-56). Washington, DC: American Psychological

Association.

Lubart, T. I. & Mouchiroud, C. (2003), Creativity: A source of difficulty in problem solving. In J. E. Davisdon & R. J. Sternberg (Eds.), *The psychology of problem solving* (pp. 127-148). New York: Cambridge University Press.

Lubart, T. I. & Sternberg, R. J. (1995). An investment approach to creativity: Theory and data. In S. M. Smith, T. B. Ward & R. A. Finke (Eds.), *The creative cognition approach* (pp. 271-302). Cambridge, MA: MIT Press.

Lubart, T. I. (1994). Creativity. In R. J. Sternberg (Ed.), *Thinking and problem solving* (pp. 289-332). San Diego, CA: Academic Press.

Lubart, T. I. (1999a). Componential models. In M. A. Runco & S. R. Pritzker (Eds.), *Encyclopedia of creativity: Vol. 1* (pp. 295-300). San Diego, CA: Academic Press.

Lubart, T. I. (1999b). Creativity across cultures. In R. J. Sternberg (Ed.), *Handbook of creativity* (pp. 339-350). New York: Cambridge University Press.

Luchins, A. S. & Luchins, E. H. (1959). *Rigidity of behavior*. Eugene, OR: University of Oregon Press.

MacDonald, P. & Hume, K. (2003). *Problem solving across the curriculum*. Melbourne, FL: Future Problem Solving Program.

MacKinnon, D. W. (1962). The nature and nurture of creative talent. *American Psychologist*, *17*(7), 484-495.

MacKinnon, D. W. (1970a). The personality correlates of creativity: A study of American architects. In P. E. Vernon (Ed.), *Creativity*. Harmondsworth: Penguin Books.

MacKinnon, D. W. (1970b). Creativity: A multifaceted phenomenon. In J. D. Roslansky (Ed.), *Creativity: A discussion at the Novel Conference*. Amsterdam: North Holland.

MacKinnon, D. W. (1978). What makes a person creative? In D. W. MacKinnon (Ed.), *In search of human effectiveness* (pp. 178-186). New York: Universe Books.

Mann, L. (1980). Cross-cultural studies of small groups. In H. C. Triandis & R. W. Brislin (Eds.), *Handbook of cross-cultural psychology: Vol. 5* (pp. 155-210). Boston, MA: Allyn & Bacon.

Mansfield, R. S. & Busse, T. V. (1981/1993). *The psychology of creativity and discovery: scientists and their work*(임선하 옮김, **창의적인 사람은 무엇이 다를까**. 서울: 하우).

Mari, S. K. & Karayanni, M. (1983). Creativity in Arab culture: Two decades of research. *Journal of Creative Behavior*, *16*(4), 227-238.

Martindale, C. (1990). *The clockwork muse: The predictability of artistic change*. New

York: Basic Books.

Martinsen, Ø. & Kaufmann, G. (1999). Cognitive style and creativity. In M. A. Runco & S. R. Pritzker (Eds.), *Encyclopedia of creativity: Vol. 1* (pp. 273-282). San Diego, CA: Academic Press.

Maslow, A. (1968). *Toward a psychology of being*. New York: Van Nostrand.

Maslow, A. (1970). *Motivation and personality*. New York: Harper & Row.

Masten, W. G. & Caldwell-Colbert, A. T. (1987). Relationship of originality to Kirton's scale for innovators and adaptors. *Psychological Reports*, *61*, 411-416.

Maturin, A. (2013). Elementary GoodWork toolkit. http://thegoodproject.org/wp-content/uploads/2012/09/Elemn-GW-TK-2013.pdf

Mayer, R. E. (1999). Problem solving. In M. A. Runco & S. R. Pritzker (Eds.), *Encyclopedia of creativity: Vol. 2* (pp. 295-300). San diego, CA: Academic Press.

McCorduck, P. (1991). *Aaron's code: Meta-art, artificial intelligence, and the work of Harold Cohen*. New York: Freeman.

Mednick, S. A. (1962). The Associative basis of the creative process. *Psychological Review*, *69*(3), 220-232.

Messerly, J. G. (1996). *Piaget's conception of evolution: Beyond Darwin and Lamarck*. Lanham, MD: Rowman & Littlefield.

Michel, M. & Dudek, S. Z. (1991). Mother-child relationships and creativity. *Creativity Research Journal*, *4*, 281-286.

Miller, B. C. & Gerard, D. (1979). Family influences on the development of creativity in children: An integrative review. *Family Coordinator*, *28*, 295-312.

Moore, M. T. (1985). The relationship between the originality of essays and variables in the problem-discovery process: A study of creative and noncreative middle school students. *Research in the Teaching of English*, *19*(1), 84-95.

Moran, S. & John-Steiner, V. (2003). Creativity in the making: Vygotsky's contemporary contribution to the dialectic of development and creativity. In R. K. Sawyer (ed.), *Creativity and Development* (pp. 61-90). New York: Oxford University Press.

Mumford, M. D. & Gustafson, S. B. (1988). Creativity syndrome: Integration, application, and Innovation. *Psychological bulletin*, *103*(10), 27-43.

Mumford, M. D., Baughman, W. A., Supinski, E. P. & Maher, M. A. (1996). Process-based measures of creative problem-solving skills: II. Information encoding. *Creativity Research Journal*, *9*(1), 77-88.

Mumford, M. D., Mobley, M. I., Uhlman, C. E., Reiter-Palmon, F. & Doares, L. M. (1991). Process analytic models of creative capabilities. *Creativity Research Journal*, *4*(2), 91-122.

Mumford, M. D., Reiter-Palmon, R. & Redmond, M. R. (1994). Problem finding revisited. In M. A. Runco (Ed.), *Problem finding, problem solving, and creativity* (pp. 3-39). Norwood, NJ: Ablex.

Mummford, M. D. (2002). Social innovation: Ten cases from Benjamin Franklin. *Creativity Research Journal*, *14*(2), 253-266

Mummford, M. D., Medeiros, K. E. & Partlow, P. J. (2012). Creative thinking: Processes, strategies, and knowledge, *The Journal of Creative Behavior*, *466*(1), 30-47.

Nakamura, J. & Csikszentmihalyi, M. (2003). Creativity in later life. In R. K. Sawyer, V. John-Steiner, S. Moran, R. J. Sternberg, D. H. Feldman, J. Nakamura & M. Csikszentmihalyi (Eds.), *Creativity and development* (pp. 186-216). New York: Oxford University Press.

NACCCE. (1999). *All our futures: Creativity, culture, and education*. London: NACCCE.

Newell, A. & Simon, H. A. (1972). *Human problem solving*. Englewood Cliffs, NJ: Prentice-Hall.

Newell, A., Shaw, J. C. & Simon, H. A. (1958). Elements of a theory of human problem solving. *Psychological Review*, *65*(3), 151-166.

Newell, A., Shaw, J. C. & Simon, H. A. (1962). The processes of creative thinking. In H. Gruber, G. Terrell & M. Wieczerkowski (Eds.), *Giftedness: A continuing worldwide challenge* (pp. 131-140). New York: Atherton.

Nickerson, R. S. (1999). Enhancing creativity. In R. J. Sternberg (Ed.), *Handbook of creativity* (pp. 392-430). New York: Cambridge University Press.

Nickerson, R. S., Perkins, D. N. & Smith, E. E. (1985). *The teaching of thinking*. Hillsdale, NJ: Lawrence Erlbaum Associates.

Oakeshott, M. (1991). *Rationalism in politics and other essays*. New York: Great Britain.

Ochse, R. (1990). *Before the gates of excellence*. New York: Cambridge University Press.

Osborn, A. F. (1952). *Wake up your mind: 101 ways to develop creativeness*. New York: Scribners.

Osborn, A. F. (1963). *Applied imagination*. New York: Charles Scribner's Sons.

Palmour, J. (1986). *On moral character: A practical guide to Aristotle's virtues advices*. Washington, DC: The Archon Institute for Leadership Development.

Parnes, S. J. (1967). *Creative behavior guidebook.* New York: Scribners.

Perkins, D. N. (1988). The possibility of invention. In R. J. Sternberg (Ed.), *The nature of creativity* (pp. 362–385). New York: Cambridge University Press.

Piaget, J. (1971). Comment on Beilin's paper. In D. R. Green, M. P. Ford & G. B. Flamer (Eds.), *Measurement and Piaget* (pp. 192–194). New York: McGraw-Hill.

Plucker, J. A. & Beghetto, R. A. (2004). Why creativity is domain general, Why it looks domain specific, and why the distinction doesn't matter. In R. J. Sternberg, E. L. Grigorenko & J. L. Singer (Eds.), *Creativity: From potential to realization* (pp. 153–167). Washington, DC: American Psychological Association.

Plucker, J. A. & Runco, M. A. (1999). Enhancement of creativity. In M. A. Runco & S. R. Pritzker (Eds.). *Encyclopedia of creativity: Vol. 1* (pp. 669–675). San Diego, CA: Academic Press.

Plucker, J. A. (2005). The relatively generalist view of creativity. In J. C. Kaufman & J. Baer (Eds.), *Creativity across domains* (pp. 307–312). Mahwah, NJ: Lawrence Erlbaum Associates

Pólya, G. (1945/1957). *How to solve it: A new aspect of mathematical method.* Garden City, NY: Doubleday.

Polyani, M. (1962). *Personal knowledge: Towards a post-critical philosophy.* Chicago, IL: University of Chicago Press.

Polyani, M. (1969). *Knowing and being.* Chicago, IL: University of Chicago Press.

Puccio, G. J., Mance, M, Switalski, L. B. & Reali, P. D. (2012). *Creativity rising: Creative thinking and creative problem solving in the 21st century.* Buffalo, NY: ICSC Press.

Qualifications and Curriculum Authority. (2005). *Creativity: Find it, promote it (A teacher's guide to using the video).* London: QCA.

Renzulli J. S., Smith, L. H., White, A. J., Callahan, C. M. & Hartman, R. K. (1997) *Scales for rating the behavioral characteristics of superior students.* Mansfield Center, CT: Creative Learning Press.

Renzulli, J. S. (1986). The three-ring conception of giftedness: A developmental model for creativity productivity. In R. J. Sternberg & J. E. Davidson (Eds.), *Conceptions of Giftedness* (pp. 53–92). New York: Cambridge University Press.

Rhodes, M. (1961). An analysis of creativity. *The Phi Delta Kappan*, *42*(7), 305–310.

Richards, R. (2001). Creativity and the schizophrenia spectrum: More and more interesting. *Creativity Research Journal*, *13*, 111–132.

Ripple, R. E. & Jaquish, G. A. (1982). Developmental aspects of ideational fluency, flexibility, and originality: South Africa and the United States. *South African Journal of Psychology*, *12*, 95-100.

Roe, A. (1952). A psychologist examines 64eminent scientists. *Scientific American*, *187*, 21-25.

Rogers, C. R. (1954). Toward a theory of creativity. *ETC: A review of general semantics*, *11*(4), 249-260.

Rogers, C. R. (1961). *On becoming a person*. Boston, MA: Houghton Mifflin.

Rogers, C. R. (1954/1976). Toward a theory of creativity. In A. Rothenberg & C. R. Hausman (Eds.), *The creativity question* (pp. 296-305). Durham. NC.: Duke University Press.

Rosenblatt, E. & Winner, E. (1988). The art of children's drawings. *Journal of Aesthetic Education*, *22*, 3-15.

Rossman, B. B. & Horn, J. (1972). Cognitive, motivational and temperamental indicate of creativity and intelligence. *Journal of Educational Measurement*, *9*(4), 265-286.

Rossman, J. (1931). *The psychology of the inventor*. Washington, DC: Inventor's Publishing.

Rowe, P. (1987). *Design thinking*. Cambridge, MA: MIT Press.

Rubenson, D. L. & Runco, M. A. (1992). The psychoeconomic approach to creativity. *New Ideas in Psychology*, *10*, 131-147.

Runco, M. A. & Chand, I. (1995). Cognition and creativity. *Educational Psychology Review*, 7(3), 243-267.

Runco, M. A. & Charles, R. (1997). Developmental trends in creative potential and creative performance. In M. A. Runco (Ed.), *Creative Research Handbook* (pp. 115-152). Cresskill, NJ: Hampton Press.

Runco, M. A. & Okuda, S. M. (1988). Problem discovery, divergent thinking, and the creative process. *Journal of Youth and Adolescence*, *17*, 211-220.

Runco, M. A. (1991). *Divergent thinking*. Norwood, NJ: Ablex.

Runco, M. A. (1999a). Critical thinking. In M. A. Runco & S. R. Pritzker (Eds.), *Encyclopedia of creativity: Vol. 1* (pp. 449-452). San Diego, CA: Academic Press.

Runco, M. A. (1999b). Divergent thinking. In M. A. Runco & S. R. Pritzker (Eds.), *Encyclopedia of creativity: Vol. 1* (pp. 577-582). San Diego, CA: Academic Press.

Runco, M. A. (1999c). Self-actualization. In M. A. Runco & S. R. Pritzker (Eds.),

Encyclopedia of creativity: Vol. 2 (pp. 533-536). San Diego, CA: Academic Press.

Runco, M. A. (1999d). Developmental trends in creative abilities and potentials. In M. A. Runco & S. R. Pritzker (Eds.), *Encyclopedia of creativity: Vol. 1* (pp. 537-540). San Diego, CA: Academic Press.

Runco, M. A. (2003). Education for creative potential. *Scandinavian Journal of Educational Research*, *47*(3), 317-324.

Runco, M. A. (2006). Reasoning and personal creativity. In J. C. Kaufman & J. Baer (Eds.), *Creativity and reason in cognitive development* (pp. 99-116). New York: Cambridge University Press.

Runco, M. A. (2007). *Creativity: Theories and themes (Research, development, and practice)*. Burlington, MA: Elsevier Academic Press.

Runco, M. A.(Ed.) (1994). *Problem finding, problem solving, and creativity*. Norwood, NJ: Ablex.

Ryle, G. (1949). *The reflective practitioner*. New York: Basic Books.

Ryser, G. R. (2007). *Profiles of creative abilities: Examiner's manual*. Austin. TX: Pro-Ed.

Sawyer, R. K. (2003). Emergence in creativity and development. In R. K. Sawyer (Ed.), *Creativity and development* (pp. 12-60). New York: Oxford University Press.

Sawyer, R. K. (2006). *Explaining creativity: The science of human innovation*. New York: Oxford University Press.

Schwab, K. (2016). *The fourth industrial revolution*. Geneva: World Economic Forum.

Scott, C. L. (1999). Teachers'biases toward creative children. *Creativity Research Journal*, *12*, 321-337.

Scott, G., Leritz, L. E. & Mumford, M. D. (2004). Types of creativity training: Approaches and their effectiveness. *Journal of Creative Behavior*, *38*(3), 149-179.

Silver, H. R. (1981). Calculating risks: The socioeconomic foundations of aesthetic innovation in an Ashanti carving community. *Ethnology*, *20*, 101-114.

Simon, H. A. & Hayes, J. R. (1976). The understanding process: Problem isomorphs. *Cognitive Psychology*, *8*, 165-190.

Simon, H. A. (1973). The structure of ill structured problems. *Artificial Intelligence*, *4*, 181-201.

Simon, H. A. (1980). Problem solving and education. In D. T. Tuma & F. Rief (Eds.) *Problem Solving and education: Issues in Teaching and Research* (pp. 81-96). Hillsdale, NJ: Erlbaum.

Simonton, D. K. (1984). *Genius, creativity, and leadership: Historiometric inquires.* Cambridge, MA: Harvard University Press.

Simonton, D. K. (1988). *Scientific genius: A psychology of science.* New York: Cambridge University Press.

Simonton, D. K. (1990). Creativity and wisdom in aging. In J. E. Birren & K. W. Schaie (Eds.), *Handbook of the psychology of aging* (3rd ed., pp. 320-329). New York: Academic Press.

Simonton, D. K. (1994). *Greatness: Who makes history and why.* New York: Guilford Press.

Simonton, D. K. (1997). Creative productivity: A predictive and explanatory model of career trajectories and landmarks. *Psychological Review, 104*(1), 66-89.

Simonton, D. K. (1998). Achieved eminence in minority and majority cultures: Convergence versus divergence in the assessments of 294 African American. *Journal of Personality and Social Psychology, 74*, 804-817.

Simonton, D. K. (1999). Creativity from a historiometric perspective. In R. J. Sternberg (Ed.), *Handbook of creativity* (pp. 117-136). New York: Cambridge University Press.

Simonton, D. K. (2000). Creativity: Cognitive, personal, developmental, and social aspects. *American psychologist, 55*(1), 151.

Simonton, D. K. (2005). Creativity in psychology: On becoming and being a great psychologist. In J. C. Kaufman & J. Baer (Eds.), *Creativity across domains: Faces of the Muse* (pp. 139-151). Mahwah, NJ: Lawrence Erlbaum Associates.

Simonton, D. K. (2008). Creative wisdom: Similarities, contrasts, integration, and application. In A. Craft, H. Gardner & G. Claxton (Eds.), *Creativity, wisdom and trusteeship: Exploring the role of education* (pp. 68-76). Thousand Oaks, CA: Corwin Press.

Smith, J. A. (1966). *Setting conditions for creative teaching in the elementary school.* Boston, MA: Allyn & Bacon.

Smolucha, L. & Smolucha, F. (1985). A fifth Piagetian stage: The collaboration between analogical and logical thinking in artistic creativity. *Visual Arts Research, X*, 90-99.

Soh, K. C. (2000). Indexing creativity fostering teacher behavior: A preliminary validation study. *Journal of Creative Behavior, 34*(2), 118-134.

Stein, M. I. (1971). Several findings of a transactional approach to creativity. In G. A. Steiner (Ed.), *The creative organization.* Chicago, IL: University of Chicago Press.

Sternberg, R. J. & Lubart, T. I. (1991). An investment theory of creativity and its development. *Human Development*, *34*, 1–31.

Sternberg, R. J. & Lubart, T. I. (1993). Creative giftedness: A multivariate investment approach. *Gifted Child Quarterly*, *37*(1), 7–15.

Sternberg, R. J. & Lubart, T. I. (1995). *Defying the crowd*. New York: The Free Press.

Sternberg, R. J. & Lubart, T. I. (1996). Investing in creativity. *American Psychologist*, *51*(7), 677–688.

Sternberg, R. J. & Lubart, T. I. (1999). The concept of creativity: Prospects and paradigms. In R. J. Sternberg (Ed.), *Handbook of creativity* (pp. 3–15). New York: Cambridge University Press.

Sternberg, R. J. & Spear-Swerling, L. (1996). *Teaching for thinking*. Washington, DC: American Psychological Association.

Sternberg, R. J. (1982). Reasoning, problem-solving and intelligence. In R. J. Sternberg (Ed.), *Handbook of human intelligence* (pp. 90–133). New York: Cambridge University Press.

Sternberg, R. J. (1985a). Implicit theories of intelligence, creativity, and wisdom. *Journal of Personality and Social Psychology*, *49*, 607–627.

Sternberg, R. J. (1985b). *Beyond IQ: A triarchic theory of human intelligence*. New York: Cambridge University Press.

Sternberg, R. J. (1987). Teaching intelligence: The application of cognitive psychology to the improvement of intellectual skills. In J. B. Baron & R. J. Sternberg (Eds.), *Series of books in psychology. Teaching thinking skills: Theory and practice* (pp. 182–218). New York: W. H. Freeman/Times Books/Henry Holt & Co.

Sternberg, R. J. (1996). *Successful intelligence: How practical and creative intelligence determine success in life*. New York: Simson & Schuster.

Sternberg, R. J. (1997). *Thinking styles*. New York: Cambridge University Press.

Sternberg, R. J. (1999). Intelligence. In M. A. Runco & S. R. Pritzker (Eds.), *Encyclopedia of creativity: Vol. 2* (pp. 81–88). San Diego, CA: Academic Press.

Sternberg, R. J. (2000). Wisdom as a form of giftedness. *Gifted child quarterly*, *44*(4), 252.

Sternberg, R. J. (2003) *Wisdom, intelligence, and creativity synthesized*. New York: Cambridge University Press.

Sternberg, R. J. (2009). Wisdom, intelligence, and creativity synthesized: A new model for liberal education. *Liberal Education*, *95*(4), 10–15.

Sternberg, R. J., Jarvin, L. & Grigorenko, E. L. (2009/2013). *Teaching for wisdom, intelligence, creativity, and success* (박성옥·양연숙 옮김, 지혜, 지능, 창의성 그리고 성공. 서울: 교육과학사).

Sternberg, R. J., Torff, B. & Grigorenko, E. L. (1998). Teaching triarchically improves school achievement. *Journal of Educational Psychology, 90*(3), 374-384. http://dx.doi.org/10.1037/0022-0663.90.3.374(/doi/10.1037/0022-0663.90.3.374).

Sulloway, F. J. (1996). *Born to rebel: Birth order, family dynamics, and creative lives*. New York: Pantheon Books.

Swartz, R. J. & Parks, S. (1994). *Infusing critical and creative thinking into content instruction*. MA: Critical Thinking Press & Software.

Takahashi, M. & Bordia, P. (2000). The concept of wisdom: A cross-cultural comparison. *International Journal of Psychology*, *35*(1), 1-9.

Tan, Ai-Girl (2003). Creativity in Singapore after half a decade of nationwide involvment: Current status, reflections, and future directions. In M. I. Stein (Ed.), *Creativity's global correspondents-2003* (pp. 92-109). New York: New York University.

Taylor, I. A. (1975). An emerging view of creative actions. In I. A. Taylor & J. W. Getzels (Eds.), *Perspectives in creativity* (pp. 297-325). Chicago, IL: Aldine.

Thorndike, E. L. (1898). Animal intelligence: An experimental study of the associative processes in animals. *Psychological Monographs*, *2*(4), i-109.

Todd, R. D., Todd, R. D. & McCrory, D. L. (1996). *Introduction to design and technology*. New York: Thomson Learning Tools.

Torrance, E. P. (1962). *Guiding creative talent*. Englewood Cliffs, NJ: Prentice-Hall.

Torrance, E. P. (1963). *Education and the creative potential*. Minneapolis, MN: University of Minnesota Press.

Torrance, E. P. (1965). *Rewarding creative behavior: Experiments in classroom creativity*. Englewood Cliffs, NJ: Prentice-Hall.

Torrance, E. P. (1966). *Torrance tests of creative thinking: Norms-technical manual* (Research Edition). Princeton, NJ: Personnel Press.

Torrance, E. P. (1968). A longitudinal examination of the fourth-grade slump in creativity. *Gifted Child Quarterly*, *12*, 195-199.

Torrance, E. P. (1974). *Torrance tests of creative thinking: Norms-technical manual*. Princeton, NJ: Personnel Press/Ginn.

Torrance, E. P. (1978). Giftedness in solving future problems. *Journal of Creative*

Behavior, *12*(2), 75–86.

Torrance, E. P. (1988). The nature of creativity as manifest in its testing. In R. J. Sternberg (Ed.), *The nature of creativity* (pp. 43–75). New York: Cambridge University Press.

Torrance, E. P. (1998). *Torrance test of creative thinking: Norms-technical manual-figural (streamlined) forms A & B*. Bensenville, IL: Scholastic Testing Service.

Treffinger, D. J., Isaksen, S. G. & Dorval, K. B. (2000). *Creative problem solving: An introduction*. Waco, TX: Prufrock Press.

Treffinger, D. J., Young, G. C., Selby, E. C. & Shepardson, C. A. (2002) *Assessing creativity: A guide for educators*. Storrs, CT: National Research Center on the Gifted and Talented, University of Conneticut.

Triandis, H. C. (1996). The psychological measurement of cultural syndromes. *American Psychologist*, *51*(4), 407–415.

Triandis, H. C., McCusker, C., Betancourt, H., Sumiko, I., Leung, K., Salazar, J. M., Setiadi, B., Sinha, J. B. P., Tozard, H. & Zaleski, Z. (1993). An etic-emic analysis of individualism and collectivism. *Journal of Cross-Cultural Psychology*, *24*(3), 366–383.

Urban, K. K. (1991). On the development of creativity in children. *Creativity Research Journal*, *4*, 177–191.

Urban, K. K. (1996). Creativity-A componential approach. *Journal of Research for Human Devevlopment*, *24*(1), 5–27.

Vincent, A. S., Decker, B. P. & Mumford, M. D. (2002). Divergent thinking, intelligence, and expertise: A test of alternative models. *Creativity research journal*, *14*(2), 163–178.

Vygotsky, L. S. (1978). Interaction between learning and development. In M. Cole, V. John-Steiner, S. Scribner & E. Souber-Man (Eds.), *Mind in society: The development of higher psychological processes* (79–91). Cambridge, MA: Harvard University Press.

Wakefield, J. F. (1985). Towards creativity: Problem finding in a divergent-thinking exercise. *Child Study Journal*, *15*(4), 265–270.

Wallach, M. A. & Kogan, N. (1965). *Modes of thinking in young children: A study of the creativity-intelligence distinction*. New York: Holt, Rinehart & Winston.

Wallas, G. (1926). *The art of thought*. New York: Harcout, Brace.

Ward, T. B., Smith, S. M. & Vaid, J. (1997). Conceptual structures and processes in creative thought. In T. B. Ward, S. M. Smith & J. Vaid (Eds.), *Creative thought: An investigation of conceptual structures and processes* (pp. 1–27). Washington, DC: American Psychological Association.

Weisberg, P. S. & Springer, K. J. (1961). Environmental factors in creative function: A study of gifted children. *Archives of General Psychiatry*, *5*(6), 554-564.

Weisberg, R. W. (1980). *Memory, thought, and behavior*. New York: Oxford University Press.

Weisberg, R. W. (1986). *Creativity: The myth of genius*. New York: W. H. Freeman.

Weisberg, R. W. (1999). Creativity and knowledge: A challenge to theories. In R. J. Sternberg (Ed.), *Handbook of Creativity* (pp. 226-250). New York: Cambridge University Press.

Weisberg, R. W. (2006/2009). *Creativity: Understanding innovation in problem solving, science, innovation, and arts* (김미선 옮김, 창의성: 문제 해결, 과학, 발명, 예술에서의 혁신. 서울: 시그마프레스).

Wertheimer, M. (1945). *Productive thinking*. New York: Harper & Row.

Woodman, R. W. & Schoenfeldt, L. F. (1990). An interactionist model of creative behavior. *Journal of Creative Behavior*, *24*(4), 279-290.

Yan, B. & Arlin, P. (1999). Dialectical thinking: Implications for creative thinking. In M. A. Runco & S. R. Pritzker (Eds.), *Encyclopedia of creativity: Vol. 1* (pp. 547-552). San Diego, CA: Academic Press.

Zimmerman, B. J. (2006). Development and adaptation of expertise: The role of self-regulatory processes and beliefs. In K. A. Ericsson, N. Charness, P. J. Feltovich & R. R. Hoffman (Eds.), *The Cambridge handbook of expertise and expert performance* (pp. 705-722). New York: Cambridge University Press.

참고 자료

조선일보(2016. 9. 22). [사설] 국민 생명과 원전 안전 달려 있는 단층 조사 미적대지 말라. 조선일보, A35.

조선일보(2018. 7. 12). 인터넷 웹의 창시자 팀 버너스리, 자신의 피조물(WWW)을 "없애자" 외쳐. 조선일보, A16.

참고 사이트

www.fpsp.org

www.odysseyofthemind.com

thegoodproject.org

찾아보기

〈인명〉

[ㅊ]

[ㅋ]

[ㅌ]

[ㅍ]

[ㅎ]

〈내용〉

[ㅅ]

[ㅇ]

[ㅈ]

지혜와 창의적 문제 해결력을 위한
창의성 교육 (개정증보판)

펴낸날 1판 1쇄 2008년 10월 15일
2판 1쇄 2019년 8월 16일
2판 2쇄 2023년 11월 30일
지은이 조연순 · 백은주 · 최규리
펴낸이 주소현
펴낸곳 이화여자대학교출판문화원
주소 서울특별시 서대문구 이화여대길 52(우03760)
등록 1954년 7월 6일 제9-61호
전화 02) 3277-2965(편집), 362-6076(마케팅)
팩스 02) 312-4312
전자우편 press@ewha.ac.kr
홈페이지 www.ewhapress.com
책임편집 이지예
디자인 신성기획
찍은곳 한영문화사

ISBN 979-11-5890-332-9 93370

값 25,000원

이 도서의 국립중앙도서관 출판예정도서목록(CIP)은 서지정보유통지원시스템 홈페이지 (http://seoji.nl.go.kr)와 국가자료공동목록시스템(http://www.nl.go.kr/kolisnet)에서 이용하실 수 있습니다. (CIP제어번호: CIP2019029003)